Christian Immler

Dein Smartphone mit Android 8

Einfach alles können

Dieses Werk einschließlich aller Inhalte ist urheberrechtlich geschützt. Alle Rechte vorbehalten, auch die der Übersetzung, der fotomechanischen Wiedergabe und der Speicherung in elektronischen Medien.

Bei der Erstellung von Texten und Abbildungen wurde mit größter Sorgfalt vorgegangen. Trotzdem sind Fehler nicht völlig auszuschließen. Verlag, Herausgeber und Autoren können für fehlerhafte Angaben und deren Folgen weder eine juristische Verantwortung noch irgendeine Haftung übernehmen. Für Anregungen und Hinweise auf Fehler sind Verlag und Autoren dankbar.

Die Informationen in diesem Werk werden ohne Rücksicht auf einen eventuellen Patentschutz veröffentlicht. Warennamen werden ohne Gewährleistung der freien Verwendbarkeit benutzt. Nahezu alle Hard- und Softwarebezeichnungen sowie weitere Namen und sonstige Angaben, die in diesem Buch wiedergegeben werden, sind als eingetragene Marken geschützt. Da es nicht möglich ist, in allen Fällen zeitnah zu ermitteln, ob ein Markenschutz besteht, wird das ®-Symbol in diesem Buch nicht verwendet.

ISBN 978-3-95982-129-2

© 2017 by Markt+Technik Verlag GmbH
    Espenpark 1a
    90559 Burgthann

Produktmanagement Christian Braun, Burkhardt Lühr
Lektorat, Herstellung Jutta Brunemann
Covergestaltung David Haberkamp
Coverfotos © kirill_makarov – Fotolia.com, ekostsov – Fotolia.com
Satz inpunkt[w]o, Haiger (www.inpunktwo.de)
Druck Himmer GmbH Druckerei & Verlag
Printed in Germany

Inhaltsverzeichnis

1. Das Smartphone mit Android 8 Oreo 7

Android – was ist das? 8
Alle Neuheiten in Android 8 Oreo im Überblick 8
Android 8 als Update installieren 11
Tipps zur Geräteauswahl 13
Die wichtigsten Android-Versionen 23
Was macht Android so besonders? 25

2. Alltag mit dem Android-8-Smartphone 27

Die wichtigsten Fingergesten zur Touchscreen-Steuerung 27
Die Ersteinrichtung eines neuen Gerätes 29
Daten eines früheren Smartphones übernehmen 36
Sicherheitssperre einrichten 40
Google-Dienste einrichten 43
Smartphone als neues Gerät einrichten 45
Startbildschirm und Apps 50
Der Sperrbildschirm 61
Die Benachrichtigungsleiste 63
Die Schnelleinstellungen 67
Alle Einstellungen schnell zugänglich 76
Tipps zur Bildschirmtastatur 79
Telefonieren mit dem Android-Smartphone 83
Tipps zur Wahl eines Tarifs für Android-Smartphones 98
Adressbuch – Kontakte 104
Google-Kalender 118
Uhr und Wecker 130

3. Apps finden und installieren 135

Der Google Play Store 135
Nicht mehr benötigte Apps deinstallieren 144
Apps per QR-Code installieren 144
Alternativen zum Google Play Store 147

Inhaltsverzeichnis

4. Online mit dem Smartphone 151
Tipps zum Chrome-Browser 151
Websuche mit Google 164
WLAN optimieren 173
Alternative Browser für Android 181
Wikipedia 188

5. Kommunikation mit dem Smartphone 191
Google Mail – Gmail 191
Andere E-Mail-Konten einrichten und nutzen 199
E-Mail-Apps der bekannten Freemailer 206
Soziale Kontakte mit dem Smartphone 208
SMS 217
WhatsApp und andere Messenger 219

6. Unterwegs mit dem Android-Smartphone 229
Google Maps 229
Fahrplanauskunft 236
Wettervorhersage 241
Telefonnummern, Hotels, Geldautomaten finden 245

7. Fotos und Multimedia 247
Smartphone-Fotos automatisch sichern 248
Fotos schneller finden 249
Fotografieren mit dem Smartphone 250
Weitere Fotofunktionen in Android 8 Oreo 254
Panoramafotos aufnehmen 256
Fotos bearbeiten 262
Fotos online zeigen und teilen 266
Musik auf dem Smartphone 277
Videos und YouTube 286

8. Coole Apps 289

Dateimanager 289
Datenaustausch über Cloud-Speicherdienste 294
Büro-Apps 301
E-Books 313
Bloggen mit dem Smartphone 320
Gesundheit 321
Spiele für Android 321

9. Insidertipps zur Bedienung 323

Wenn die Automatik versagt – Internetzugang manuell einrichten 323
Hintergrundbilder und Live-Hintergründe 324
Widgets für schnelle und persönliche Infos 327
Einstellungen mit Suchfunktion 329
Tipps zur schnellen Texteingabe 329
System UI Tuner 331
Akku sparen 332
Steuerung über Bewegungen 336
Verbesserte Speicherverwaltung 337
Das Smartphone mit dem PC verbinden 338
Chrome Remote Desktop 341
Mit dem Notebook über das Smartphone ins Internet 342
Datenübertragung per Bluetooth 346
Bedienungshilfen für Outdoor- und Extremsituationen 351
Smartphone zurücksetzen 355

10. Die Sicherheitsproblematik bei Android 357

Die größten Sicherheitsprobleme 358
Play Protect warnt vor gefährlichen Apps 359
Phishing bei E-Mails und sozialen Netzen 360
Gestohlenes oder verlorenes Smartphone wiederfinden ... 361
Android Smart Lock 364

Inhaltsverzeichnis

Der Gast auf einem Android-Smartphone 367
Weitere Benutzer auf dem Smartphone 368
F-Secure SAFE 369
App-Spam blockieren 370
Android-Smartphones rooten 374
Androidify 375

Stichwortverzeichnis 377

Kapitel 1
Das Smartphone mit Android 8 Oreo

Willkommen in der Welt der Smartphones, der Handys mit eingebautem Computer oder der Computer, die man wirklich immer bei sich haben kann, die aus dem Alltag vieler Menschen kaum noch wegzudenken sind und schon lange nicht mehr im Wesentlichen zum Telefonieren verwendet werden. Wer heute im Rahmen eines auslaufenden Handyvertrags über neue Hardware nachdenkt, wird fast immer ein Smartphone wählen. In den meisten Fällen läuft dieses mit dem Android-Betriebssystem.

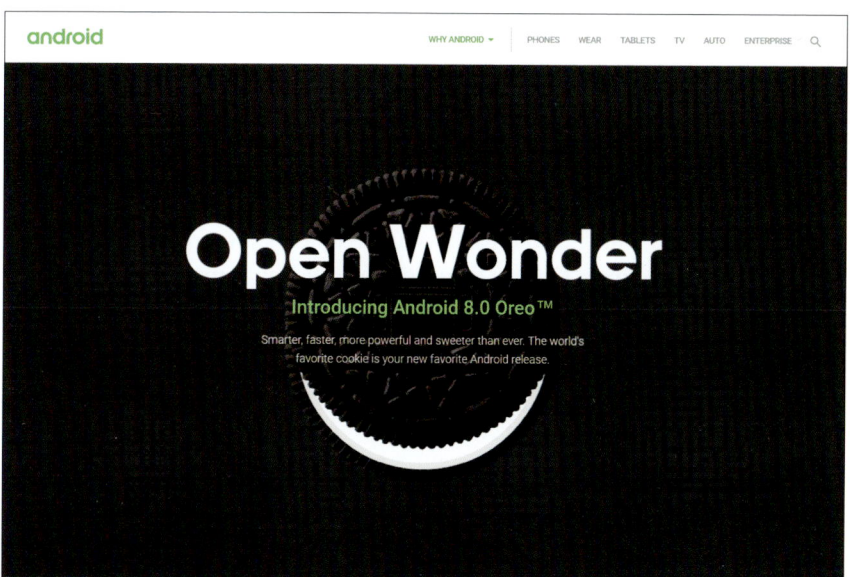

Google wirbt auf www.android.com für die aktuelle Android-Version Oreo.

Android – was ist das?

Am 5. November 2007 präsentierte Google erstmals eines seiner für die Zukunft wichtigsten Produkte: Android, das im Laufe der Jahre zum bekanntesten Betriebssystem für Smartphones und andere mobile Geräte wurde.

Android läuft nicht nur auf Smartphones und Tablets, sondern auch auf Armbanduhren, Fernsehern und Bordcomputern in Autos.

> **INFO:** Jeden Tag werden etwa 3.000.000 neue Android-Smartphones auf der Welt neu aktiviert – fast achtmal so viel, wie an einem Tag Menschen auf der Welt geboren werden. Im Jahr 2014 wurden erstmals weltweit über eine Milliarde Android-Geräte verkauft.

Nach aktuellen Studien hält Android mit einem Marktanteil von 87,5 % die Spitze unter den Smartphone-Betriebssystemen weltweit – Tendenz steigend. Apple hat mit iOS nur noch 12,1 %. Damit verfügen diese beiden Hersteller über eine Marktpräsenz von 99,6 %. Windows Mobile, BlackBerry sowie Nokias Symbian-Plattform, ehemaliger Marktführer, sind mittlerweile völlig bedeutungslos. In Deutschland hat Android durch die im weltweiten Vergleich höhere Verbreitung von Windows Mobile nach der letzten großen Studie von Kantar Worldpanel aus dem August 2016 »nur« einen Marktanteil von 79,2 % und liegt so mit großem Abstand vor iOS mit 14,2 % und Windows Mobile mit 5,4 %. Das letzte Prozent teilen sich BlackBerry und andere kleine Plattformen.

Zu den offiziell von Google lizenzierten Android-Geräten kommen noch diverse Smartphones chinesischer Hersteller hinzu, die mit eigenen Android-Varianten oder CustomROMs auf Basis des AOSP (**A**ndroid **O**pen **S**ource **P**roject) laufen und keine Google-Dienste vorinstalliert haben. Nach aktuellen Schätzungen sind über 30.000 verschiedene Android-Smartphone-Modelle jemals verkauft worden.

Alle Neuheiten in Android 8 Oreo im Überblick

Android 8 Oreo bietet diverse Neuheiten, von denen einige eher technischer Natur sind, andere aber an der Oberfläche sofort auffallen. Hier zunächst alle wichtigen Neuheiten in Kurzform. Weiterhin sind viele der vorinstallierten Google-Apps im Rahmen des Oreo-Updates verbessert worden. Diese Verbesserungen kommen dann auch Nutzern älterer Android-Versionen zugute.

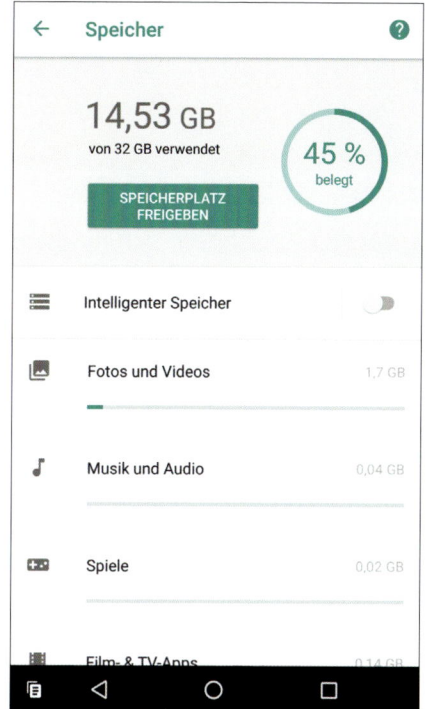 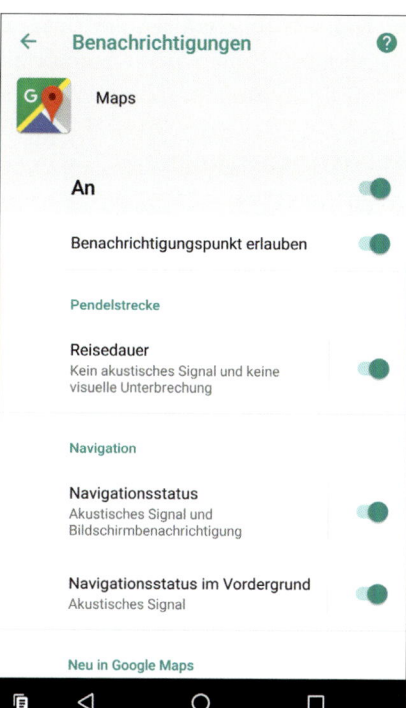

Auffällige Neuheiten in Android 8 Oreo: Übersichtlichere Einstellungen und Kategorien für Benachrichtigungen.

Benutzeroberfläche

- **Adaptive App-Icons** – App-Icons können je nach verwendeter Benutzeroberfläche unterschiedlich aussehen, z. B. quadratisch oder rund. Weiterhin ist es möglich, dass Icons selbst Informationen anzeigen, etwa Uhrzeit oder Datum. Samsung macht das bereits vor.
- **Neue Emojis** – Viele der beliebten Emojis wurden neu gestaltet, 60 neue sind hinzugekommen.
- **Intelligente Texterkennung** – Tippt man doppelt auf eine Adresse, Telefonnummer oder einen Weblink, wird dieser komplett zum Kopieren markiert. Man braucht nicht mehr so oft Textpassagen buchstabenweise zu markieren.
- **Bild-im-Bild-Modus für Videos** – Videos oder Videotelefonate können in einem kleinen Fenster weiterlaufen, während eine andere App genutzt wird.
- **Auto-Fill API** – Eine neue Schnittstelle ermöglicht es, eine App festzulegen, die das automatische Ausfüllen von Formularen, auch außerhalb des Browsers, übernimmt. So können z. B. Passwortmanager vielseitiger eingesetzt werden.

- **Neue Möglichkeiten zur Datenübernahme** – Daten von älteren Smartphones können noch komfortabler direkt bei der Ersteinrichtung des Smartphones übernommen werden.

Benachrichtigungen

- **Kanäle für Benachrichtigungen** – Apps benachrichtigen zu verschiedenen Themen und Anlässen. Bei unterstützten Apps lassen sich für diese Benachrichtigungskanäle unterschiedliche Prioritäten festlegen, Töne abspielen oder die Benachrichtigungen auch ganz ausblenden.
- **Benachrichtigungspunkte an App-Symbolen** – Direkt am Symbol einer App erscheint ein Punkt, wenn neue Benachrichtigungen dieser App vorliegen. Längeres Halten des App-Symbols blendet die Benachrichtigungen als Vorschau ein, ohne die App zu öffnen.
- **Benachrichtigungen zurückstellen** – Einzelne Benachrichtigungen lassen sich mit einer neuen Schlummertaste für einen bestimmten Zeitraum ruhigstellen, um sie später ansehen oder beantworten zu können.

Einstellungen

- **Übersichtlichere Einstellungen** – Die *Einstellungen* sind noch stärker als bisher in Kategorien eingeordnet. Dadurch wird die Zahl der Optionen auf der Hauptseite der *Einstellungen* kleiner. Zusätzlich werden die *Einstellungen* durch Grafiken übersichtlicher gestaltet.
- **Erweiterte Suche in den Einstellungen** – Bei der Suche nach einer App in den *Einstellungen* wird direkt zu den App-Informationen und Berechtigungen verlinkt.

Technik

- **Verbessertes Update-System** – Große Systemupdates können pausiert werden, wenn die Netzwerkverbindung durch das Update zu stark ausgelastet ist und anderweitig benötigt wird.
- **Schnellere Updates von Geräteherstellern** – Project Treble, ein neues modulares System, soll es Geräteherstellern leichter machen, herstellerspezifische Anpassungen und Hardwaretreiber vom eigentlichen Betriebssystem unabhängig zu machen. Damit sollen schnellere Updates möglich sein.
- **Bessere Akkulaufzeit** – Background Limits begrenzen Hintergrundaktivitäten und Netzwerkzugriffe von Apps.

Sicherheit

- **Flexiblere Installation von Apps aus unbekannten Quellen** – Die Installation von Apps aus Quellen außerhalb des Google Play Store komplett zu unterbinden, erweist sich nicht immer als praktikabel. Über den neuen speziellen App-Zugriff lässt sich festlegen, dass die App-Installation aus unbekannten Quellen nur aus bestimmten Apps heraus möglich ist, z. B. aus dem Browser.
- **Google Play Protect** – Eine neue Zusatzfunktion im Google Play Store soll die Nutzer vor der Installation schädlicher Apps schützen.
- **WiFi-Assistant** – Die Verbindung zu öffentlichen WLAN-Hotspots wird erleichtert und dank eingebauter VPN-Unterstützung auch sicherer.

Weitere Ankündigungen im Zusammenhang mit Oreo

- **Android Go** – Für schwächere Smartphones mit 1 GByte oder weniger Arbeitsspeicher sollen die »Light-Version« Android Go und speziell dafür optimierte Apps angeboten werden – voraussichtlich aber erst im Jahr 2018.
- **Android TV** – Die Verwaltung unterschiedlicher Videoquellen auf Android-TV-Geräten wird vereinfacht und der Google Assistant wird auch auf dieser Android-Variante verfügbar.
- **VR-Brillen** – Neue Modelle sind angekündigt, und die Unterstützung soll auf weitere Smartphones ausgeweitet werden.

Android 8 als Update installieren

Ob man auf einem vorhandenen Smartphone Android 8 Oreo installieren kann, hängt davon ab, ob der jeweilige Gerätehersteller ein Update anbietet. Google selbst liefert nur Updates für die Smartphones der hauseigenen Pixel-Serie sowie für einige Geräte der früheren Nexus-Serie.

So wird das Update installiert

Welche Android-Version auf einem Smartphone installiert ist, finden Sie ganz einfach heraus. Wischen Sie in den *Einstellungen* nach ganz unten und tippen Sie auf *Über das Telefon*. Auf dem nächsten Bildschirm sehen Sie die installierte Android-Version. Dies gilt bis einschließlich Android 7 Nougat. In Android 8 Oreo heißt diese Option auf der Hauptseite der Einstellungen *System*.

1 ▪ Das Smartphone mit Android 8 Oreo

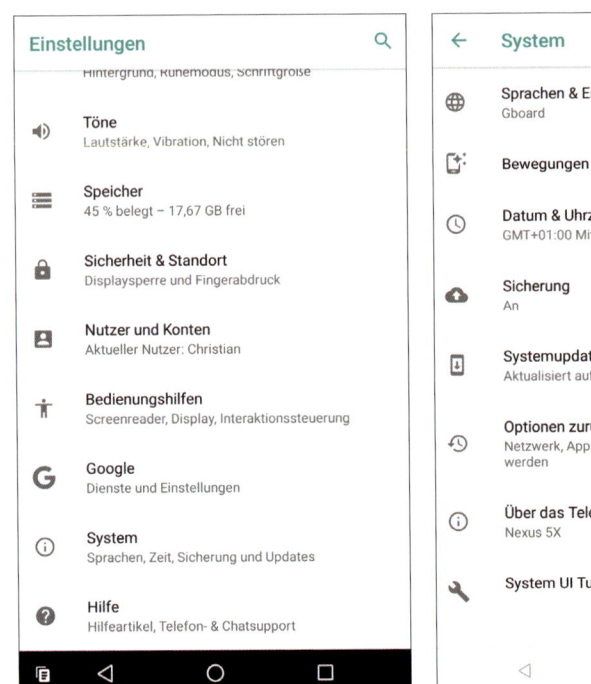
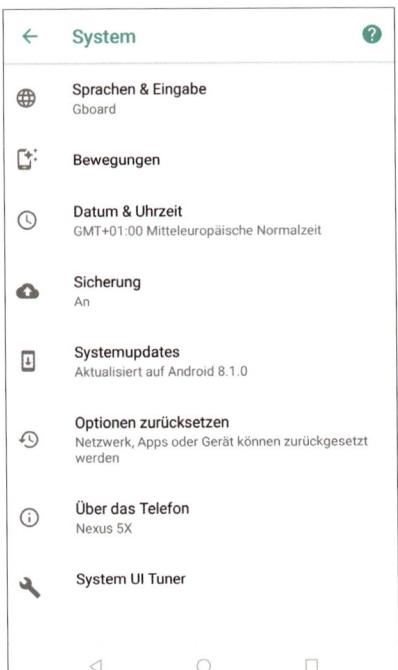

Anzeige der installierten Android-Version in den Einstellungen von Android 8 Oreo.

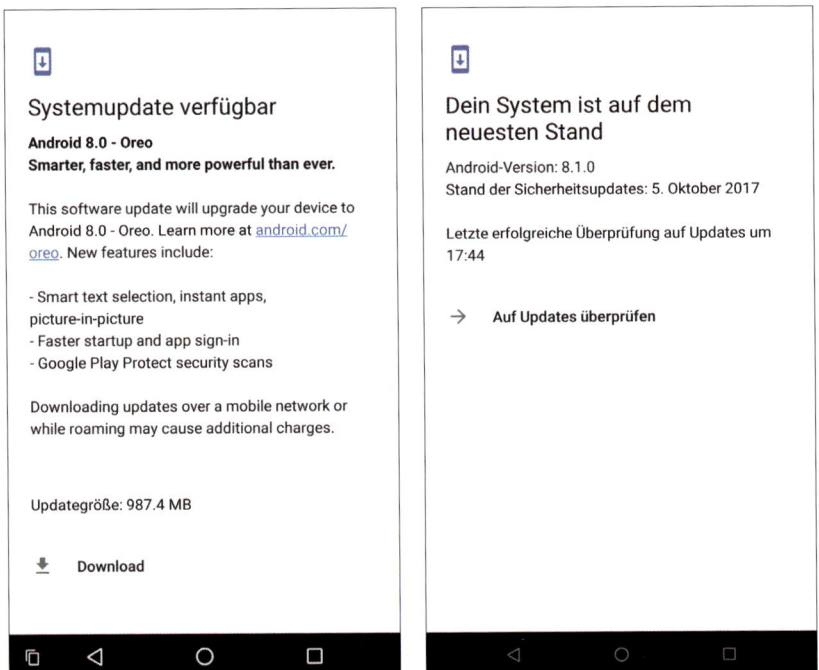

Update auf Android 8 Oreo suchen und herunterladen.

Üblicherweise benachrichtigen die Gerätehersteller jedes Smartphone, wenn das Update auf Android 8 Oreo oder auch ein kleineres Update zur Verfügung steht. In diesem Fall erscheint eine auffällige Meldung auf dem Bildschirm. Sie können aber auch über den Menüpunkt *Über das Telefon/Systemupdates* in den *Einstellungen* (bis Android 7 Nougat) bzw. *System/Systemupdates* (Android 8 Oreo) gezielt nach einem Update suchen.

Bei einem Betriebssystem-Update bleiben alle persönlichen Daten sowie aus dem Google Play Store installierte Apps erhalten. Daten auf der Speicherkarte bleiben ebenfalls erhalten. Apps, die bei manchen Smartphones vom Gerätehersteller vorinstalliert sind, wie z. B. Werbe-Apps, sind je nach Gerätehersteller teilweise im Update nicht mehr enthalten. Wegen der großen Datenmenge können Betriebssystem-Updates nur per WLAN heruntergeladen werden.

> **Achtung: Genug Strom für das Update**
>
> Beim Betriebssystem-Update muss unbedingt sichergestellt sein, dass der Akku nicht während des Update-Vorgangs leer wird. Lassen Sie das Smartphone am besten während des Update-Vorgangs am Ladegerät hängen. Sorgen Sie auch für ein Backup wichtiger Daten und Dateien, denn man weiß ja nie.

Die Update-Installation dauert üblicherweise einige Minuten bis eine halbe Stunde. Während dieser Zeit kann man keine Telefongespräche führen. Die deutsche Notrufverordnung schreibt vor, dass Benutzer ausdrücklich darauf hingewiesen werden, dass ihr Smartphone während des Update-Vorgangs nicht für Notrufe genutzt werden kann.

Nach dem Update bootet das Smartphone neu. Danach müssen Sie wieder die PIN der SIM-Karte sowie in einigen Fällen auch das Passwort des Google-Kontos eingeben. Sorgen Sie dafür, dass Sie diese Daten im Zugriff haben.

Tipps zur Geräteauswahl

Seit dem ersten Android-Handy mit dem schlichten Namen G1 werden jede Woche neue Smartphones mit Android-Betriebssystem angekündigt. Bekannte Hersteller wie Samsung, Motorola, HTC, Sony (früher Sony Ericsson), Asus, LG, ZTE oder Huawei setzen auf Android als Plattform. Zusätzlich bauen unzählige chinesische Hersteller Android-Smartphones, die in Europa unter verschiedenen Markennamen in Elektronikmärkten und online verkauft werden. Außer den Geräten von Microsoft und Apple, die ständig Marktanteile verlieren, sowie älteren BlackBerrys läuft mittlerweile fast jedes Smartphone mit Android.

1 ▪ Das Smartphone mit Android 8 Oreo

Google veröffentlichte zusammen mit den Hardwarepartnern HTC, LG, Motorola und Samsung zu jeder der wichtigen Android-Versionen bis einschließlich Android 6 Marshmallow ein Referenzgerät unter der Eigenmarke Nexus. Die Nexus-Smartphones werden über die Webseite *www.google.de/nexus* sowie über Vertriebspartner in den einzelnen Ländern verkauft und sind im Vergleich zu ähnlich leistungsstarken Smartphones anderer Hersteller oft relativ preisgünstig. Die Nexus-Smartphones bekommen immer als erste die neuen Android-Versionen. Für die Modelle Nexus 5X und Nexus 6P wird Android 8 Oreo direkt seit der Veröffentlichung angeboten.

Die Google-Geräte Nexus 5X, Nexus 6 und Nexus 6P (kein Größenvergleich, Fotos: Google).

Pixel – Smartphones made by Google

Zum Start von Android 8 Oreo veröffentlichte Google zwei neue Smartphones in der neuen Geräteserie Pixel, die mit Android 7 Nougat gestartet wurde und im Gegensatz zu den Nexus-Modellen am oberen Ende der Preisskala liegt. Die neue Benutzeroberfläche Pixel Launcher, der Google Assistant, Wischgesten für den Fingerabdrucksensor sowie zahlreiche neue Kamerafunktionen werden auf diesen Geräten erstmals gezeigt. Einige davon werden voraussichtlich den Geräten der Pixel-Serie exklusiv vorbehalten bleiben. Der Pixel Launcher wird auch für andere Geräte zum Download angeboten, der Google Assistant gehört zum Standard-Lieferumfang von Android 8.

Die beiden neuen Modelle Google Pixel 2 und Pixel 2 XL unterscheiden sich nur durch die Bildschirmgröße. Die neuen Funktionen des Google Assistant sowie die neue intelligente Kamera mit Bewegungserkennung und Tiefeninformationen im Bild stehen auf beiden Modellen zur Verfügung.

Die neuen Google-Smartphones Pixel 2 und Pixel 2 XL (Fotos: Google).

Die Smartphones Google Pixel 2 und Pixel 2 XL werden ab Ende Oktober 2017 über Googles Hardwaresparte *madeby.google.com* sowie über die Telekom angeboten und direkt mit Android 8 Oreo ausgeliefert. Die älteren Modelle Pixel, Pixel C und Pixel XL haben das Update auf Android 8 Oreo direkt nach Veröffentlichung erhalten.

Die Benutzertypen

Bevor Sie sich für ein Smartphone entscheiden, überlegen Sie sich, wofür Sie es hauptsächlich nutzen werden und wie viel Sie dafür ausgeben möchten. Jeder Nutzer verfolgt andere Interessen und Ziele, und genauso vielfältig ist mittlerweile die Auswahl an Android-Smartphones. Für unterschiedliche Anwenderszenarien sind auch unterschiedliche Hardwarekriterien von Bedeutung.

Der echte »Poweruser«, der viel im Internet surft und Multimedia-Anwendungen nutzt, braucht einen leistungsfähigen Prozessor und mindestens einen großen 5-Zoll-Bildschirm (12,7 cm), auf dem alle Apps und Videos laufen und der auch bei der Orientierung auf Landkarten hilfreich ist. Die Displayauflösung sollte idealerweise mindestens 1.080 x 1.920 Pixel betragen, dazu eine Kamera von 16 Megapixeln und ein Quad-Core-Prozessor machen das Profi-Smartphone perfekt.

1 ▪ Das Smartphone mit Android 8 Oreo

Der typische Smartphone-Nutzer, der sich neben dem Telefonieren Informationen aus dem Internet holt, Apps nutzt, E-Mails schreibt und ab und an ein Spielchen spielt, möchte trotzdem nicht immer ein überdimensionales Handy mit sich herumtragen. Hier empfehlen sich Smartphones der 4,0–4,5 Zoll Bildschirmklasse (10–11,5 cm). Diese haben trotz des günstigeren Preises ausreichend Prozessorleistung und Speicher für alle Alltags-Apps.

Würde man den diversen Kaufberatungsvideos im Internet oder auch im Fernsehen glauben, könnte man denken, die Funktionen der verschiedenen Android-Smartphones seien völlig unterschiedlich. Dort werden Werbeaussagen von Geräteherstellern ungefiltert übernommen und als das einzig Wahre verkauft. Ein Hersteller wirbt mit E-Mail-Funktionen, ein anderer mit der Google-Suche, ein dritter mit Facebook. Dass jedes Android-Smartphone dieser Welt all das kann, gerät dann ganz schnell in den Hintergrund. Tatsächlich unterscheiden sich die Geräte eher in der Hardwareausstattung und im Design, aber nicht in der Software.

> **Verschiedene Benutzeroberflächen**
>
> Im Gegensatz zu den proprietären Plattformen von Apple oder BlackBerry kann sich ein Smartphone-Nutzer bei Android ein Handy aussuchen, das ihm gefällt, und findet dann immer weitgehend das gleiche vertraute System vor und kann dieselben Apps nutzen. Allerdings gibt es bei Android, ähnlich wie bei Linux – die beide auf UNIX basieren – diverse verschiedene Benutzeroberflächen, die über das eigentliche Betriebssystem gelegt werden.
>
> Besonders Samsung, HTC und einige chinesische Hersteller zeigen Benutzeroberflächen, die sich vom Android-Standard stark unterscheiden. Google versucht zwar, einen Standard für Bedienung und Optik zu setzen und Hersteller dazu zu bringen, auf eigene Oberflächen zu verzichten, was aber bei einigen Herstellern auf taube Ohren stößt. Motorola liefert aktuelle Geräte mit unverändertem Android. ZTE kündigte an, zukünftig bei in Europa erhältlichen Smartphones reines Android zu verwenden. **Die Abbildungen in diesem Buch wurden auf Smartphones der Google-Nexus-Serie erstellt, um die Originaloberfläche von Android 8 Oreo zu zeigen.**

Akkulaufzeit in der Smartphone-Werbung

Natürlich hat die Leistung ihren Preis, besonders was den Stromverbrauch angeht. Bei keiner anderen Zahl in den Datenblättern beweisen Hersteller so viel Fantasie wie bei Stand-by- und Gesprächszeiten. Angaben von mehreren Hundert Stunden können nur unter extremen Laborbedingungen gelten, wenn optimaler Netzempfang besteht und keine einzige App sich im Hintergrund Daten holt. Klingeln sollte das Telefon dann auch nicht. Um die mit einer Akkuladung erzielbare Gesprächszeit auf die Minute genau anzugeben, ist einiges an Kreativität nötig. Im realen Nutzeralltag hält keines der modernen Android-Smartphones wesentlich länger als einen Tag ohne Steckdose durch, besonders wenn man sich zeitweise in Gebieten mit schlechter Netzversorgung aufhält. Die auf den Datenblättern der Smartphone-Hersteller angegebenen Zeiten können Sie einfach aus Ihrem Gedächtnis streichen. Sie haben mit der Realität nichts zu tun.

Wiederaufbereitetes Smartphone als kostengünstige Alternative zum Neukauf

Aktuelle Smartphones haben ihren Preis – und das gilt bei den großen bekannten Marken auch noch für die Topmodelle der vergangenen Jahre. Es muss aber nicht unbedingt ein fabrikneues Smartphone sein. Professionell aufbereitete gebrauchte Markengeräte bieten eine kostengünstige Alternative zu Neugeräten, ohne dass man dabei die vom klassischen Gebrauchtmarkt bekannten Qualitätseinbußen hinnehmen muss.

asgoodasnew.com (»So gut wie neu«), eine der bekanntesten deutschen Spezialfirmen für professionelle Geräteaufbereitung, bietet hochwertig wiederaufbereitete Smartphones und Tablets bis zu 30 % unter dem Neupreis an. Dabei sind selbst aktuelle Modelle oft bereits wenige Tage bis Wochen nach Verkaufsstart verfügbar.

Die Geräte werden nicht nur professionell gereinigt, sondern auch technisch bis ins letzte Detail geprüft und generalüberholt. Die Technik entspricht der eines Neugerätes, dabei gibt asgoodasnew sogar 30 Monate Garantie. Mithilfe der zertifizierten Löschsoftware von Blanko wird die jeweils aktuelle Firmware vorinstalliert und dabei sichergestellt, dass das Gerät frei von Datenspuren oder eventueller Malware des Vorbesitzers ist.

Professionell wiederaufbereitete Elektronik stellt eine dritte Geräteklasse zwischen fabrikneuer Ware und klassischem Gebrauchtmarkt dar, wobei technische Qualität und auch Garantieleistungen denen von Neuware entsprechen oder dank vielfältiger Tests sogar überlegen sind. Hier kann es kein »Montagsgerät« geben.

Gute Qualität zum halben Preis – Import aus China

Fast alle Smartphones werden zumindest in Teilen in China produziert, die meisten davon in Shenzhen, einer 12-Millionen-Stadt in Südchina, die sich in den letzten Jahren zum zweiten Silicon Valley entwickelt hat, die hierzulande aber kaum jemand kennt. Die chinesischen Marken Huawei, OnePlus und ZTE haben mittlerweile weite Verbreitung in Deutschland, allerdings erreichen deren Gerätepreise langsam auch deutsches Niveau. Weniger bekannte chinesische Marken liefern Smartphones in einer mit Markenherstellern vergleichbaren Qualität, aber zum halben Preis.

Xiaomi (gesprochen »schomi«, *www.mi.com*) gilt als Senkrechtstarter auf dem chinesischen Smartphone-Markt und ist in seinem Heimatland seit ein paar Jahren für High-End-Smartphones zu günstigen Preisen bekannt. In Europa sind die Geräte, wie auch die vieler anderer chinesischer Hersteller, bis jetzt nur über Importhändler erhältlich. Und diese sind auch das einzige wirkliche Problem beim Kauf chinesischer Hardware. Während die großen China-Importeure GearBest, Honorbuy, Banggood, TradingShenzhen oder Efox absolut seriös nach europäischen Standards arbeiten, tummeln sich auch schwarze Schafe auf dem Markt, deren Webauftritt auf den ersten Blick von zuverlässigen Händlern kaum zu unterscheiden ist. Bezahlen sollte man immer mit PayPal, da hier im Notfall der Käuferschutz weiterhilft.

Ein weiteres Kriterium ist ein europäisches Auslieferungslager bei großen Händlern. Dies verringert nicht nur die Lieferzeit auf wenige Tage gegenüber dem chinesischen Standardversand von etwa 20–40 Tagen, sondern bietet auch in den meisten Fällen einen europäischen Ansprechpartner bei Versandfragen und eventuellen Rücksendungen, die von Deutschland nach China sehr teuer sind, wogegen der umgekehrte Weg den Händler nur ein paar Cent kostet. Bei Shops ohne EU-Lager empfiehlt sich eine Bestellung per DHL Express, die für ein paar Euro mehr auch ein Paket direkt aus Shenzhen in etwa einer Woche nach Deutschland bringen und dazu im Gegensatz zu chinesischen Billigspeditionen eine Sendungsverfolgung online anbieten.

Die größte Verkaufsplattform weltweit ist AliExpress aus China, die inzwischen auch eine deutschsprachige Webseite *de.aliexpress.com* betreibt. Ähnlich wie bei eBay oder Amazon kann hier jeder beliebige Produkte zum Verkauf anbieten. Durch ein eigenes Bezahlsystem und verschiedene Überprüfungsmechanismen versucht die Alibaba Group Holding Limited, der Betreiber der Plattform, Betrüger fernzuhalten. Ähnlich wie bei eBay sollte man auch hier darauf achten, dass der jeweilige Händler auf Elektronik spezialisiert ist. Bei Shops, die neben Smartphones auch Kleidung oder Schmuck anbieten, ist an der Seriosität eher zu zweifeln. Da das Angebot an China-Handys nicht gerade übersichtlich ist, sollte man vor dem Kauf kurz googeln, ob ein günstig angebotenes Gerätemodell tatsächlich existiert. Auch erhebliche Preisunterschiede gegenüber dem durchschnittlichen Verkaufspreis des gleichen Gerätes in anderen Shops lassen Zweifel aufkommen. Fordert ein Händler dazu auf, den Kaufpreis am AliPay-Bezahlsystem vorbei direkt zu überweisen, wählen Sie besser einen anderen Händler.

Chinesische Technik – worauf sollte man achten?

Die Vielzahl chinesischer Smartphones und deren technische Ausstattung ist verglichen mit der schmalen Auswahl in deutschen Elektronikmärkten nicht gerade übersichtlich. Xiaomi, der nach einem Deal mit Nokia in Bezug auf wichtige Patente voraussichtlich bald in europäischen Läden auftaucht, orientiert sich in Sachen Ausstattung und Namensgebung am großen Vorbild Samsung. Die Flaggschiffe der Mi-Serie liegen meist technisch etwas über dem Samsung Flaggschiff des Vorjahres. So kann das aktuelle Xiaomi Mi 6 von 2017 gut mit dem Samsung Galaxy S7 aus dem Jahr 2016 mithalten. In der Mi-Note-Serie bietet Xiaomi analog zu den Galaxy-Note-Modellen Phablets mit besonders großen Bildschirmen an. Die Redmi-Reihe stellt die kostengünstige Mittelklasse dar, vergleichbar mit Samsungs Galaxy-A-Serie.

Bekannte chinesische Smartphones: Xiaomi Mi 6, OnePlus 5, ZUK Edge (kein Größenvergleich, Fotos: Hersteller).

Wie bei den bekannten Geräten sind auch bei China-Handys Prozessorleistung, RAM, interner Speicher, Bildschirm und Kamera die wichtigsten technischen Merkmale, auf die man beim Kauf achten sollte. Die meisten Smartphones der chinesischen Oberklasse verwenden aktuelle Snapdragon-Prozessoren, die auch die großen Markenhersteller nutzen. Mit 4 oder 6 GByte RAM ist der Arbeitsspeicher überall ausreichend bemessen. Zum Vergleich: Selbst das aktuelle Samsung Galaxy S8 hat nur 4 GByte RAM. Da Speicherbausteine in China billig sind, liegen die meisten Topmodelle mit 64 oder gar 128 GByte internem Speicher über dem in Europa üblichen Durchschnitt. Bei diesen Speichergrö-

1 ▪ Das Smartphone mit Android 8 Oreo

ßen kann man gut auf eine MicroSD-Karte verzichten. Die typische Full-HD-Bildschirmauflösung 1.920 x 1.080, die selbst chinesische Mittelklassemodelle bieten, entspricht der von bekannten Oberklasse-Smartphones, kommt aber nicht an die extrem hohen Auflösungen des Samsung Galaxy S7 und S8 oder der aktuellen Google-Pixel-Serie heran.

Die Akkus der meisten China-Smartphones sind mit über 3.000 mAh, beim Xiaomi Mi Mix sogar 4.400 mAh, überdurchschnittlich groß, aber oft fest verbaut – ein Trend, dem auch immer mehr klassische Hersteller folgen. Fast alle aktuellen Modelle unterstützen die Schnellladetechnik über USB Typ-C.

Verschiedene ROM-Versionen für das gleiche Gerät

In China werden die meisten Smartphones mit einer rein chinesischen Android-Version ausgeliefert, die oft viele vorinstallierte Apps enthält. Über eigene App Stores machen die Hersteller ein zusätzliches Geschäft mit Apps und den in China sehr beliebten kostenpflichtigen Bildschirmthemen und Iconsets. Für den Wachstumsmarkt in anderen ostasiatischen Ländern und Indien werden sogenannte Global oder International ROMs angeboten. Ist ein solches ROM vorinstalliert, profitieren auch europäische Nutzer von der Vielfalt der in Android standardmäßig enthaltenen Sprachen und den Google-Play-Diensten, einschließlich des Google Play Store. Achten Sie beim Kauf immer auf die Global-Versionen, auch wenn diese teilweise ein paar Euro teurer sind. Xiaomi und einige andere Hersteller bieten auch Global ROMs zum Download an, wobei der Installationsaufwand von Hersteller zu Hersteller unterschiedlich ist.

Android-Benutzeroberflächen

Android bietet weitgehende Freiheiten für Gerätehersteller und Softwareentwickler, eigene Benutzeroberflächen zu gestalten. Nur wenige Hersteller installieren ein unverändertes Android vor, die meisten verändern zumindest die Symbole der wichtigsten Apps und ein paar Kleinigkeiten beim Startbildschirm und den Einstellungen, was sich aber oft durch die Installation des Google Now Launchers aus dem Play Store zurücksetzen lässt. Andere, wie Huawei, ZUK oder LeEco, liefern mit EMUI, ZUI und EUI stark angepasste Android-Oberflächen und vielfach auch einiges an vorinstallierter Bloatware mit, die sich nicht immer entfernen lässt. Sollte eine Deinstallation der überflüssigen Apps nicht möglich sein, nehmen Sie ihnen in den *Einstellungen* unter *Apps* die Berechtigung für Benachrichtigungen weg, was seit Android 6 problemlos möglich ist. Dann stört die Bloatware wenigstens nicht mehr. Bei vielen chinesischen Android-Launchern fehlt der typische Button für die Liste aller Apps. Die Apps werden auf mehreren Startbildschirmseiten angezeigt, können dafür frei angeordnet und in vielen Fällen auch in Ordner einsortiert werden.

OnePlus setzt dagegen mit seinem OxygenOS, einem unabhängigen Android-Ableger, auf eine möglichst unverfälschte Android-Oberfläche, die aber um Zusatzfunktionen zur freien Belegung von Tasten, Gestensteuerung, Einschränkung von App-Berechtigungen sowie einen systemweit nutzbaren Equalizer erweitert ist.

Die große Unbekannte – der Zoll

Offiziell muss für aus einem Nicht-EU-Land eingeführte Produkte eine Einfuhrumsatzsteuer von 19 % bezahlt werden, wenn der Zollwert, der sich aus Warenwert plus Porto zusammensetzt, über 22 Euro liegt. Dazu kommt bei zahlreichen Produkten im Wert von über 150 Euro noch ein kompliziert zu errechnender Zollbetrag, der allerdings bei Smartphones generell nicht erhoben wird. Die großen Importshops versenden zollfrei, was bedeutet, dass alle Formalitäten bereits vorab erledigt sind, und der Käufer es nicht mit dem Zoll zu tun bekommt. Auf Sendungen aus einem EU-Versandlager hat der Zoll ohnehin keinen Zugriff. Aber auch bei Bestellungen von kleineren chinesischen Händlern oder über AliExpress hält sich die Wahrscheinlichkeit in Grenzen, dass der Zoll gerade das eigene Päckchen aus den Tausenden Sendungen, die täglich an deutschen Flughäfen und Seehäfen ankommen, herausfischt. Sollte eine Sendung tatsächlich einbehalten werden, bekommt man nach Tagen bis Wochen eine Aufforderung, sein Päckchen beim nächsten Zollamt abzuholen und 28,50 Euro, 19 % von 150 Euro, zu bezahlen. Da kein Zollbeamter chinesische Versandpapiere lesen kann, wird gern diese Obergrenze der Zollfreiheit zur Bemessung angesetzt. Bei höheren Beträgen müsste der Zoll sich die Mühe machen, einen tatsächlichen Wert zu ermitteln, um dann einige Cent Zollsatz zu kassieren. Natürlich hat man als Kunde theoretisch das Recht, beim Zollamt einen geringeren Warenwert zu beweisen und damit die Steuer zu senken. Bei Bestellungen per DHL überträgt der Zoll die Verzollung einer überprüften Sendung an DHL, und der Käufer zahlt die Einfuhrumsatzsteuer an den Paketboten, ohne selbst zum Zollamt fahren zu müssen. Allerdings gibt es hier keine Möglichkeit, den Warenwert zu verhandeln.

Erfahrungsberichten aus Foren zufolge zeigt der Zoll in letzter Zeit verstärkt Interesse, bestimmte Produkte komplett zu beschlagnahmen und trotz Zahlung der Einfuhrumsatzsteuer dem Käufer nicht auszuhändigen. Diese Gefahr besteht vor allem bei Geräten ohne CE- und ähnliche Prüfzeichen sowie bei Smartphones, die fremde Markenlogos zeigen oder sich eindeutig als chinesische Kopien bekannter Markengeräte erweisen, was auf die in diesem Buch erwähnten Smartphones aber nicht zutrifft. In solchen Fällen ist das Risiko hoch, die bestellte Ware nie zu erhalten. Oft wird man nicht einmal benachrichtigt und kann nur noch versuchen, sein Geld über den Käuferschutz von AliPay oder PayPal zurückzuerhalten.

Xiaomi nimmt mit seiner Android-Variante MIUI die größten Veränderungen gegenüber dem von Google vorgegebenen Standard vor. Über Themen ist die Oberfläche vielfältig personalisierbar. Einige nützliche Funktionen, die im Standard-Android fehlen, sind bereits vorinstalliert, u. a. ein Dateimanager, eine einfache Textverarbeitung, Kompass, QR-Code-Scanner, Notizblock und eine System-App, die grundlegende Systemchecks, Speicherbereinigung und einen Virenscanner bietet. Über Touch- und Tastengesten lässt sich die Oberfläche an persönliche Gewohnheiten anpassen. Wie auch OxygenOS verwendet MIUI die SwiftKey-Tastatur mit lernfähiger Autokorrektur, intelligenter Textvorhersage und Spezialtasten zur Positionierung des Cursors im Text. Der neuartige Second Space verhält sich wie ein zweites Handy. So kann man private von geschäftlichen Daten trennen oder das Smartphone zeitweise einem anderen Benutzer zur Verfügung stellen, ohne dass Einstellungen oder private Daten in den jeweils anderen Bereich kommen. MIUI hat wegen seiner Funktionsvielfalt und Anpassbarkeit besonders in Asien so große Beliebtheit erlangt, dass Xiaomi dieses System bei *en.miui.com* auch für Smartphones anderer Hersteller zum Download anbietet. Für nicht unterstützte Geräte gibt es zumindest den *MiHome Launcher* als App.

Dual-SIM-Smartphones

Viele vermeintlich günstige Telefontarife sind in der Internetnutzung so teuer, dass sie für Smartphones uninteressant werden. Umgekehrt haben die preiswerten Surf-Flatrates oft hohe Minutenpreise beim Telefonieren. Es gibt viele Gründe, zwei SIM-Karten zu verwenden. Dafür aber immer zwei Smartphones mit sich herumzutragen, kann schnell lästig werden.

Dual-SIM-Smartphones bieten eine Lösung, die Tarifvorteile von zwei SIM-Karten zu nutzen und so z. B. eine Telefon-Flatrate bei einem billigen E-Netz-Anbieter mit einem Internettarif im deutlich besser ausgebauten D-Netz zu kombinieren. Außerdem braucht man statt eines beruflichen und eines privaten Smartphones nur noch ein Gerät. Im Urlaub oder nachts schaltet man die berufliche SIM-Karte einfach aus. In grenznahen Gebieten lassen sich mit Dual-SIM-Smartphones Roamingkosten vermeiden, wenn das Mobilfunknetz des Nachbarlandes einmal stärker ist. Stecken Sie einfach SIM-Karten beider Länder ins Smartphone.

Die Dual-SIM-Technik, um Tarifvorteile von zwei SIM-Karten zu kombinieren, ist bei chinesischen Smartphones weitgehend Standard, was auch ein Grund ist, warum kein Mobilfunkprovider in Europa solche Geräte in sein Sortiment aufnimmt. Die meisten Modelle unterstützen auch LTE, aber leider fehlt bei einigen das in Deutschland besonders im ländlichen Raum weitverbreitete 800 MHz Band, auch als LTE Band 20 bezeichnet.

Neben der reinen Technik ist bei Dual-SIM-Handys die Integration der beiden SIM-Karten ins Betriebssystem wichtig. Android bietet von sich aus keine Dual-SIM-Funktionalität an. Hier hat z. B. Motorola gute Arbeit geleistet. Bei Sprachanrufen und SMS kann man jedes Mal wählen, welche SIM-Karte genutzt werden soll, oder auch eine SIM-Karte als Standard voreinstellen. Für Datenverbindungen legt man eine SIM-Karte fest, und zwar die mit dem günstigeren Internettarif. Die Statusleiste zeigt die Signalstärke für beide SIM-Karten parallel an. Der Datenverbrauch wird ebenfalls für beide SIM-Karten getrennt angezeigt.

Die wichtigsten Android-Versionen

Im Laufe der Geschichte des Betriebssystems wurde Android ständig weiterentwickelt. Dabei waren immer verschiedene Versionen gleichzeitig auf dem Markt. Alle Android-Versionen sind nach amerikanischen Namen von Süßigkeiten benannt, in alphabetischer Folge. Zu jeder Version hat Google ein eigenes Logo veröffentlicht.

Erst bei Version 1.5 und dem Buchstaben C wie Cupcake beginnen die Versionen, die öffentlich auf für die Allgemeinheit verfügbaren Geräten lieferbar waren. Android 1.0 Angel Cake und 1.1 Bettenberg waren nie auf Geräten verfügbar.

> **Der Name Oreo**
>
> Zu manchen Buchstaben ist es schwer, eine bekannte amerikanische Süßigkeit zu finden. Zum zweiten Mal seit Android 4.4 KitKat arbeitet Google mit einem Süßigkeitenhersteller zusammen, um einer Android-Version den Markennamen einer bekannten Süßigkeit zu geben. Oreo ist ein dunkler Doppelkeks mit weißer Füllung, der auch in Deutschland verkauft wird.

Alle Android-Versionen bis einschließlich 4.0 Ice Cream Sandwich sind mittlerweile völlig bedeutungslos. Aktuelle Apps laufen kaum noch darauf. Die Version 3.0 Honeycomb wurde speziell für Tablets entwickelt und wird ebenfalls nicht mehr ausgeliefert. Mit Android 4.0 Ice Cream Sandwich wurden die beiden Produktlinien 2.3 Gingerbread für Smartphones und 3.x Honeycomb für Tablets wieder zu einem System zusammengeführt. Dazu wurde eine gänzlich neue Benutzeroberfläche entwickelt, in die viele Elemente der Tablet-Version eingeflossen sind. Auf Smartphone-Bildschirmen stellt sich diese Oberfläche automatisch so um, dass die Bedienelemente auch bei geringeren Bildschirmauflösungen funktionieren. Ein knappes Viertel der derzeit aktiven Smartphones und Tablets verwendet noch die Android-Versionen der Generation 4:

4.1/4.2/4.3 Jelly Bean sowie 4.4 KitKat. Mit Android 5 Lollipop startete Google unter dem Namen *Material Design* ein komplett überarbeitetes Design der Benutzeroberfläche, das auch in den Nachfolgeversionen in nochmals verbesserter Form verwendet wird. Trotz der Nachfolger Android 6 Marshmallow und Android 7 Nougat werden immer noch Neugeräte mit Android 5 Lollipop angeboten.

Die Logos der ganz frühen Android-Versionen 1.0 Angel Cake, 1.1 Battenberg, 1.5 Cupcake und 1.6 Donut.

Die Logos der älteren Android-Versionen 2.0/2.1 Eclair, 2.2 Froyo, 2.3 Gingerbread und 3.x Honeycomb.

Die Logos der immer noch weitverbreiteten Android-Versionen 4.0 Ice Cream Sandwich, 4.1/4.3 Jelly Bean, 4.4 KitKat und 5.0/5.1 Lollipop.

Die Logos der aktuellen Android-Versionen 6.0 Marshmallow, 7.0/7.1 Nougat und Android 8 Oreo.

Google veröffentlicht monatlich Zahlen zur Verbreitung der einzelnen Android-Versionen. Die Zahlen stammen nicht aus verkauften Smartphones, sondern werden über die Besucherzahlen des Google Play Store ermittelt. Demnach hatte Android 6.x Marshmallow Anfang Oktober 2017 noch mit 32,0 % den größten Marktanteil, gefolgt vom Vorgänger Lollipop mit 27,7 %. Die im Jahr

2016 erschienene Version Android 7 Nougat erreicht erst 17,8 %. Die Android-Versionen 4.x halten zusammen nur noch 21,7 %. Ältere Versionen sind mit unter 1 % so gut wie bedeutungslos. Versionen mit weniger als 0,1 % Verbreitung werden in der Statistik nicht angezeigt.

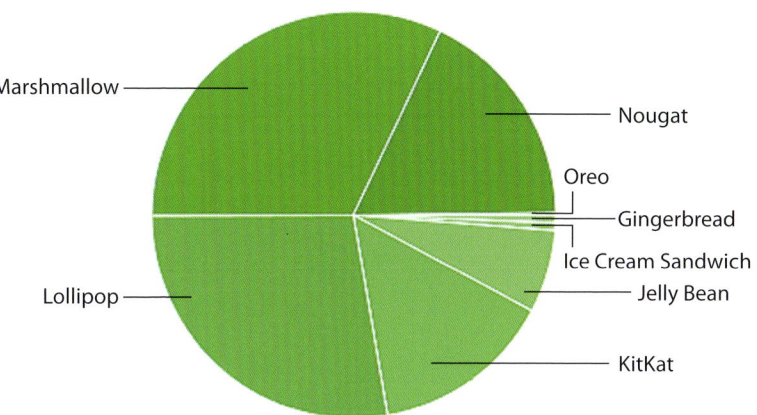

Verteilung der Android-Versionen, Stand 02.10.2017 (Quelle: Google).

Das aktuelle Android 8 Oreo schaffte Anfang Oktober 2017 mit 0,2 % Marktanteil erstmals den Sprung in die Statistik, da es bis dahin nur auf einigen aktuellen Nexus- und Pixel-Modellen lief. Die drei jüngsten Android-Versionen Oreo, Nougat und Marshmallow machten Anfang Oktober 2017 genau 50 % des Marktes aus.

Was macht Android so besonders?

Android ist nicht nur eine elegante Oberfläche für Touchscreen-Smartphones, sondern ein echtes Betriebssystem wie auf einem PC, mit dem man das Handy für noch viel mehr als nur zum Telefonieren nutzen kann. Natürlich hat Android diese Art von Mobilität nicht erfunden, es gibt parallel noch andere Systeme, allen voran Apples iOS mit dem iPhone, das erstmals Smartphones alltagstauglich machte.

Google als wichtigster Entwickler der Android-Plattform gibt Softwareentwicklern viele Freiheiten – deutlich mehr als die Hersteller der anderen Plattformen, sodass in kurzer Zeit jede Menge Apps entstanden sind, der größte Teil davon ist für den Nutzer kostenlos.

Auch Gerätehersteller sind weitgehend frei, wenn es darum geht, Android-Handys zu produzieren. Hardwaredaten wie Bildschirmauflösung und -größe, Zahl und Anordnung der Tasten, Kameraauflösung, Unterstützung verschiedener Funktechnologien (EDGE, UMTS, HSDPA, LTE), Tastatur oder nicht sind für die Hersteller nicht konkret vorgeschrieben. Dies führte dazu, dass sich eine breite Vielfalt verschiedener Smartphones für jeden Nutzergeschmack entwickelt hat.

> **Das Update Android 8.1**
>
> Kurz nach der Veröffentlichung von Android 8.0 erschien ein kleineres Update auf Version 8.1. Die meisten Änderungen sind eher technischer Natur. Auf den ersten Blick fallen ein neues Design des Ausschaltbildschirms, einige neue Bezeichnungen von Einstellungen und Menüpunkten sowie neue Grafiken in den Einstellungen auf. Bei angeschlossenen Bluetooth-Geräten wie z. B. Lautsprechern wird der Akkustand in den Schnelleinstellungen angezeigt.

Kapitel 2
Alltag mit dem Android-8-Smartphone

In diesem Kapitel werden die wichtigsten Grundlagen der Bedienung von Smartphones mit Android 8 Oreo erklärt, die Sie in den folgenden Kapiteln sicher gebrauchen können. Selbst wer schon einige Zeit ein Android-Smartphone besitzt, wird noch das ein oder andere Interessante finden, da sich die neue Android-Version in vielen Kleinigkeiten von den Vorgängerversionen unterscheidet.

Die wichtigsten Fingergesten zur Touchscreen-Steuerung

Um den Touchscreen fehlerfrei zu bedienen, noch ein wenig technischer Hintergrund: Fast alle Android-Smartphones verwenden kapazitive Touchscreens, die auf das Energiefeld der Hand reagieren und nicht auf mechanischen Druck wie ältere Handys. Ein moderner Touchscreen lässt sich ausschließlich mit dem Finger bedienen, Stifte oder andere mechanische Hilfsmittel sowie Handschuhe sind wirkungslos. Wassertropfen auf dem Bildschirm beeinträchtigen ebenfalls die Funktion.

Berühren Sie den Touchscreen am besten nur mit einem Finger. Die anderen Finger der Hand können, selbst wenn sie das Glas nicht direkt berühren, schon eine ungewollte Reaktion auslösen. Nur ganz wenige Gesten, etwa das Zoomen sowie Spezialgesten bei Google Earth, benötigen zwei Finger.

Die grundlegenden Fingergesten auf dem Bildschirm werden im Buch mit Handsymbolen in den jeweiligen Abbildungen erklärt, sodass Sie sofort sehen, wohin Sie tippen oder von wo nach wo Sie mit dem Finger über den Bildschirm streichen, um eine bestimmte Aktion auszulösen.

Einfaches Antippen – Tippen Sie mit einem Finger kurz auf die angegebene Stelle auf dem Bildschirm.

Halten/Langes Antippen – Halten Sie einen Finger länger auf die angegebene Stelle auf dem Bildschirm. Das angetippte Bildschirmelement zeigt eine Reaktion, leuchtet z. B. auf oder lässt sich auf dem Bildschirm verschieben. Beim Loslassen erscheint oft ein Auswahlmenü.

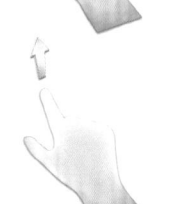

Fingerstrich – Streichen Sie mit dem Finger über den Bildschirm, wie der Pfeil angibt. Das bedeutet, berühren Sie den Bildschirm am Fußpunkt des Pfeils und streichen Sie mit dem Finger, ohne loszulassen, zur Spitze des Pfeils, erst dort lassen Sie los. Damit ziehen Sie ein Bildschirmobjekt an eine andere Position.

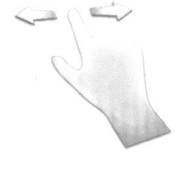

Wischen – Beim Wischen oder Scrollen streichen Sie mit dem Finger vertikal oder horizontal über den Bildschirm, ohne eine genaue Position beachten zu müssen. Damit verschieben Sie den gesamten Bildschirminhalt nach oben oder unten bzw. nach links oder rechts. Fotos, Landkarten und auch einige Webseiten lassen sich auch in andere Richtungen über den Bildschirm verschieben.

Benachrichtigungsleiste nach unten ziehen – Erscheinen Benachrichtigungen über neue E-Mails, entgangene Anrufe oder heruntergeladene Apps in der Benachrichtigungsleiste am oberen Bildschirmrand, können Sie diese anzeigen lassen, indem Sie die Benachrichtigungsleiste nach unten ziehen. Tippen Sie dazu an den oberen Bildschirmrand und streichen Sie mit dem Finger, ohne loszulassen, bis zum unteren Rand.

Zoom – Berühren Sie den Bildschirm mit zwei Fingern dicht nebeneinander und spreizen Sie dann die Finger, ohne den Bildschirm loszulassen, auseinander. Damit zoomen Sie in ein Foto, eine Landkarte oder eine Webseite hinein. Die umgekehrte Bewegung zoomt wieder zurück. Die genaue Position, an der Sie dazu den Bildschirm berühren, spielt keine Rolle.

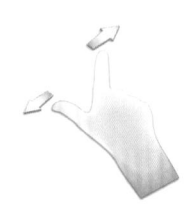

Drehen – Berühren Sie den Bildschirm mit zwei Fingern und führen Sie dann, ohne den Bildschirm loszulassen, eine bogenförmige Bewegung aus. Damit drehen Sie in ein Foto oder eine Landkarte. Die genaue Position, an der Sie dazu den Bildschirm berühren, spielt keine Rolle.

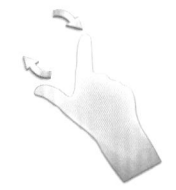

Die Ersteinrichtung eines neuen Gerätes

Zuerst müssen Sie die SIM-Karte und bei Bedarf auch noch eine MicroSD-Karte in das Smartphone einbauen. Aufgrund internationaler Sicherheitsvorschriften dürfen Akkus im Gerät nicht in vollgeladenem Zustand verschickt werden. Der Akku fabrikneuer Smartphones ist bei Auslieferung nur zu etwa 50 % aufgeladen, was aber ausreicht, um das Gerät sofort in Betrieb nehmen und einrichten zu können.

Akku laden

Das alte Gerücht, ein Akku sollte vor jedem Aufladen erst komplett leer sein, gilt bei modernen Akkus schon lange nicht mehr. Sorgen Sie im Gegenteil lieber dafür, dass der Akku nie ganz leer ist, sondern laden Sie ihn besser schon bei 30 % Restkapazität wieder auf. Kurze Ladevorgänge über den Tag verteilt verlängern die Lebensdauer des Akkus. Im Gegensatz dazu schadet es dem Akku, wenn er regelmäßig komplett entladen wird. Das Smartphone sollte auch nicht längere Zeit mit vollgeladenem Akku am Ladegerät hängen. Bei modernen Smartphones schaltet die Ladeelektronik automatisch ab, wenn der Akku voll ist, sodass auch dieses Problem kaum noch besteht.

USB Typ-C

Mit Micro-USB Typ-C etabliert sich gerade ein neuer Standard, der höhere Ladegeschwindigkeiten und auch höhere Datenübertragungsraten ermöglicht. Micro-USB-Typ-C-Stecker sind symmetrisch, lassen sich also in beiden Richtungen einstecken. Bei Smartphones mit USB-Typ-C-Anschluss wird meistens noch ein Adapter für den klassischen Micro-USB-Stecker mitgeliefert, um das Gerät an einem vorhandenen Ladegerät oder einer Powerbank aufzuladen. Dieser Adapter wird auch für Kabelverbindungen mit dem PC benötigt, da die USB-Typ-C-Kabel auf beiden Seiten den neuen Stecker haben. Die wenigsten PCs verfügen bereits über USB-Typ-C-Anschlüsse. Mit dem Adapter kann ein klassisches Micro-USB-Kabel verwendet werden.

USB Typ-C (oben) und Micro-USB (unten) im Vergleich. Links ein Adapter von Micro-USB auf USB Typ-C.

Die meisten Android-Smartphones verwenden Micro-USB-Ladegeräte. Diese sind beliebig zwischen den Geräten austauschbar. Wer mehrere Geräte nutzt, braucht nicht immer mehrere Ladegeräte mit sich herumzutragen. Seit der Vereinheitlichung der Ladegeräte für alle Smartphones außer dem iPhone kann man bequem ein Ladegerät fest am Schreibtisch oder in der Küche deponieren, ein weiteres am Arbeitsplatz oder ähnlich.

SIM-Karte einstecken

Die meisten Android-Smartphones verwenden die modernen Micro-SIM-Karten. Das klassische Mini-SIM-Format wird in aktuellen Geräten kaum noch genutzt. Immer mehr neue Smartphone-Modelle verwenden die noch kleineren Nano-SIM-Karten. Wer sein Smartphone nicht direkt mit einem Mobilfunkvertrag kauft, muss also darauf achten, von seinem Mobilfunkanbieter eine passende SIM-Karte zu bekommen. Viele Netzbetreiber und Mobilfunkdiscounter bieten sogenannte Kombi-SIM-Karten: Mehrere Stanzlinien ermöglichen es, den SIM-Chip in unterschiedlichen SIM-Kartenformen aus dem Kartenträger herauszudrücken. Die Nano-SIM-Karten sind einfach nur kleiner, die Kontakte aber gleich angeordnet und elektronisch voll kompatibel zu Mini-SIM- und Micro-SIM-Karten.

Kombi-SIM-Karte mit Bedienungsanleitung (Foto: netzclub SIM-Karte).

> **Netzclub**
>
> Netzclub (*www.netzclub.net*) ist ein Mobilfunkdiscounter im O2-Netz, bei dem man jeden Monat 100 MByte Datenvolumen geschenkt bekommt, wenn man zustimmt, Werbung per E-Mail und SMS zu erhalten. Die Werbung hält sich in vertretbaren Grenzen, alle paar Tage kommt mal eine E-Mail oder SMS. Das Guthaben für Gespräche oder größere Datenpakete lässt sich bequem per Prepaid ohne Vertragspflichten aufladen. Dieser Tarif ist ideal für alle, die ihr Smartphone im Wesentlichen im WLAN nutzen und nur sehr wenig damit telefonieren. Über diesen Empfehlungslink erhalten Leser dieses Buches einmalig zusätzlich 300 MByte Datenvolumen gratis: *goo.gl/ubaXDA*.

Die Ersteinrichtung eines neuen Gerätes

Nano-SIM-Karten werden meistens in einer kleinen Schublade ins Gehäuse geschoben. Diese Schublade lässt sich mit einem mitgelieferten Werkzeug öffnen. Drücken Sie dieses kurz in das dafür vorgesehene Loch der SIM-Kartenschublade.

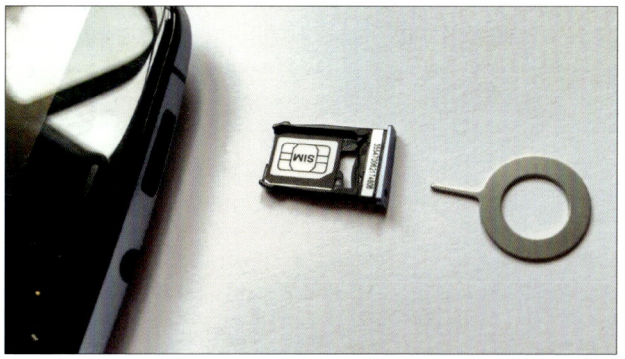

Schublade für eine Nano-SIM-Karte mit Werkzeug zum Öffnen.

> **Micro-SIM und Nano-SIM selbst basteln**
>
> Obwohl dies offiziell nicht empfohlen wird, findet man im Internet Anleitungen und Schneidevorlagen, um normale Mini-SIM-Karten auf die Größe einer Micro-SIM oder Nano-SIM zurechtzustutzen. Der eigentliche Chip in den SIM-Karten liegt genau unter der Kontaktfläche und kann, sofern man mit einem scharfen Messer sauber schneidet und die SIM-Karte dabei nicht zerspringt, nicht beschädigt werden. Also am besten einmal mit einer abgelaufenen oder einer kostenlosen Promo-SIM-Karte üben, bevor man das Messer an der echten SIM-Karte ansetzt. Für weniger Mutige gibt es im Zubehörhandel einfache Stanzmaschinen für unter 10 Euro, mit denen man kaum etwas falsch machen kann.

Der erste Start des Smartphones

Alle Android-Smartphones zeigen beim ersten Start einen Einrichtungsassistenten, der die Ersteinrichtung des Gerätes in wenigen Schritten erledigt.

1. Drücken Sie zum Erststart länger (etwa eine Sekunde) auf den Einschalter. Der Bildschirm wird leicht heller, und nach kurzer Zeit erscheinen ein Logo des Geräteherstellers sowie ein Android-Logo.

2. Nach dem Einschalten müssen Sie als Erstes wie auf jedem Handy die PIN Ihrer SIM-Karte eingeben. Ist die PIN-Abfrage auf der SIM-Karte deaktiviert, entfällt dieser Schritt natürlich auch hier.

3. Die meisten Funktionen von Android-Smartphones lassen sich im WLAN auch ohne SIM-Karte nutzen. Ist keine SIM-Karte eingelegt, wird die PIN-Eingabe automatisch übersprungen. Anhand der SIM-Karte wird bei der Ersteinrichtung automatisch auch ein Internetzugang über diese SIM-Karte eingerichtet, der allein durch Hintergrunddienste schon Kosten verursachen kann (siehe dazu weiter unten in diesem Kapitel den Abschnitt »Tipps zur Wahl eines Tarifs für Android-Smartphones«). Vor dem ersten Internetzugriff während der Erstinstallation wird das WLAN eingerichtet. Nutzen Sie dieses zur Installation, auch wenn Sie bereits einen Internettarif auf Ihrer SIM-Karte haben, da durch Updates und synchronisierte Daten des alten Gerätes schnell einige GByte an Datenvolumen anfallen.

4. Jetzt erscheint der typische Android-Sperrbildschirm mit einer Uhr, die sich nach kurzer Zeit durch ein Signal aus dem Mobilfunknetz automatisch aktualisiert. Wischen Sie diesen mit einem Fingerstrich von unten nach oben weg.

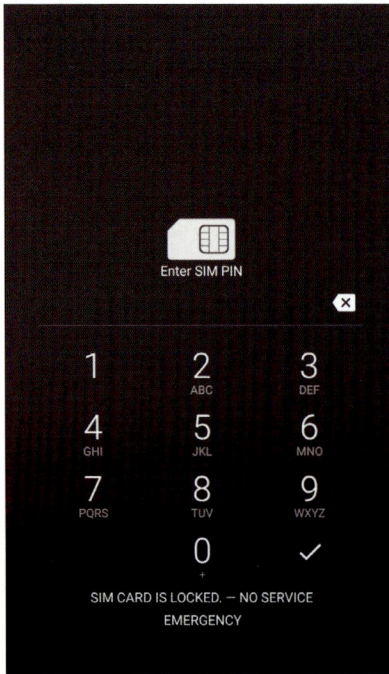 

PIN eingeben und Sperrbildschirm wegwischen.

5. Wählen Sie im nächsten Schritt als Sprache Deutsch aus, sollte diese nicht automatisch anhand der eingelegten SIM-Karte erkannt worden sein. So bekommen Sie sämtliche Menüs und Systemdialoge in deutscher Sprache angezeigt. Tippen Sie anschließend auf *Los geht's*.

Die Ersteinrichtung eines neuen Gerätes

 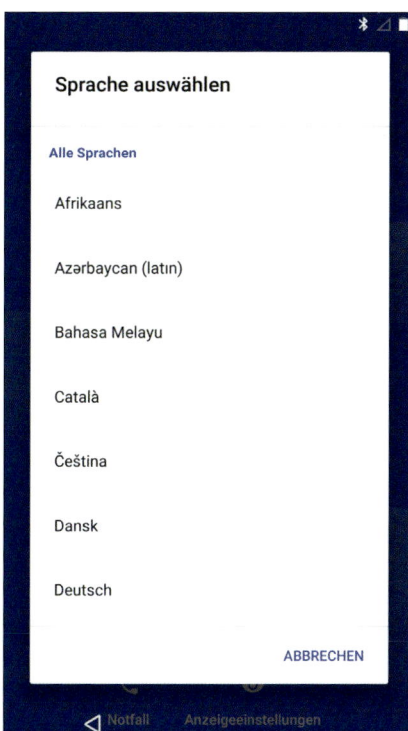

Sprache bei der Ersteinrichtung auswählen.

> **Android auf Deutsch**
>
> Immer wieder behaupten besonders schlaue Nutzer in Internetforen, moderne Elektronik ließe sich nur auf Englisch richtig bedienen und manche Funktionen blieben in der deutschen Oberfläche verborgen. Das ist natürlich völliger Quatsch und galt vielleicht vor 20 Jahren. Heute ist der deutsche Markt einer der wichtigsten Märkte für Elektronikhersteller weltweit. Android 8 Oreo ist in allen verfügbaren Sprachen gleichermaßen nutzbar.

Daten kopieren oder als neues Gerät einrichten

Jeder hat auf seinem Smartphone eine Vielzahl persönlicher Daten, Telefonnummern, Adressen, Fotos und Musik. Früher war es mühsam, diese Daten vom alten Handy auf ein neues zu übernehmen. Heute bietet Android bequeme Lösungen zur Datenübertragung an. Daten, die im Google-Konto gespeichert sind – z. B. von einem früheren Android-Smartphone – stehen automatisch nach Anmeldung mit demselben Google-Konto auch auf dem neuen Smartphone zur Verfügung.

2 ▪ Alltag mit dem Android-8-Smartphone

Da fast jeder, der ein neues Smartphone mit Android 8 Oreo anmeldet, bereits vorher mindestens ein Smartphone hatte, bietet die Ersteinrichtung von Android 8 Oreo jetzt eine vereinfachte Auswahlmöglichkeit an, frühere Daten direkt zu übernehmen.

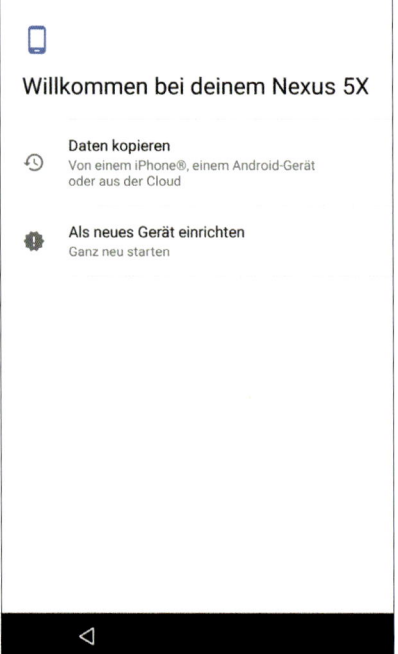

Wählen Sie die Option *Daten kopieren*, wenn Sie ältere Daten übernehmen möchten. Dabei brauchen Sie sich jetzt noch nicht festzulegen, auf welchem Weg diese Daten übertragen werden. Die Option *Als neues Gerät einrichten* übernimmt keine Apps und keine aus Apps gespeicherten Daten. Daten, die im Google-Konto gespeichert sind, können trotzdem übernommen werden.

Auswahl, ob Daten eines alten Smartphones übernommen werden sollen.

WLAN als schneller Internetzugang zu Hause

Zu Hause bietet das eigene WLAN eine schnelle, zuverlässige Internetverbindung auch für Smartphones. Hinzu kommt, dass dieser Internetzugang kostenlos ist, das übertragene Datenvolumen also nicht auf das wertvolle Datenvolumen der Mobilfunk-Flatrate angerechnet wird.

Aus diesen Gründen bieten Android-Smartphones gleich bei der Ersteinrichtung – noch vor der datenintensiven Synchronisation mit dem Google-Konto – an, eine WLAN-Verbindung einzurichten.

> **INFO:** Wi-Fi ist die englische Bezeichnung für WLAN. Der in Deutschland gebräuchliche Begriff WLAN (**W**ireless **L**ocal **A**rea **N**etwork) für drahtloses Netzwerk ist ein deutscher Anglizismus und wird weder von englischen noch amerikanischen Muttersprachlern verstanden. Diese sprechen immer von Wi-Fi.

Die Ersteinrichtung eines neuen Gerätes

1. Automatisch erscheint ein Bildschirm für die WLAN-Einstellungen. Wählen Sie in der Liste der gefundenen WLANs in der Nähe das Netzwerk aus, mit dem Sie sich verbinden möchten. Ist dieses WLAN verschlüsselt, wird es in der Liste mit einem Schloss-Symbol dargestellt, und Sie müssen bei der ersten Verbindung den Schlüssel eingeben.

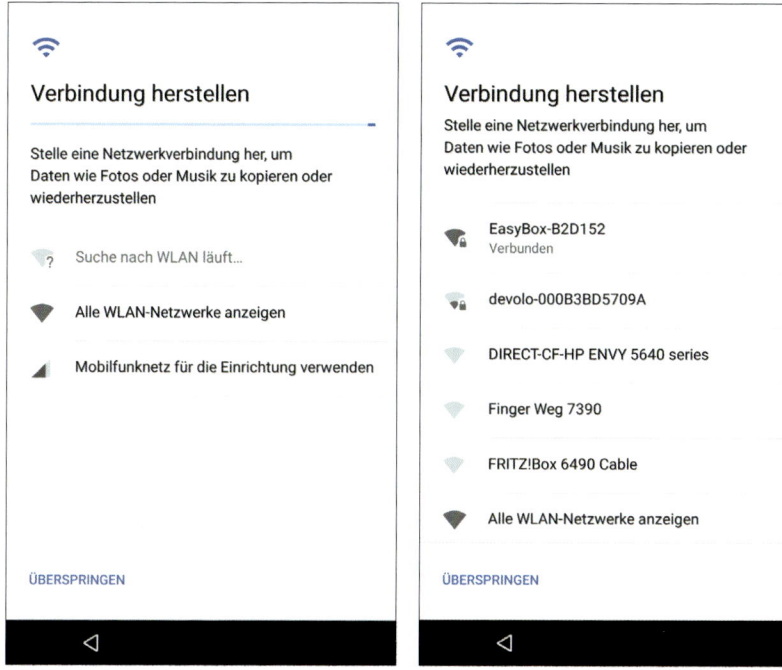

WLAN bei der Ersteinrichtung auswählen.

2. Android unterstützt alle gängigen Verschlüsselungsverfahren: WEP, WPA und WPA2. Klicken Sie anschließend auf *Verbinden*. Danach wird diese Verbindung gespeichert, es ist keine weitere Schlüsseleingabe mehr nötig.

WPS statt WLAN-Schlüssel

Haben Sie einen Router mit einer WPS-Taste, können Sie die Verbindung mit einem Knopfdruck einrichten. Drücken Sie dann einfach, wenn auf dem Smartphone die entsprechende Meldung erscheint, die WPS-Taste auf dem Router.

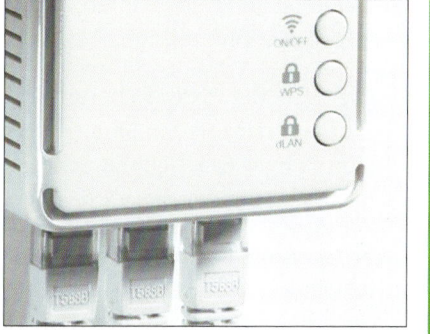

WPS-Taste (Foto: devolo AG).

3. Die Option *Mobilfunknetz für die Einrichtung verwenden* sollten Sie nur nutzen, wenn kein WLAN zur Verfügung steht. Bei der Ersteinrichtung werden, je nachdem, wie viele Daten von früheren Smartphones übernommen werden, mehrere 100 MByte Datenvolumen an.

4. Eine aktive WLAN-Verbindung wird mit einem Symbol in der Benachrichtigungsleiste am oberen Bildschirmrand angezeigt. Dieses zeigt auch die ungefähre Signalstärke.

Daten eines früheren Smartphones übernehmen

Nachdem die Verbindung erfolgreich hergestellt wurde, erscheint automatisch der Bildschirm *Daten importieren von...*, um mit der Ersteinrichtung des Smartphones fortzufahren, wenn Sie sich dafür entschieden haben, Daten eines früher verwendeten Smartphones zu übernehmen.

Daten aus einer Cloud-Sicherung übernehmen

Die einfachste Methode ist, Daten aus einer Cloud-Sicherung bei Google Drive zurückzuspielen, wenn das vorher benutzte Smartphone so eingestellt ist, dass es regelmäßig eine Sicherung anlegt. Diese Sicherung enthält neben den ohnehin im Google-Konto gespeicherten Kontakten, Terminen, Fotos und Browserlesezeichen auch installierte Apps, App-Daten, WLAN-Passwörter, Anruflisten, SMS, Hintergrundbild und Anordnung der Apps auf dem Startbildschirm. Sie können das neue Smartphone also bis auf Kleinigkeiten nahtlos weiterverwenden.

1. Wählen Sie die Option *Sicherung aus der Cloud*. Danach müssen Sie sich mit Ihrem Google-Konto anmelden, damit das neue Smartphone auf Google Drive vorhandene Sicherungen anderer Geräte finden kann.

2. Wählen Sie jetzt unter Ihren Geräten das aus, dessen Sicherung auf dem neuen Smartphone wiederhergestellt werden soll.

3. In der Liste der in der Sicherung enthaltenen Apps wählen Sie aus, welche davon auf dem neuen Smartphone wieder installiert werden sollen. Hier bietet sich die Gelegenheit, schon länger nicht mehr verwendete Apps abzuschalten, um das neue Smartphone übersichtlich zu halten.

4. Nachdem Sie auf *Wiederherstellen* getippt haben, werden Einstellungen und Daten aus der Sicherung auf das neue Smartphone gespielt.

Daten eines früheren Smartphones übernehmen

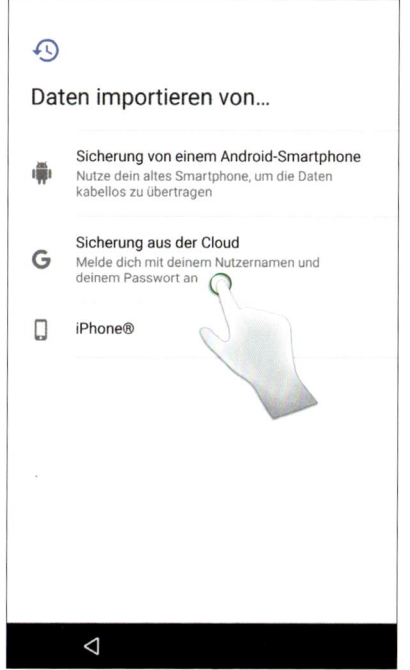

Daten aus einer Sicherung von Google Drive wiederherstellen.

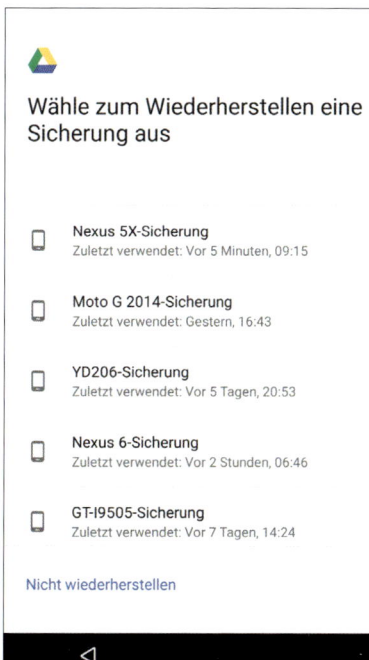
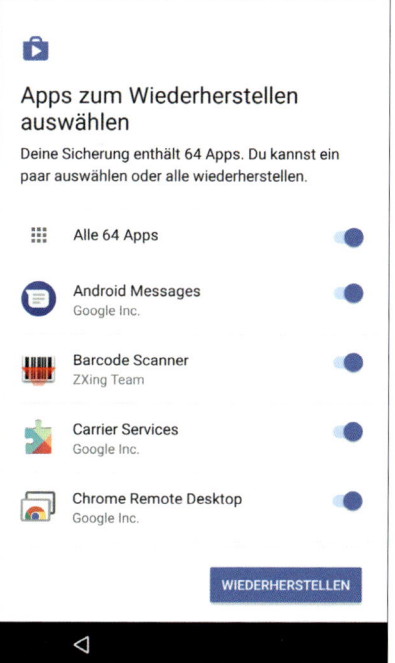

Sicherung und wiederherzustellende Apps auswählen.

> **Gesicherte Apps wiederherstellen**
>
> Die auf dem anderen Smartphone installierten Apps sind in der Sicherung selbst nicht enthalten, sie werden automatisch in der aktuellen Version aus dem Google Play Store installiert, was je nach Anzahl und Größe der Apps einige Minuten dauert. Wundern Sie sich also nicht, wenn einige Apps anders aussehen als gewohnt. In diesen Fällen waren auf dem anderen Smartphone nicht die letzten App-Updates installiert.

Daten von einem anderen Smartphone drahtlos übernehmen

Haben Sie keine Sicherung von einem früheren Smartphone auf Google Drive zur Verfügung, können Sie die Daten auch direkt von einem anderen Smartphone drahtlos übernehmen, was zwar nicht ganz so komfortabel ist und auch länger dauert, aber immer noch einfacher ist, als alles komplett neu zu installieren.

1. Wählen Sie in diesem Fall auf dem ersten Bildschirm die Option *Sicherung von einem Android-Smartphone*.

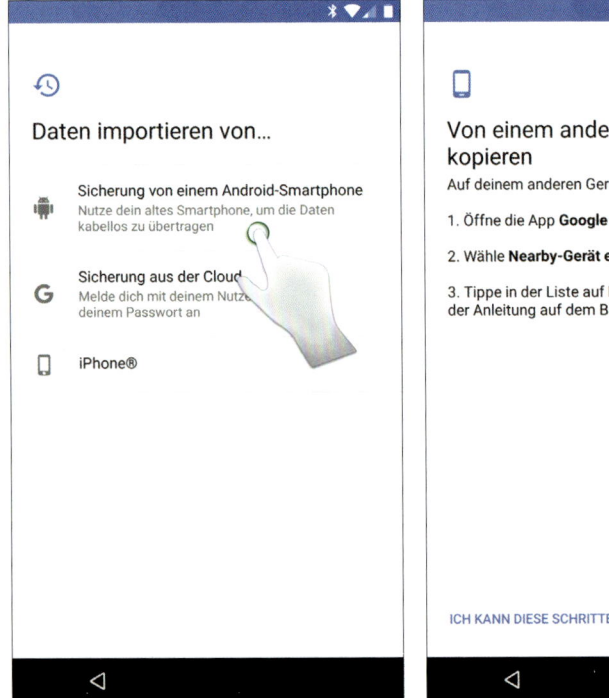

Daten von einem anderen Smartphone drahtlos übertragen.

2. Auf dem nächsten Bildschirm wird die weitere Vorgehensweise auf dem anderen Smartphone angezeigt. Diese Beschreibung gilt in dieser Form nur bis Android 6 Marshmallow.

3. In Android 7 Nougat und Android 8 Oreo öffnen Sie die App *Einstellungen*. Es gibt keine App *Google-Einstellungen* mehr. Hier finden Sie unter *Google* die Option *Nearby-Gerät einrichten*.

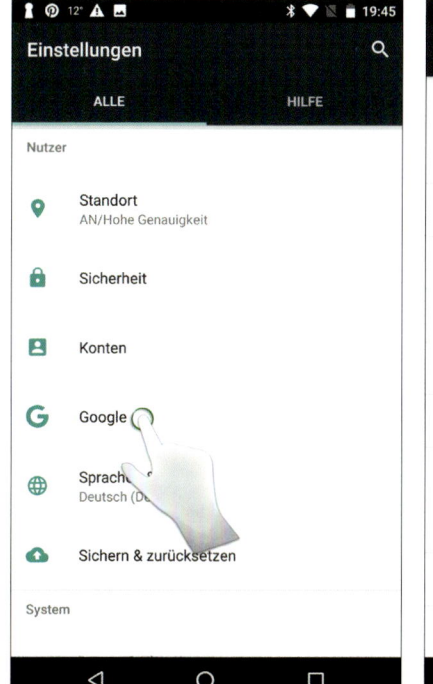 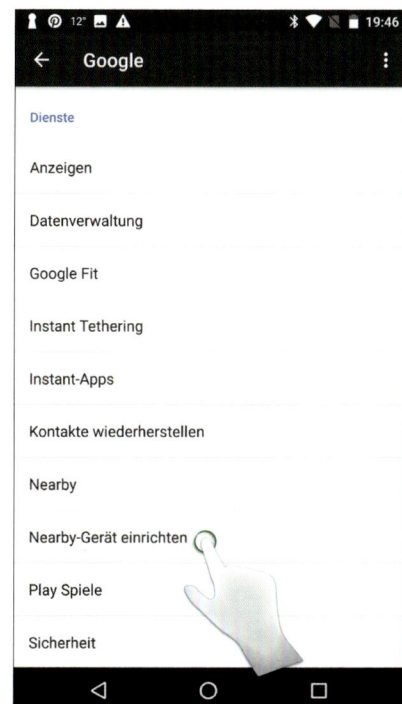

Nearby-Gerät auf dem alten Smartphone einrichten (Abbildungen aus Android 7 Nougat).

4. Damit wird automatisch Bluetooth aktiviert. Warten Sie, bis das alte Smartphone das neue Smartphone gefunden hat, und tippen Sie auf dessen Namen.

5. Auf beiden Geräten wird ein Code angezeigt. Bestätigen Sie, dass dies jedes Mal der gleiche ist. Zur Sicherheit gegen Missbrauch des Google-Kontos müssen Sie auf dem neuen Smartphone das Kontopasswort einmal eingeben.

6. Danach kann die Datenübertragung gestartet werden. Auch in diesem Fall werden die Apps auf dem neuen Smartphone aus dem Google Play Store installiert und nicht direkt übertragen.

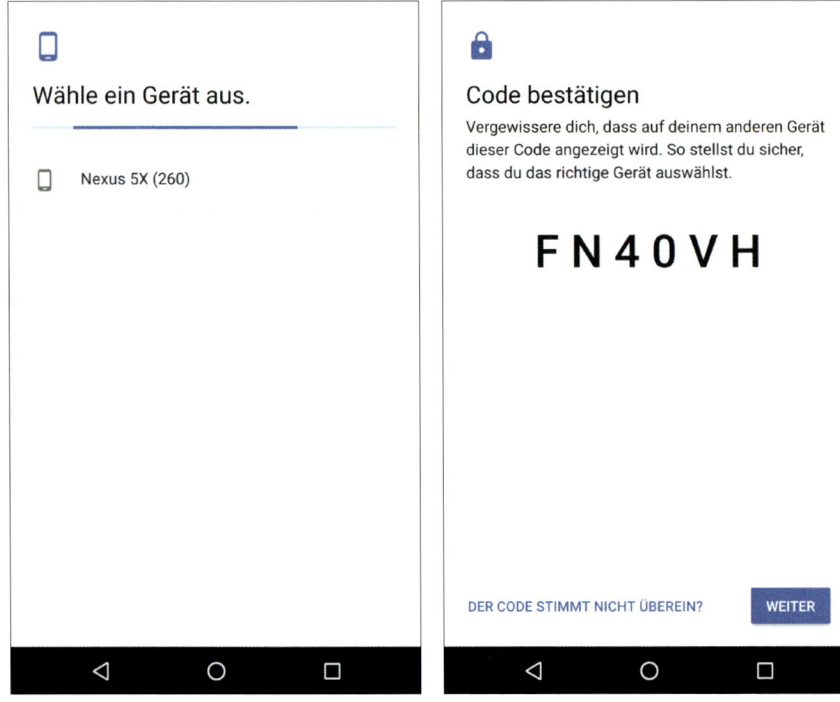

Die nächsten Schritte bei der Datenübertragung von einem vorhandenen Smartphone.

Sicherheitssperre einrichten

Android-Smartphones haben eine Bildschirmsperre, die verhindert, dass man versehentlich auf den Bildschirm tippt und damit irgendwelche Funktionen auf dem Smartphone auslöst. Diese Sperre lässt sich in der Standardeinstellung durch eine kleine Bewegung mit dem Finger lösen. Man braucht nur auf dem Sperrbildschirm nach oben zu wischen.

Der Sperrbildschirm dient nicht nur als Schutz vor versehentlichem Berühren, er kann auch als Zugangssperre eingesetzt werden, um Fremden die Nutzung des Smartphones zu verweigern. Der Einrichtungsassistent fragt nach der Übernahme der Daten, ob Sie eine Sicherheitssperre einrichten möchten. Dieser Schritt kann natürlich auch übersprungen werden.

Fingerabdruck als Sicherheitsmerkmal

Einige Smartphones enthalten eingebaute Fingerabdrucksensoren zum besonders einfachen, aber sicheren Entsperren. Wenn das Smartphone über einen Fingerabdrucksensor verfügt, erscheint automatisch bei der Ersteinrichtung die Frage, ob Sie einen Fingerabdruck zum Entsperren verwenden möchten.

Sicherheitssperre einrichten

Bevor Sie den Fingerabdruck scannen, müssen Sie noch eine alternative Displaysperre einrichten, falls das Scannen des Fingerabdrucks z. B. durch Feuchtigkeit auf dem Sensor oder Verletzung der Hand fehlschlägt. Auf Geräten ohne Fingerabdrucksensor werden nur diese alternativen Displaysperren zur Auswahl angeboten.

 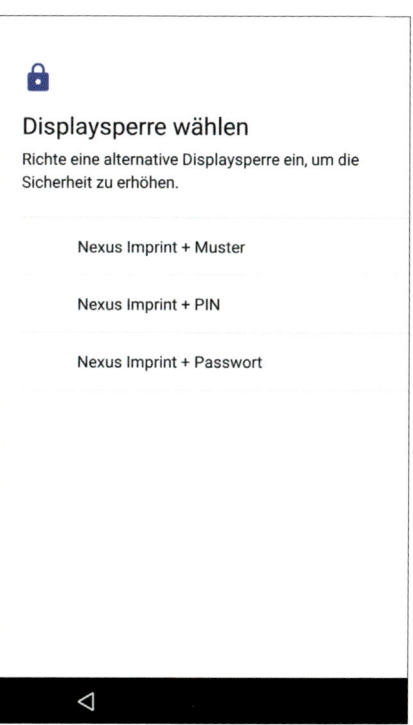

Verschiedene Methoden der Bildschirmsperre.

PIN oder Passwort

Wer es vom PC gewohnt ist, bei jedem Einschalten ein Passwort oder eine PIN einzugeben, kann dies auch auf dem Smartphone tun.

Beim Festlegen der PIN oder des Passworts muss diese/dieses zweimal eingegeben werden, um Tippfehler zu vermeiden.

> **INFO:** Eine PIN (**P**ersönliche **I**dentifikations**n**ummer) ist eine Zahlenkombination, ein Passwort kann aus beliebigen Zeichen bestehen. Android unterscheidet diese beiden Verfahren, um bei einer PIN-Eingabe eine Zifferntastatur mit deutlich größeren Tasten einzublenden, als sie die Buchstabentastatur für die Passworteingabe hat.

Sperrmuster

Viel eleganter und einfacher als die Eingabe eines Passworts ist ein grafisches Sperrmuster. Hier muss man Rasterpunkte auf dem Bildschirm mit einer Linie verbinden. Um Fehler zu vermeiden, muss auch dieses Muster beim Einrichten zweimal gezeichnet werden. Auf dem Sperrbildschirm erscheint dann ein Punktraster, auf dem man das zuvor definierte Muster zeichnen muss, um die Bildschirmsperre zu lösen.

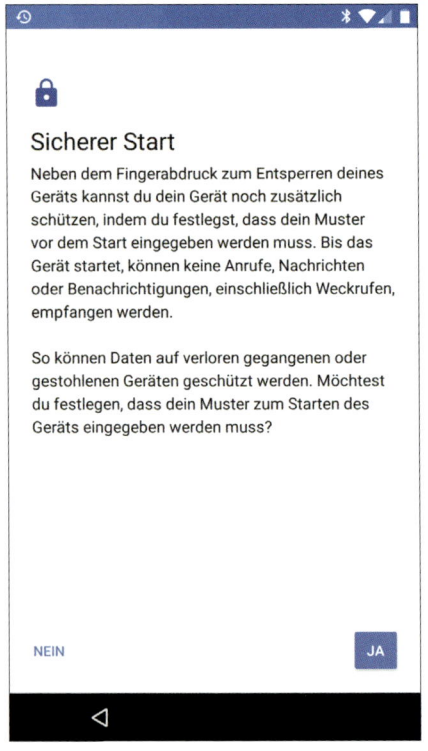
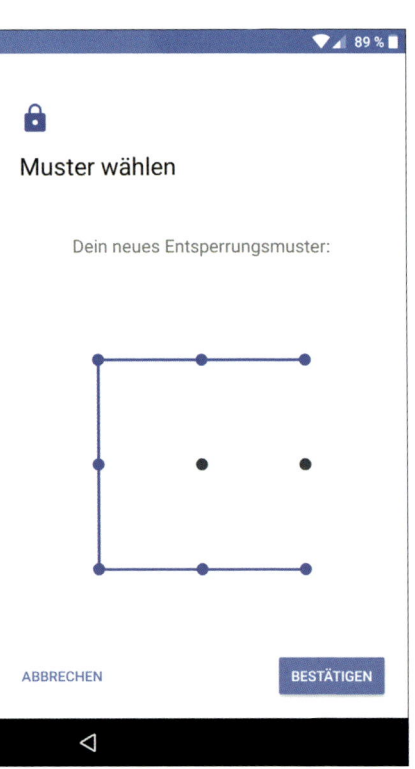

Muster als Bildschirmsperre einrichten.

Bei PIN, Passwort oder Sperrmuster können Sie entscheiden, dass diese bereits vor dem Starten des Smartphones beim Einschalten angegeben werden müssen. In diesem Fall werden vor der PIN-, Passwort- oder Mustereingabe keine Nachrichten oder Anrufe empfangen. Allerdings wird der Startvorgang – bis das Gerät nach dem Einschalten nutzbar ist – verzögert.

Danach können Sie mehrere Fingerabdrücke hinzufügen, mit denen sich das Smartphone sofort entsperren und einschalten lässt, wenn Sie im ausgeschalteten Zustand den Fingerabdrucksensor berühren. Wenn Sie einen Fingerabdruck hinzufügen, werden Sie ein paar Mal aufgefordert, den Finger vom Sensor abzuheben und wieder aufzulegen. So werden unterschiedliche Griffpositionen und Details erfasst. Verwenden Sie aber immer denselben Finger innerhalb eines gespeicherten Fingerabdrucks. Einen anderen Finger können Sie in einem weiteren Fingerabdruck speichern. Sie können diese Einstellung später in den *Einstellungen* unter *Sicherheit und Standort* ändern oder weitere Fingerabdrücke hinzufügen.

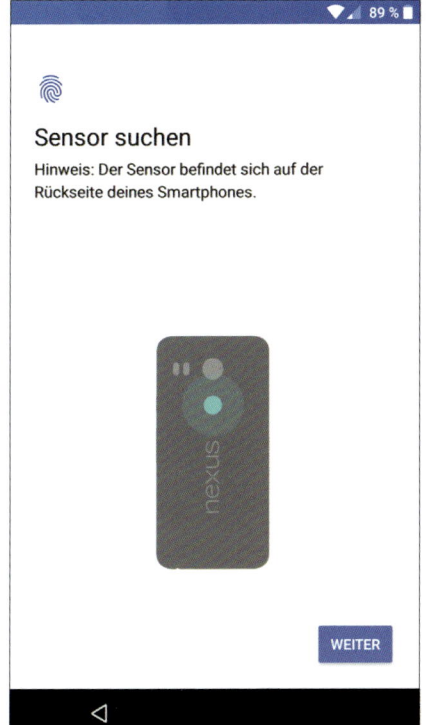

Fingerabdrücke erkennen und speichern.

Google-Dienste einrichten

Nach dem Einrichten der Bildschirmsperre erfolgt im nächsten Schritt die Einrichtung der Google-Dienste. Die Option *In Google Drive sichern* sollten Sie auf jeden Fall eingeschaltet lassen. So werden Ihre Apps und Einstellungen im Google-Konto gesichert und lassen sich im Notfall oder bei einem Hard-Reset leicht wiederherstellen. Mit dieser Einstellung können Sie auch Daten von früheren Android-Smartphones, die im Google-Konto gesichert wurden, auf dem neuen Smartphone wiederherstellen.

Weiter unten sollten Sie noch zustimmen, dass Google Standortdaten Ihres Gerätes nutzen darf. Viele Apps werden dadurch erst sinnvoll, dass Informationen aus der näheren Umgebung angezeigt werden können.

So funktionieren u. a. weder die Routenplanung auf Google Maps noch die Ortung eines gestohlenen Smartphones ohne Standortinformationen. Wer sich unbedingt verstecken möchte und dafür bereit ist, diverse Einschränkungen bei Apps in Kauf zu nehmen, kann die Standorterfassung hier abschalten. Die Einstellung kann später jederzeit wieder geändert werden.

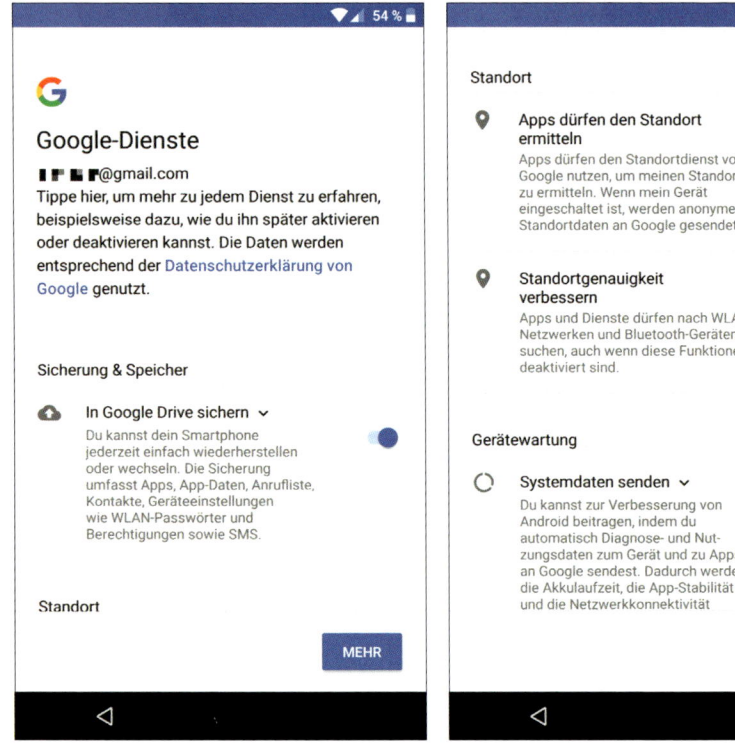

Google-Dienste einrichten.

Google Assistant einrichten

Der **Google Assistant** kann auf dem Smartphone Fragen beantworten und Aufgaben erledigen.

Abhängig vom aktuellen Bildschirminhalt versucht der Assistent, den aktuellen Sinn einer Frage zu erkennen und möglichst relevante Antworten zu liefern.

1. Der Google Assistant wird im nächsten Schritt der Ersteinrichtung konfiguriert. Dazu muss der Standortverlauf aktiviert werden.

2. Im nächsten Schritt müssen Sie dreimal hintereinander *Ok Google* sagen. Das ist das Sprachkommando, um den Google Assistant zu aktivieren.

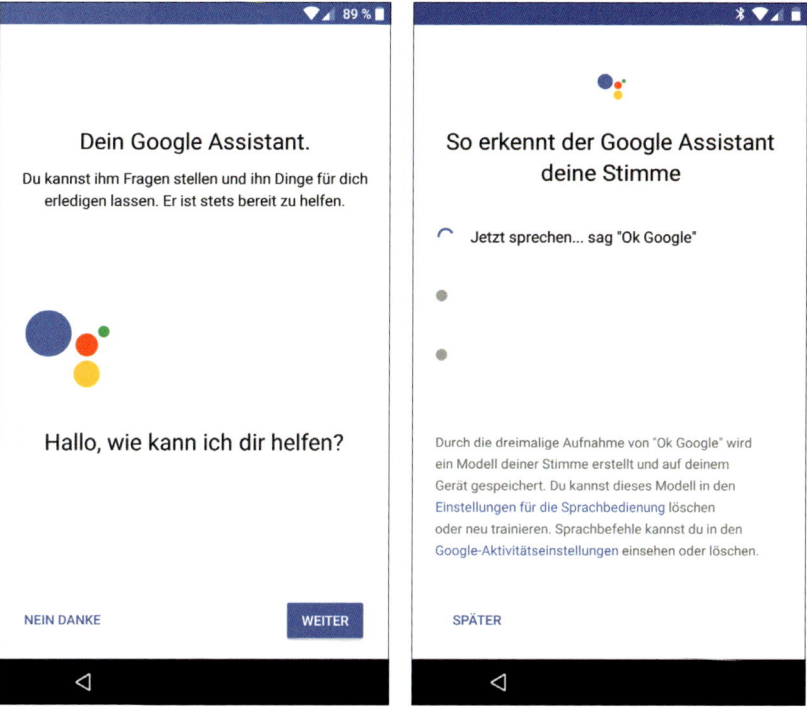

Google Assistant einrichten.

3. Zum Schluss können Sie optional noch die Stimmerkennung einschalten. Damit kann der Google Assistant auch bei gesperrtem Bildschirm aktiviert werden – allerdings aus Sicherheitsgründen nur durch Ihre eigene Stimme und nicht durch die Stimme irgendeiner fremden Person.

Smartphone als neues Gerät einrichten

Möchten Sie keine Daten übernehmen, sondern das Gerät neu einrichten, fordern alle Android-Smartphones nach der Einrichtung des WLAN auf, zunächst ein Google-Konto einzurichten.

Wer seine Adressen, E-Mails und andere Daten online speichert, kann sie mit jedem neuen Computer, Smartphone oder Tablet synchronisieren, ohne Adressbücher zu importieren oder gar Daten abzutippen.

Google bietet dazu jedem Anwender kostenlos ein persönliches Google-Konto an, in dem man seine Daten speichern kann. Diese Daten stehen dann auf jedem internetfähigen Gerät, das mit Google-Diensten synchronisiert werden kann, zur Verfügung. Welche Daten man bei Google ablegt, bleibt jedem selbst überlassen. Besonders beliebt ist es, Kalender, Adressbuch sowie die persönliche Lesezeichensammlung bei Google abzulegen, um sie automatisch auf jedem PC, Smartphone oder Tablet zur Verfügung zu haben.

Android-Smartphones sind sehr eng mit Google-Konten verbunden, viele Funktionen können aber auch ohne diese – mit Einschränkungen – verwendet werden. Zur Nutzung des Google Play Store ist ein Google-Konto zwingend nötig.

Wer bereits über ein Google-Konto verfügt, wird dieses natürlich auch auf dem Smartphone weiternutzen. Wer noch kein Google-Konto besitzt, kann jetzt eines anlegen. Es ist auch möglich, ein Android-Smartphone mit mehreren Google-Konten zu synchronisieren oder den Schritt ganz zu überspringen und das Smartphone zunächst ohne Google-Konto zu betreiben, wobei allerdings zahlreiche Funktionen nicht genutzt werden können.

1. Wenn Sie bereits ein Google-Konto haben, geben Sie jetzt Ihre E-Mail-Adresse und das Passwort ein.

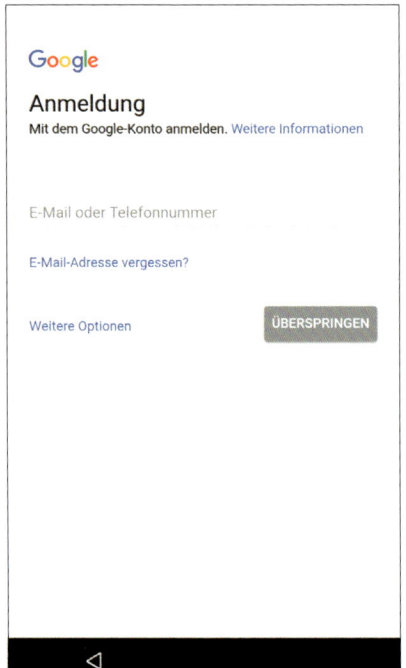
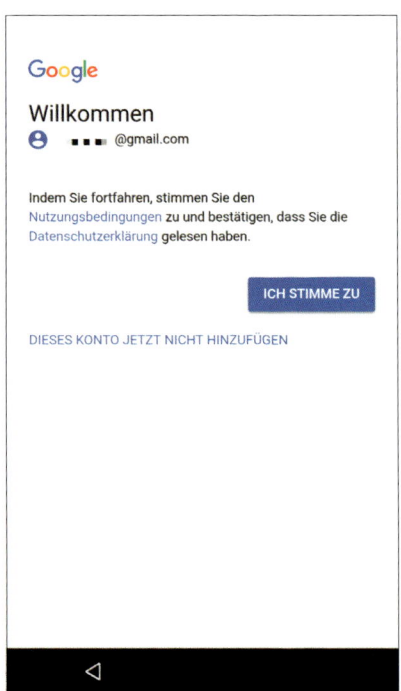

Die ersten Schritte bei der Anmeldung mit einem vorhandenen Google-Konto.

2. Nach der Anmeldung mit dem Google-Konto folgen die weiteren weiter oben beschriebenen Schritte, um Bildschirmsperre, Fingerabdruck und Google-Dienste einzurichten. Die zusätzliche Anmeldung bei Google+ aus

früheren Android-Versionen gibt es nicht mehr. Google+ steht jetzt automatisch zur Verfügung.

3. Android 8 Oreo bietet die Möglichkeit, direkt bei der Ersteinrichtung eine weitere E-Mail-Adresse anzugeben – z. B. eine IMAP- oder POP3-Adresse eines der großen E-Mail-Anbieter oder eine geschäftlich genutzte E-Mail-Adresse auf einem Exchange-Server. Diese werden dann ebenfalls über die vorinstallierte Gmail-App genutzt.

Neues Google-Konto anlegen

Haben Sie noch kein Google-Konto, können Sie es direkt auf dem Smartphone auch ohne PC einrichten, wie es im Folgenden beschrieben wird. Alternativ können Sie das Google-Konto auf dem PC anlegen. Klicken Sie dazu auf einer beliebigen Google-Seite oben rechts auf *Anmelden*. Auf der Anmeldeseite finden Sie den Link *Erstellen Sie ein kostenloses Konto*.

Dieses Verfahren ist komfortabler, da Sie eine »echte« Tastatur zur Eingabe der diversen Daten verwenden können. Das Konto können Sie anschließend sofort auf dem Smartphone nutzen.

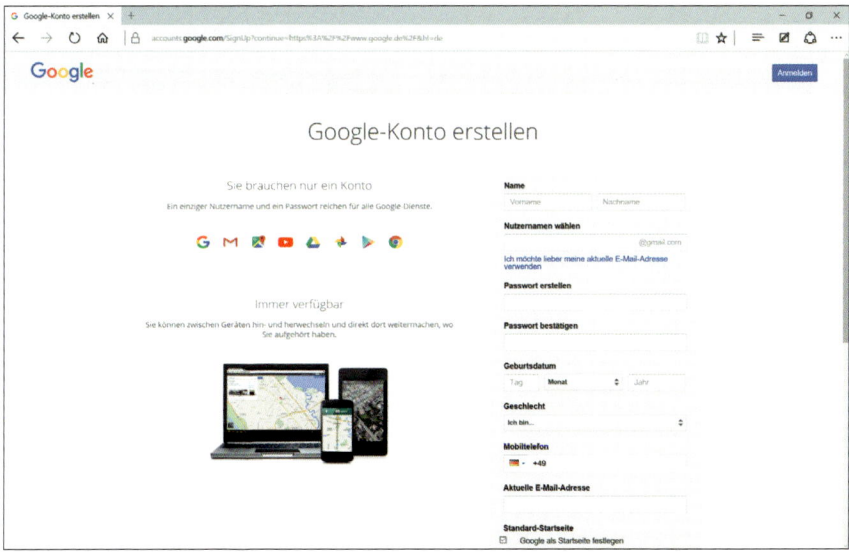

Google-Konto auf dem PC erstellen.

1. Wenn Sie im ersten Schritt bei der Anmeldung des Google-Kontos auf dem Smartphone auf *Weitere Optionen* tippen, haben Sie die Möglichkeit, ein neues Google-Konto zu erstellen.

2. Hier erscheinen Formulare, in die Sie Ihren Namen und danach die gewünschte E-Mail-Adresse für das neue Google-Konto eintragen müssen.

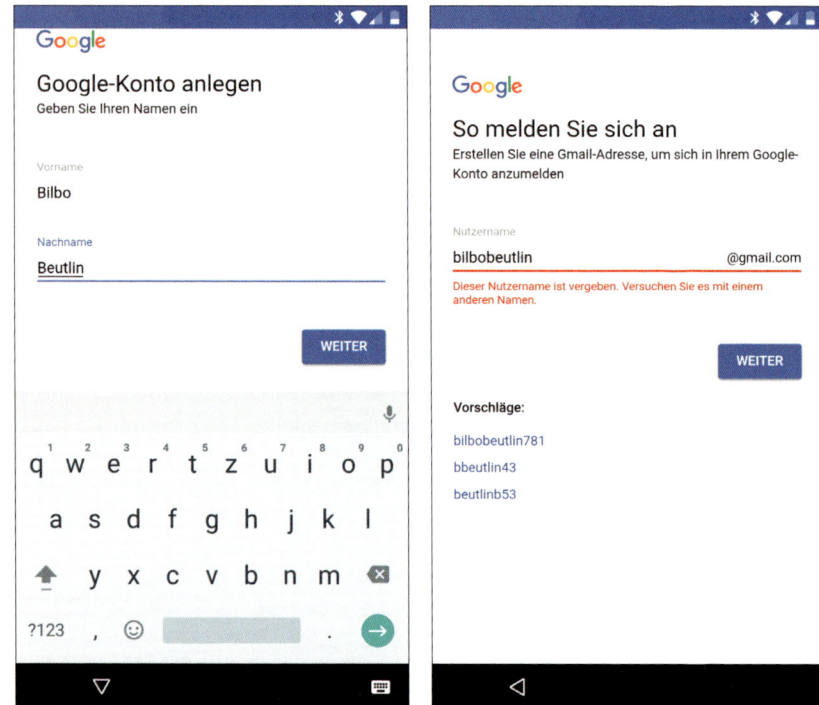

Die ersten Schritte beim Anlegen eines neuen Google-Kontos auf dem Smartphone.

> **INFO:** Bei gängigen Namen wird die E-Mail-Adresse *vorname.nachname@gmail.com* möglicherweise nicht mehr verfügbar sein. Bei Google sind weltweit über 1 Milliarde Nutzer regelmäßig aktiv, registriert sind noch mehr. Gmail ist damit der E-Mail-Anbieter mit den meisten Nutzern weltweit. Sollte die Adresse bereits vergeben sein, werden automatisch Alternativvorschläge angezeigt. Hier können Sie einen auswählen oder sich auch eine ganz andere E-Mail-Adresse ausdenken.

3. Legen Sie im nächsten Schritt ein Passwort fest. Um sicherzustellen, dass Sie sich nicht vertippt haben, muss dieses Passwort ein zweites Mal eingegeben werden.

4. Sollten Sie Ihr Passwort vergessen, können Sie es wiedererlangen, indem Sie sich an eine Mobilfunknummer einen Wiederherstellungscode schicken lassen. Geben Sie dazu die entsprechenden Daten an. Die Telefonnummer der SIM-Karte im Smartphone wird automatisch vorgeschlagen und die eingehende SMS auch automatisch bestätigt.

Smartphone als neues Gerät einrichten

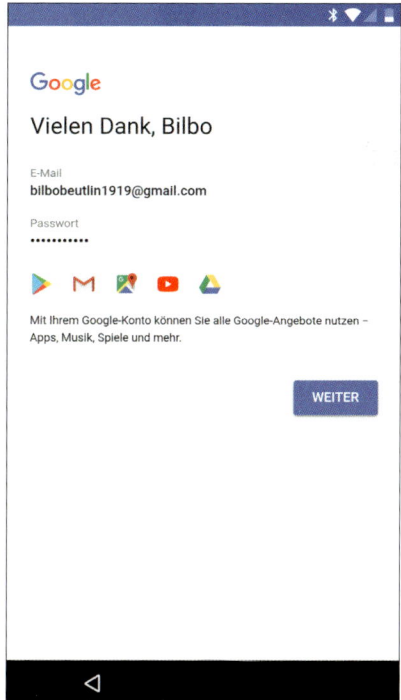

Telefonnummer bestätigen und Google-Konto anmelden.

5. Zur endgültigen Einrichtung des Google-Kontos müssen Sie noch die Nutzungsbedingungen und die Datenschutzerklärung bestätigen.

6. Zum Abschluss meldet sich das neue Google-Konto auf dem Smartphone an. Jetzt dauert es nur noch wenige Sekunden, dann ist Ihr Smartphone mit dem neuen Google-Konto einsatzbereit.

Google-Konto auf dem PC nutzen

Mit denselben Kontodaten können Sie sich auch auf dem PC bei Google anmelden, um Gmail, Google Kalender, Google Photos Webalben, persönliche Webeinstellungen oder ein eigenes YouTube-Profil zu nutzen. Klicken Sie dazu auf einer beliebigen Google-Seite oben rechts auf *Anmelden*.

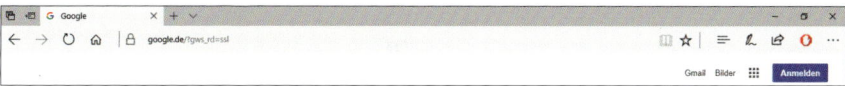

Anmelden auf einer Google-Seite.

Hier erscheint ein Anmeldeformular, in dem Sie Ihre Gmail-Adresse und das Passwort eingeben müssen.

In den Kontoeinstellungen des Google-Kontos auf dem PC können Sie jederzeit das Passwort und die Wiederherstellungsoptionen ändern. Hier lassen sich auch weitere mit dem Konto verknüpfte E-Mail- sowie Datenschutzeinstellungen festlegen.

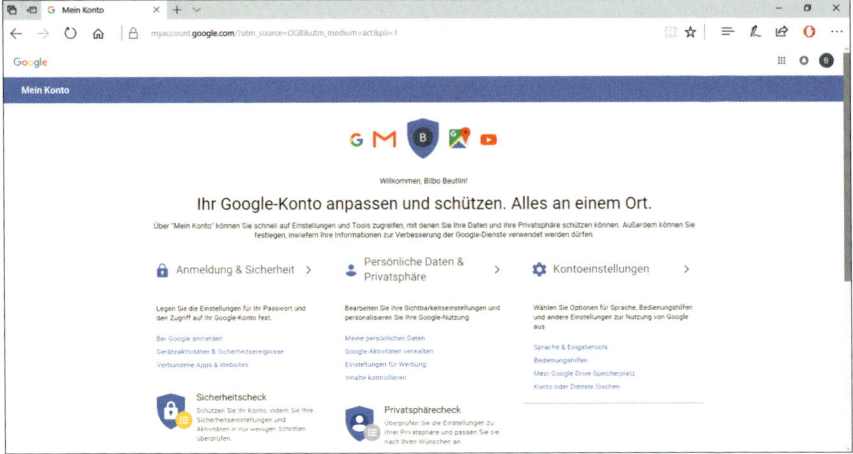

Kontoeinstellungen des eigenen Google-Kontos.

Geänderte Einstellungen werden automatisch auch auf dem Smartphone übernommen. Wenn Sie das Passwort des Google-Kontos am PC ändern, müssen Sie dieses natürlich auf dem Smartphone neu eingeben.

Startbildschirm und Apps

Die Benutzeroberfläche von Android-Smartphones wird über den Touchscreen bedient und zeigt für jede Funktion wie auch für jede App klare Symbole an, sodass Sie sich nicht wie auf dem PC unter Windows durch verschachtelte Menüs klicken müssen. Allerdings kann die Oberfläche auf jedem Smartphone etwas anders aussehen, da Google lange Zeit den Geräteherstellern umfangreiche Freiheiten bot, die Oberfläche anzupassen oder gar gänzlich eigene Oberflächen zu installieren. Besonders bei Smartphones von HTC und Samsung sehen die Benutzeroberflächen wie auch die Standard-Apps für Adressbuch, Kalender, E-Mail etc. völlig anders aus als im Standardbetriebssystem.

Mit jeder Android-Version hat Google die Oberfläche verbessert und damit auch verändert. Die größten Änderungen kamen mit der Android-Version 5 Lollipop, bei der Google die optischen Neuerungen medienwirksam vorstellte, um so den Druck auf die Gerätehersteller zu erhöhen, die Oberfläche nicht zu verändern, um das Benutzererlebnis nicht einzuschränken. Das damals eingeführte sogenannte Material Design wird in erweiterter Form auch in Android 8 Oreo verwendet. Es setzt auf klare Farben und gute Kontraste ohne verspielte Farbverläufe und Transparenzeffekte, die früher gern genutzt wurden.

 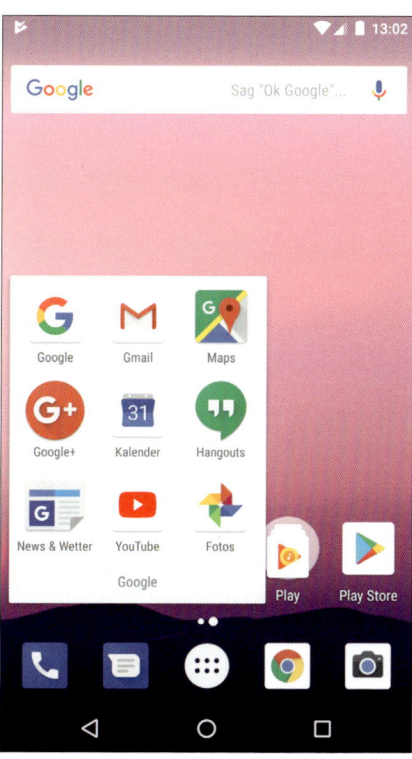

Startbildschirme im Design von Android 8 Oreo mit Standard-Hintergrundbildern.

In der Grundeinstellung zeigt der Android-Startbildschirm ein Hintergrundbild und ein Google-Suchfeld sowie einige App-Symbole an. Als Benutzer kann man seine wichtigsten Apps und Widgets auf dem Startbildschirm für den schnellen Zugriff ablegen.

Der Android-Startbildschirm wird manchmal auch als Homescreen bezeichnet und besteht aus mehreren Bildschirmseiten. Zwischen diesen können Sie mit einer horizontalen Fingerbewegung auf dem Touchscreen hin- und herschalten. Viele Android-Smartphones haben standardmäßig nur eine Startbildschirmseite mit App-Symbolen. Links davon befindet sich die Seite mit dem Google-Assistenten, die Wetter, Termine und News zeigt. Weitere Startbildschirmseiten werden erst angelegt, wenn Apps dorthin gezogen werden. Die Punkte in der Mitte unten oberhalb der Schnellstartleiste zeigen an, auf welcher Startbildschirmseite man sich gerade befindet.

2 ▪ Alltag mit dem Android-8-Smartphone

Links: Google-Assistent, rechts: Startbildschirm mit hinzugefügten Apps und Ordnern.

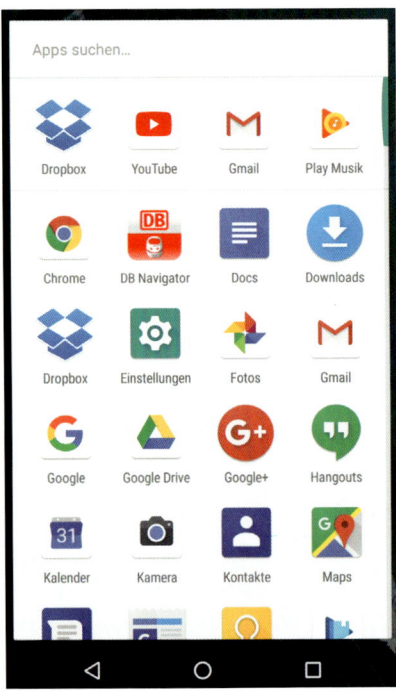 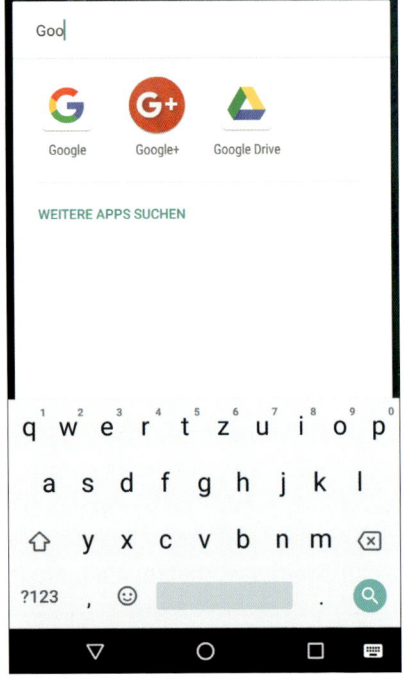

Apps-Liste mit Suchfunktion.

Startbildschirm und Apps

Android zeigt am unteren Bildschirmrand des Startbildschirms fünf Symbole, die auf jeder Startbildschirmseite zu sehen sind, die sogenannte Schnellstartleiste. Das Punktraster in der Mitte öffnet eine Liste aller installierten Apps. Diese ist alphabetisch sortiert. Alternative Oberflächen bieten auch andere Sortiermethoden. Von hier aus lässt sich jede App durch Antippen ihres Symbols starten. Die Apps-Liste besteht seit einiger Zeit nicht mehr aus mehreren Bildschirmseiten, sondern ist eine lange scrollbare Liste. In der obersten Zeile der Apps-Liste werden zuletzt verwendete Apps vorgeschlagen. So hat man diese immer schnell im Zugriff.

Um in langen Apps-Listen eine App schnell zu finden, können Sie oben im Suchfeld die Anfangsbuchstaben eintippen. Die Liste wird dann automatisch gefiltert, sodass man sich mühsames Scrollen erspart.

Apps auf den Startbildschirm legen

Apps, die Sie häufig benötigen, können Sie direkt auf dem Startbildschirm ablegen. Auf den meisten Smartphones mit unverändertem Android 8 Oreo liegen bereits der Google Play Store sowie drei Ordner mit vorinstallierten Google-Apps auf dem Startbildschirm.

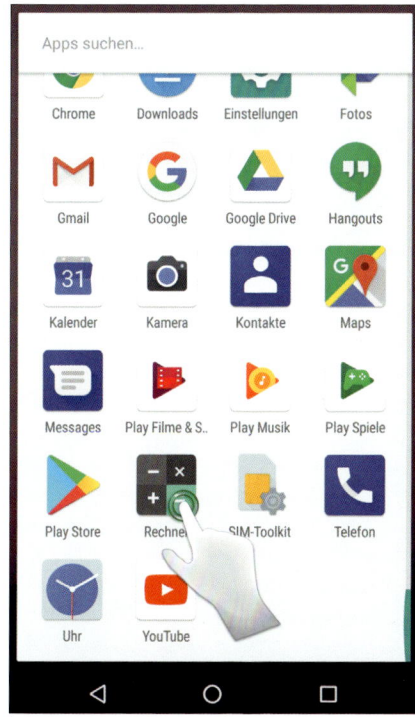 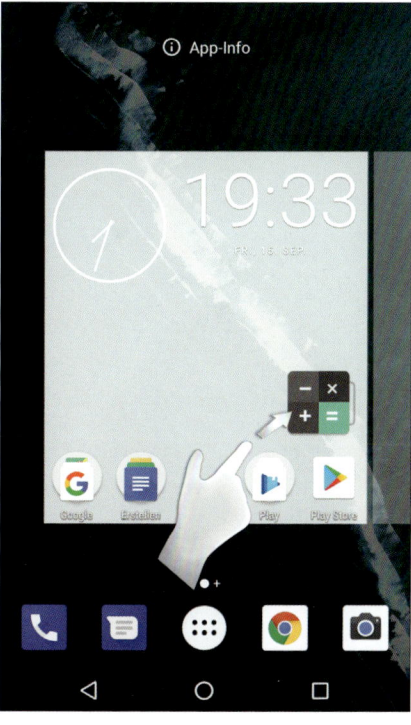

App auf dem Startbildschirm ablegen.

Tippen Sie länger auf eine App in der Liste. Der Startbildschirm erscheint in etwas verkleinerter Größe. Schieben Sie das App-Symbol an die gewünschte Position und lassen Sie es dort wieder los. Schon ist die App auf dem Startbildschirm.

Genauso einfach können Sie Apps an eine andere Position oder auf eine andere Bildschirmseite auf dem Startbildschirm ziehen. Tippen Sie länger auf die zu verschiebende App. Schieben Sie jetzt die App an die neue Position und lassen Sie wieder los.

Am rechten Bildschirmrand erscheint eine helle Fläche, die andeutet, dass hier eine weitere Startbildschirmseite folgen kann. Schieben Sie ein App-Symbol über den Rand hinaus, wird eine neue Startbildschirmseite angelegt, auf der Sie dieses Symbol platzieren können.

Um eine App vom Startbildschirm wieder zu entfernen, ziehen Sie sie an den oberen Bildschirmrand auf die mit *Entfernen* gekennzeichnete Fläche. Beim Loslassen wird sie vom Startbildschirm entfernt, aber nicht deinstalliert. In der Liste der Apps bleibt sie weiterhin verfügbar und kann auch jederzeit wieder auf den Startbildschirm geholt werden.

 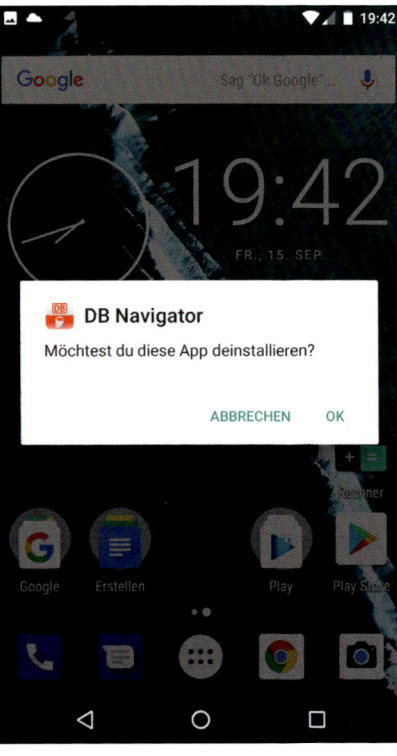

App vom Startbildschirm entfernen oder deinstallieren.

Startbildschirm und Apps

Ziehen Sie die App dagegen auf das *Deinstallieren*-Symbol, wird sie vom Startbildschirm entfernt und auch deinstalliert. Dies funktioniert nur mit zusätzlich installierten Apps, nicht jedoch mit im System vorinstallierten. Vor dem Deinstallieren erscheint noch eine Sicherheitsabfrage.

App-Shortcuts

Unterstützt eine App die sogenannten App-Shortcuts, erscheinen wichtige Funktionen dieser App als Symbole, wenn Sie auf dem Startbildschirm oder in der Apps-Liste länger auf diese App tippen.

1. Tippen Sie auf eines dieser Symbole, wird direkt die jeweilige Funktion der App aufgerufen, zum Beispiel ein Termin angelegt oder eine E-Mail geschrieben.

2. Ziehen Sie eines der Symbole auf den Startbildschirm, können Sie es dort einfach wie ein App-Symbol antippen, um die jeweilige Funktion der App aufzurufen. Das Symbol lässt sich wie jedes andere App-Symbol frei verschieben oder auch wieder entfernen.

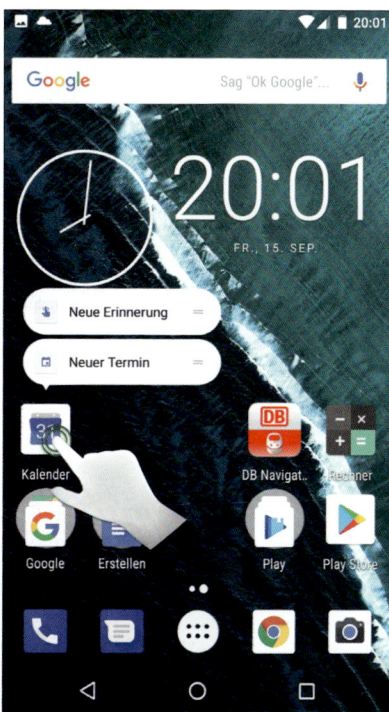 

App-Shortcuts nutzen und auf den Startbildschirm legen.

Ordner für Apps

Bei vielen installierten Apps verliert man schnell die Übersicht auf dem Startbildschirm. Ordner für Apps bringen Ordnung auf den Startbildschirm. Ordner sind runde Symbole mit automatisch darin gestapelten Symbolen der Apps, die in dem Ordner liegen. Auf den meisten Android-Smartphones sind bereits solche Ordner mit Google-Apps vorinstalliert.

 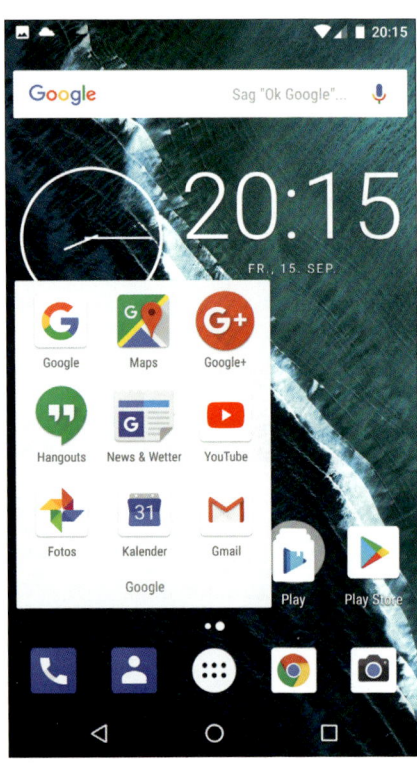

Ordner mit Google-Apps auf dem Startbildschirm.

So legen Sie einen neuen Ordner für Apps auf dem Startbildschirm an:

1. Ziehen Sie zunächst eine App auf den Startbildschirm.

2. Ziehen Sie eine zweite App aus der Apps-Liste auf ein vorhandenes App-Symbol, wird automatisch ein Ordner erstellt.

3. Tippen Sie auf einen Ordner, werden die darin enthaltenen Apps angezeigt und können durch Antippen gestartet werden.

4. Weitere Apps können einfach auf das Ordnersymbol gezogen und dann im Ordner an eine beliebige Position geschoben werden.

Startbildschirm und Apps

5. Tippen Sie auf die Bezeichnung *Unbenannter Ordner* und geben Sie dem Ordner einen Namen.

Neue App in einen Ordner ziehen.

Um einen Ordner zu löschen, ziehen Sie ihn an den oberen Bildschirmrand auf das *Entfernen*-Symbol. Beim Loslassen wird der Ordner vom Startbildschirm entfernt. Die Apps bleiben installiert. Auf die gleiche Weise können Sie auch einzelne Apps aus einem Ordner herausnehmen.

Die Schnellstartleiste für wichtige Apps

Vier besonders wichtige Apps sind in der sogenannten Schnellstartleiste auf jeder Seite des Startbildschirms am unteren Rand immer zu sehen. Welche Apps das in der Grundeinstellung sind, können die Gerätehersteller festlegen. Häufig liegen die Apps *Telefon*, *SMS* (oder Google Messenger), *Internet* (Chrome-Browser) und *Kamera* in der Schnellstartleiste.

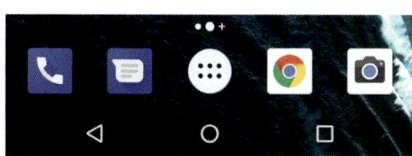

Die Schnellstartleiste mit vier wichtigen Apps und dem Menüsymbol.

Auf den vier Positionen außer dem Menüsymbol können Sie statt der vorgegebenen Apps auch andere platzieren, die Sie häufig benötigen. So platzieren Sie eine andere App in der Schnellstartleiste:

1. Tippen Sie länger auf eine nicht mehr benötigte App in der Schnellstartleiste und ziehen Sie diese auf eine freie Stelle auf dem Startbildschirm oder auf das *Entfernen*-Symbol ganz oben.

2. Ziehen Sie jetzt die gewünschte App vom Startbildschirm oder aus der Apps-Liste auf die freie Position in der Schnellstartleiste.

> **TIPP:** Auch in der Schnellstartleiste können Ordner verwendet werden. Ziehen Sie dazu eine zweite App aus der Apps-Liste auf ein vorhandenes App-Symbol in der Schnellstartleiste, wird dort – wie auf dem Startbildschirm – automatisch ein Ordner erstellt.

Die Tasten auf dem Smartphone

Neben dem Einschalter und der Lautstärketaste verfügen die meisten Android-Smartphones – außer diversen Modellen von Samsung und Xiaomi – über keine weiteren Tasten. Hier werden am unteren Bildschirmrand drei Symbole eingeblendet.

Bildschirmsymbole statt Tasten auf einem Android-Smartphone.

Mit dem Dreieck geht man immer einen Schritt zurück. Die meisten Apps unterstützen dieses Symbol auf eigene Weise. So gelangt man z. B. im Browser damit zur zuletzt angezeigten Webseite zurück. In einigen Dateimanagern kommt man damit eine Ordnerebene nach oben.

Der Kreis, auch als Home-Taste bezeichnet, führt immer zurück zum Startbildschirm – egal, in welcher App man sich gerade befindet.

Das Quadrat rechts unten hat die Funktion, die App-Übersicht anzuzeigen. Hier wird eine Liste der zuletzt verwendeten Apps eingeblendet. Auf diesem Weg können Sie schnell zu einer der angezeigten Apps wechseln, indem Sie durch die Liste scrollen. Diese zeigt die zuletzt verwendeten Apps ganz unten im Vordergrund. Tippen Sie auf das *x*-Symbol rechts im Titelbalken einer der angezeigten Apps, wird diese aus der Liste entfernt. Alternativ können Sie die entsprechende App auch seitlich aus der Liste herausschieben, um sie zu entfernen.

Startbildschirm und Apps

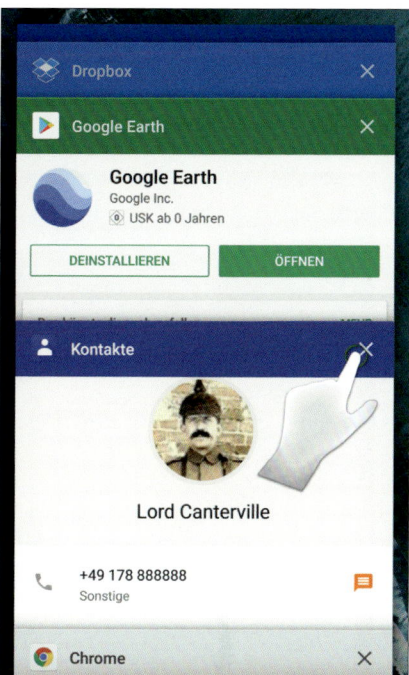

Die App-Übersicht.

> **Schneller App-Wechsel**
>
> Tippen Sie zweimal kurz hintereinander auf das Quadratsymbol, wechseln Sie damit zwischen den beiden zuletzt verwendeten Apps, ohne den langen Weg über die Apps-Liste gehen zu müssen.

Zwei Apps gleichzeitig auf dem Bildschirm

Android 8 Oreo bietet die Möglichkeit, zwei Apps gleichzeitig auf dem Bildschirm darzustellen. Dieser wird dazu, wie schon aus Windows 10 bekannt, in der Mitte mit einer Trennlinie geteilt. Einige Gerätehersteller, unter anderem Samsung, bieten ähnliche Funktionen schon länger an. In Android 7 Nougat war der sogenannte Splitscreen-Modus erstmals standardmäßig im Betriebssystem enthalten.

1. Starten Sie zuerst eine der beiden gewünschten Apps.
2. Tippen Sie auf das Quadratsymbol und ziehen Sie dann in der Liste der zuletzt verwendeten Apps die gewünschte App an den oberen Bildschirmrand auf den Text *Hierher ziehen, um den Bildschirm zu teilen*.
3. Die App erscheint jetzt nur in der oberen Bildschirmhälfte.

4. Wählen Sie eine App aus der Liste der zuletzt verwendeten Apps aus, die in der unteren Bildschirmhälfte angezeigt werden soll. Sie können auch auf das Kreissymbol (Home-Taste) tippen, um eine App vom Startbildschirm oder aus der Apps-Liste zu verwenden.

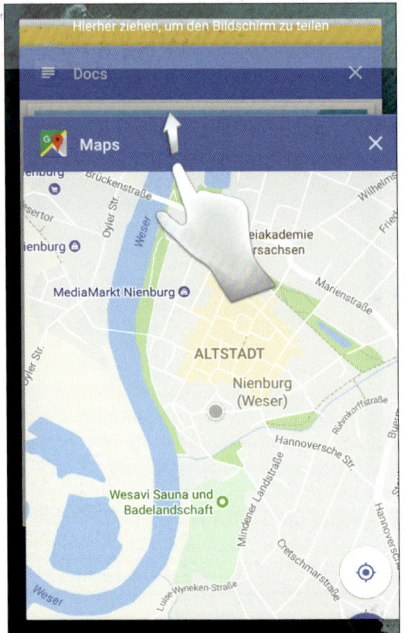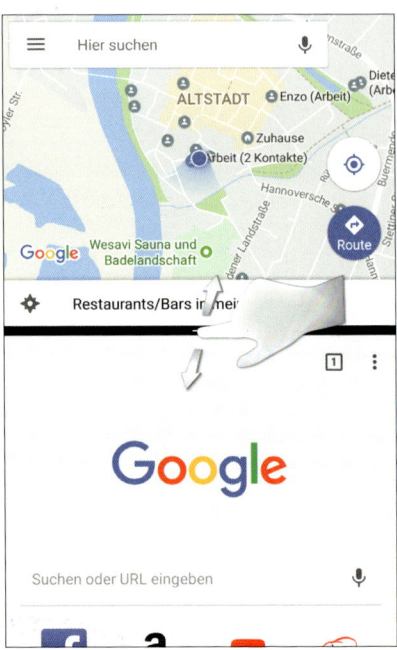

Der Splitscreen-Modus in Android 8 Oreo.

Durch Verschieben der Trennlinie zwischen den beiden Apps können Sie ein Fenster größer ziehen. Das andere wird automatisch entsprechend kleiner. Ziehen Sie die Trennlinie ganz nach unten, wird die Bildschirmteilung aufgehoben und beide Apps werden wieder in voller Größe angezeigt.

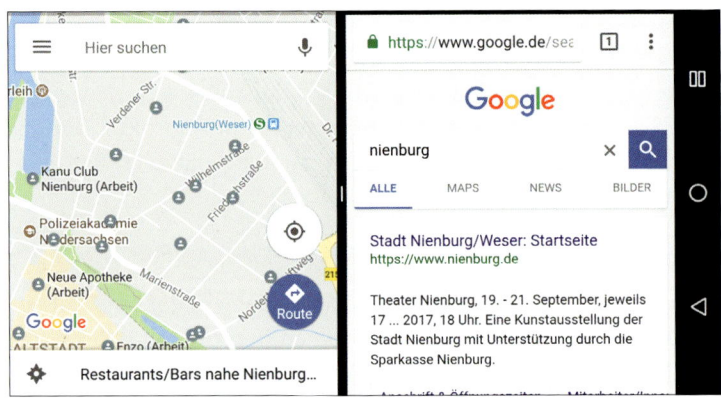

Im Querformat werden die beiden Apps nebeneinander dargestellt.

Der Sperrbildschirm

Um ein versehentliches Aktivieren durch Berührung zu verhindern, wird beim Drücken der Einschalttaste im gesperrten Zustand zunächst der Sperrbildschirm eingeblendet. Dieser zeigt Uhrzeit, Datum und Akkuladestand sowie Benachrichtigungen über eingegangene E-Mails und andere Nachrichten.

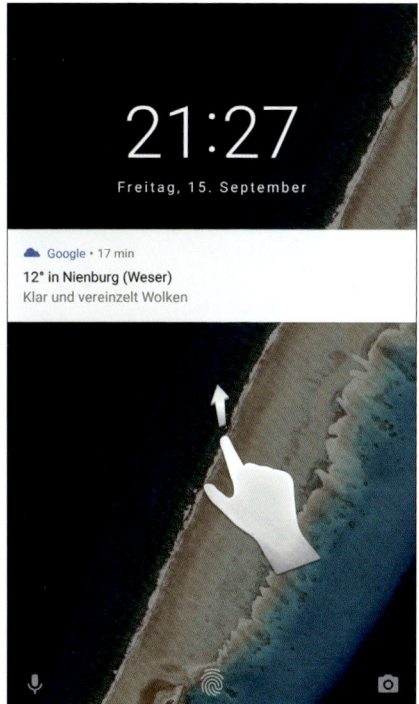 

Links: Sperrbildschirm mit Benachrichtigung mit einer Wischbewegung freigeben, rechts: Kamera vom Sperrbildschirm starten.

Um den Bildschirm freizugeben und das Smartphone normal benutzen zu können, wischen Sie auf dem Sperrbildschirm mit dem Finger nach oben. Dies funktioniert nur, solange keine weitere Sicherheitssperre wie ein Fingerabdruck, Sperrmuster oder eine PIN eingerichtet ist.

Ziehen Sie auf dem Sperrbildschirm das Mikrofonsymbol von unten links in die Bildschirmmitte, öffnet sich die Sprachsteuerung, ziehen Sie das Kamerasymbol von unten rechts in die Bildschirmmitte, startet die Kamera.

Der Sperrbildschirm ist bei Smartphone-Herstellern beliebt, um eigene Anpassungen vorzunehmen oder spezielle Funktionen hinzuzufügen. So bieten einige Hersteller Funktionen an, die durch geschicktes Ziehen von Symbolen direkt vom Sperrbildschirm aufgerufen werden können.

Notfallinformationen auf dem Sperrbildschirm anzeigen

Rettungskräfte suchen an Unfallstellen nach Smartphones, um Informationen über verletzte Personen zu erhalten und bei Bedarf Angehörige oder den jeweiligen Hausarzt zu informieren. Android 8 Oreo bietet eine einfache Möglichkeit, solche privaten Informationen zum schnellen Zugriff auf einem Smartphone anzubieten, auch wenn dieses über eine Bildschirmsperre gesichert ist. Nach der internationalen Notrufverordnung muss jedes Smartphone auch im gesperrten Zustand die Möglichkeit bieten, einen Notruf abzusetzen. Auf diesem Notrufbildschirm, der auf dem Sperrbildschirm über die Schaltfläche *Notfall* erreichbar ist, können Sie private Notfallinformationen speichern.

1. Wählen Sie in den *Einstellungen* die Option *Nutzer und Konten/Notfallinformationen*.

2. Tragen Sie auf der Seite *Info* alle persönlichen Informationen ein, die Sie im Notfall Rettungskräften zur Verfügung stellen möchten.

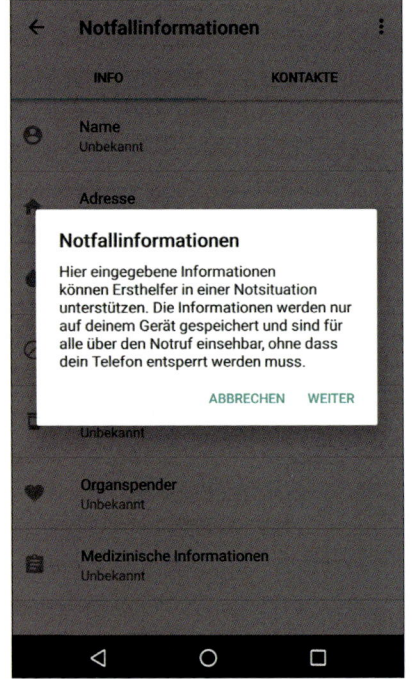
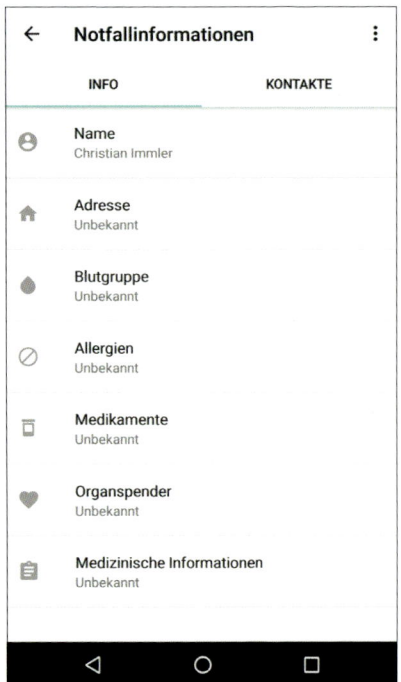

Persönliche Notfallinformationen auf dem Smartphone speichern.

3. Auf der Seite *Kontakte* wählen Sie Kontakte aus, die im Notfall angerufen werden sollen. Beschränken Sie diese Liste auf wenige wichtige Personen,

damit Helfer diese auch wirklich benachrichtigen. Diese Liste wird auch als ICE, die internationale Abkürzung für **I**n **C**ase of **E**mergency, bezeichnet.

Sollten Sie selbst an einer Unfallstelle als Ersthelfer ein Smartphone einer verletzten Person finden, tippen Sie auf dem Sperrbildschirm auf das Notfallsymbol. Hier erscheint eine Telefontastatur, um die Notrufnummer 112 zu wählen. Tippen Sie oben auf die Schaltfläche *Notfallinformationen*, werden die eingetragenen persönlichen Daten sowie die Liste der Notfallkontakte angezeigt.

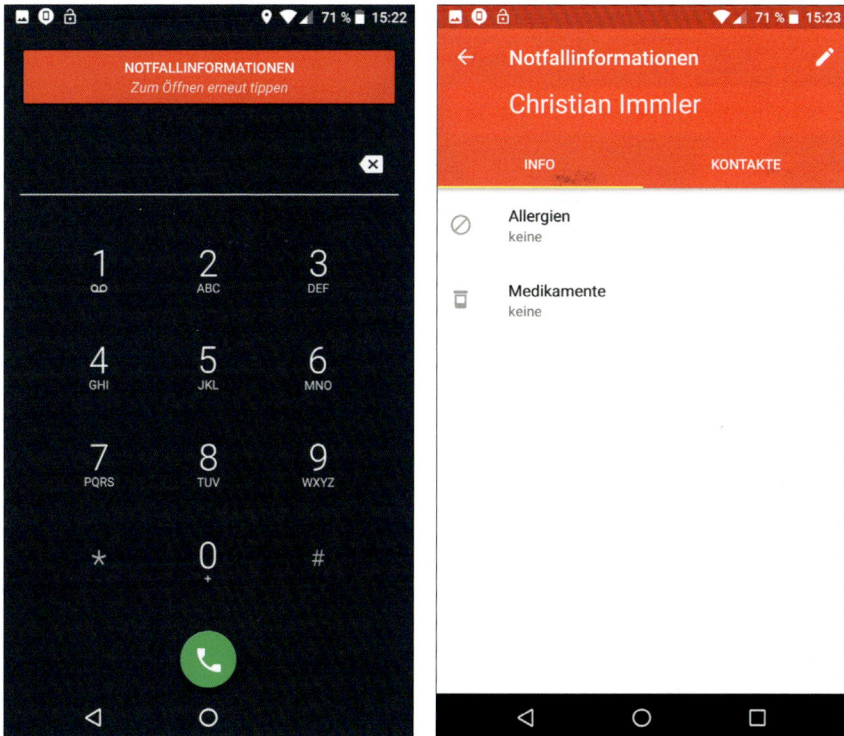

Im Notfall persönliche Notfallinformationen auf einem Smartphone finden.

Die Benachrichtigungsleiste

Kommt eine E-Mail oder eine SMS an oder möchte der Kalender an einen Termin erinnern, geschieht dies über die Benachrichtigungsleiste am oberen Bildschirmrand, ohne dass Meldungen mitten auf dem Bildschirm die Nutzung des Smartphones einschränken. In den meisten Fällen ertönt zusätzlich ein Signalton. Auch wenn eine Datei aus dem Internet heruntergeladen oder eine App aus Google Play installiert wurde, wird dies in der Benachrichtigungsleiste angezeigt. Am oberen Bildschirmrand links erscheinen entsprechende Benachrichtigungssymbole.

2 ▪ Alltag mit dem Android-8-Smartphone

Die Leiste oben bleibt immer stehen, egal, in welcher App man sich gerade befindet. Nur die Kamera und einige Spiele im Vollbildmodus blenden die Benachrichtigungsleiste aus. Benachrichtigungen können aber trotzdem eingeblendet werden.

Tippen Sie auf den oberen Bildschirmrand und ziehen Sie die Benachrichtigungsleiste nach unten, um die einzelnen Benachrichtigungen zu sehen. Eine umgekehrte Wischbewegung nach oben klappt die Benachrichtigungsleiste wieder zu.

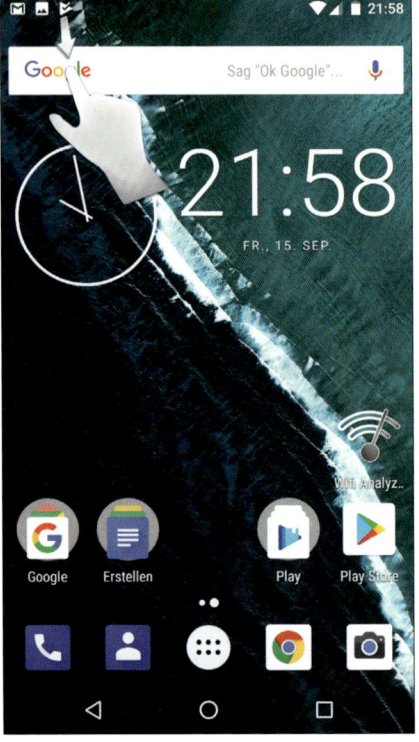 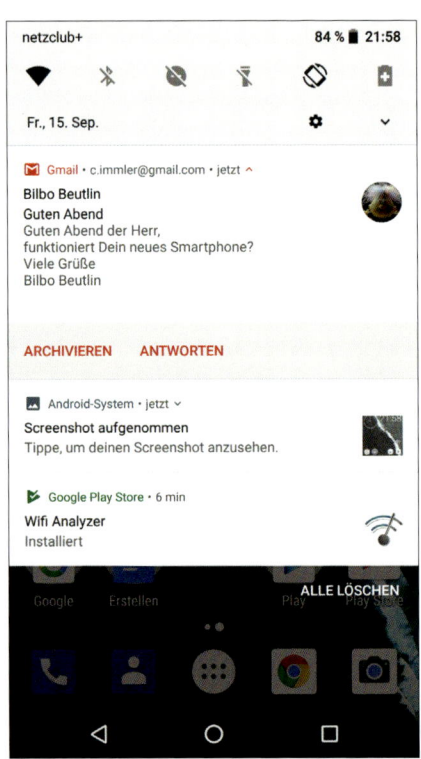

Benachrichtigungsleiste nach unten ziehen.

Jetzt können Sie einzelne Benachrichtigungen direkt antippen, um z. B. eine E-Mail zu lesen oder eine heruntergeladene Datei zu öffnen. In den Benachrichtigungen von E-Mails und Chatnachrichten können Sie diese durch Antippen des entsprechenden Symbols direkt beantworten oder archivieren.

Möchten Sie einzelne Benachrichtigungen entfernen, ohne die zugehörige App zu öffnen, halten Sie den Finger darauf und ziehen die Benachrichtigung nach links oder rechts aus dem Bildschirm heraus. Tippen Sie auf *Alle Löschen*, um alle Benachrichtigungen auf einmal zu entfernen. Dies gilt nur für die Be-

Die Benachrichtigungsleiste

nachrichtigungen, die zugehörigen E-Mails, Nachrichten oder heruntergeladene Dateien werden nicht gelöscht.

Benachrichtigungen pausieren

Haben Sie gerade keine Zeit, auf eine Benachrichtigung zu antworten, möchten diese aber nicht gleich entfernen, um später noch einmal daran zu denken, können Sie diese pausieren. Das Benachrichtigungssymbol verschwindet aus der Benachrichtigungsleiste und erscheint erst nach der eingestellten Zeit wieder.

1. Schieben Sie die Benachrichtigung ein Stück nach links.

2. Lassen Sie los, bevor diese ganz aus dem Bildschirm verschwindet. Rechts erscheint ein Uhrensymbol.

3. Tippen Sie auf das Uhrensymbol und wählen Sie die Zeit aus, wie lange diese Benachrichtigung pausieren soll.

4. Schließen Sie die Benachrichtigungen, indem Sie diese wieder nach oben zurückschieben.

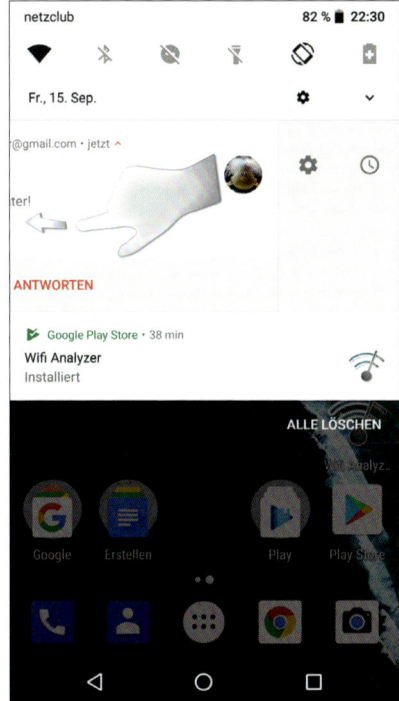
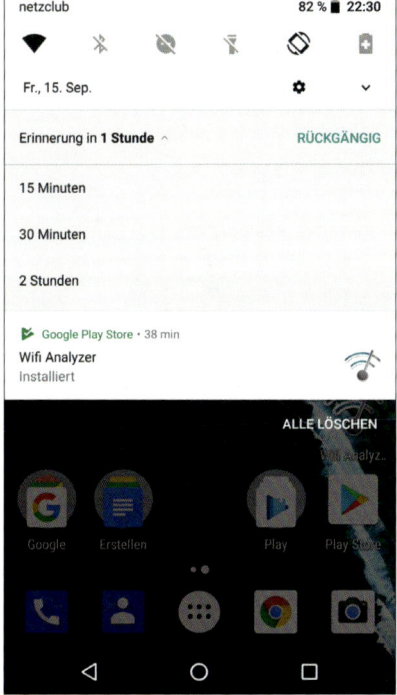

Benachrichtigungen pausieren.

Einstellungen für Benachrichtigungen

Benachrichtigungen von Apps, die erfahrungsgemäß sehr oft benachrichtigen oder sogar Werbung in Form von Benachrichtigungen anzeigen, können automatisch unterdrückt werden.

Tippen Sie länger auf eine Benachrichtigung oder schieben Sie sie ein Stück nach links und tippen auf das Zahnradsymbol. Jetzt können Sie einstellen, ob diese Art von Benachrichtigungen in Zukunft noch erscheinen soll oder nicht. Diese Einstellung gilt dann für alle Benachrichtigungen der gewählten App.

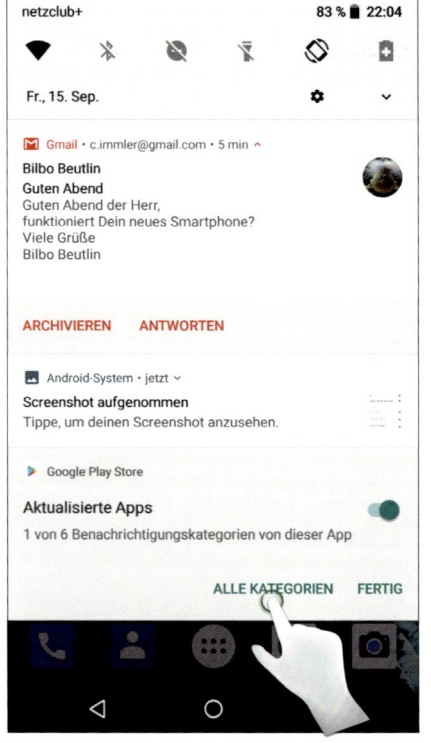 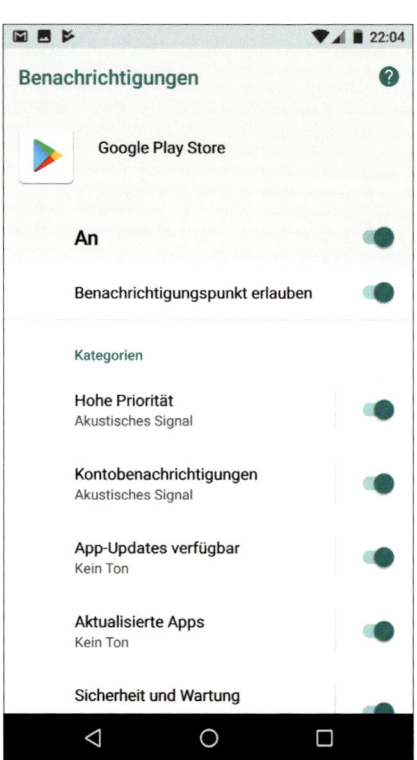

Einstellungen für Benachrichtigungen festlegen.

Bei Apps, die Benachrichtigungskategorien unterstützen, tippen Sie auf *Alle Kategorien*. Hier haben Sie eine detaillierte Auswahl, welche Benachrichtigungen erscheinen sollen und welche nicht.

Haben Sie die Benachrichtigungen einer App abgeschaltet, können Sie sie später in den *Einstellungen* unter *Apps und Benachrichtigungen/Benachrichtigungen* wieder aktivieren.

Die Schnelleinstellungen

Die Statusleiste, der rechte Teil der Benachrichtigungsleiste am oberen Bildschirmrand, zeigt Informationen zur WLAN- und Mobilfunk-Signalstärke, den Akkuladestand sowie die aktuelle Uhrzeit an.

Ziehen Sie die Benachrichtigungsleiste nach unten, erscheinen Symbole für wichtige Einstellungen, selbst wenn keine Benachrichtigungen eingegangen sind. Die Symbole dienen als Statusanzeigen und gleichzeitig als Schalter, um verschiedene Einstellungen aufzurufen: WLAN, Bluetooth, Nicht stören, Taschenlampe, Automatisch drehen, Energiesparmodus.

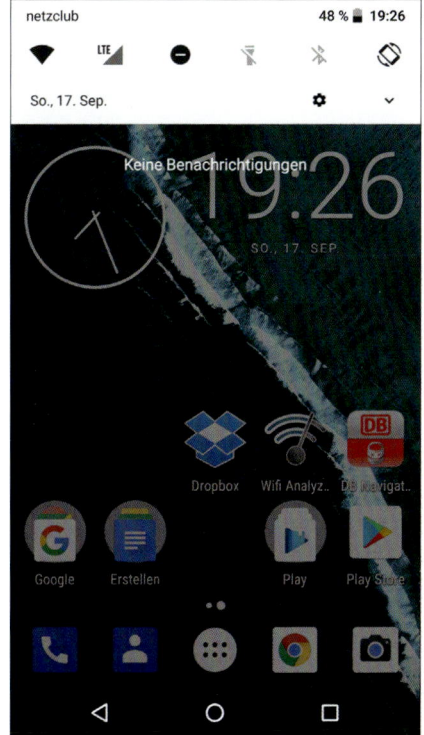 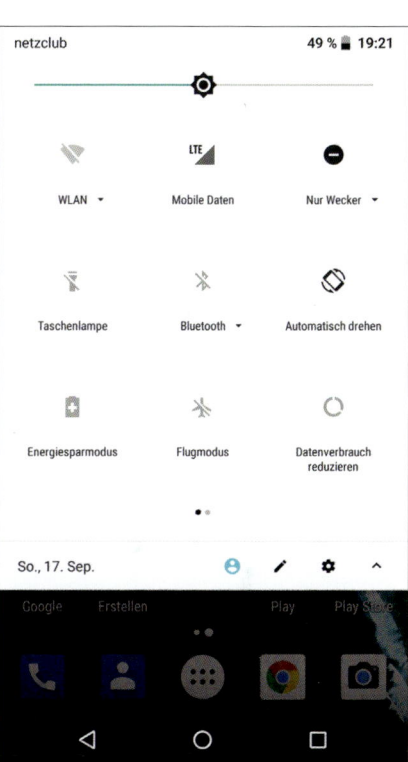

Links: Schnelleinstellungssymbole bei heruntergezogener Benachrichtigungsleiste. Rechts: zweimal heruntergezogene Benachrichtigungsleiste mit erweiterten Schnelleinstellungen.

Einige der Schnelleinstellungssymbole zeigen erweiterte Funktionen als Text unterhalb des Symbols, wenn Sie die Benachrichtigungsleiste ein zweites Mal herunterziehen. Tippen Sie für diese erweiterten Funktionen auf diesen Text oder halten Sie das Symbol in der einfachen Schnelleinstellungsleiste länger gedrückt.

WLAN-Einstellungen

Das WLAN-Symbol zeigt die Signalstärke des verbundenen WLANs. Tippen Sie einfach auf das Symbol, um das WLAN aus- oder einzuschalten. Auf diese Weise können Sie unterwegs ohne WLAN deutlich Strom sparen. Tippen Sie lange auf das Symbol, erscheint eine Liste sichtbarer WLANs, in der Sie ein anderes WLAN wählen können oder einen Schlüssel eingeben.

Bluetooth

Tippen Sie auf das Bluetooth-Symbol, schalten Sie Bluetooth ein und aus. Da Bluetooth extrem viel Strom verbraucht, sollten Sie es nur einschalten, wenn Sie es wirklich benötigen. Tippen Sie lange auf das Symbol, erscheint die Liste der Bluetooth-Geräte in der Umgebung. Hier können Sie ein Gerät zur Verbindung auswählen (siehe Kapitel 9 im Abschnitt »Datenübertragung per Bluetooth«). Oben rechts auf dem Bildschirm schalten Sie Bluetooth ein und aus.

Ruhe vor dem Handy – Bitte nicht stören

Benachrichtigungen auf dem Smartphone können interessant, aber auch lästig sein. Nicht immer möchte man ständig durch Nachrichten unterbrochen werden. Nachts oder auch beim Betrachten eines Films oder beim Spielen sollen nur wirklich wichtige Unterbrechungen erscheinen. Android 8 Oreo bietet einen Prioritätsmodus, in dem zwischen wichtigen und unwichtigen Benachrichtigungen unterschieden wird.

Tippen Sie auf das Schnelleinstellungssymbol *Nicht stören*. Damit schalten Sie das Smartphone ganz einfach in den Nicht-stören-Modus – manchmal auch als Ruhemodus bezeichnet –, in dem es weder klingelt noch vibriert. Zur Erinnerung, dass der Nicht-stören-Modus aktiv ist, erscheint in der Symbolleiste rechts oben ein entsprechendes Symbol.

Tippen Sie auf das Symbol in der erweiterten Schnelleinstellungsleiste, können Sie festlegen, ob dieser Modus nach einer bestimmten Zeit – standardmäßig nach einer Stunde – automatisch beendet und wieder in den Normalmodus zurückgeschaltet wird, oder ob Sie ihn manuell deaktivieren möchten. Die automatische Abschaltzeit lässt sich mit den Plus- und Minussymbolen verändern.

Entscheiden Sie auch, ob als wichtig markierte Benachrichtigungen oder nur der Wecker weiterhin klingeln dürfen. Im Lautlosmodus gibt es keinerlei akustische Benachrichtigungen, auch keinen Wecker.

Die Schnelleinstellungen

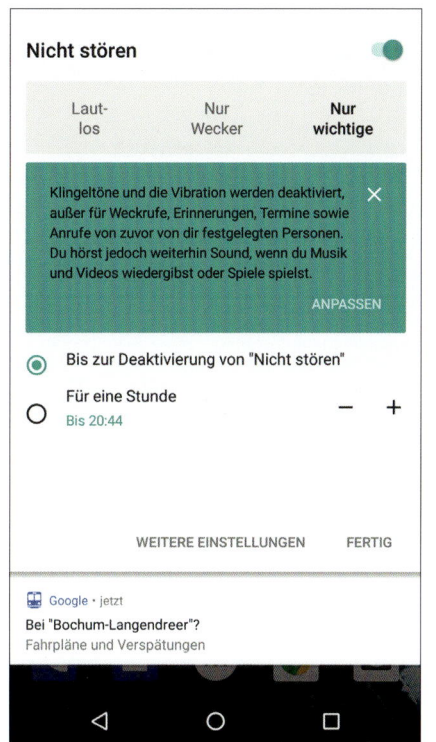 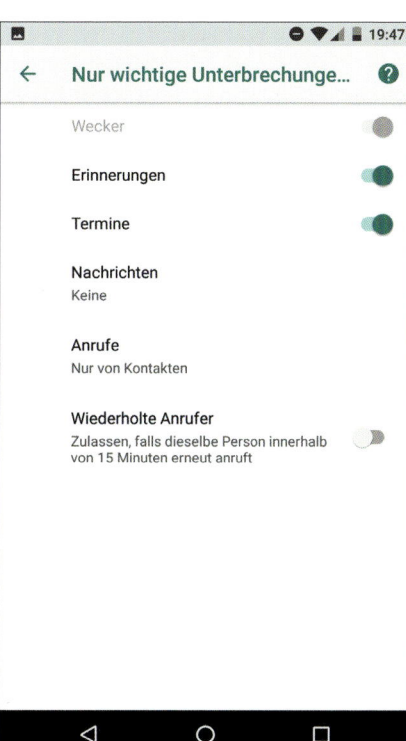

Links: Nicht-stören-Einstellungen beim Antippen des Schnelleinstellungssymbols, rechts: wichtige Unterbrechungen festlegen.

Wenn Sie nur wichtige Unterbrechungen zulassen möchten, müssen Sie noch festlegen, welche Arten von Unterbrechungen als wichtig gelten und weiterhin zu hören sein sollen. Bei Anrufen und Nachrichten haben Sie die Wahl, ob alle Anrufe von Kontakten im Adressbuch oder nur von den mit einem Sternchen als wichtig markierten Kontakten unterbrechen dürfen.

> **Ruhig schlafen und Wecker hören**
>
> Der Alarm des Weckers kann auch ertönen, wenn alle anderen Benachrichtigungen abgeschaltet sind. So können Sie z. B. in der Nacht alle Benachrichtigungen ausstellen, aber trotzdem morgens den Wecker hören. Auch ein persönlicher Weckruf der Freundin ist möglich. Schalten Sie dazu in den Modus *Nur wichtige Unterbrechungen* und wählen Sie dann in den erweiterten Einstellungen unter *Anrufe* die Option *Nur von markierten Kontakten*. Wenn Sie jetzt im Adressbuch nur eine einzige Person als Favoriten markieren, kann niemand anderes Sie morgens aus dem Schlaf reißen (siehe weiter unten auch den Abschnitt »Adressbuch – Kontakte«).

Möchten Sie wirklich absolute Ruhe vor dem Smartphone haben, wählen Sie den Modus *Lautlos*. Hier ertönen für den gewählten Zeitraum keinerlei Unterbrechungen und auch keine Weckrufe.

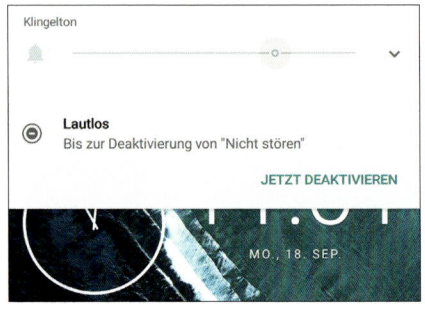

Beim Drücken der Lautstärketaste erscheint eine zusätzliche Informationsleiste.
Hier können Sie den Nicht-stören-Modus jederzeit beenden.

Über die *Automatischen Regeln* in den *Einstellungen für "Nicht stören"* können Sie Regeln definieren, über die sich das Smartphone zu bestimmten Zeiten oder bei bestimmten Ereignissen, die über Termine im Kalender definiert werden, selbstständig in den Nicht-stören-Modus schaltet.

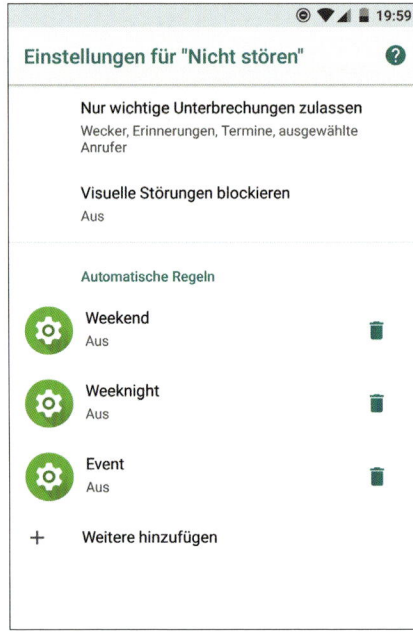 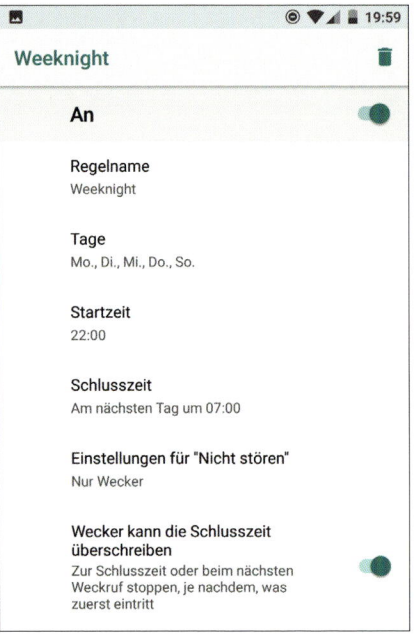

Automatisch vordefinierte Regeln für den Nicht-stören-Modus.

Drei Regeln sind bereits vordefiniert, aber ausgeschaltet. Diese schalten das Smartphone in den Nächten auf den Modus *Nur Wecker*, wobei für Werktage und Wochenendnächte unterschiedliche Zeiten voreingestellt sind. Die Zeiten können Sie natürlich beliebig anpassen. Ist die Option *Wecker kann die*

Die Schnelleinstellungen

Schlusszeit überschreiben eingeschaltet, wird der Nicht-stören-Modus sofort beendet, wenn ein Wecker klingelt, auch dann, wenn die eingestellte Schlusszeit noch nicht erreicht ist.

Die Regel *Event* schaltet während Terminen in den Modus *Nur Wecker*, vorausgesetzt, die Termine wurden mit *Ja* oder *Vielleicht* beantwortet. Natürlich können Sie diese Regeln, bevor Sie sie einschalten, Ihren persönlichen Lebensgewohnheiten anpassen oder auch ganz neue Regeln definieren. Dabei wird zwischen Zeitregeln, die abhängig von Wochentagen und Tageszeiten arbeiten, sowie Ereignisregeln, die abhängig von Terminen im Kalender arbeiten, unterschieden.

 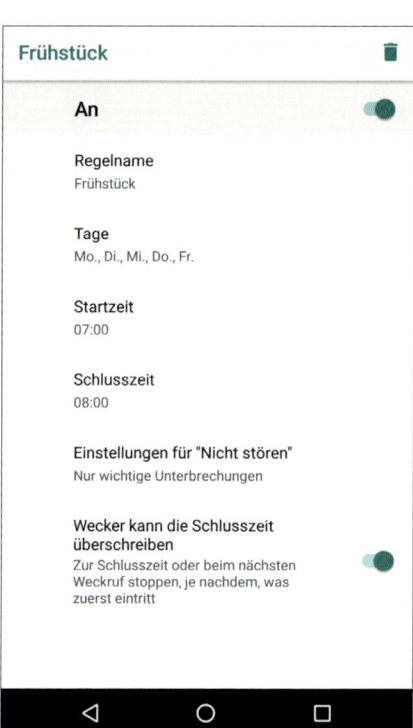

Neue Zeitregel für Nicht stören anlegen.

Taschenlampe ohne App

Verschiedene Hersteller bieten seit der ersten Android-Version Apps an, die die Fotoleuchte ein- und ausschalten, um das Smartphone als Taschenlampe zu verwenden. Die meisten dieser Apps scheinen im Wesentlichen dazu zu dienen, das Smartphone regelmäßig mit Werbung zu überfluten. Einige sind sogar schon in Bezug auf den Datenschutz in die Kritik geraten, da sie im Hintergrund Benutzerdaten sammeln.

Android löst dieses Problem seit der Version 5 Lollipop sehr elegant, indem in den Schnelleinstellungen ein Schalter angeboten wird, mit dem man jederzeit die Fotoleuchte ein- und wieder ausschalten kann.

Energiesparmodus

Das Akkusymbol in der Statusleiste oben rechts zeigt ungefähr den Ladezustand des Akkus an. Tippen Sie darauf, wird der Energiesparmodus aktiviert (siehe in Kapitel 9, Abschnitt »Akku sparen«).

Im Energiesparmodus werden Hintergrundaktivitäten weitestgehend eingeschränkt. Als deutlicher Hinweis erscheinen die Statusleiste und die Symbolleiste am unteren Rand rot. Halten Sie länger darauf, öffnet sich eine detaillierte Anzeige des Akkuverbrauchs. In früheren Android-Versionen öffnete sich die Akkustandsanzeige beim einfachen Tippen auf das Akkusymbol.

Erweiterte Schnelleinstellungen

Ziehen Sie die Symbolleiste mit den Schnelleinstellungen noch ein zweites Mal nach unten, können Sie direkt auf die wichtigsten Einstellungen zugreifen, ohne die Einstellungen-App aufrufen zu müssen.

Bei den meisten Symbolen erscheinen detaillierte Einstellungen, wenn Sie auf den Text unterhalb des Symbols tippen, wogegen beim direkten Antippen des Symbols meist das Gleiche passiert wie beim Antippen des entsprechenden Symbols in den Schnelleinstellungen der Statusleiste.

> **TIPP:** Anstatt zweimal zu ziehen, können Sie auch aus einer beliebigen App heraus oder auf dem Startbildschirm mit zwei Fingern gleichzeitig von oben herunterziehen.

Welche Einstellungen hier angezeigt werden, hängt vom jeweiligen Smartphone und dessen Hardwareausstattung ab. Tippen Sie unten rechts auf das Stiftsymbol, um die Reihenfolge der angezeigten Schnelleinstellungssymbole zu verändern. Auf diesem Bildschirm finden Sie noch weitere Schnelleinstellungen, die standardmäßig nicht angezeigt werden. Diese können Sie hinzufügen und dafür selten benötigte Symbole, die standardmäßig in der Schnelleinstellungsleiste angezeigt werden, aus der Ansicht herausnehmen.

Sind mehr als neun Schnelleinstellungen ausgewählt, werden die weiteren auf einer zusätzlichen Bildschirmseite angezeigt. Diese erreichen Sie mit einer horizontalen Wischbewegung in der Schnelleinstellungen-Ansicht.

Die Schnelleinstellungen

Erweiterte Schnelleinstellungen bearbeiten.

Die Bildschirmhelligkeit kann mit einem Schieberegler stufenlos eingestellt werden. In dunklen Räumen reicht die geringste Stufe fast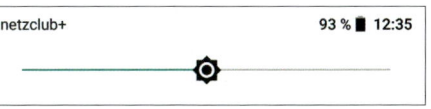
immer aus, im Freien bei Tageslicht braucht man häufig die höchste Stufe, die allerdings auch den meisten Strom verbraucht.

Das WLAN-Symbol zeigt die Signalstärke des verbundenen WLANs. Während Daten fließen, erscheinen daneben kleine Pfeile. Tippen Sie auf den Text unterhalb des Symbols, erscheint eine Liste sichtbarer WLANs, in der Sie ein anderes 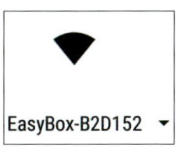 WLAN wählen können oder einen Schlüssel eingeben. Über den Link *Weitere Einstellungen* kommen Sie zu den klassischen WLAN-Einstellungen.

Das Mobilfunksymbol zeigt die Signalstärke des Mobilfunknetzes sowie den Typ der Datenverbindung an (**LTE**, **H** = HSDPA, **E** = EDGE, **G** = GPRS). Während Daten fließen, erscheinen auch  hier kleine Pfeile. Tippen Sie kurz auf dieses Symbol, schalten Sie die Datenverbindung im Mobilfunknetz aus. Dies hilft, Strom zu sparen in Regionen, in denen kein Mobilfunkdatennetz verfügbar ist. Auch bei abgeschalteter mobiler Datenverbindung können Sie noch telefonieren. Tippen Sie länger auf das Symbol, kommen Sie direkt zur Anzeige des verbrauchten Datenvolumens.

Das Mobilfunksymbol zeigt die Signalstärke des Mobilfunknetzes sowie den Typ der Datenverbindung an. Nur wenn eine Datenverbindung möglich ist, erscheint ein Buchstabe. Die Pegelanzeige allein bezieht sich auf die Signalstärke zum Telefonieren. Tippen Sie auf das Symbol, kommen Sie direkt zur Anzeige des verbrauchten Datenvolumens. Das Menü rechts oben auf dieser Seite führt zu den Einstellungen der Mobilfunknetze.

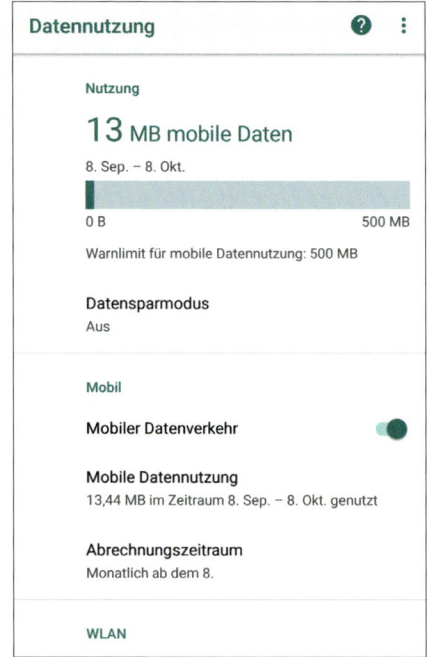 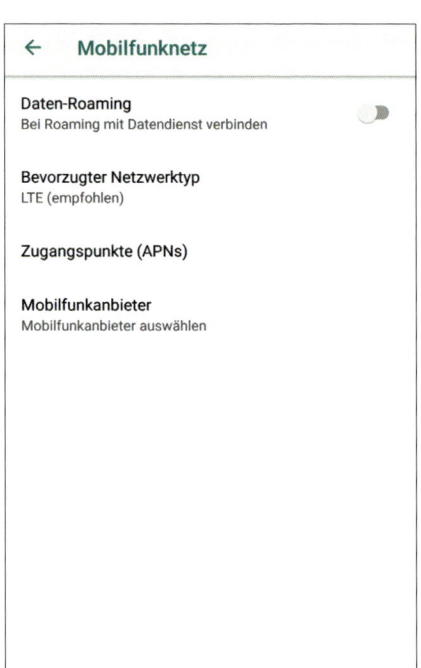

Links: Anzeige der verbrauchten Mobilfunkdaten, rechts: Einstellungen für Mobilfunknetze.

Android-Smartphones haben einen Lagesensor, der den Bildschirminhalt automatisch dreht, wenn das Smartphone quer gehalten wird. Beim Betrachten von Fotos oder Videos, in der Kamera-App und bei bestimmten Spielen ist der Querformatmodus nützlich. Einige Apps zeigen im Quer-

format andere Inhalte oder verwenden ein anderes Layout. So zeigt beispielsweise der Taschenrechner im Querformat eine wissenschaftliche Tastatur. Andere Apps, z. B. viele Spiele, unterstützen die Bildschirmdrehung dagegen nicht. Wenn Sie das automatische Drehen des Bildschirms beim Halten des Smartphones – etwa beim Lesen im Bett – stört, tippen Sie auf das Symbol *Automatisch drehen* und schalten die Bildschirmdrehung aus.

Ob sich der Startbildschirm ebenfalls abhängig von der Lage des Smartphones drehen darf, legen Sie in den *Einstellungen* unter *Google/Suche* ganz unten mit dem Schalter *Drehung zulassen* fest.

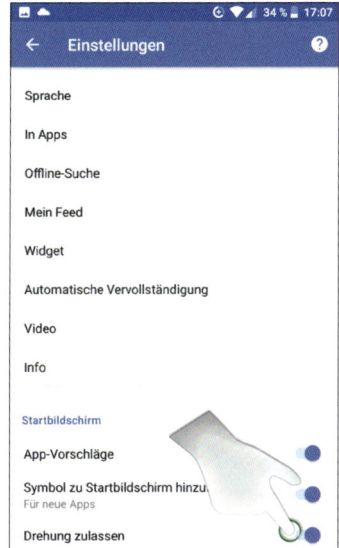

Startbildschirm ins Querformat drehen.

Dieses Symbol schaltet das Smartphone in den Flugmodus, oft auch als Offlinemodus bezeichnet. Hier werden alle Funkverbindungen ausgeschaltet, WLAN, Bluetooth, NFC und natürlich auch das Mobilfunknetz. In diesem Modus kann das Smartphone im Flugzeug oder an anderen Orten verwendet werden, 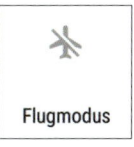 an denen keine Funksignale zulässig sind, wie etwa in einigen wissenschaftlichen Labors oder Intensivstationen von Krankenhäusern. Im Alltag empfiehlt sich der Flugmodus, um Strom zu sparen, wenn man unterwegs in schnell fahrenden Zügen, in Kellern oder abgelegenen Regionen ohnehin keine Mobilfunkverbindung hat.

Viele Apps sind erst dann sinnvoll zu nutzen, wenn sie wissen, wo man sich gerade befindet. Dies gilt nicht nur für Navigationssysteme, auch die Suche ist mit Standortangabe deutlich hilfreicher, wenn es z. B. darum geht, Läden, Restaurants, Haltestellen oder Geldautomaten zu finden. Foto-Apps können den  Standort in Bilder eintragen, um diese etwa in Onlinegalerien auf Landkarten zu positionieren. Allerdings verbrauchen die Standortdienste, die im Hintergrund GPS- und WLAN-Daten auswerten, auch einiges an Strom und können, wenn sie nicht benutzt werden, ausgeschaltet werden.

> **Standortdienste nur, wenn unbedingt nötig, abschalten**
>
> Einige Medien versuchen ihre Leser zu überzeugen, aus Datenschutzgründen die Standortdienste abzuschalten. Überlegen Sie sich genau, ob Sie die Standortdienste wirklich ausschalten. Neben dem Funktionsverlust in zahlreichen Apps helfen sie nämlich auch dabei, ein verlorenes oder gestohlenes Smartphone zu orten und eventuell wiederzufinden. Nähere Informationen dazu finden Sie in Kapitel 10.

Alle Einstellungen schnell zugänglich

Android enthält seit der ersten Version eine System-App, in der Sie alle Einstellungen des Smartphones finden. Diese *Einstellungen* wurden in Android 8 Oreo grundlegend überarbeitet und übersichtlicher gestaltet. In aktuellen Android-Versionen brauchen Sie diese App nicht mehr aus der Apps-Liste zu starten – tippen Sie einfach auf das *Einstellungen*-Symbol ganz oben in den Schnelleinstellungen.

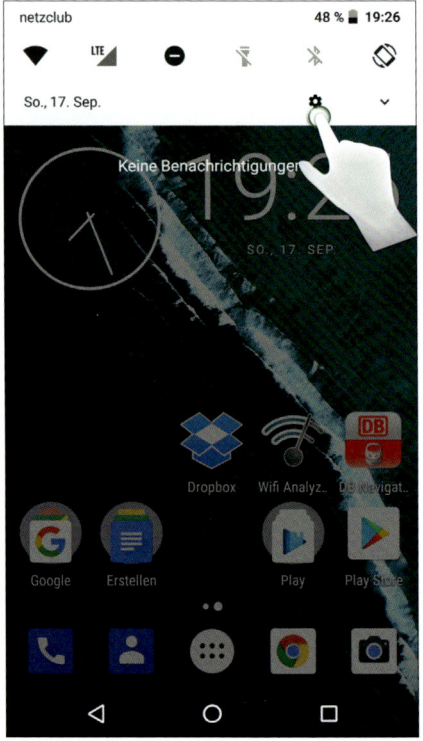

Einstellungen über das Schnelleinstellungen-Symbol aufrufen.

Die *Einstellungen* zeigen in Android 8 Oreo ganz oben ein paar Vorschläge für wichtige Einstellungen an, die Sie möglicherweise noch vornehmen möchten. Mit einer senkrechten Wischbewegung finden Sie in der langen Liste weitere Einstellungen.

Datum und Uhrzeit richtig einstellen

Prüfen Sie bei dieser Gelegenheit gleich, ob Datum und Uhrzeit auf dem Smartphone richtig eingestellt sind. Eine falsch gehende Uhr ist nicht nur lästig, sondern kann auch zu Fehlern mit Zeitstempeln bei internationalen Onlinediensten und beim E-Mail-Versand führen. Die meisten Android-Smartphones sind so vorkonfiguriert, dass sie Datum, Uhrzeit und Zeitzone aus dem Mobilfunknetz beziehen. Leider kommt es immer wieder vor, dass Netzbetreiber hier falsche oder gar keine Informationen übertragen.

1. Sollte die angezeigte Zeit oder das Datum falsch sein, scrollen Sie in den *Einstellungen* nach unten in den Bereich *System* und tippen Sie dort auf *Datum & Uhrzeit*.

2. Tippen Sie oben auf *Autom. Datum/Uhrzeit*, um die Automatik auszuschalten. Deaktivieren Sie auf die gleiche Weise die Einstellung *Automatische Zeitzone*.

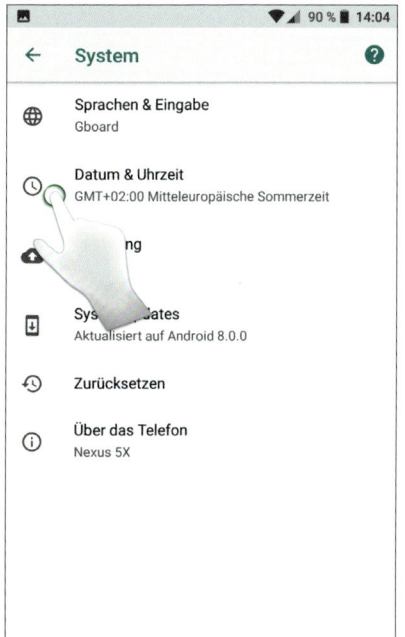 

Datum und Uhrzeit in den Einstellungen.

3. Tippen Sie dann auf die Zeile *Uhrzeit festlegen*. Auf dem nächsten Bildschirm können Sie in einer analogen Uhr die Stunden und Minuten richtig einstellen.

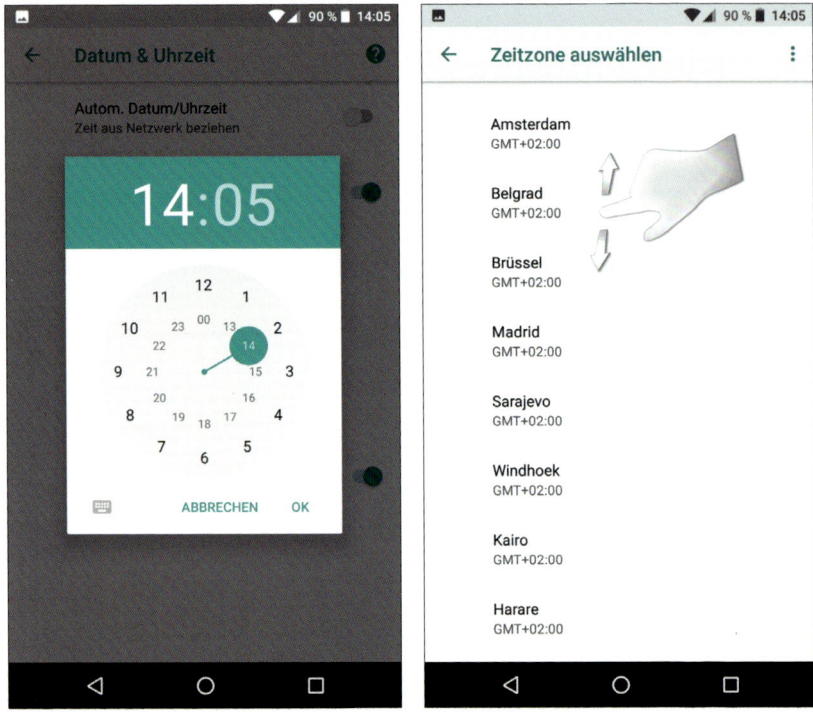

Uhrzeit und Zeitzone auf dem Smartphone einstellen.

4. Auf die gleiche Weise legen Sie auch das Datum auf dem Smartphone fest, wenn es nicht automatisch richtig übernommen wurde.

5. Wählen Sie in jedem Fall auch die richtige Zeitzone *GMT+01:00, Mitteleuropäische Zeit* im Winter oder *GMT+02:00* im Sommer aus. Die Zeitzonen sind in Android 8 Oreo nach Städten benannt. Wenn die hierzulande übliche Zeitzone *Berlin* fehlt, wählen Sie *Amsterdam*. Die Einstellungen sind die gleichen. Die Sommerzeit wird automatisch anhand der gewählten Zeitzone umgestellt. In den afrikanischen Städten der gleichen Zeitzone gelten andere Sommerzeitregeln.

6. Legen Sie an dieser Stelle auch das 24-Stunden-Format zur Anzeige der Uhrzeit fest, sonst würde z. B. *16:00* als *04:00* angezeigt. Diese Einstellung gilt überall auf dem Smartphone, wo Datum und Uhrzeit angezeigt werden.

Tipps zur Bildschirmtastatur

Android-Smartphones haben üblicherweise keine wirkliche Tastatur. Beim Antippen eines Texteingabefeldes erscheint dafür automatisch eine Bildschirmtastatur, auf der Buchstaben, Ziffern und auch Sonderzeichen eingegeben werden können.

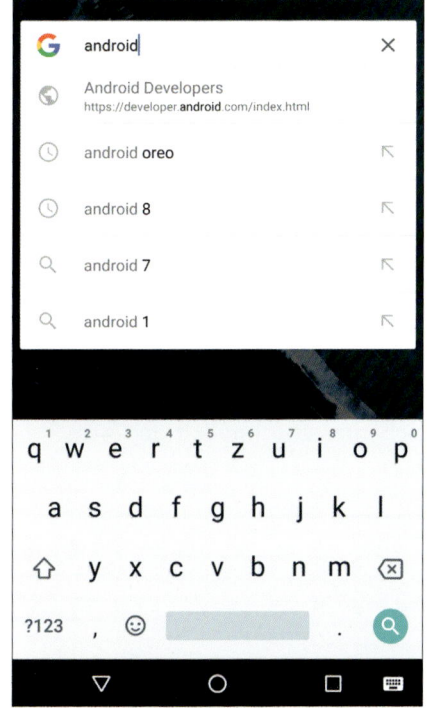
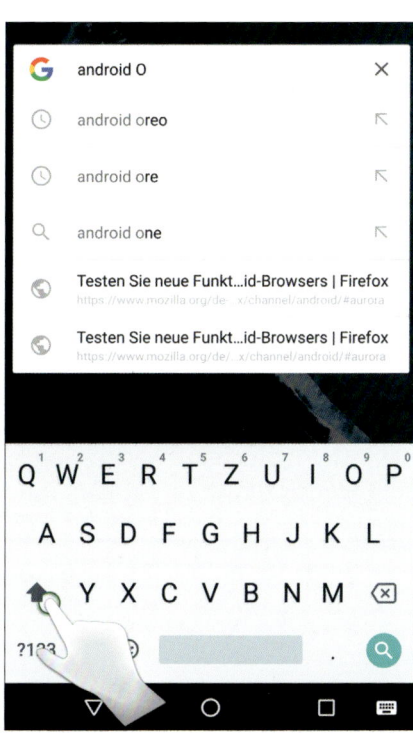

Bildschirmtastatur für Klein- und Großbuchstaben.

Ein angetippter Buchstabe wird vor dem Loslassen deutlich hervorgehoben, um Tippfehler zu vermeiden.

Zur Eingabe von Großbuchstaben muss zuerst die ⇧-Taste links unten angetippt werden, die die Bildschirmtastatur für den nächsten Buchstaben auf Großbuchstaben umschaltet. Tippt man zweimal auf die ⇧-Taste, wird diese mit einer Linie hervorgehoben und die Großschreibung festgestellt, bis man sie mit einem weiteren Antippen wieder löst. Auf dem PC bezeichnet man die gleiche Funktion als Feststelltaste oder Caps Lock.

Die Tasten der oberen Reihe zeigen ganz klein in der Ecke noch eine Ziffer. Zur Eingabe dieser Ziffer wie auch für Umlaute oder Buchstaben mit Akzent halten Sie den Finger länger auf dem jeweiligen Buchstaben. Es erscheint ein Zusatzfeld mit einer Auswahl von Varianten dieses Buchstabens. Auf diese

Weise finden Sie auch das **ß** auf der Taste **s**. Bei einer Auswahl mehrerer Zeichen wird das eingegeben, auf dem Sie den Finger vom Bildschirm loslassen.

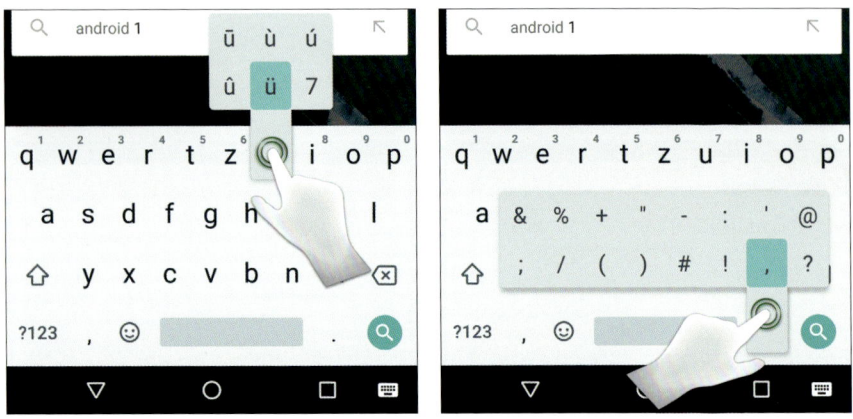

Umlaute und Sonderzeichen auf der Bildschirmtastatur eingeben.

Die Taste mit den Symbolen unten links schaltet auf ein Tastaturlayout zur Eingabe von Ziffern und mathematischen Sonderzeichen um. Dort schaltet die Taste =\< auf eine weitere Sonderzeichentastatur um. Mit der Taste *?123* kommt man zurück zur anderen Tastatur.

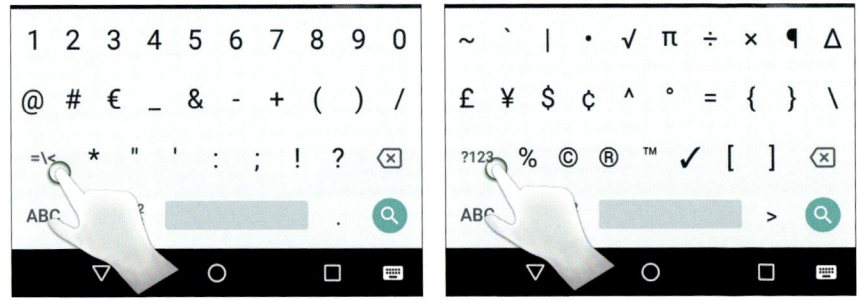

Bildschirmtastaturen für Ziffern und Sonderzeichen.

Das Symbol mit den Ziffern *1234* neben der Leertaste schaltet auf eine Zifferntastatur zur schnellen Eingabe von Zahlen um. Mit dem Smiley-Symbol erscheinen Tastaturlayouts für grafische Emojis und die klassischen Text-Smileys.

Von den Sondertastaturen kommt man mit der Taste *ABC* links unten wieder zurück zur normalen Buchstabentastatur.

Tippt man auf eine Stelle auf dem Bildschirm, wo keine Texteingabe möglich ist, verschwindet die Bildschirmtastatur automatisch wieder. Sie können diese auch jederzeit mit einem Druck auf das Zurück-Symbol ausblenden, wenn sie wichtige Bildschirmteile verdeckt.

Tipps zur Bildschirmtastatur

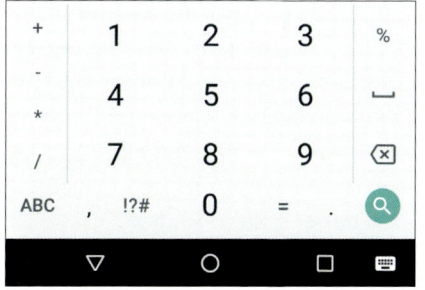 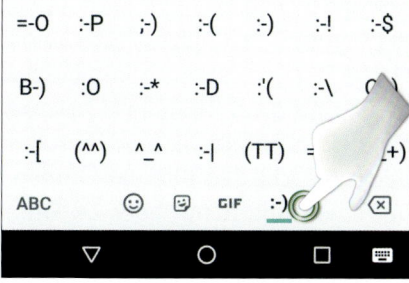

Bildschirmtastaturen für Ziffern und Text-Smileys.

Die neuen Emojis

Emojis sind kleine Bildchen zur Darstellung von Stimmungs- und Gefühlszuständen in der schriftlichen Kommunikation. Ursprünglich waren das reine ASCII-Zeichen, etwa :-) für ein lächelndes Gesicht, auch als Smiley bezeichnet. Android 8 Oreo unterstützt den neuen Standard Unicode 9, der jede Menge grafische Emojis im Zeichensatz enthält. Diese können über das Gesichtssymbol auf der Tastatur ausgewählt werden. Die Emojis sind nach Kategorien geordnet. Über horizontale Wischbewegungen tauchen weitere Emojis auf der Tastatur auf. Bei den meisten menschlichen Gesichtern lässt sich durch längeres Antippen die Hautfarbe wählen. Einige der neuen Emojis in Android 8 Oreo lassen sich auf diese Weise auch zwischen männlichen und weiblichen Figuren umschalten.

 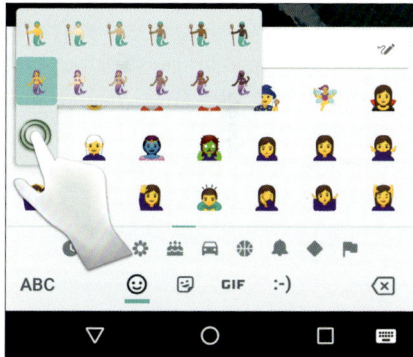

Bildschirmtastaturen für grafische Emojis.

> **WICHTIG:** In der privaten Korrespondenz durchaus sinnvoll und lustig, sollten Emojis im offiziellen Schriftverkehr nur sparsam eingesetzt werden. Emojis sollte man nur verwenden, wenn man sicher ist, dass der Empfänger darunter das Gleiche versteht. Gleiche Emojis werden auf unterschiedlichen Systemplattformen unter Umständen grafisch unterschiedlich dargestellt.

Android 8 Oreo liefert 70 neue Emojis, darunter diverse Berufe sowie erstmals die Flaggen von England, Schottland und Wales sowie die UN-Flagge. Bei der Vielfalt der Emojis wird es immer schwieriger, das passende zu finden. Deshalb bietet Android 8 Oreo die Möglichkeit, Emojis zu suchen. Geben Sie dazu im Suchfeld oberhalb der Emoji-Tastatur einen Begriff ein. Passende Emojis werden vorgeschlagen. Alternativ tippen Sie auf das Stiftsymbol rechts im Suchfeld und malen mit dem Finger ein Emoji. Auch dabei schlägt Android passende Bildsymbole vor, die durch einfaches Antippen in den Text eingefügt werden.

Emojis über einfache Skizze suchen.

Tippen im Querformat

Zum flüssigen Schreiben von Texten ist die Bildschirmtastatur sehr klein. Hinzu kommt, dass man im Hochformat kaum mit zwei Fingern gleichzeitig auf dem Smartphone tippen kann. Halten Sie das Smartphone beim Schreiben quer, dreht sich der Bildschirminhalt automatisch und die Tastatur füllt die gesamte Bildschirmbreite, dafür verdeckt sie aber noch größere Teile des Bildschirms. Voraussetzung ist natürlich, dass das automatische Drehen in den Schnelleinstellungen eingeschaltet ist.

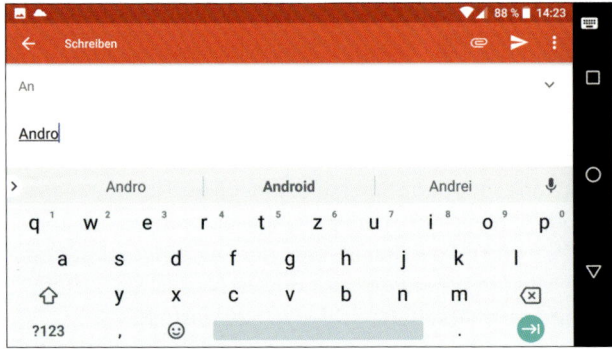

Die Bildschirmtastatur im Querformat.

Oberhalb der Tastatur werden in vielen Apps beim Tippen Wortvorschläge gemacht, die Sie antippen und damit übernehmen können. Hat man sich an diese Vorschläge einmal gewöhnt, schreibt es sich deutlich schneller, da längst nicht mehr jedes Wort vollständig eingegeben werden muss.

Telefonieren mit dem Android-Smartphone

Wundern Sie sich nicht, dass erst an dieser Stelle im Buch erwähnt wird, dass man mit Android-Smartphones auch telefonieren kann. Telefonieren ist längst nicht mehr die wichtigste Funktion eines Smartphones, das heute als persönlicher, jederzeit verfügbarer Begleiter noch ganz andere Aufgaben erfüllt.

Die klassische grüne und rote Taste, die man von früheren Handys zum Telefonieren kennt, sind auf aktuellen Smartphones längst verschwunden. Der Startbildschirm zeigt – solange vom Benutzer nicht verändert – unten links ein Telefonsymbol an, das die Telefonfunktion des Smartphones aufruft.

Die Telefonfunktion auf einem Android-Smartphone.

2 ▪ Alltag mit dem Android-8-Smartphone

Da kaum noch jemand Telefonnummern auswendig kennt und man in den meisten Fällen immer wieder mit den gleichen Leuten telefoniert, zeigt Android 8 Oreo beim Start der Telefon-App keine Zifferntastatur mehr an, sondern einen Kurzwahlbildschirm mit einer Liste mit Fotos oder Symbolen wichtiger Kontaktpersonen.

Tippen Sie auf ein Bild, wird die Person angerufen. Im Suchfeld ganz oben auf dem Bildschirm können Sie einen Namen oder eine Telefonnummer eingeben, um diese Person im Adressbuch zu finden.

Das runde Tastatursymbol unten in der Mitte blendet eine Zifferntastatur auf dem Touchscreen ein, mit der Sie jede beliebige Telefonnummer wählen und so auch Personen anrufen können, die nicht als Kontakt gespeichert sind. Tippen Sie anschließend auf das grüne Telefonsymbol, um die Verbindung aufzubauen.

> **Telefonnummer suchen**
>
> Kennen Sie die Telefonnummer einer Person nicht auswendig, verwenden Sie die Buchstaben auf der Zifferntastatur und tippen damit den Namen ein. Auch hier werden passende Kontakte sofort angezeigt.

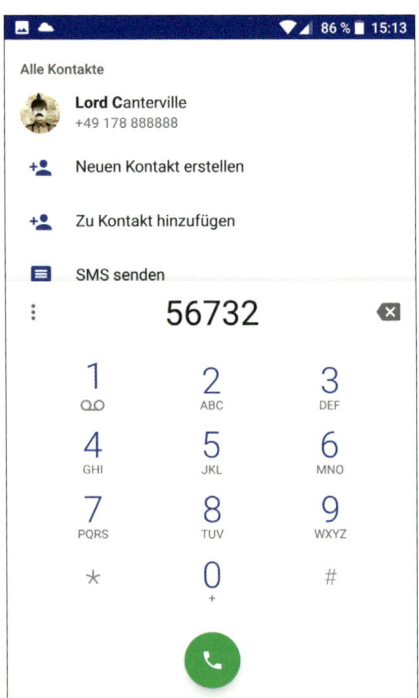
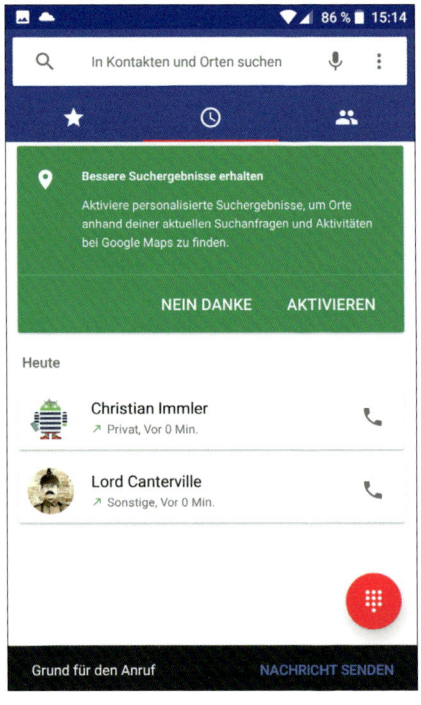

Zifferntastatur und Anrufliste in der Telefon-App.

Haben Sie mit der Person, die Sie anrufen möchten, schon einmal gesprochen, können Sie die Anrufliste auf dem Smartphone verwenden. Diese wird in der Telefon-App unter dem Uhrensymbol angezeigt. Hier erscheint eine Liste der zuletzt gewählten Nummern und der eingegangenen Anrufe. Oftmals möchte man mit der Person, mit der man zuletzt gesprochen hat, kurz darauf noch mal telefonieren. Sie brauchen dann nur auf den entsprechenden Eintrag in der Anrufliste zu tippen.

Regionale Suchergebnisse in der Telefon-App

Im Suchfeld der Telefon-App können auch Orte, z. B. Restaurants oder Geschäfte, eingegeben werden. Google sucht dann automatisch in der Umgebung des eigenen Standorts nach passenden Telefonnummern und zeigt diese zusätzlich zu Suchergebnissen aus dem eigenen Adressbuch an. Dazu müssen die Standortdienste auf dem Smartphone aktiviert werden. Wenn dies bei einem neu eingerichteten Smartphone noch nicht gemacht wurde, zeigt die Telefon-App beim ersten Aufruf der Verlaufsliste einen entsprechenden Hinweis an. Tippen Sie hier auf *Aktivieren* und schalten Sie auf dem nächsten Bildschirm die Standorteinstellungen ein.

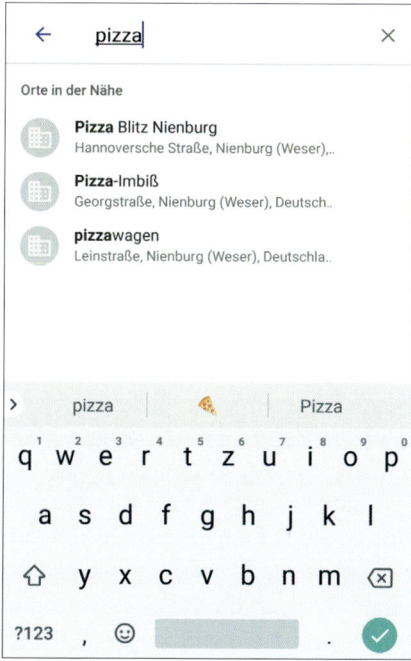

Links: Standorteinstellungen aktivieren, rechts: lokale Suchergebnisse.

Danach können Sie im Suchfeld der Telefon-App nach Läden, Restaurants und anderen bekannten Orten in der Umgebung suchen und diese direkt anrufen.

Kontakte aus dem Adressbuch anrufen

Anstatt eine Nummer zu wählen, können Sie auch auf der Seite *Kontakte* rechts oben in der Telefon-App eine Person im Adressbuch suchen und anrufen. Scrollen Sie durch die Liste zur gewünschten Person. Besonders schnell geht es, wenn Sie mit dem Finger am rechten Bildschirmrand entlangscrollen. Hierbei wird der aktuelle Anfangsbuchstabe großflächig angezeigt, damit Sie im richtigen Moment stoppen können. Außerdem finden Sie bestimmte Personen schnell im Adressbuch, indem Sie oben im Suchfeld einige Buchstaben des Namens eintippen. Das Adressbuch filtert die Liste immer genauer, je mehr Buchstaben bereits eingegeben sind.

 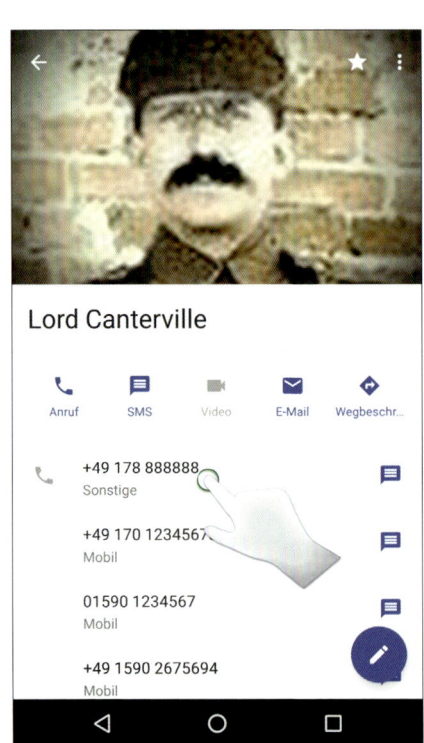

Person im Adressbuch finden und anrufen.

Tippen Sie auf eine Person in der Liste, erscheinen außer der Telefonnummer auch die E-Mail-Adresse sowie andere gespeicherte Daten. Tippen Sie auf das Telefonsymbol, um die Verbindung aufzubauen. Bei mehreren gespeicherten Telefonnummern müssen Sie jetzt noch die gewünschte auswählen. Sie können auch direkt in der Liste auf die Telefonnummer tippen. Weiter unten finden Sie den Konversationsverlauf mit dieser Person, wann Sie die letzten Male miteinander telefoniert haben. Tippen Sie auf *Gemeinsamen Verlauf anzeigen*, um auch gemeinsame Termine und SMS mit dieser Person in der Verlaufsliste zu sehen.

Kurzwahl mit Bildern

Bei den meisten Menschen beschränkt sich die alltägliche Kommunikation auf weniger als zehn Personen, obwohl im Adressbuch des Telefons Hunderte gespeichert sind. Der Kurzwahlbildschirm beim Start der Telefon-App macht sich diese Tatsache zunutze und zeigt wichtige Kontaktpersonen übersichtlich auf dem Bildschirm an. Tippen Sie auf eines der Bilder, um die jeweilige Person anzurufen. Sind zu einer Person mehrere Telefonnummern gespeichert, erscheint ein Fenster, in dem Sie die gewünschte Nummer auswählen können. Aktivieren Sie hier *Auswahl speichern*, wählt das Smartphone beim Antippen des Kurzwahlfotos in Zukunft immer diese Nummer. Natürlich können Sie über die Kontaktliste weiterhin auf alle für die jeweilige Person gespeicherten Nummern zugreifen.

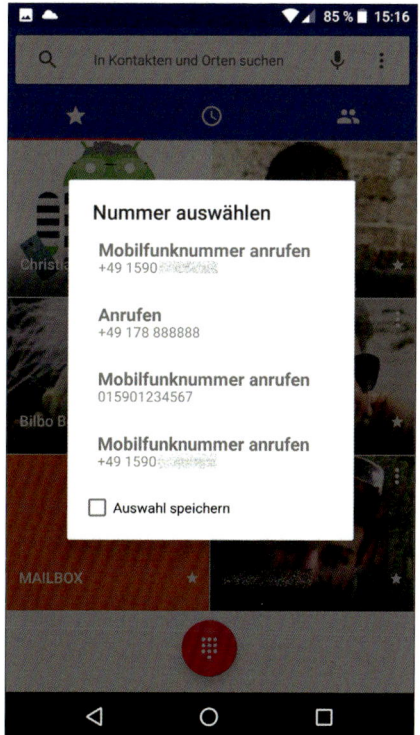 

Kurzwahl anrufen und Kurzwahlbildschirm bearbeiten.

Tippen Sie länger auf ein Bild, können Sie die Bilder auf dem Kurzwahlbildschirm neu anordnen, um ganz besonders wichtige Personen immer direkt ganz oben in der Liste zu haben. Möchten Sie eine Person vom Kurzwahlbildschirm entfernen, ziehen Sie das Bild einfach nach oben auf das Symbol *Entfernen*. Die Person bleibt weiterhin im Adressbuch eingetragen.

Möchten Sie eine neue Person auf den Kurzwahlbildschirm legen, wechseln Sie in der Telefon-App oben rechts zur Seite *Kontakte* und suchen dort die gewünschte Person. Tippen Sie dann auf das Sternchen oben rechts. Jetzt erscheint diese Person automatisch auf dem Kurzwahlbildschirm.

Das Telefon klingelt

Klingelt das Telefon, weil jemand anruft, erscheinen automatisch dessen Kontaktbild und Name – soweit diese im Adressbuch gespeichert sind – sowie die Telefonnummer auf dem Bildschirm. Ziehen Sie das Telefonsymbol auf dem Bildschirm nach oben, um das Gespräch anzunehmen, oder nach unten, um es abzulehnen.

 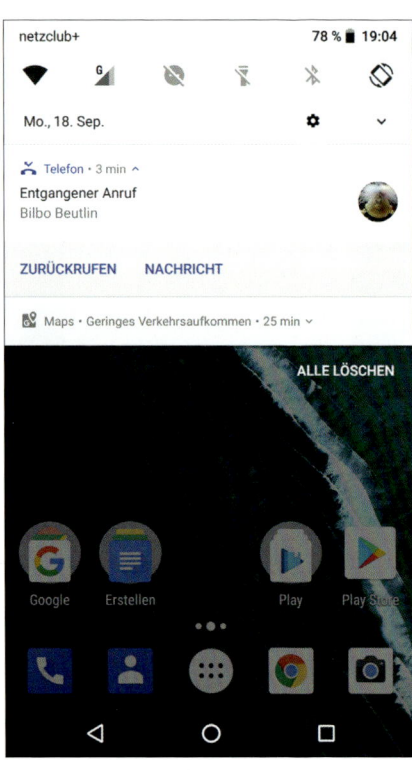

Eingehender Anruf bei inaktivem und aktivem Smartphone.

> ### Unaufdringliche Anrufe
> Ist der Bildschirm gerade aktiv, weil Sie das Smartphone in dem Moment benutzen, in dem das Telefon klingelt, erscheint der Anruf nur am oberen Bildschirmrand als Benachrichtigung. Auch hier stehen zwei Schaltflächen zur Verfügung, um den Anruf anzunehmen oder abzulehnen.

Funktionen während des Gesprächs

Während des Gesprächs werden Telefonnummer und Gesprächsdauer angezeigt. Ist zu der angerufenen Person ein Foto im Adressbuch hinterlegt, erscheint dieses ebenfalls auf dem Bildschirm. Tippen Sie nach dem Gespräch auf das rote Symbol unten, um die Verbindung zu trennen, »den Hörer aufzulegen«, wie es früher hieß.

> **Annäherungssensor**
>
> Viele Android-Smartphones verfügen über einen Annäherungssensor, der den Bildschirm automatisch ausschaltet, sobald man das Gerät ans Ohr hält. Dies spart nicht nur Strom, sondern verhindert auch, dass man versehentlich durch Berührung mit dem Ohr eine Aktion auf dem Touchscreen auslöst. Nehmen Sie das Smartphone vom Ohr, wird der Bildschirm wieder benutzbar.

Die Symbole auf dem Anrufbildschirm stellen nützliche Funktionen während eines Telefongesprächs zur Verfügung.

Mikrofon stumm – schaltet das Mikrofon stumm, um Rückfragen zu stellen, die der Gesprächspartner nicht hören soll.

Wähltasten – blendet eine Zifferntastatur ein, um z. B. Sprachcomputer oder Mailboxen per Tonwahl zu steuern oder bei Call-through-Anbietern während des Gesprächs eine weitere Telefonnummer zu wählen.

Lautsprecher – schaltet den Lautsprecher ein, dann kann man das Telefon auf den Tisch legen und frei sprechen, auch mit mehreren Personen im Raum.

Hinzufügen – startet eine Telefonkonferenz. Jetzt können Sie weitere Personen zum Gespräch hinzufügen.

Halten – hält das Gespräch, ohne die Verbindung zu trennen, um z. B. kurz einen eingehenden Anruf entgegenzunehmen.

Entgangene Anrufe

Haben Sie einen Anruf auf dem Smartphone verpasst, wird dies in der Benachrichtigungsleiste angezeigt. So sehen Sie sofort, ob und wann jemand in Abwesenheit angerufen hat. Wenn oben links ein Symbol für entgangene

Anrufe erscheint, ziehen Sie diese Leiste herunter. Tippen Sie dort auf *Entgangene Anrufe*, kommen Sie direkt ins Anrufprotokoll der Telefon-App. Hier können Sie den Anrufer zurückrufen, ohne die Telefonnummer tippen zu müssen.

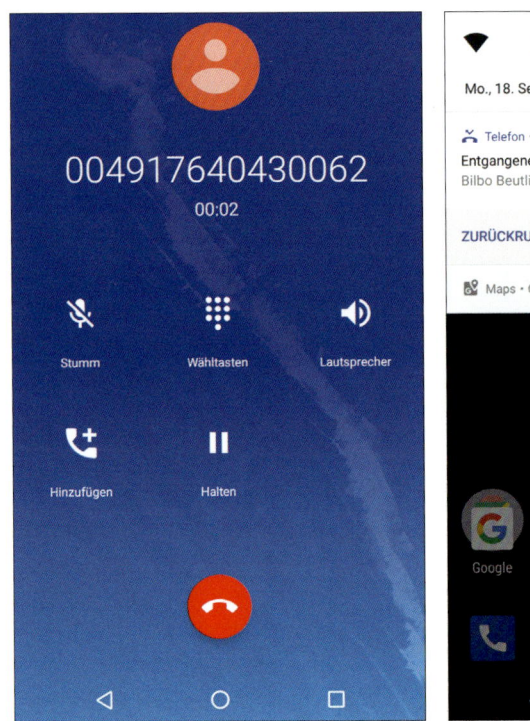 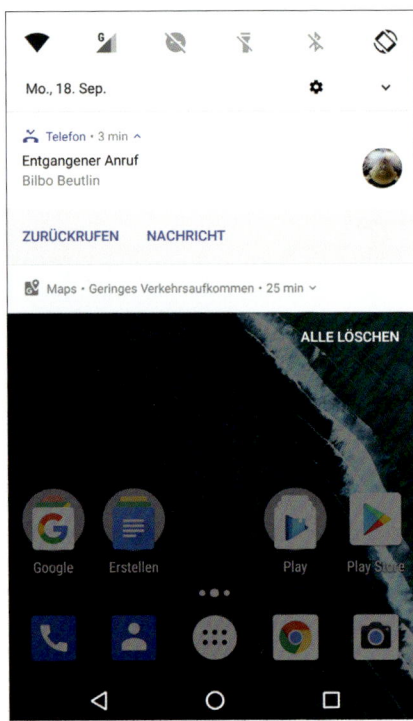

Gesprächsbildschirm und Benachrichtigung über entgangene Anrufe.

Klingelton auswählen

Klingeltöne sind für viele etwas ganz Persönliches und müssen je nach Tagesstimmung geändert werden. Anderen kommt es eher darauf an, einen im Alltag deutlich hörbaren Klingelton zu verwenden oder einen, mit dem nicht 100 andere Geräte in der Umgebung klingeln. Früher gab es sogar Leute – und nicht gerade wenige –, die für Klingeltöne Geld ausgegeben haben.

Android 8 Oreo liefert diverse Klingeltöne mit, Gerätehersteller installieren oft noch weitere. Tippen Sie in der Telefon-App oben rechts auf das Menüsymbol mit den drei Punkten, wählen Sie dann *Einstellungen* und auf dem nächsten Bildschirm *Töne und Vibration*. Tippen Sie auf *Klingelton*, um einen Klingelton auszuwählen. Ganz oben wird ein Klingelton *Ohne* zur Auswahl angeboten. Damit klingelt das Telefon nie, sondern zeigt Anrufe nur optisch und je nach Einstellung auch mit Vibration an, unabhängig von einem aktivierten Nicht-stören-Modus.

 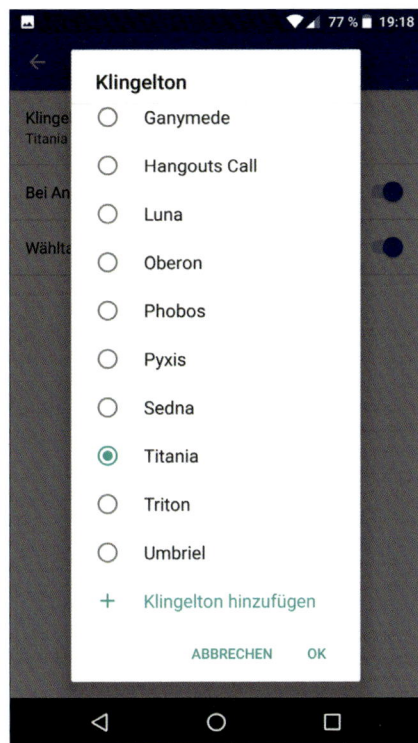

Klingelton auswählen.

Über *Klingelton hinzufügen* ganz unten in der Liste können Sie eine auf dem Smartphone gespeicherte MP3-Datei als Klingelton hinzufügen. Diese erscheint dann ebenfalls in der Liste zur Auswahl.

Auf der Einstellungsseite legen Sie auch fest, ob beim Eintippen von Telefonnummern Wähltastentöne zu hören sein sollen und ob das Telefon zusätzlich zum Klingeln auch vibrieren soll.

Die Klingeltonlautstärke stellen Sie mit den Lautstärketasten an der Seite des Smartphones ein. Dazu müssen Sie sich in der Telefon-App oder auf dem Startbildschirm befinden, da Android zwischen Klingeltonlautstärke und Medienlautstärke unterscheidet. Im Musikplayer oder in einem Spiel regeln diese Tasten die Medienlautstärke.

Beim Drücken einer Lautstärketaste wird oben ein Schieberegler eingeblendet, der die aktuelle Lautstärke anzeigt. Tippen Sie ganz links auf die Glocke, wird das Klingeln ausgeschaltet und auf Vibrationsalarm umgestellt. Tippen Sie auf den Pfeil rechts, werden weitere Lautstärkeregler für die Medien- und Weckerlautstärke eingeblendet.

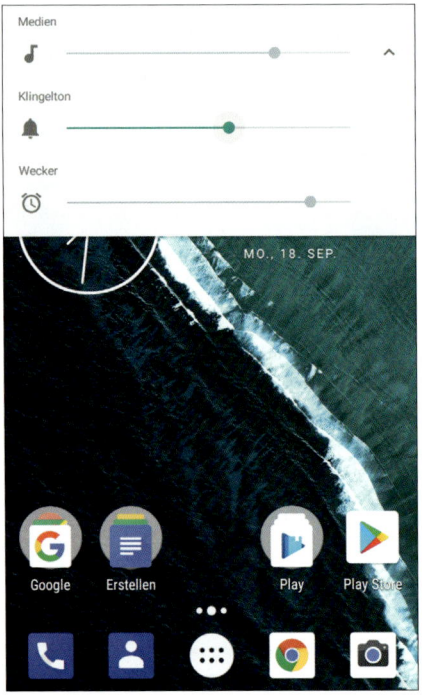 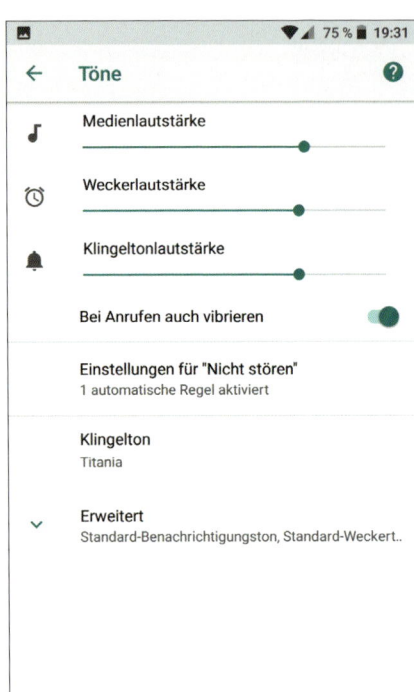

Lautstärke über die Lautstärketasten oder über die Einstellungen regeln.

In den *Einstellungen* unter *Töne* können Sie die Medien-, Wecker- und Klingeltonlautstärke ebenfalls unabhängig voneinander einstellen. Unter *Andere Töne* ganz unten legen Sie hier fest, ob bei Berührung des Bildschirms und bei der Bildschirmsperre Töne erklingen sollen, ob Wähltastentöne beim Telefonieren ertönen und ob das Gerät bei Berührung der Bildschirmtastatur und bestimmter Schaltflächen vibrieren soll.

Automatische SMS bei unpassenden Anrufen

Das Smartphone klingelt oft in unpassenden Momenten. Wenn man gerade in einer Konferenz ist oder beim Essen sitzt, möchte man nicht gestört werden, den Anrufer aber auch nicht einfach »wegdrücken«. Android 8 Oreo bietet hier Kurzantworten an, die mit wenigen Fingerstrichen per SMS an einen Anrufer geschickt werden können. Allerdings sollten Sie diese Funktion nur bei Anrufen von Handys nutzen. SMS-Antworten an Festnetztelefone werden von den meisten Anrufern nicht verstanden.

Wählen Sie im Menü der Telefon-App den Menüpunkt *Einstellungen* und dann *Kurzantworten*. Hier sind einige Kurzantworten vordefiniert. Tippen Sie auf eine Kurzantwort, können Sie den Text bearbeiten und speichern.

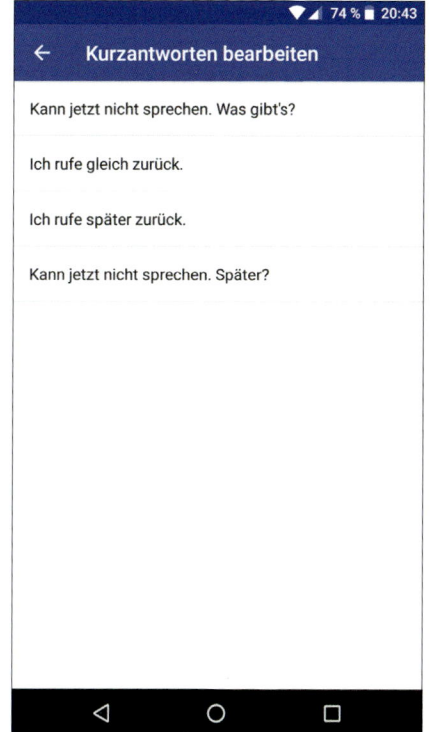 

Links: Kurzantworten bearbeiten, rechts: eingehenden Anruf mit Kurzantwort beantworten.

Wenn das Telefon klingelt, erscheint auf dem Bildschirm die Nummer oder der Name des Anrufers. Ziehen Sie das SMS-Symbol aus der linken unteren Bildschirmecke in Richtung Bildschirmmitte, erscheint eine Liste der vordefinierten Kurzantworten.

Wählen Sie eine Kurzantwort aus, wird diese automatisch per SMS an den Anrufer geschickt. Über den Punkt *Eigene Antwort schreiben* können Sie selbst eine kurze SMS an den Anrufer tippen.

Rufweiterleitung einrichten

Die von alten Handys bekannten Einstellungen zur Rufweiterleitung auf die Mailbox finden Sie über den Menüpunkt *Einstellungen* in der Telefon-App. Wählen Sie dort *Anrufe/Rufweiterleitung*.

Jetzt können Sie für *Wenn besetzt*, *Wenn keine Antwort* oder *Wenn nicht erreichbar* unterschiedliche Rufumleitungen festlegen oder auch Kontakte auswählen, an die der Anruf weitergeleitet werden soll. Bei den meisten SIM-Karten sind standardmäßig Umleitungen auf die Mailbox voreingestellt.

2 ▪ Alltag mit dem Android-8-Smartphone

Mit der Option *Deaktivieren* auf dem Bildschirm zum Eintragen der Nummer für die Rufumleitung können Sie die voreingestellten Umleitungen auf die Mailbox abschalten. Allerdings unterstützen manche Mobilfunkanbieter diese Möglichkeit nicht und zwingen dem Nutzer eine Mailbox sozusagen auf, um zusätzliche Gesprächsminuten zu generieren.

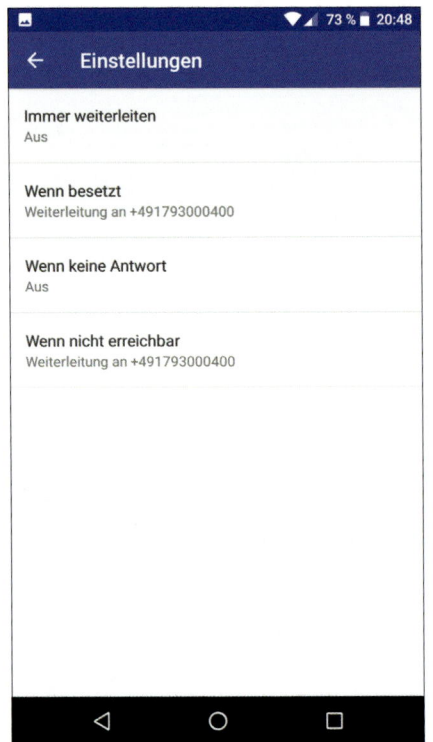

Einstellungen zur automatischen Rufumleitung.

> **ACHTUNG: Kostenfalle**
>
> Für Rufumleitungen können je nach Mobilfunkvertrag teilweise erhebliche Kosten entstehen. Viele Anbieter schließen umgeleitete Gespräche von der Flatrate aus, sodass die Weiterleitungen im teuren Minutentakt bezahlt werden müssen, obwohl Sie selbst gar nicht telefonieren.

Die Rufumleitung wird direkt im Mobilfunknetz eingerichtet und ist nicht nur eine Einstellung auf dem Smartphone selbst. Das bedeutet, zur Einrichtung muss ausreichender Empfang vorhanden sein und der eigene Vertrag muss Umleitungen zulassen.

Unerwünschte Anrufer blockieren

Android 8 Oreo bietet die Möglichkeit, unerwünschte Anrufer automatisch zu blockieren. Wählen Sie im Menü der Telefon-App *Einstellungen/Anrufblockierung*. Hier können Sie Telefonnummern hinzufügen, von denen Sie keine Anrufe oder SMS erhalten möchten.

 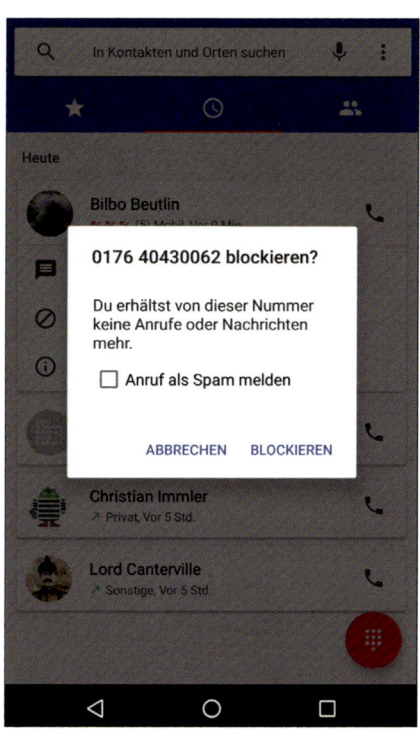

Anrufer in der Telefon-App blockieren.

Hat die betreffende Person bereits mindestens einmal angerufen, können Sie die Telefonnummer direkt übernehmen, ohne sie neu eintippen zu müssen.

1. Tippen Sie im Anrufprotokoll auf den Eintrag des unerwünschten Anrufers und dann auf *Blockieren/Spam melden*.
2. Tippen Sie auf *Blockieren*, um die Nummer in die Blockierliste aufzunehmen.
3. Wenn Sie die Option *Anruf als Spam melden* eingeschaltet haben, wird die Nummer an den Google-Dienst *Anrufer-ID und Spam* gemeldet, um auch andere Nutzer vor diesem Anrufer warnen zu können.

Bei Bedarf können Sie später jederzeit mit dem X-Symbol in den Einstellungen zur Anrufblockierung einzelne blockierte Nummern wieder freigeben. Die betreffende Person kann dann wieder ganz normal anrufen.

> **Unbekannte Anrufer blockieren**
>
> Die Standardmethode funktioniert leider nicht mit Anrufern, die ihre Rufnummer nicht übertragen oder die bisher gar nicht bekannt sind. Wenn Sie normalerweise sowieso nur mit bekannten Personen telefonieren, nehmen Sie diese alle in Ihr Adressbuch auf und lassen dann das Smartphone permanent in einem speziell eingerichteten Nicht-stören-Modus laufen, der alle Anrufer und Nachrichten von Personen aus dem Adressbuch zulässt. Alle, die nicht im Adressbuch stehen, können das Smartphone nicht klingeln lassen. Diese Methode hilft auch gegen Anrufer mit unterdrückter Rufnummer, da sie im Adressbuch nicht gefunden werden können.

Anrufer-ID und Spam

Über den Dienst *Anrufer-ID und Spam* in den Einstellungen der Telefon-App können auch Namen von Anrufern angezeigt werden, die nicht in den Kontakten gespeichert sind.

Ist dieser Dienst in der Telefon-App aktiviert, wird bei einem eingehenden Anruf über die Internetverbindung eine Datenbank bei Google abgefragt und, wenn möglich, der Name sowie das Google+-Profilbild des Anrufers angezeigt. Diese Daten werden aber nicht automatisch in den Kontakten gespeichert. Der Dienst hilft auch, Spam-Anrufer zu identifizieren, um diese, bevor sie das erste Mal angerufen haben, in die Blockierliste aufzunehmen. Hat ein Werbeanrufer einmal eine Person am Telefon erreicht, wird er diese immer wieder anrufen. Leider findet dieser Dienst in Deutschland bis jetzt kaum typische Spam-Telefonnummern.

Eigene Telefonnummer herausfinden

Seit man alle Telefonnummern nur noch in Kontaktlisten speichert und kaum noch eine Nummer eintippt, wissen viele Anwender nicht einmal mehr ihre eigene Handynummer auswendig. Wer mehrere SIM-Karten und mehrere Smartphones hat, kommt schnell durcheinander. Früher war es oft der einfachste Weg, mit einem Handy das andere anzurufen, um die Nummer zu erfahren, da die Geräte selbst oft keine Möglichkeit boten, die Telefonnummer der eingesteckten SIM-Karte anzuzeigen.

Android 8 Oreo zeigt in den *Einstellungen* unter *System/Über das Telefon/Status/Status der SIM-Karte* die eigene Telefonnummer an.

Rufnummernunterdrückung

In den Einstellungen der Telefon-App können Sie unter *Anrufe/Zusätzliche Einstellungen/Anrufer-ID* bei Bedarf die Anzeige Ihrer Rufnummer bei der angerufenen Person unterdrücken.

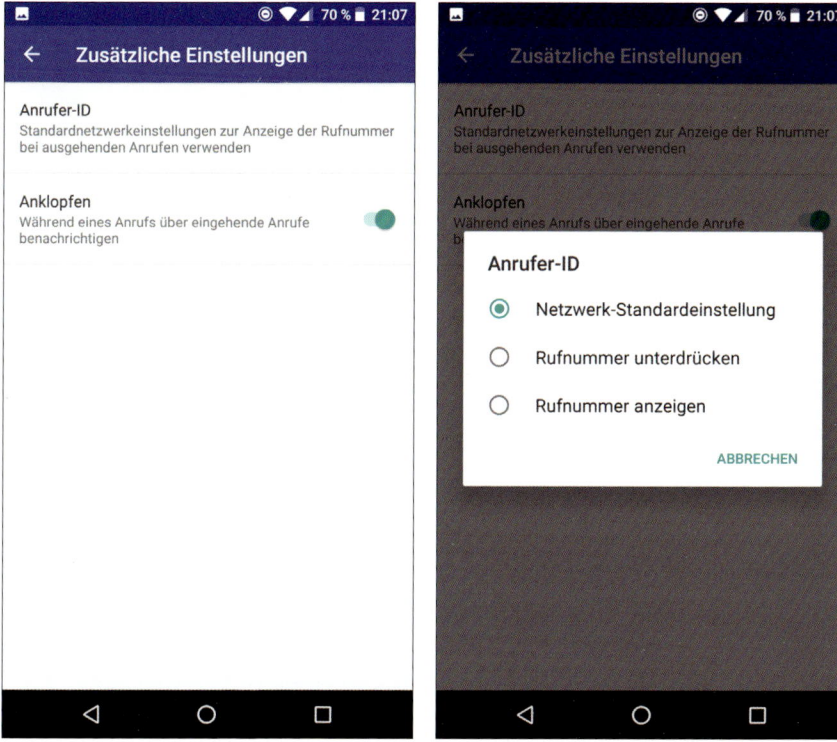

Einstellungen zur Übertragung der eigenen Telefonnummer.

> **Kein Freibrief für illegale Aktivitäten**
>
> Eine ausgeschaltete Rufnummer ist kein Freibrief für kriminelle Aktivitäten am Telefon. Die Rufnummer wird bei jedem Gespräch übertragen, bei abgeschalteter Anrufer-ID wird nur zusätzlich ein spezielles Signal gesendet, das das Telefon des Gesprächspartners anweist, die Nummer nicht zu zeigen. Die Notrufzentralen von Feuerwehr, Rettungsdiensten und Polizei sehen die Nummer trotzdem. Auch in den Anrufprotokollen der Telefongesellschaften taucht die Nummer weiterhin auf. Nach dem »Gesetz zur Bekämpfung unlauterer Telefonwerbung und zur Verbesserung des Verbraucherschutzes« sind Anrufe von Firmen und Geschäftstreibenden mit unterdrückter Rufnummer aus Deutschland nicht mehr zulässig.

Tipps zur Wahl eines Tarifs für Android-Smartphones

Da es so gut wie keine klassischen Handys ohne Internetzugang mehr gibt, ist mobiles Internet in den meisten Tarifen heute standardmäßig dabei. Der mobile Internetzugang per UMTS, HSPA und auch LTE wird fast überall nach verbrauchtem Datenvolumen abgerechnet und nicht mehr nach Onlinezeit, wie es früher bei den ersten Handys der Fall war. Zur Ermittlung des Datenverbrauchs spielt es keine Rolle, ob Daten aus dem Internet heruntergeladen oder vom Smartphone gesendet werden, wie z. B. E-Mails oder Fotos, die man bei Facebook hochlädt. Jedes MByte zählt. Bei den typischen 24 Cent/MByte ist die sporadische Internetnutzung eines einfachen Handys, mit dem man mal kurz E-Mails abruft oder sich eine Fahrplanauskunft holt, kein großes finanzielles Problem. Hier kommen bei durchschnittlicher Nutzung im Monat meist nicht einmal 10 MByte zusammen. Bei Android-Smartphones, die permanent im Internet sind und allein für reine Hintergrundaktivitäten jeden Monat etwa 100–200 MByte Datenvolumen verbrauchen, kann es allerdings schnell sehr teuer werden – zumal Smartphone-Apps darauf ausgelegt sind, ihre Daten aus dem Netz zu holen oder auch in der Cloud abzulegen.

Datenpakete mit 200 MByte, 500 MByte oder gar 1 GByte, die bei den meisten Prepaid-Anbietern zum Handytarif dazugebucht werden können, bieten bei Vorabbezahlung einen deutlich günstigeren Preis pro MByte als der Standardtarif. Mittlerweile enthalten fast alle Mobilfunktarife standardmäßig ein solches Datenpaket mit typischerweise 200–500 MByte. Seit die Internetverbindung nicht mehr komplett getrennt, sondern nur noch drastisch abgebremst wird, bezeichnen fast alle Anbieter ihre Datentarife als Internetflatrate. Entscheidend für die Preisunterschiede ist das Datenvolumen, bei dem die Bremse zuschlägt.

Wer überdurchschnittlich viel Internet nutzt oder sein Smartphone auch als Internetzugang fürs Notebook einsetzt, dafür aber wenig telefoniert, kommt mit einem speziellen Datentarif möglicherweise noch besser weg.

Die Internetverbindung wird nach dem Verbrauch des Inklusivvolumens nicht mehr gestoppt, sondern auf GPRS-Geschwindigkeit gebremst, sodass man nicht komplett vom Internet abgeschnitten ist, da viele Funktionen von Smartphones ohne Internetanbindung gar nicht mehr funktionieren. Man kann das Freivolumen zwar ohne zusätzliche Kosten überschreiten, wird dann aber vom flotten LTE oder HSDPA auf GPRS-Niveau heruntergebremst, was die Nutzung für den Rest des Monats unattraktiv macht und höchstens noch für E-Mails ohne Anhang und den aktuellen Wetterbericht reicht. Denn es handelt sich dabei nicht um eine Bremse von wenigen Prozent, sondern eher um ein »vor die Wand fahren« von theoretisch bis zu 150 Mbit/s bei LTE oder 32 Mbit/s bei HSPA+ (vergleichbar DSL 32.000) auf 64 Kbit/s (vergleichbar ISDN), also einen Geschwindigkeitsverlust von mehr als 99 %!

> **Vorsicht bei Datenautomatik**
>
> Einige Tarife von O2 und auch von Discountern, die dieses Netz nutzen, wie z. B. Yourfone, WinSIM und Smartmobil beinhalten eine sogenannte Datenautomatik. Damit wird die Geschwindigkeit nach Erreichen des Inklusivvolumens nicht reduziert, dafür aber automatisch ein kostenpflichtiges Datenpaket von 100 oder 200 MByte hinzugebucht. Diese Zusatzkosten sind im Verhältnis zu den eigentlichen Tarifkosten unverhältnismäßig hoch (bis zu 2 Euro pro 100 MByte) und werden bis zu dreimal in Folge automatisch abgebucht. Achten Sie genau auf die Tarifbedingungen. Bei einigen Discountertarifen lässt sich diese Datenautomatik nicht abschalten.

Ein weiteres wichtiges Auswahlkriterium für einen Internettarif ist neben dem Preis die Netzqualität bzw. Verfügbarkeit in der Region, in der man das Smartphone vorrangig nutzen möchte. Telefonieren kann man inzwischen in Deutschland fast überall, mit dem Internetzugang über schnelles HSPA sieht es jedoch ganz anders aus. Während die D-Netze von Vodafone und Telekom fast flächendeckend UMTS/HSDPA oder auch LTE mit bis zu 50 Mbit/s, in Ballungszentren bis zu 300 Mbit/s bieten, hängen die E-Netze von O2 und ehemals E-Plus noch deutlich hinterher. Hier stehen HSDPA und auch UMTS nur in den großen Ballungsräumen zur Verfügung, in Kleinstädten muss man sich häufig mit GPRS zufriedengeben. Dafür können die Nutzer von E-Plus und O2 seit dem Zusammenschluss beide Netze nutzen. Die Umschaltung erfolgt automatisch, wenn eines der Netze nicht verfügbar ist.

Auf dem flachen Land gibt es noch große Versorgungslücken, wo mobiles Internet überhaupt nicht möglich ist. Auf diesen weißen Flecken der deutschen Landkarte bieten die D-Netze zumindest noch GPRS-Anbindung. Die Netzbetreiber werben zwar mit sehr hohen Prozentzahlen, wie viele Einwohner Deutschlands mittlerweile schnelles Internet über HSDPA nutzen können, allerdings beziehen sich diese auf die Bevölkerung und deren Wohnorte, nicht auf die Fläche Deutschlands. 80 % der Deutschen wohnen auf 20 % der Landesfläche. Demnach blieben selbst bei 80 % UMTS-Versorgung der Bevölkerung theoretisch 80 % der Fläche unterversorgt.

In ländlichen Regionen und Mittelgebirgen sowie im Osten und äußersten Süden Deutschlands haben alle Mobilfunkprovider noch erhebliche Versorgungslücken im UMTS-Netz. In großstädtischen Ballungsräumen und den Tourismusregionen entlang der Küsten sind die Netze hingegen sehr gut ausgebaut. Das LTE-Netz ist mittlerweile an vielen Stellen besser ausgebaut als das UMTS-Netz, aber nur mit einem teureren LTE-Mobilfunkvertrag nutzbar.

2 ▪ Alltag mit dem Android-8-Smartphone

> **LTE**
>
> Mit dem Mobilfunkstandard LTE (**L**ong **T**erm **E**volution = langfristige Entwicklung), auch als Mobilfunk der vierten Generation bezeichnet, sollen in erster Linie ländliche Regionen versorgt werden, in denen bisher keine DSL-Festnetzanschlüsse zur Verfügung standen. Anstatt über ein Telefonkabel kommt das Internetsignal dabei über Funk ins Haus und das mit theoretisch bis zu 300 Mbit/s. LTE wird zwar von den Netzbetreibern als Festnetzersatz vermarktet, basiert aber wie UMTS auf Mobilfunktechnik und kann sogar die vorhandene UMTS-Mobilfunk-Infrastruktur in Teilen mit verwenden. Natürlich eignet sich diese Technik auch für den schnellen Internetzugang bei entsprechend ausgestatteten Smartphones. Voraussetzung ist, dass das Smartphone und der Mobilfunkvertrag LTE unterstützen. Verträge mit LTE-Nutzung sind zurzeit allerdings bei vielen Anbietern noch erheblich teurer als reine UMTS-Verträge. Mit zunehmender Verbreitung der LTE-Technik sind auch schon Engpässe absehbar. Die Bundesnetzagentur versteigerte daher bereits weitere LTE-Frequenzbänder an die drei großen Mobilfunkanbieter.

Alle deutschen Netzbetreiber bieten interaktive Landkarten an, auf denen man die Netzabdeckung für GSM/GPRS, EDGE, UMTS, HSDPA und – wenn angeboten – auch LTE ablesen kann. Diese Angaben gelten natürlich immer unter optimalen Bedingungen im Freien ohne Verschattung durch Gebäude und ohne schnelle Bewegung.

> **Netzabdeckungskarten**
>
> Interaktive Karten zur Netzabdeckung der großen deutschen Mobilfunkanbieter:
>
> | Telekom | goo.gl/gp8ADp |
> |---|---|
> | Vodafone | goo.gl/lR2oF |
> | O2 | goo.gl/mbG1k |

Die EU-Roaming-Verordnung

Nach jahrelangen Diskussionen führte die EU-Kommision am 15. Juni 2017 den sogenannten Euro-Tarif ein, der Telefonieren, SMS und auch mobiles Internet im EU-Ausland zu Inlandskonditionen möglich macht. Eigentlich müsste es statt EU-Roaming EWR-Roaming heißen, da die gleichen Bedingungen für alle Länder des Europäischen Wirtschaftsraums (EWR) gelten. Das sind außer den EU-Mitgliedsstaaten auch Norwegen, Island und Liechtenstein. Zusätzlich gilt die EU-Roaming-Verordnung auf den britischen Kanalinseln, die nicht EU-

Gebiet sind, in den französischen Überseegebieten, in San Marino und dem Vatikan. Auf Schiffen und Flugzeugen, die satellitengestützte Mobilfunkverbindungen für ihre Passagiere anbieten, gilt die EU-Roaming-Verordnung nicht.

> **Fair-Use-Policy**
>
> Die sogenannte Fair-Use-Policy verhindert, dass ein Tarif zum überwiegenden Teil im Ausland genutzt wird. Jeder Anbieter legt diese Richtlinie unterschiedlich aus. Bei einigen muss man nach einer bestimmten Zeit wieder im deutschen Netz angemeldet sein, bei anderen darf nur ein bestimmter Teil des Inklusivvolumens im Ausland verbraucht werden. Die genauen Bedingungen stehen in der SMS bei der Anmeldung im ausländischen Netz. Diese Fair-Use-Policy wurde vor allem auf Drängen der deutschen Mobilfunkbetreiber in das Gesetz aufgenommen. Da die deutschen Mobilfunktarife zu den teuersten innerhalb der EU gehören, befürchteten die deutschen Netzbetreiber mit Einführung des EU-Roamings Einnahmeeinbußen, wenn Kunden sich SIM-Karten aus anderen Ländern besorgen und diese ohne Zusatzkosten dauerhaft in Deutschland nutzen.

Die früher extrem hohen Roaminggebühren bei der Nutzung einer deutschen SIM-Karte im EU-Ausland waren für die Netzbetreiber eine gern gesehene Einnahmequelle. Deshalb versuchen viele, die Schlupflöcher im neuen EU-Gesetz geschickt zu nutzen. Bei der Anmeldung eines Smartphones in einem ausländischen Netz erhalten Sie eine SMS, die die genauen Tarifdetails enthält. Lesen Sie diese sorgfältig durch.

Hier die wichtigsten neuen Regelungen im Überblick:

- Datenpakete und Inklusivvolumen können im EU-Ausland wie zu Hause genutzt werden.
- Freiminuten für Telefonie können wie zu Hause genutzt werden, wenn diese netzübergreifend gelten. Community-Flatrates zum kostenlosen Telefonieren zwischen Teilnehmern des gleichen Anbieters (wie z. B. Aldi Talk) gelten im EU-Ausland nicht.
- Telefongespräche aus Deutschland ins EU-Ausland werden wie früher teuer berechnet. Hier gelten die Freiminuten des deutschen Tarifs weiterhin nicht, solange keine EU-Flatrate gebucht ist.
- Alte Roamingtarife gelten weiterhin und werden nicht automatisch umgestellt. Wer früher Roaming für bestimmte Länder gebucht hat, muss diesen Tarif auch weiterhin innerhalb der EU bezahlen oder auf einen anderen Tarif wechseln.
- Mobilfunkanbieter dürfen Tarife explizit ohne Roaming anbieten. Diese SIM-Karten funktionieren dann nur in Deutschland.

Datenverbrauch ermitteln

Wegen der oft knapp begrenzten Flatrates in günstigen Mobilfunkverträgen ist die Anzeige des Datenverbrauchs für viele Nutzer sehr interessant. In den *Einstellungen* unter *Netzwerk & Internet/Datennutzung* können Sie rechtzeitig abschätzen, wann das Freivolumen Ihrer Flatrate aufgebraucht ist und welche Apps den größten Datenverkehr verursachen.

Tippen Sie in den Schnelleinstellungen länger auf das Mobilfunksymbol, erscheint eine Übersicht der Datennutzung des aktuellen Monats. Tippen Sie einmal auf die Anzeige, um ein *Warnlimit* entsprechend Ihrem Mobilfunkvertrag festzulegen, das zur Skalierung der Kurve verwendet wird. Dies sollte dem

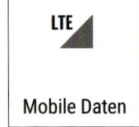

Mobile Daten

Limit entsprechen, bei dem Ihr Mobilfunkvertrag die Geschwindigkeit abbremst, oder knapp darunterliegen, um noch etwas Spielraum zu haben, da die Netzbetreiber oft leicht von dem auf dem Smartphone ermittelten Datenverbrauch abweichende Berechnungsverfahren nutzen.

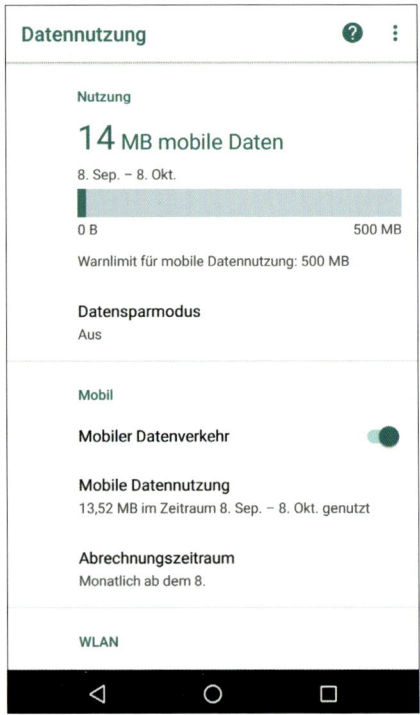 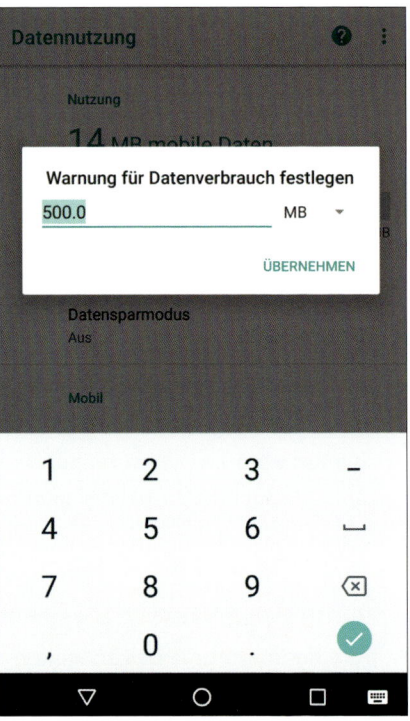

Datenverbrauch anzeigen und Warnlimit festlegen.

Tippen Sie auf *Mobile Datennutzung*, um eine Verlaufskurve der Datennutzung und die Apps, die am meisten Daten verbraucht haben, zu sehen. Zum

Vergleich können Sie ganz unten auf der Seite auch den Datenverbrauch im WLAN anzeigen lassen. Mit dem Schalter *Mobiler Datenverkehr* lässt sich die Datennutzung jederzeit ganz abschalten.

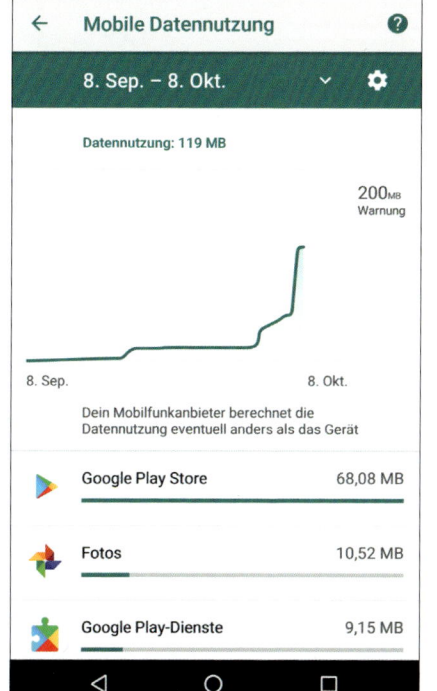
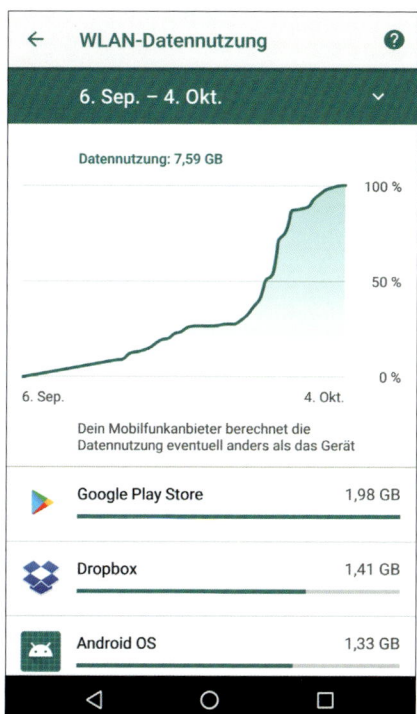

Detaillierte Verbrauchsanzeige für Mobilfunk und WLAN.

Damit die Anzeige des Datenverbrauchs optimal nutzbar ist, stellen Sie in der Zeile *Abrechnungszeitraum* den Tag des Monats ein, an dem Ihr Mobilfunkanbieter das monatliche Datenvolumen der Flatrate zurücksetzt. Diesen Tag finden Sie üblicherweise auf Ihrer Mobilfunkrechnung. Bei vielen Anbietern ist dies der erste Tag des Monats.

Datenverbrauch reduzieren

Android 8 Oreo bietet einen Datensparmodus, der die Datennutzung verringert, indem die meisten Apps keine Daten mehr im Hintergrund empfangen oder senden können. Aktive Apps empfangen weiterhin Daten, aber seltener. So werden Bilder beispielsweise erst beim Antippen heruntergeladen und in voller Auflösung sichtbar. Der Datensparmodus betrifft nur die Mobilfunkverbindung. Im WLAN laufen alle Apps ganz normal weiter.

Der *Datensparmodus* wird über das Schnelleinstellungssymbol *Datenverbrauch reduzieren* oder in den *Einstellungen* unter *Netzwerk & Internet/Datennutzung* aktiviert und durch ein Symbol in der Statusleiste oben rechts angezeigt.

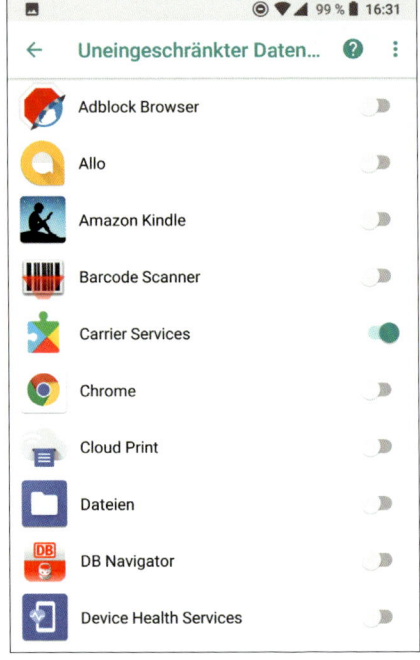

Bestimmten Apps im Datensparmodus uneingeschränkten Datenzugriff gewähren.

Tippen Sie auf die Zeile *Uneingeschränkter Datenzugriff*, um bestimmten Apps auch im Datensparmodus die uneingeschränkte Datennutzung zu ermöglichen. Dies ist z. B. bei Messenger-Apps wie WhatsApp wichtig. Die Google-Play-Dienste haben standardmäßig uneingeschränkten Datenzugriff, da andernfalls einige andere Apps nicht zuverlässig funktionieren würden.

Um den Datensparmodus jederzeit leicht ein- und ausschalten zu können, legen Sie sich das zugehörige Symbol in die Schnelleinstellungen (siehe weiter oben den Abschnitt »Erweiterte Schnelleinstellungen«).

Adressbuch – Kontakte

Seit den ersten Handys kann man dort seine wichtigsten Telefonnummern mit Namen speichern. Die Zeiten, in denen man beim Wechsel auf ein neues Handy Termine und Telefonnummern abtippen musste, sind lange vorbei. Heute synchronisiert man seine Daten mit dem PC oder in der Cloud.

Adressbuch – Kontakte

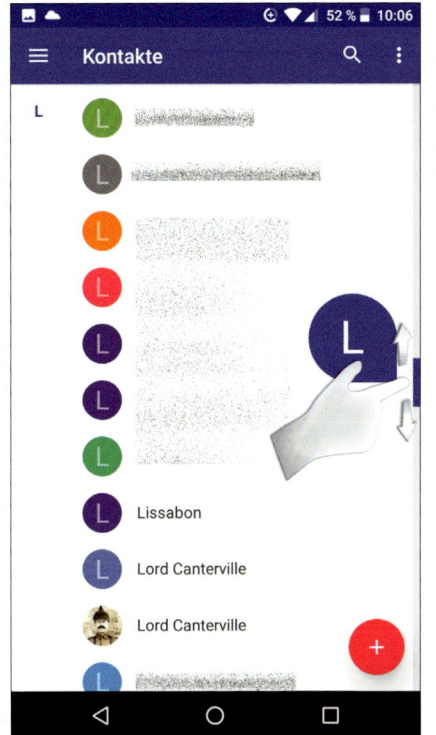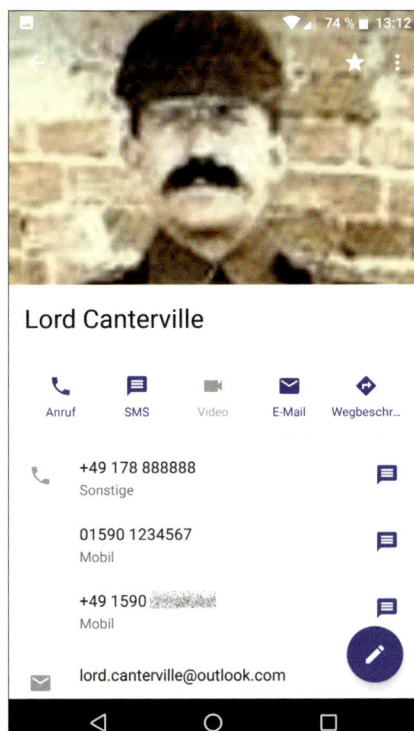

Das Adressbuch auf einem Android-Smartphone.

Auf Android-Smartphones ist eine komplette Kontaktverwaltung enthalten, mit der Sie Ihr Adressbuch nicht nur auf dem Smartphone, sondern auch auf dem PC über ein Google-Konto verwalten können.

Die App *Kontakte* synchronisiert automatisch die Adressen, die in dem Google-Konto gespeichert sind, das bei der Einrichtung des Smartphones festgelegt wurde. Damit haben Sie die gleiche Kontaktliste auf dem Smartphone, auf dem PC und auf jedem anderen Gerät, das mit dem Google-Konto synchronisieren kann, zur Verfügung.

Datenschutz

Immer wieder hört man die Medien gegen Google wettern. Tatsächlich ist aber kein Fall bekannt, dass Google mit den anvertrauten Daten irgendetwas Vertragswidriges gemacht hätte. Auch ist die Wahrscheinlichkeit, ein fremder Hacker könnte bei Google einbrechen und die persönlichen Daten stehlen, dank erhöhter Sicherheit der Großrechenzentren deutlich geringer, als dass ein Hacker per Trojaner auf dem eigenen Computer Daten stiehlt oder ein ganz simpler Dieb einfach das Smartphone samt Daten klaut.

Mit einer vertikalen Fingerbewegung auf dem Touchscreen können Sie schnell durch die Kontaktliste blättern. Der aktuelle Anfangsbuchstabe wird großflächig angezeigt, damit Sie im richtigen Moment stoppen können.

Außerdem finden Sie bestimmte Personen schnell im Adressbuch, indem Sie oben rechts auf das Lupensymbol tippen und die Anfangsbuchstaben des Namens eingeben. Die Kontakte-App filtert die Liste immer genauer, je mehr Buchstaben bereits eingegeben sind.

Tippen Sie auf einen Eintrag, werden alle zu dieser Person gespeicherten Daten angezeigt. Diese sind automatisch mit der passenden App verknüpft. Tippen Sie also auf die Telefonnummer, ruft das Smartphone die Person an, tippen Sie auf eine E-Mail-Adresse, öffnet sich die E-Mail-App.

Kontakte sortieren

Die App *Kontakte* bietet verschiedene Möglichkeiten zur Darstellung und Sortierung von Namen. So können Sie entweder die in Westeuropa übliche Schreibweise mit Vor- und Nachnamen verwenden – *Hans Müller* – oder die sogenannte bayerische Schreibweise, bei der der Nachname, mit einem Komma getrennt, vor dem Vornamen steht – *Müller, Hans*. Unabhängig von der Darstellung lassen sich die Kontakte nach Vorname oder Nachname in der Liste sortieren.

Um die Einstellungen zu ändern, tippen Sie in der Kontaktliste auf das Menüsymbol mit den drei Strichen oben links und wählen im Menü die *Einstellungen*. Hier finden Sie die Optionen *Sortieren nach* und *Namensformat*.

Neue Adresse eintragen

In der App *Kontakte* können Sie jederzeit einen neuen Eintrag hinzufügen. Tippen Sie dazu in der Liste auf das Symbol mit dem Pluszeichen unten rechts in der Namensliste. Haben Sie mehr als ein Konto auf dem Smartphone, müssen Sie das gewünschte auswählen.

Es öffnet sich ein Formular zur Eingabe der Kontaktdaten einer neuen Person. Mit einer vertikalen Fingerbewegung auf dem Touchscreen können Sie nach oben und unten zwischen den Feldern hin- und herblättern. Geben Sie hier die jeweiligen Daten ein. Sie brauchen nicht alle Felder auszufüllen.

In den Feldern für die Telefonnummer und E-Mail-Adresse können Sie noch weitere Telefonnummern und Mailadressen hinzufügen. Nach der Eingabe ei-

Adressbuch – Kontakte

ner Telefonnummer oder E-Mail-Adresse wird sofort ein weiteres Eingabefeld angelegt.

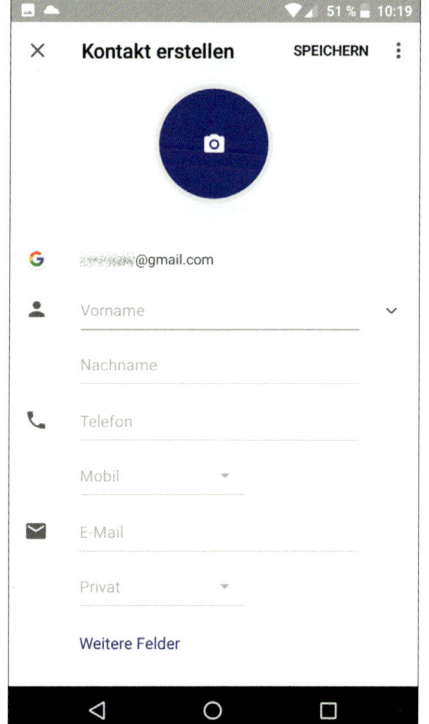 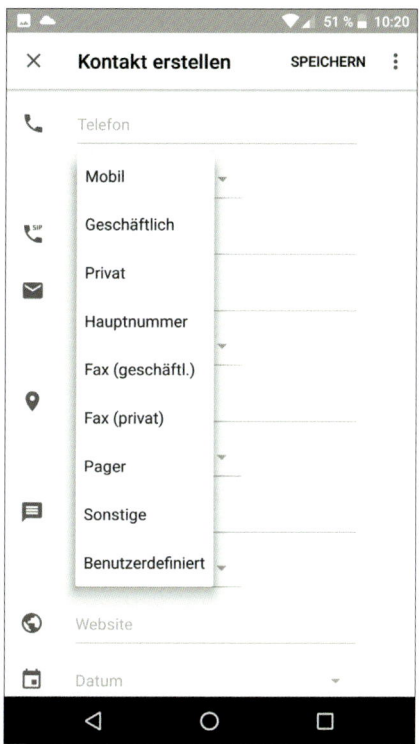

Neuen Kontakt hinzufügen.

Wählen Sie die Art der Telefonnummer sowie der E-Mail-Adresse aus, indem Sie auf das Feld darunter tippen. Hier erscheint eine Liste verschiedener Typen von Telefonnummern: *Privat*, *Mobil*, *Geschäftlich* etc.

Spezielle, selten gebrauchte Felder werden standardmäßig nicht zur Eingabe angeboten. Diese können Sie über die Schaltfläche *Weitere Felder* ganz unten einblenden.

Adresse bearbeiten

Natürlich können Sie einen gespeicherten Adressbucheintrag auch nachträglich bearbeiten. Tippen Sie dazu in der Anzeige des jeweiligen Eintrags auf das Stiftsymbol rechts unten. Sie haben dann die gleichen Funktionen zur Verfügung wie beim Anlegen eines neuen Eintrags im Adressbuch.

App-Shortcuts

Über App-Shortcuts (langes Antippen des App-Symbols) lassen sich häufig kontaktierte Personen schnell aufrufen oder neue Kontakte anlegen. Bei Bedarf können diese Shortcuts auf den Startbildschirm gelegt werden.

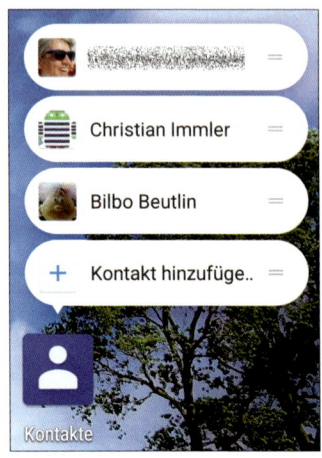

App-Shortcuts für Kontakte.

Anrufer in Adressbuch übernehmen

Ruft eine Person auf dem Smartphone an, deren Telefonnummer nicht gespeichert ist, wird in der Anrufliste nur die Nummer, aber kein Name angezeigt. Nehmen Sie den Anrufer ins Adressbuch auf, um in Zukunft zu sehen, wer anruft. Dazu brauchen Sie keine Nummer abzutippen.

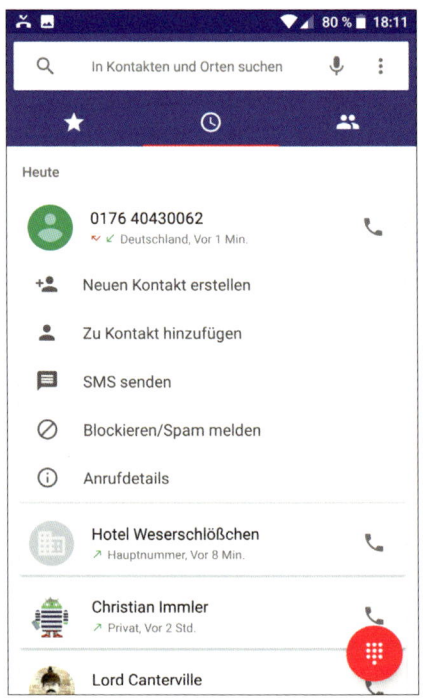 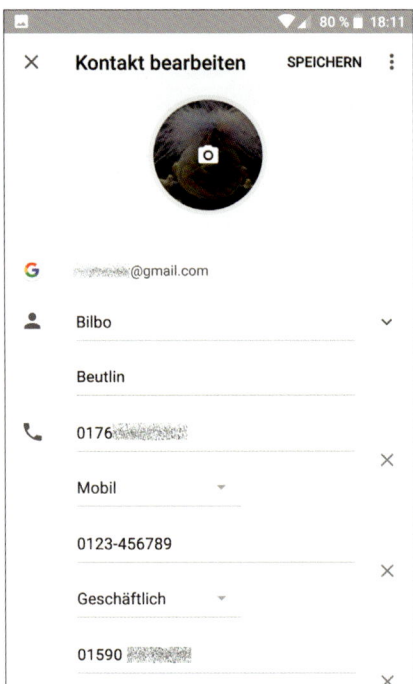

Anrufer als Kontakt ins Adressbuch übernehmen.

Adressbuch – Kontakte

1. Öffnen Sie die Anrufliste in der Telefon-App und tippen Sie auf die angezeigte Nummer. Das Feld klappt auf und zeigt weitere Optionen, etwa *Neuen Kontakt erstellen* und *Zu Kontakt hinzufügen*.

2. Ist die Person noch nicht im Adressbuch, tippen Sie auf *Neuen Kontakt erstellen*. Hier öffnet sich ein Formular, in dem die Telefonnummer bereits eingetragen ist. Sie brauchen nur noch den Namen einzugeben sowie ggf. weitere Informationen wie Postanschrift, E-Mail-Adresse usw.

3. Steht die Person bereits im Adressbuch, aber noch nicht mit dieser Telefonnummer, tippen Sie auf *Zu Kontakt hinzufügen*. Jetzt können Sie im Adressbuch den gewünschten Kontakt auswählen. Die neue Telefonnummer wird automatisch ergänzt.

4. Tippen Sie in beiden Fällen danach oben rechts auf *Speichern*, um den Kontakt im Adressbuch zu speichern.

Kontaktfotos

Hat eine Person in ihrem persönlichen Google-Konto ein persönliches Foto abgelegt, erscheint dieses bei jedem, der diese Person in seinem Adressbuch hat, automatisch als Kontaktfoto.

Kontaktfoto fotografieren, bearbeiten und zuordnen.

Alternativ können Sie selbst den Personen in Ihrem Adressbuch eigene Fotos zuordnen, die dann aber nur Sie selbst sehen.

Tippen Sie im Bearbeitungsbildschirm für eine Kontaktperson oben auf das Profilbild, erscheint ein Auswahldialog. Hier können Sie direkt mit der Kamera ein Foto machen oder ein auf dem Smartphone gespeichertes Bild auswählen. Anschließend haben Sie noch die Möglichkeit, das Bild zuzuschneiden oder auszurichten, da Kontaktfotos immer quadratisch sind.

> **ACHTUNG:** Kontakten, die auf der SIM-Karte gespeichert sind, können keine Kontaktfotos zugeordnet werden.

Kontaktlabels

Über Kontaktlabels finden Sie Ihre wichtigsten Kontaktpersonen leichter in langen Listen. Im Gegensatz zu starren Gruppen kann ein Kontakt mehrere Labels haben. Tippen Sie oben links in der Kontakte-App auf das Menüsymbol, werden alle gespeicherten Labels angezeigt. Standardmäßig sind meist Labels für *Friends* und *Family* vordefiniert. Tippen Sie auf *Neu erstellen*, um ein neues Label anzulegen.

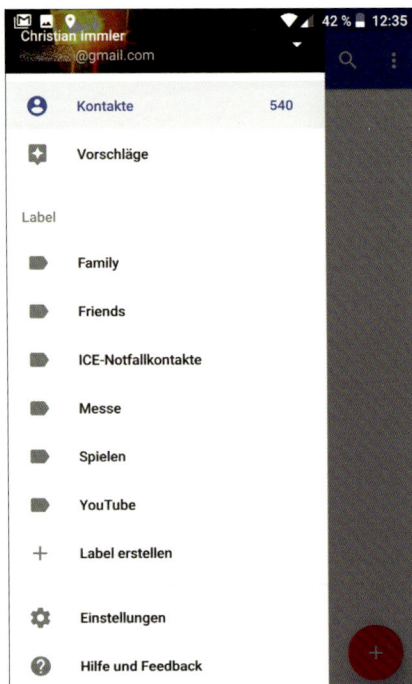
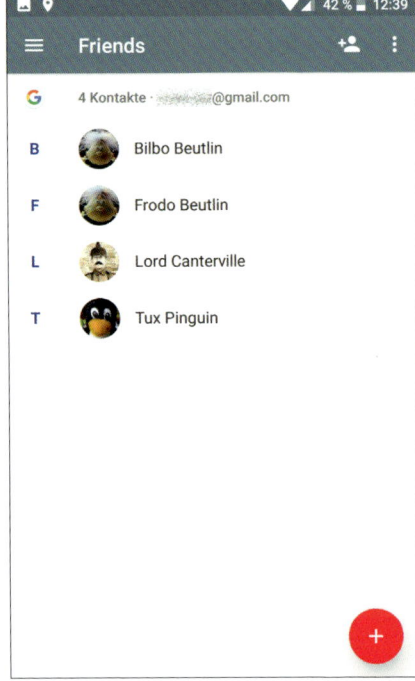

Kontakte einem Label zuordnen.

Adressbuch – Kontakte

Tippen Sie auf ein Label, sehen Sie alle Kontakte, denen dieses Label zugeordnet ist, und können über das Plussymbol oben rechts weitere Personen hinzufügen.

Um eine Person wieder aus der Gruppe zu entfernen, tippen Sie auf der Detailseite dieses Kontaktes rechts oben auf das Menüsymbol mit den drei Punkten. Wählen Sie im Menü *Zu Label hinzufügen*. Auf dem nächsten Bildschirm werden alle Labels angezeigt, die dieser Person zugeordnet sind. Hier können Sie weitere Labels zuordnen oder auch bereits zugeordnete entfernen.

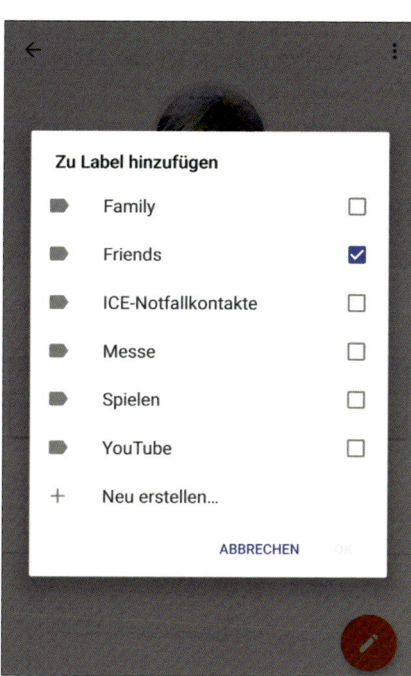

Zugeordnete Labels bearbeiten.

ICE-Notfallkontakte

Über das spezielle Label *ICE-Notfallkontakte* im Adressbuch können Sie Telefonnummern zur Verfügung stellen, die im Notfall angerufen werden sollen – auch für den Fall, dass Sie selbst nicht in der Lage sind, solche Personen zu benennen. ICE ist eine internationale Abkürzung für **I**n **C**ase of **E**mergency (auf Deutsch »in einem Notfall«). Finden Feuerwehrleute oder Rettungskräfte bei einer verletzten Person ein Smartphone, suchen sie nach solchen Einträgen, um möglichst schnell Angehörige oder den persönlichen Hausarzt zu verständigen. Tragen Sie in dieser Gruppe nur einige wenige wichtige Personen ein, damit diese auch wirklich verständigt werden. Auf dem Sperrbildschirm können weitere Notfallinformationen angezeigt werden.

Doppelte Kontakte bereinigen

Neben den Kontakten aus dem Google-Konto kann Android 8 Oreo auch Kontakte aus weiteren Quellen nutzen, z. B. weitere Google-Konten, Exchange-Konten oder WhatsApp. Da kann es passieren, dass einige Personen mehrfach in der Kontaktliste auftauchen.

Um Übersicht in die Kontaktliste zu bringen, können Sie doppelte Kontakte zu einem zusammenführen, sodass alle zugehörigen Daten bei einer Person angezeigt werden.

1. Tippen Sie links oben in der Kontakte-App auf das Menüsymbol mit den drei Strichen und dann auf *Vorschläge*.
2. Tippen Sie auf dem nächsten Bildschirm auf *Duplikate bereinigen*.
3. Jetzt wird eine Liste aller doppelten Kontakte angezeigt. Sie können einzeln bestätigen, welche Duplikate zu einem Kontakt zusammengeführt werden sollen und welche nicht.

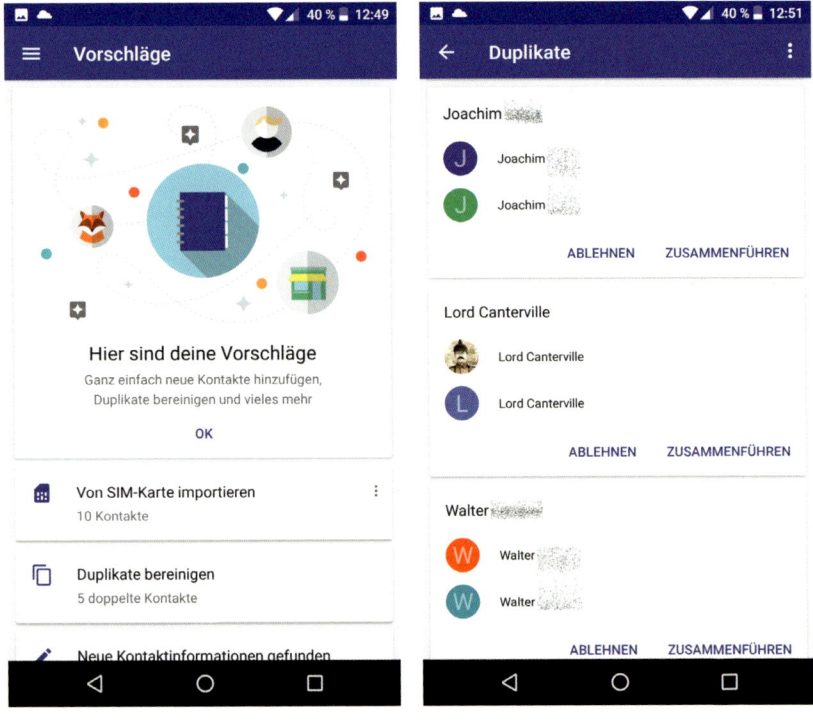

Duplikate im Adressbuch zusammenführen.

Kontaktinformationen automatisch ergänzen

Haben Sie von einer Person E-Mails bekommen, aber bisher nur eine andere E-Mail-Adresse dieser Person im Adressbuch, kann Android diese weitere E-Mail-Adresse automatisch dem Kontakt zuordnen.

Bei den Vorschlägen in der Kontakte-App finden Sie den Link *Neue Kontaktinformationen gefunden*. Tippen Sie darauf, werden alle Kontakte angezeigt, zu denen in E-Mails weitere Daten gefunden wurden. Sie können einzeln bestätigen, welche davon in den Kontaktdaten gespeichert werden sollen.

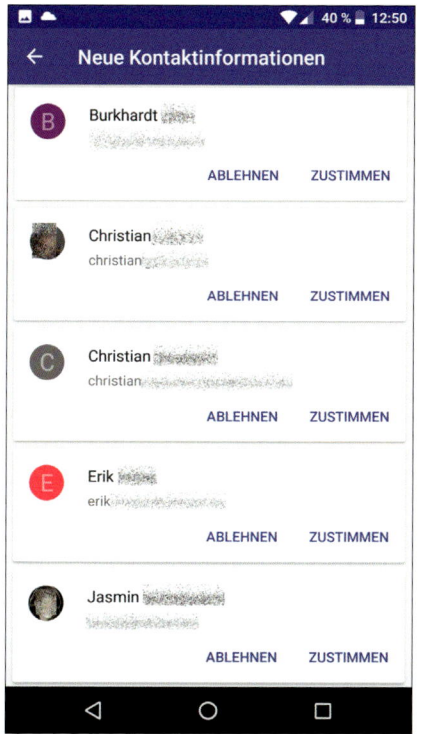

Weitere Kontaktinformationen im Adressbuch speichern.

Visitenkarten drahtlos übertragen

Viel einfacher als mit klassischen Visitenkarten aus Papier lassen sich Kontaktdaten drahtlos von einem Smartphone auf ein anderes übertragen und beim Empfänger direkt ins Adressbuch übernehmen.

1. Wählen Sie den Kontakt, den Sie als Visitenkarte versenden möchten, im Adressbuch, tippen Sie auf das Menüsymbol oben rechts und wählen Sie im Menü *Teilen*.

2. Bestimmen Sie in der Liste installierter Kommunikations-Apps die gewünschte Versandart. Schieben Sie die Liste auf dem Bildschirm weiter nach oben, erscheinen weitere Apps zum Teilen, sollte der Platz auf dem Bildschirm nicht ausreichen.

3. Bei *E-Mail* oder *Gmail* öffnet sich eine neue E-Mail. Hier brauchen Sie nur noch den Empfänger und einen kurzen Text einzutragen. Die Kontaktdaten sind bereits angehängt.

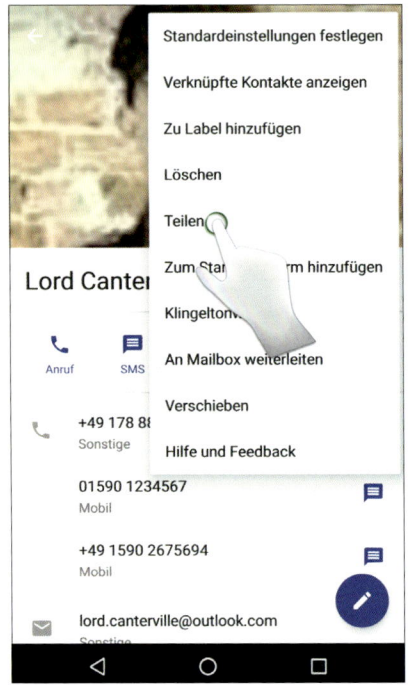 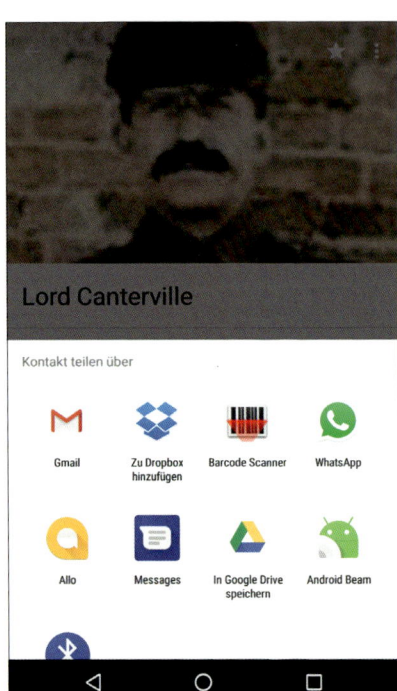

Kontaktdaten aus dem Adressbuch versenden.

4. Der Empfänger kann den Kontakt direkt in sein Adressbuch auf dem Smartphone importieren, indem er den Mailanhang öffnet. Vor dem Importieren muss nur noch das Konto gewählt werden, wenn mehrere Konten auf dem Smartphone eingerichtet sind.

> **Kontakte an PCs und einfache Handys verschicken**
>
> Android verwendet zum Teilen von Kontakten das Format VCF (vCard). Diese Dateien können auch auf dem PC von verschiedenen Anwendungen, z. B. Microsoft Outlook, importiert werden.
>
> Da es sich um ein reines Textformat handelt, lassen sich Kontakte sogar per SMS auf ganz einfache Handys schicken.

Adressbuch auf dem PC bearbeiten

Wesentlich komfortabler als auf dem Smartphone selbst kann man das Adressbuch auf dem PC bei Gmail bearbeiten.

Melden Sie sich mit den gleichen Zugangsdaten bei *contacts.google.com* an, die Sie auch auf dem Smartphone verwenden. Hier finden Sie das komplette

Adressbuch des Google-Kontos und können alle Daten direkt bearbeiten sowie neue Kontakte hinzufügen. Neben der klassischen Version der Kontakte-App wird noch die Vorschau einer neuen Version angeboten. Diese unterstützt aber bisher noch nicht den Import von Kontakten aus anderen Programmen, weshalb wir hier die klassische Version abbilden.

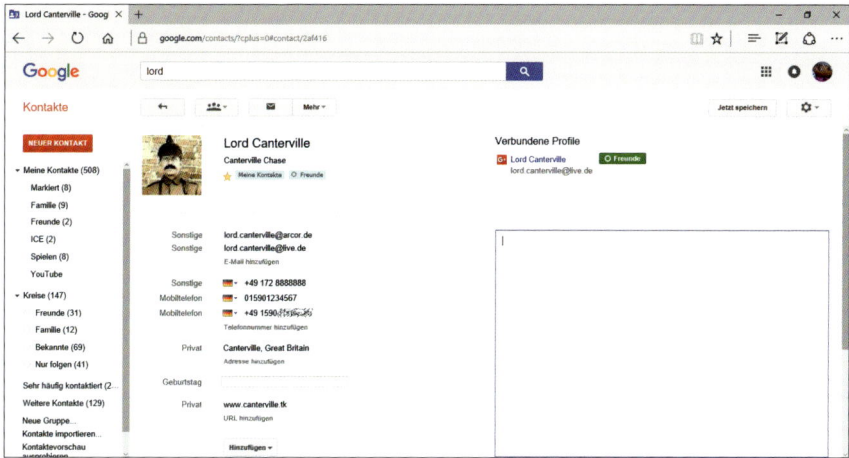

Kontakte vom Smartphone im Google-Konto auf dem PC bearbeiten.

Haben Sie früher Ihre Adressen auf dem PC mit Outlook oder einem anderen Programm verwaltet, können Sie sie nun ins Google-Konto einlesen.

1. Suchen Sie dazu in Ihrer bisherigen Adressverwaltung eine Funktion zum Export im CSV-Format. Dabei handelt es sich um ein einfaches Textformat, das sogar mit einem Texteditor bearbeitet werden kann. In Outlook heißt der Menüpunkt *Datei/Importieren/Exportieren/Exportieren*. Wählen Sie dort *Kommagetrennte Werte (Windows)* und *Kontakte*. In Outlook Express heißt es *Datei/Exportieren/Adressbuch* und im nächsten Schritt *Textdatei (mit Kommas als Trennzeichen)*.

2. Klicken Sie in der Liste aller Kontakte im Google-Konto auf dem PC links auf *Kontakte importieren* und wählen Sie den Menüpunkt *Importieren*.

3. Wählen Sie jetzt die CSV-Datei aus, die Sie aus Ihrer alten Adressverwaltung exportiert haben, und klicken Sie auf *Importieren*.

Die Kontakte werden importiert und danach im Google-Konto angezeigt. Sollte es Schwierigkeiten beim Import geben, klicken Sie auf den Link *Weitere Informationen*. Hier finden Sie detaillierte Hinweise zu den CSV-Formaten, die Google importieren kann.

 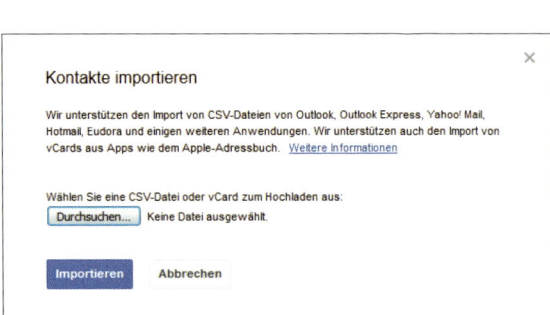

Kontakte aus einer CSV-Datei importieren.

> **INFO:** Die Synchronisation der Daten mit dem Smartphone erfolgt vollautomatisch im Hintergrund. Nach wenigen Sekunden ist eine bearbeitete Adresse auf dem Smartphone, ohne dass Sie irgendetwas tun müssen.

Wer sein Outlook noch nicht ganz aufgeben will, kann die Kontakte aus Outlook auch mit dem Google-Konto synchronisieren, sodass sie bei Veränderungen in beiden Anwendungen zur Verfügung stehen. Weder Google noch Microsoft bieten eigene Tools zu diesem Zweck an. Das kostenlose Programm *GO Contact Sync Mod* (*googlesyncmod.sourceforge.net*) erfüllt diesen Zweck aber sehr gut.

Daten eines alten Smartphones übernehmen

Steigen Sie von einem ganz alten Handy vor der Smartphone-Ära auf ein Smartphone mit Android 8 Oreo um, können Sie die Kontakte übernehmen. Ganz alte Handys speicherten Telefonnummern noch direkt auf der SIM-Karte. Stecken Sie eine SIM-Karte mit darauf gespeicherten Kontakten in ein Android-Smartphone, stehen diese Kontakte in Android 8 Oreo nicht mehr automatisch zur Verfügung. Sie haben aber die Möglichkeit, die Kontakte von der SIM-Karte ins Google-Konto auf dem Smartphone zu importieren.

1. Tippen Sie links oben in der Kontakte-App auf das Menüsymbol mit den drei Strichen und dann auf *Vorschläge*.

2. Tippen Sie auf dem nächsten Bildschirm auf *Von SIM-Karte importieren*.

3. Nach einem kurzen Auslesevorgang erscheint eine Liste der auf der SIM-Karte gespeicherten Kontakte. Wählen Sie die gewünschten Kontakte aus, die importiert werden sollen, und tippen Sie oben rechts auf *Importieren*.

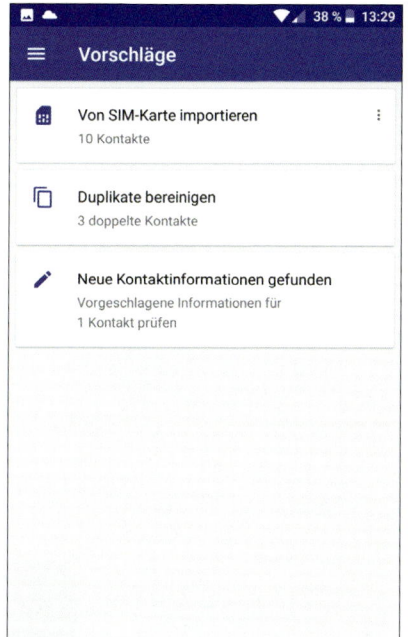 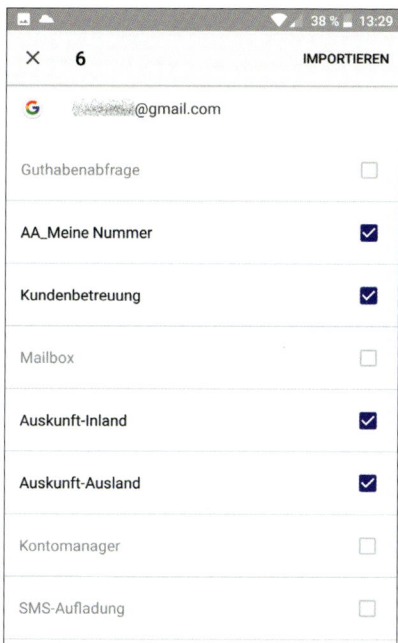

Kontakte von der SIM-Karte importieren.

> **Doppelte Kontakte**
>
> Ist ein Kontakt mit gleichem Namen bereits auf dem Smartphone vorhanden, kann dieser nicht noch einmal importiert werden, was häufig bei Werbekontakten vorkommt, die auf den SIM-Karten vorinstalliert sind. Handelt es sich um eine wirkliche Person, die Sie importieren möchten, benennen Sie zunächst den Kontakt auf dem Smartphone um und importieren dann den Kontakt von der SIM-Karte. Danach können Sie die Duplikate wieder zu einem Kontakt zusammenführen.

Ältere Handys wie auch die früheren Smartphone-Plattformen Symbian, Palm OS und BlackBerry boten eigene Softwarelösungen, um das Adressbuch des Handys auf dem PC zu bearbeiten. Aus diesen Programmen lassen sich CSV-Dateien mit den Kontaktdaten exportieren. Das Gleiche gilt übrigens auch für Microsoft Outlook und Lotus Notes. Diese Dateien können Sie auf dem PC im Browser unter *contacts.google.com* in Ihr Google-Konto importieren. Die Daten erscheinen dann automatisch auf dem Android-Smartphone in der Kontakte-App.

Google-Kalender

Neben dem Adressbuch verfügt ein Android-Smartphone auch über einen handlichen Terminkalender, der immer greifbar ist. Mit dem Google-Kalender sind die Termine auf dem Smartphone und dem PC immer synchron. Jeder, der ein Google-Konto hat, hat damit automatisch auch einen Google-Kalender, man muss ihn nur nutzen.

> **Google-Kalender auf dem PC**
>
> Im Browser auf dem PC finden Sie Ihren persönlichen Google-Kalender unter *calendar.google.com*. Dort können Sie Termine anlegen sowie auf dem Smartphone angelegte Termine einsehen und bearbeiten. Die Synchronisation mit dem Google-Kalender wird mit der Einrichtung des Google-Kontos auf dem Smartphone automatisch mit eingerichtet.

Die App *Kalender* zeigt automatisch alle Termine, die Sie im Google-Kalender vermerkt haben. Sie können natürlich auch jederzeit neue Termine eintragen.

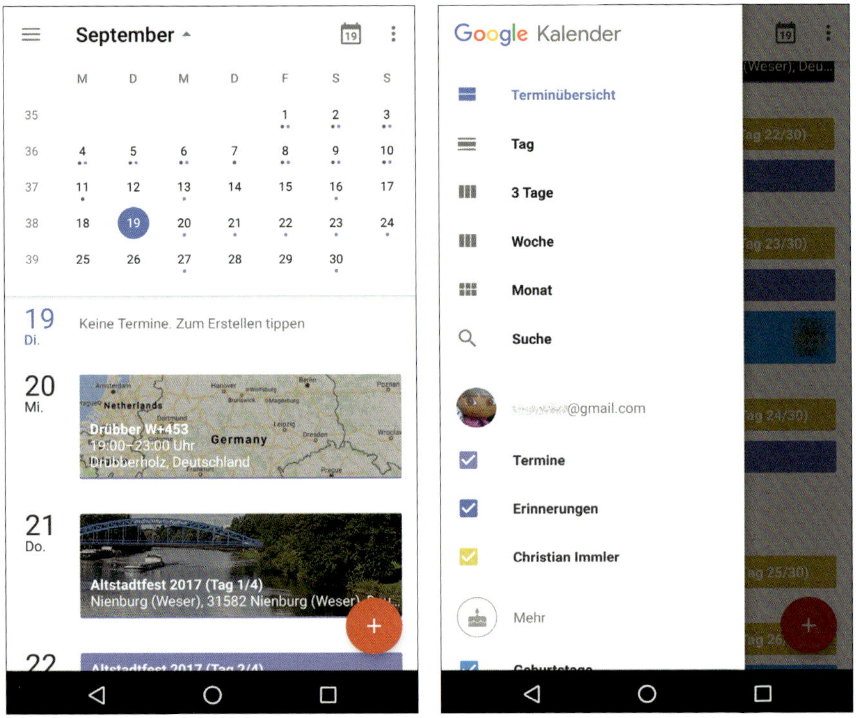

Links: Terminliste mit Monatsübersicht, rechts: zwischen verschiedenen Ansichten im Kalender umschalten.

Google-Kalender

Der Kalender startet standardmäßig mit einer Terminübersicht. Tippen Sie oben auf den Monat, um eine Monatsübersicht in der Terminliste einzublenden. Tippen Sie links oben auf das Menüsymbol mit den drei Strichen, um zwischen verschiedenen Ansichten umzuschalten. Mit einer vertikalen oder horizontalen Fingerbewegung kommen Sie innerhalb einer Ansicht zu einem späteren Datum oder zu einer späteren Uhrzeit. In der Monatsübersicht oben springen Sie schnell zu einem bestimmten Tag, oder Sie verschieben die Ansicht horizontal, um zu einem anderen Monat zu kommen.

Der farbige Balken zeigt das aktuelle Datum und die Zeit innerhalb der gerade dargestellten Ansicht. In der Monatsansicht wird das aktuelle Datum hervorgehoben. Ein Symbol oben rechts zeigt das aktuelle Tagesdatum. Tippen Sie darauf, kommen Sie schnell zum aktuellen Tag.

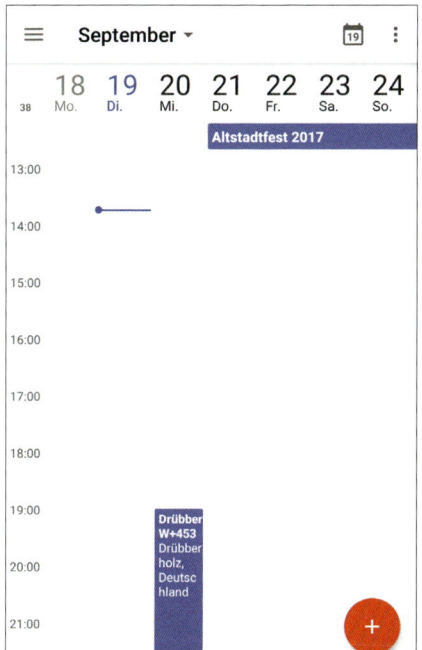 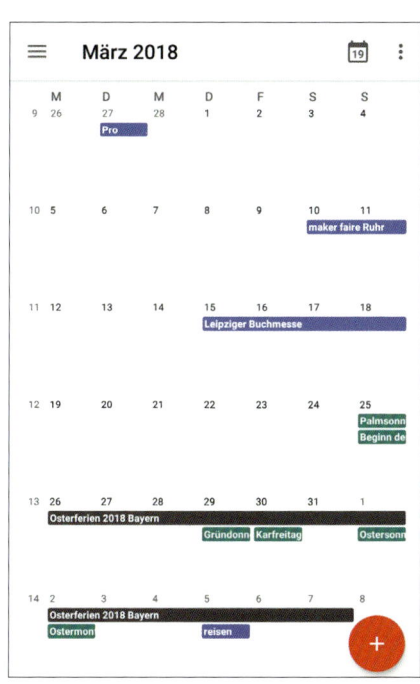

Verschiedene Ansichten im Kalender.

Neuen Termin im Kalender eintragen

Neue Termine können Sie auf dem Smartphone oder im Google-Kalender auf dem PC eintragen. Nach kurzer Zeit sind sie auf beiden Geräten vorhanden.

1. Um einen neuen Termin einzutragen, platzieren Sie die Markierung auf den gewünschten Zeitpunkt und tippen auf das rote Plussymbol unten rechts.

2. Wählen Sie das Symbol *Termin*. Es erscheint ein Formular, in dem Datum und Zeit bereits vorgewählt sind. Sie können diese aber auch jederzeit noch ändern. In der Grundeinstellung dauert jeder Termin eine Stunde. Sie können jedoch eine andere Endzeit festlegen.

3. Ganz oben können Sie wählen, in welchem Kalender der Termin eingetragen werden soll, im eigenen Google-Konto oder in einem weiteren abonnierten Kalender. Diese Zeile wird nur angezeigt, wenn mehr als ein Kalender zur Verfügung steht.

4. Schalten Sie für ganztägige Termine die Option *Ganztägig* ein. Diese Termine erhalten dann keine Zeitangabe und erscheinen ganz oben in der Tages- und Wochenansicht.

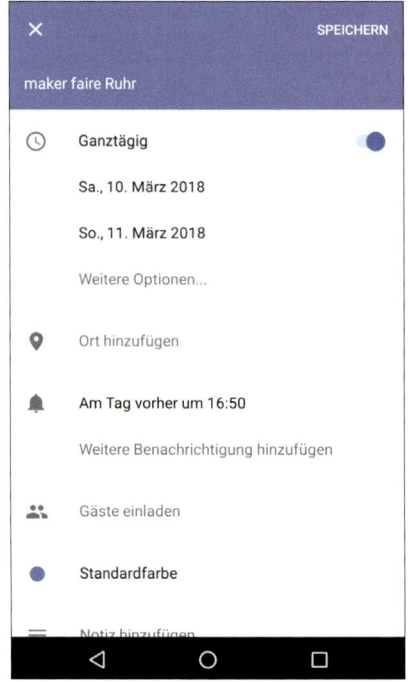
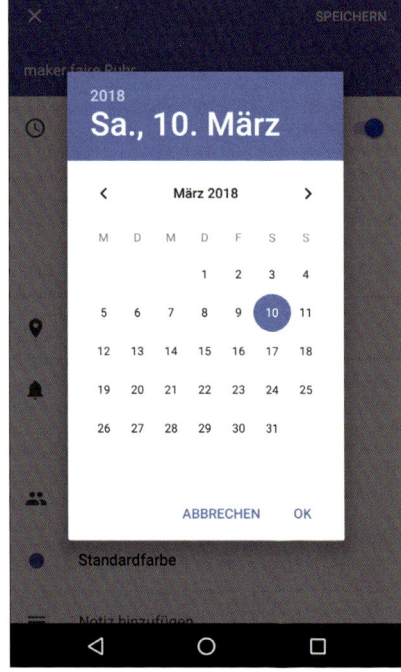

Termin im Kalender eintragen.

5. Legen Sie für den neuen Termin noch einen Namen fest.
6. Wenn Sie einen Ort für den Termin eingeben, können Sie über Google Maps Ihre Reise dorthin planen. Bei bekannten Orten macht Google automatisch Vorschläge und findet auch passende Fotos als Hintergrundbilder für die Termine.

7. Im Bereich *Benachrichtigungen* können Sie Erinnerungen eintragen, wenn Sie vor dem Termin benachrichtigt werden möchten. Diese Einstellung können Sie auch später noch vornehmen.

8. Bei Bedarf können Sie auch noch Gäste hinzufügen und ganz unten eine Notiz anhängen. Nach einem Klick auf *Speichern* erscheint der Termin im Kalender.

Tippen Sie später auf einen Termin, werden alle im Termin gespeicherten Angaben angezeigt. Mit dem Stiftsymbol oben links können Sie den Termin nachträglich noch bearbeiten. In der Detailansicht eines Termins finden Sie oben rechts im Menü einen Menüpunkt, um den Termin aus dem Kalender zu löschen.

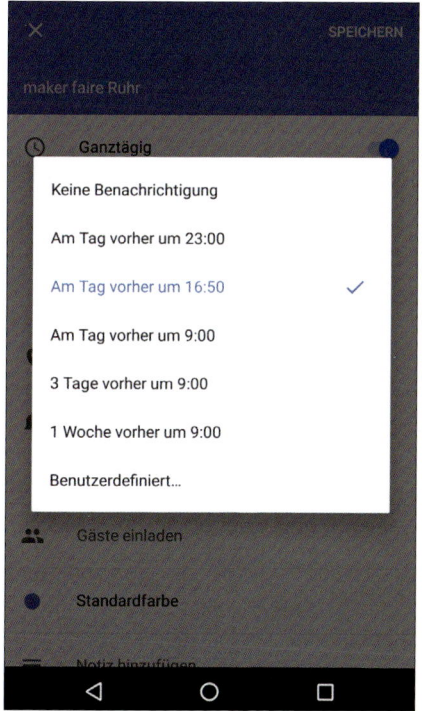 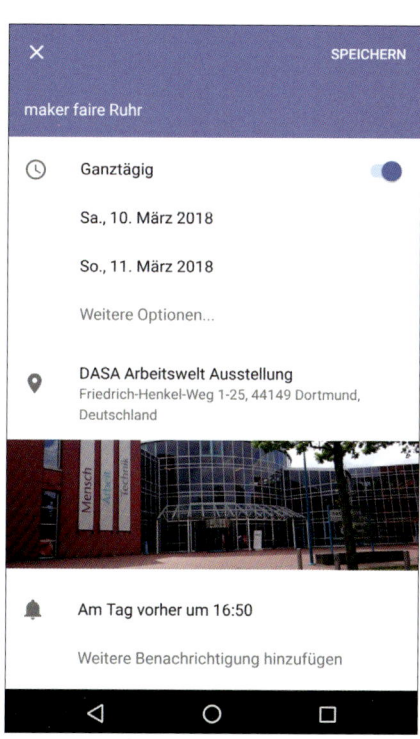

Benachrichtigung einrichten und Termine bearbeiten – mit zum Ort passenden Hintergrundbild.

Möchten Sie sich an einen Termin erinnern lassen, fügen Sie in der Terminanzeige eine Erinnerung hinzu. Das Smartphone erinnert dann über die Benachrichtigungsleiste und auf Wunsch auch mit einem Signalton rechtzeitig an den Termin. Den Zeitraum können Sie selbst festlegen.

Regelmäßige Termine brauchen nicht jedes Mal neu eingetragen zu werden. Der Google-Kalender bietet diverse Möglichkeiten zur Terminwiederholung.

Tippen Sie im Bearbeitungsbildschirm eines Termins auf *Weitere Optionen* und dann auf das Feld *Einmalig*. Hier können Sie zwischen verschiedenen Wiederholungsmethoden wählen. Statt *Einmalig* wird dann der Wiederholungsrhythmus angezeigt.

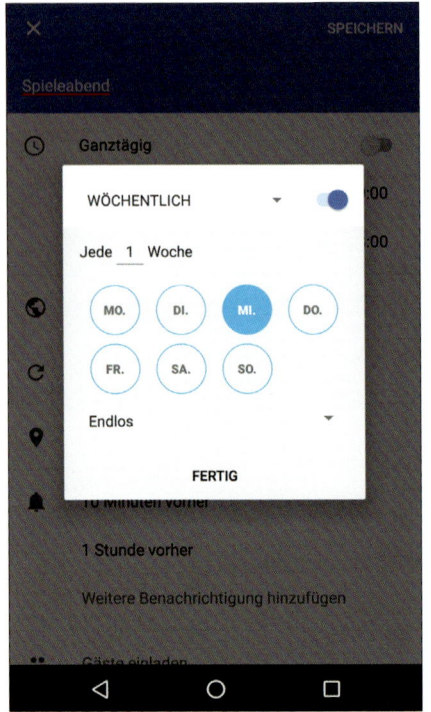
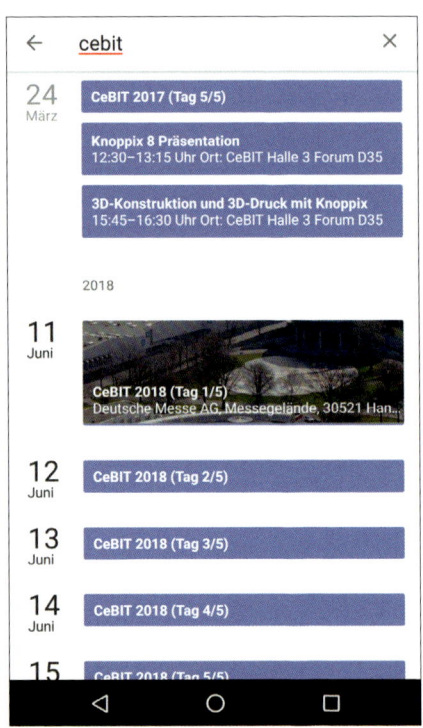

Terminwiederholung und Suche nach Terminen.

Haben Sie viele Termine im Kalender, ist es oft nicht einfach, einen bestimmten wiederzufinden, besonders wenn man sich nicht an das Datum erinnert. Hier hilft die Suchfunktion im Kalender weiter. Tippen Sie oben links auf das Menüsymbol und wählen Sie im Menü *Suche*. Nach Eingabe eines Stichwortes im Suchfeld zeigt der Kalender eine Übersicht aller Termine, in denen dieses Stichwort vorkommt. Zum Anzeigen von Terminen, die weiter in der Vergangenheit liegen, wischen Sie in der Terminliste nach unten.

Kurze Erinnerungen im Kalender

Oft möchte man sich nur zu einem bestimmten Zeitpunkt an etwas erinnern lassen, ohne dass es nötig ist, eigens einen Termin anzulegen.

1. Um eine neue Erinnerung einzutragen, platzieren Sie die Markierung auf dem gewünschten Zeitpunkt und tippen auf das rote Plussymbol unten rechts.

2. Wählen Sie das Symbol *Erinnerung*. Es erscheint eine Liste typischer Erinnerungen wie *anrufen*, *E-Mail*, *kaufen* usw. Zuletzt eingetragene Erinnerungen werden ebenfalls vorgeschlagen, falls Sie sich an das Gleiche später noch einmal erinnern lassen möchten.

3. Nach Auswahl eines Vorschlags erscheinen weitere Kategorien oder häufig kontaktierte Personen zur schnellen Auswahl. Sie können aber auch selbst einen Text eingeben.

4. Tippen Sie auf *Fertig*. Dann wird ein Zeitpunkt für die Erinnerung vorgeschlagen, den Sie aber durch einfaches Antippen auch noch ändern können.

5. Tippen Sie auf *Speichern*, um die Erinnerung im Kalender zu speichern. Ist der Erinnerungszeitpunkt erreicht, erscheint eine Benachrichtigung und ein akustisches Signal ertönt. Bei Erinnerungen an Anrufe und E-Mails werden direkt Links angezeigt, auf die Sie nur zu tippen brauchen, um anzurufen oder eine E-Mail zu schreiben.

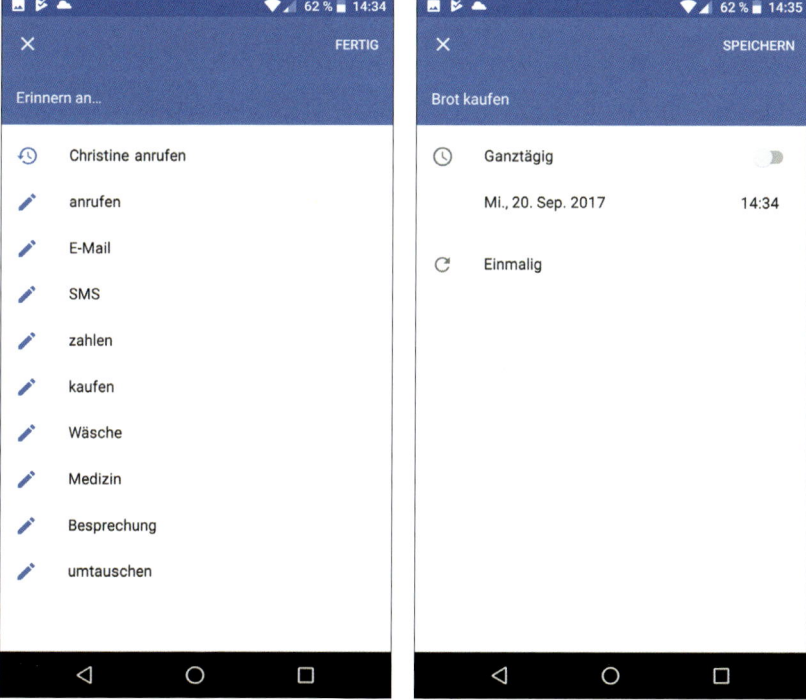

Neue Erinnerung im Kalender anlegen.

App-Shortcuts

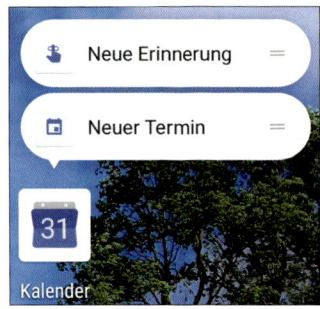

Über App-Shortcuts (langes Antippen des App-Symbols) lassen sich Termine oder Erinnerungen schnell anlegen. Bei Bedarf können diese Shortcuts auf den Startbildschirm gelegt werden.

App-Shortcuts für den Kalender.

Terminerinnerungen mit dem Google Assistant

Der Google Assistant erinnert automatisch an anstehende Termine wie auch Erinnerungen.

1. Wischen Sie auf dem Startbildschirm nach rechts, um die Bildschirmseite mit dem Google-Assistenten anzuzeigen. Hier sehen Sie den nächsten Termin.

2. Tippen Sie darauf, um diesen Termin im Kalender anzuzeigen.

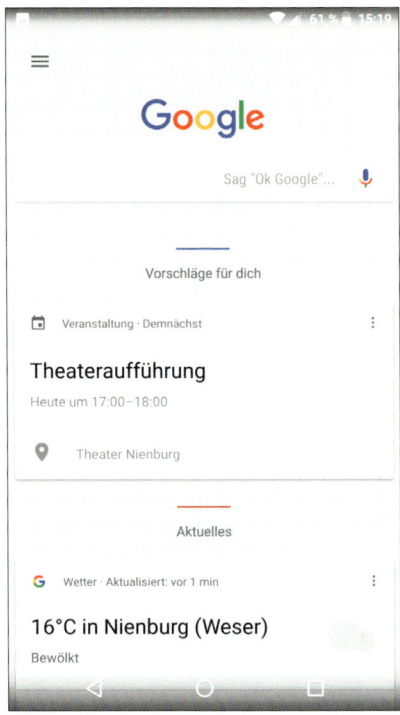
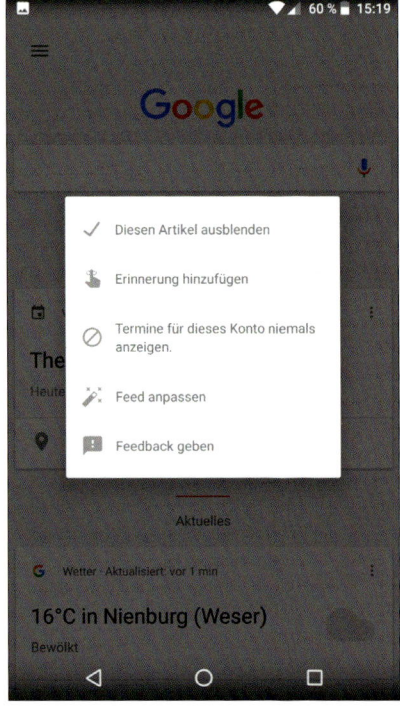

Terminerinnerung im Google-Assistenten.

3. Möchten Sie sich noch besonders erinnern lassen, tippen Sie auf das Symbol mit den drei Punkten rechts oben in der Terminansicht im Google-Assistenten. Hier haben Sie die Möglichkeit, eine Erinnerung hinzuzufügen oder den Termin im Google-Assistenten auszublenden. Er bleibt im Kalender aber bestehen.

Wichtige Kalendereinstellungen

In der Kalenderliste, die Sie über das Menüsymbol links oben erreichen, legen Sie fest, welche Kalender auf dem Smartphone angezeigt werden sollen. Haben Sie im Google-Konto mehrere Kalender, brauchen Sie nicht unbedingt immer alle Termine auf dem Smartphone. Tippen Sie in der Liste auf *Einstellungen*, können Sie für jeden Kalender eine Farbe wählen und festlegen, ob er auf dem Smartphone synchronisiert werden soll oder nicht. In den *Einstellungen* unter *Allgemein* wählen Sie, auf welche Weise das Smartphone an Termine erinnern soll. Neben der normalen Benachrichtigung über die Benachrichtigungsleiste kann auch ein Klingelton abgespielt oder ein Vibrationsalarm aktiviert werden.

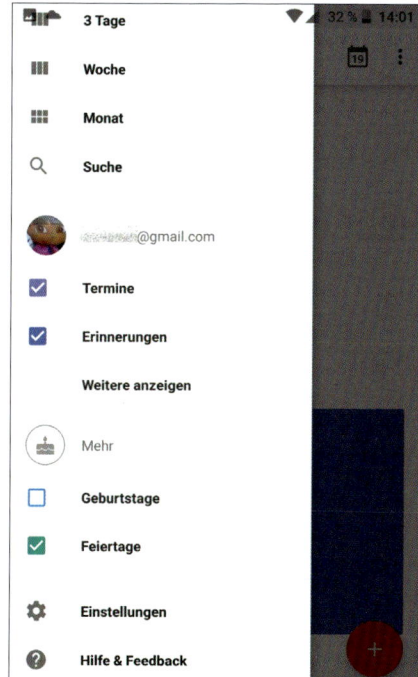
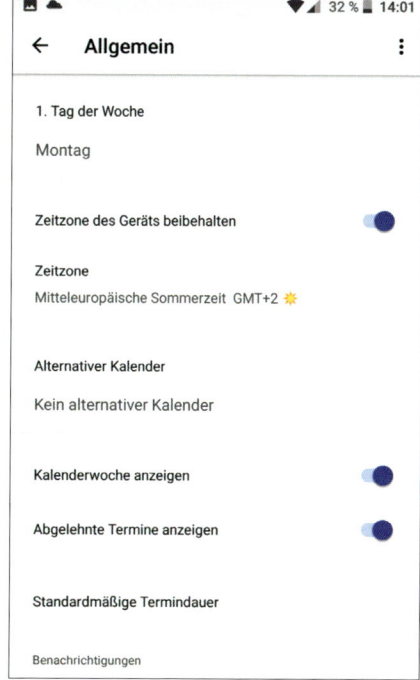

Kalenderliste und Einstellungen.

Die Standardzeit für Terminerinnerungen legen Sie in den Einstellungen für jeden einzelnen Kalender fest. Sie lässt sich für jeden Termin allerdings auch noch verändern.

Kalender und Termine importieren

Der Google-Kalender bietet die Möglichkeit, weitere Kalender von Freunden, Firmenkalender oder öffentliche Kalender mit Feiertagen, Schulferien oder anderen Terminen zu importieren. Diese werden dann in anderer Farbe im eigenen Google-Kalender auf dem PC wie auch auf dem Smartphone angezeigt.

Um einen Kalender zu importieren, melden Sie sich auf dem PC im Browser bei *calendar.google.com* mit Ihrem Google-Konto an. In den *Einstellungen* unter *Kalender* können Sie weitere Kalender importieren. Welche dieser Kalender auf dem Smartphone angezeigt werden sollen, legen Sie im Menü der Kalender-App fest, in dem Sie bei einzelnen Kalendern die Häkchen setzen oder entfernen können.

Einige andere Apps können Termine direkt in den Google-Kalender auf dem Smartphone eintragen, ohne dass ein ganzer Kalender importiert werden muss. Diese werden dann auch synchronisiert und stehen auf dem PC im Browser zur Verfügung. Ein gutes Beispiel ist der *DB Navigator*, der den Fahrplan für eine ausgewählte Fahrt auf Wunsch in den Kalender einträgt.

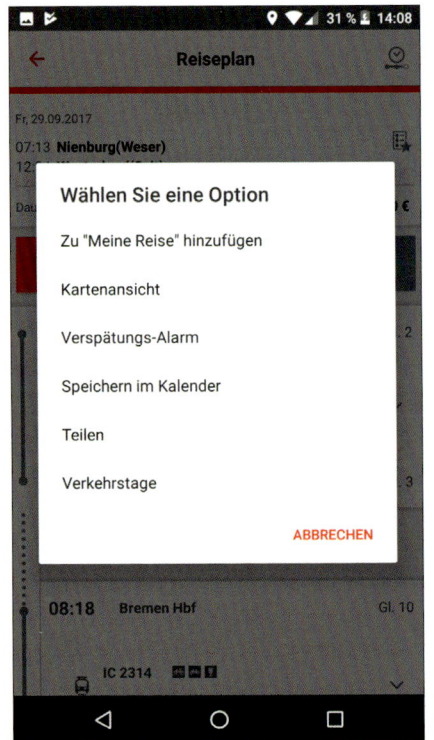 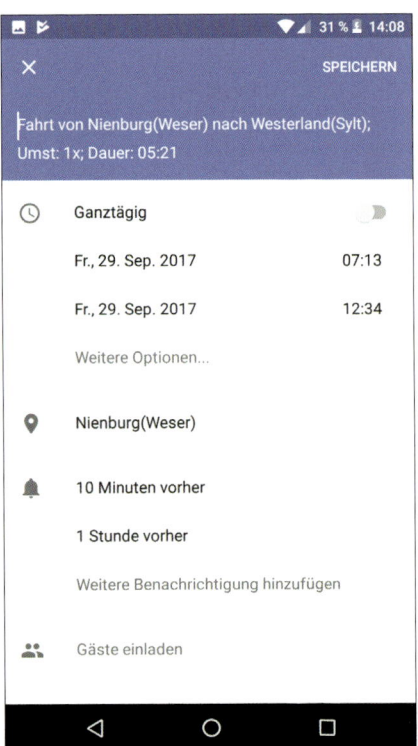

Termin im DB Navigator anlegen.

Zu Terminen einladen

Andere Personen zu einem Termin einzuladen, ist häufig mit Missverständnissen verbunden. Da vergisst jemand den Ort oder den Zeitpunkt oder versäumt es einfach, den Termin in den Kalender einzutragen. Mit Android lassen sich Termine ganz einfach »teilen«.

1. Wählen Sie im Kalender den Termin und tippen Sie oben auf das *Bearbeiten*-Symbol.

2. Tippen Sie auf *Gäste einladen* und wählen Sie die Namen von Gästen aus dem Adressbuch aus. Tippen Sie dazu einfach ein paar Buchstaben des Namens, bis Vorschläge erscheinen. Sie können auch E-Mail-Adressen von Gästen eintippen, die nicht im Adressbuch gespeichert sind.

3. Jeder eingeladene Gast bekommt automatisch eine Benachrichtigung und kann den Termin direkt in seinen Kalender auf dem Smartphone importieren. Bei einer Zu- oder Absage wird diese im eigenen Kalender angezeigt.

4. Über das Menü können Sie jederzeit allen Gästen eine automatische E-Mail mit einer Terminerinnerung oder einer Nachricht, wenn Sie sich z. B. selbst verspäten, schicken.

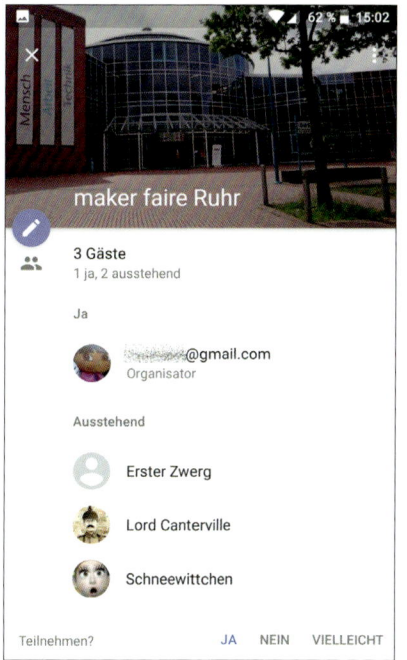
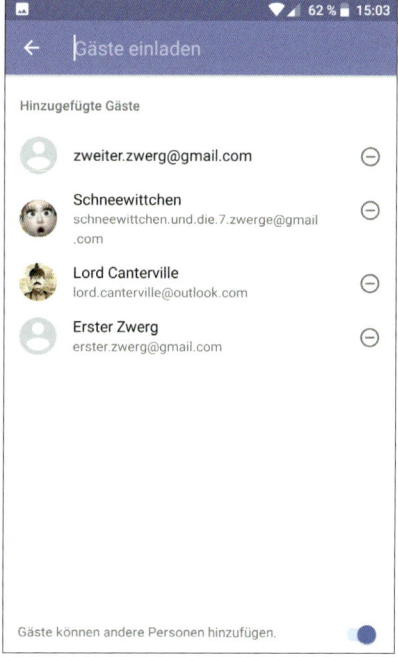

Gäste zu einem Termin einladen.

> **Termineinladungen an PCs verschicken**
>
> Android verwendet für den Versand von Terminen das Format ICS (iCalendar). Diese Dateien können auch auf dem PC von verschiedenen Kalendern wie z. B. Microsoft Outlook importiert werden.

Google-Kalender mit dem Windows-10-Kalender synchronisieren

Verwenden Sie auf dem PC den Kalender von Windows 10, können Sie Ihren persönlichen Google-Kalender direkt dort einbinden und auf diesem Weg Termine zwischen Smartphone und PC synchronisieren.

1. Klicken Sie im Kalender von Windows 10 unten links auf das Zahnradsymbol.

2. Wählen Sie rechts im Menü die Option *Konten verwalten* und klicken Sie auf *Konto hinzufügen*.

3. Wählen Sie im nächsten Fenster die Option *Google* und geben Sie dann Ihre Anmeldedaten für das Google-Konto ein.

4. Nach einer weiteren Bestätigung erscheint links in der Liste der Kalender ein Konto namens *Gmail*. Hier können Sie auswählen, welche Kalender aus Ihrem Google-Konto Sie in der Kalender-App anzeigen möchten.

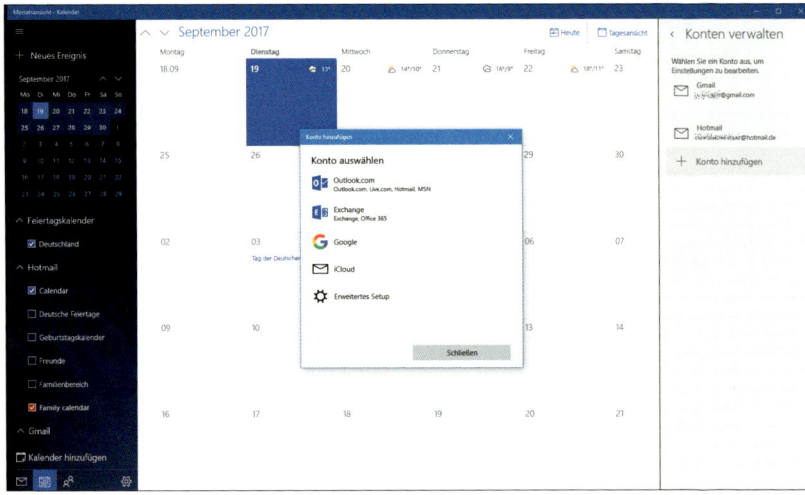

Google-Kalender in Windows-10-Kalender integrieren.

Google-Kalender mit Mozilla Thunderbird synchronisieren

Verwenden Sie auf dem PC den Kalender von Thunderbird mit der Lightning-Erweiterung, können Sie Ihren persönlichen Google-Kalender direkt dort einbinden und auch auf diesem Weg Termine zwischen Smartphone und PC synchronisieren. In aktuellen Thunderbird-Versionen ist diese Erweiterung bereits vorinstalliert.

1. Wählen Sie im Menü von Thunderbird den Menüpunkt *Add-ons*, suchen Sie das Add-on *Provider for Google Calendar* und installieren Sie dieses. Danach müssen Sie Thunderbird einmal neu starten.

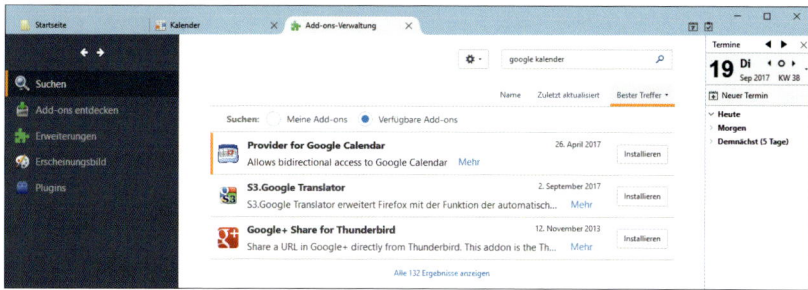

Add-on Provider for Google Calendar suchen und installieren.

2. Wechseln Sie in Thunderbird zur Kalenderseite, klicken Sie mit der rechten Maustaste in die Kalenderspalte ganz links und wählen Sie dort den Menüpunkt *Neuer Kalender*.

3. Wählen Sie im nächsten Dialogfeld die Option *Im Netzwerk* und klicken Sie auf *Weiter*.

4. Bestimmen Sie im dann folgenden Dialogfeld das Format *Google Kalender* und tragen Sie im nächsten Schritt Ihre Gmail-Adresse ein.

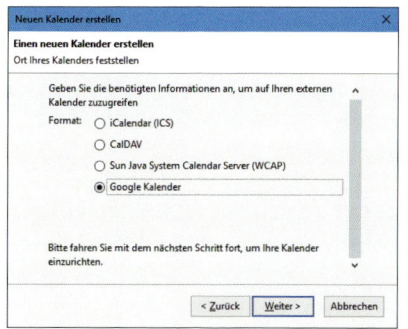 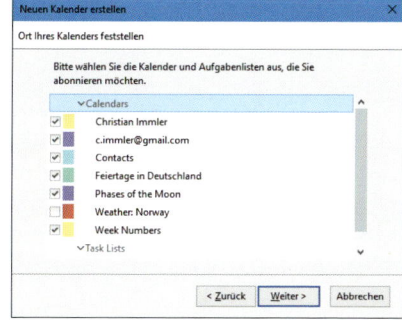

Google-Kalender in Thunderbird Lightning einbinden.

5. Jetzt erscheint ein Anmeldefenster von Google, in dem Sie die Anmeldung mit Ihrem Google-Passwort bestätigen müssen.

6. Im nächsten Schritt wählen Sie die Kalender aus, die in Thunderbird Lightning angezeigt werden sollen.

7. Danach synchronisiert sich der Google-Kalender automatisch mit Thunderbird Lightning.

> **Keine Synchronisation mit Outlook**
>
> Seit einem großen Update im Herbst 2013 hat Google die Synchronisation mit Microsoft Outlook nach einer langen Ankündigungsphase endgültig eingestellt.

Uhr und Wecker

Ein Smartphone, das man fast immer bei sich trägt, eignet sich geradezu ideal als Taschenuhr oder Wecker. Android liefert Uhren für den Startbildschirm mit Wecker, Stoppuhr und Countdown mit.

Auf einigen Geräten ist die Uhr auf dem Startbildschirm bereits vorinstalliert. Wenn nicht, können Sie das leicht selbst vornehmen.

Uhr auf den Startbildschirm bringen

Android liefert zwei Widgets mit einer Analog- oder Digitaluhr mit, die gleichzeitig auch als Wecker benutzt werden kann.

1. Halten Sie den Finger länger auf dem Startbildschirm, bis sich dieser etwas abdunkelt und weitere Symbole erscheinen. Tippen Sie dort auf *Widgets*.

2. Scrollen Sie in der Liste der Widgets ganz nach unten. Tippen Sie etwas länger auf das Widget *Analoguhr* oder *Digitaluhr*, bis der Startbildschirm erscheint.

3. Jetzt können Sie das Widget an der gewünschten Position auf dem Startbildschirm ablegen und dort loslassen.

4. Anschließend ziehen Sie das Widget mit den vier Griffpunkten auf die gewünschte Größe. Die Uhr wird ab sofort ständig auf dem Startbildschirm angezeigt.

Uhr und Wecker

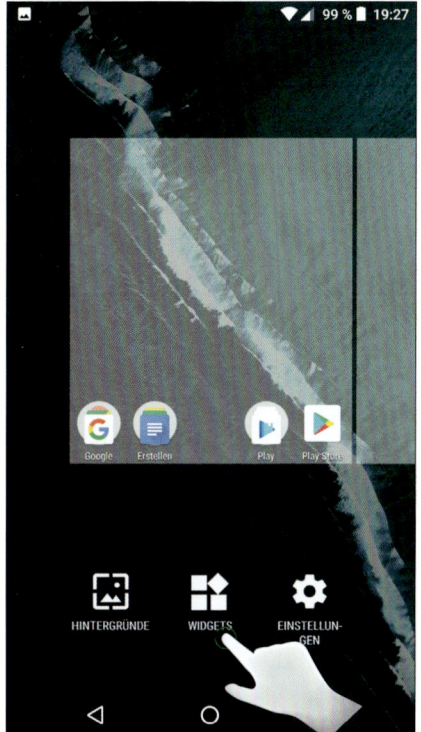 

Uhr auf den Startbildschirm ziehen.

Die Widgets starten die App *Uhr*, die eine Digitaluhr im Vollbildmodus auf dem Bildschirm zeigt. Einfacher, als die App in der Liste zu finden, geht es aber, indem Sie einfach das Uhren-Widget auf dem Startbildschirm antippen.

Mit den Symbolen am oberen Bildschirmrand oder einer horizontalen Wischbewegung lässt sich diese App auch als Wecker, Kurzzeit-Timer und als Stoppuhr verwenden.

Während Stoppuhr oder Kurzzeit-Timer laufen, können Sie andere Apps benutzen. Die Daten dieser Uhrfunktionen werden als Benachrichtigungen angezeigt. Durch Antippen der Benachrichtigungen kommen Sie jederzeit wieder zur laufenden Uhr zurück.

Tippen Sie auf das Weltkugelsymbol unten in der Mitte der Uhrenanzeige, können Sie weitere Städte hinzufügen, deren aktuelle lokale Uhrzeit auf dem Uhrenbildschirm mit angezeigt werden soll.

 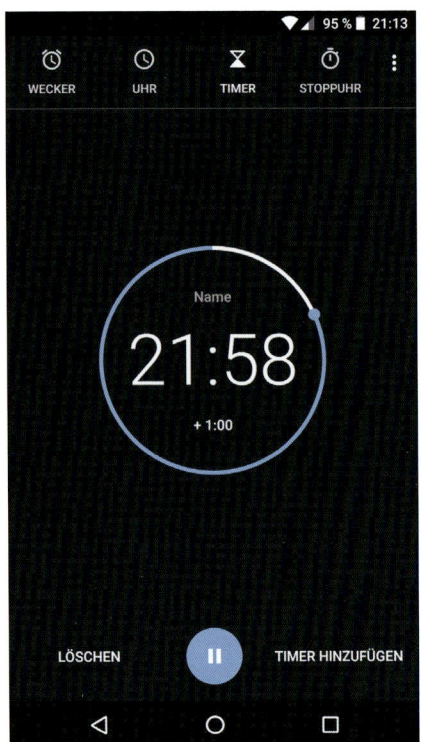

Digitaluhr und Kurzzeit-Timer in der Uhr-App.

Wecker einstellen

In dieser App können Sie auch einen Wecker stellen. Die Einstellung der Zeit erfolgt ähnlich wie die Einstellung der Systemuhrzeit auf zwei Analoguhren für Stunden und Minuten.

1. Hier sind bereits zwei Wecker für Werktage und Wochenenden voreingestellt, die Sie aktivieren oder auch ändern können.

2. Über die Schaltfläche mit dem Plussymbol in der Mitte unten legen Sie weitere Wecker fest. Auf diese Weise stellen Sie Wecker für verschiedene Tage oder Ereignisse, die sich wiederholen. Sie brauchen diese Wecker dann nur bei Bedarf ein- oder auszuschalten und müssen sie nicht jedes Mal neu einstellen.

3. Legen Sie die Weckzeit und den gewünschten Klingelton fest. Über die Liste *Wiederholen* bestimmen Sie die Wochentage, an denen der Wecker klingeln soll, wenn es sich nicht um ein einmaliges Ereignis handelt, an das Sie sich vom Wecker erinnern lassen wollen.

Ein Weckersymbol in der Benachrichtigungszeile oben links weist darauf hin, dass ein Wecker aktiv ist. Der nächste Wecktermin wird zusätzlich bei der Uhrzeit im Digitaluhr-Widget und auf dem Sperrbildschirm angezeigt.

 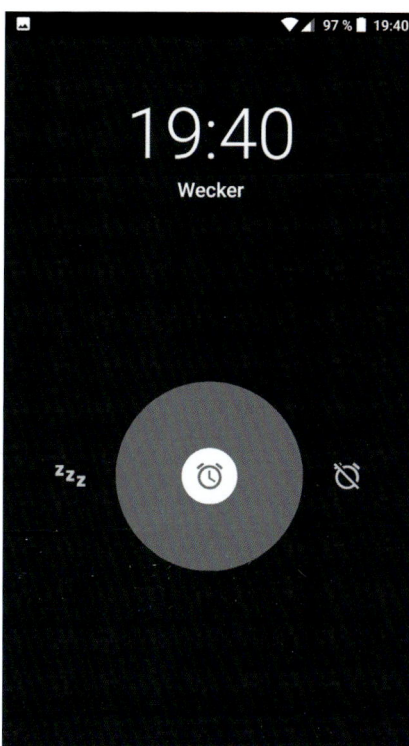

Links: Weckereinstellungen, rechts: Der Wecker klingelt.

Wenn der Wecker klingelt, erscheint zudem eine auffällige Anzeige auf dem Bildschirm, unabhängig davon, welche App gerade läuft.

- Ziehen Sie in dieser Anzeige das Weckersymbol nach links auf das *zzz*-Symbol, bedeutet das, Sie möchten noch etwas schlummern. Der Wecker klingelt in wenigen Minuten noch einmal. Die Schlummerzeit wird auch als Benachrichtigung angezeigt.
- Ziehen Sie das Weckersymbol auf das Symbol nach rechts, klingelt der Wecker nicht noch einmal, sondern erst wieder, wie es in der Wiederholung eingestellt ist, also beispielsweise am nächsten Tag.

Interessante Einstellungen für die Uhr

Über das Menüsymbol mit den drei Punkten oben rechts lässt sich die Uhr in einen augenschonenden und stromsparenden Nachtmodus umschalten, der in den *Einstellungen* als *Bildschirmschoner* bezeichnet wird. Hier werden auf einem schwarzen Bildschirm nur die Uhrzeit und das Datum in leichtem Grau angezeigt. Dieser Nachtmodus ersetzt gleichzeitig den Sperrbildschirm. Sie brauchen das Smartphone in der Nacht also nicht extra zu entsperren, um die Uhr im Nachtmodus zu sehen. Ein Druck auf den Einschalter reicht aus.

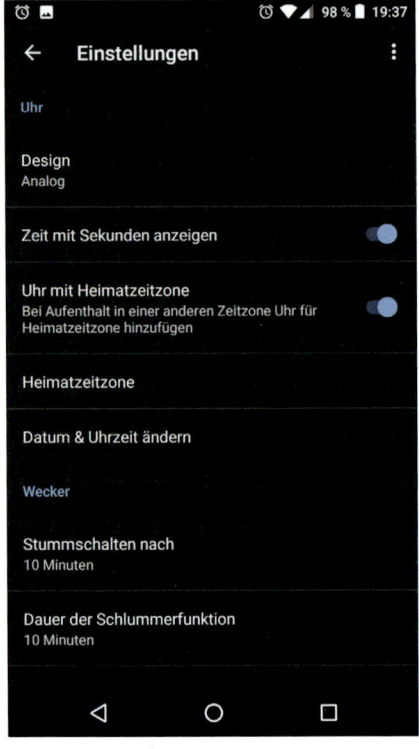 

Einstellungen der Uhr und Analoguhr.

In den Einstellungen der Uhr können Sie diese von Digitaluhr auf Analoguhr umschalten. Das Design für den Nachtmodus lässt sich getrennt einstellen. Außerdem können Sie dort unter anderem den Lautstärketasten eine Sonderfunktion zuweisen, um damit den Wecker auszuschalten oder auf Schlummern zu setzen.

Kapitel 3

Apps finden und installieren

Ähnlich wie es für PCs Tausende Programme gibt, wird auch der Markt für Apps immer umfangreicher und zugleich unübersichtlicher. So ziemlich jedes erdenkliche Thema lässt sich mit der passenden App auf dem Smartphone darstellen. Für Android sind mittlerweile weit über 3.000.000 verschiedene Apps erhältlich, etwa zwei Drittel davon kostenlos. Allerdings werden Sie, wenn Sie sich einige Zeit mit diesem Thema beschäftigt haben, feststellen, dass Sie über 99 % der Apps nicht brauchen.

Der Google Play Store

Die erste Anlaufstelle, um Apps auf ein Android-Smartphone herunterzuladen, ist der Google Play Store. Zum Download aus dem großen Angebot ist eine spezielle App nötig, die auf allen Android-Geräten mit Google-Zertifizierung vorinstalliert ist. Nur Smartphones besonders kleiner Hersteller, die sich keine Google-Lizenz leisten wollen, oder Geräte aus chinesischer Produktion für den dortigen Inlandsmarkt haben keinen Zugang zum Google Play Store, was aber nicht bedeutet, dass auf diesen Geräten keine Apps installiert werden können. Android bietet im Gegensatz zu iOS und Windows Mobile die Möglichkeit, Apps auch aus anderen Quellen zu installieren.

Der Google Play Store listet alle Apps getrennt nach Anwendungen und Spielen in unterschiedlichen Kategorien auf. Hier kann man sich anhand von Bestenlisten und Empfehlungslisten inspirieren lassen. Diese Listen sollen zwar zur Orientierung dienen, sind aber weitgehend aussagelos, da sich Entwickler dort »einkaufen« können. Um eine bestimmte App zu finden, verwendet man am besten die Suchfunktion.

3 ▪ Apps finden und installieren

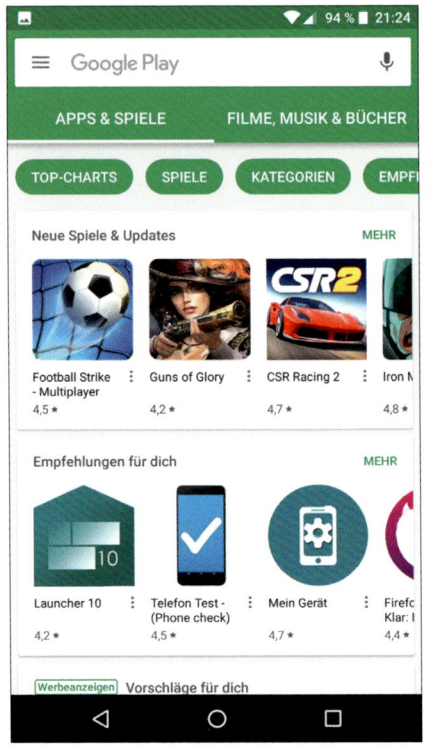 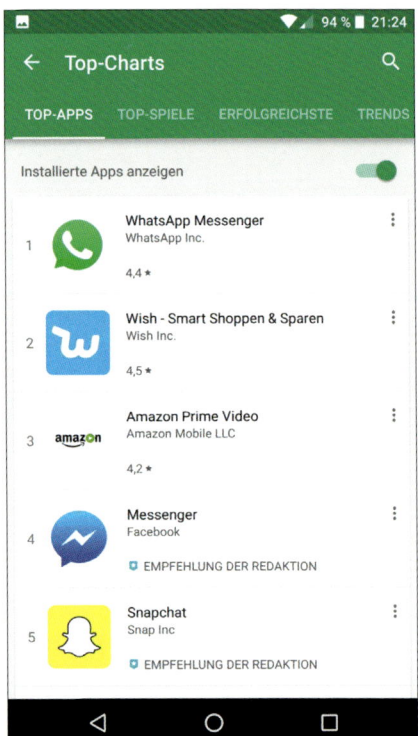

Der Google Play Store auf dem Smartphone.

Der Google Play Store listet auf dem Smartphone immer nur die Apps auf, die auf dem jeweiligen Gerät auch tatsächlich laufen. Zu jeder App werden eine Beschreibung sowie Screenshots angezeigt. Bei einigen Apps gibt es auch YouTube-Videos, die die Funktion näher erläutern. Da die Beschreibungen sowie die Videos nicht von Google selbst stammen, sondern von den Entwicklern geliefert werden müssen und nur minimalen Qualitätskontrollen unterliegen, sind sie häufig kaum brauchbar.

> **ACHTUNG:** Der Google Play Store braucht eine Anmeldung mit einem Google-Konto. Falls Sie bei der Einrichtung Ihres Smartphones kein Google-Konto angegeben haben, müssen Sie dies spätestens tun, wenn Sie den Google Play Store nutzen wollen.

Apps auf dem Smartphone installieren

Zur Installation auf dem Smartphone sind nach Auswahl der App nur noch zwei Klicks erforderlich. Der Google Play Store zeigt an dieser Stelle an, auf welche Systemkomponenten die jeweilige App zugreifen kann.

Diese Berechtigungen sollte man sich in jedem Fall vor der Installation ansehen. Viele werbefinanzierte Apps fordern uneingeschränkten Internetzugriff oder gar die Berechtigung, Anrufe zu tätigen oder SMS zu verschicken. Bei Apps wie z. B. Telefonbüchern oder Branchenverzeichnissen ist diese Berechtigung zur Funktionalität wichtig, bei einfachen Spielen oder Grafikprogrammen besteht jedoch die Gefahr, dass Apps auf diesem Weg teure Verbindungen aufbauen – eine Betrugsmasche, die unter dem Namen Dialer schon zu Zeiten analoger Modems am PC bekannt war. Besonders Taschenlampen-Apps sind diesbezüglich in Verruf geraten.

Trotz der teilweise bedenklich klingenden Bezeichnungen sind die meisten Berechtigungen für das Funktionieren einer App wirklich nötig. Achten sollten Sie vor allem auf folgende Berechtigungen:

- **Telefonnummern direkt anrufen**: Damit kann eine App beliebige Telefonnummern – theoretisch auch kostenpflichtige Sonderrufnummern – anrufen und das auch, ohne dass die Telefon-App zu sehen ist.
- **Kurznachrichten senden**: Damit kann die App SMS verschicken.
- **Uneingeschränkter Internetzugriff**: Seit das Thema App-Berechtigungen in aller Munde ist, fragt kaum noch eine App nach gezielten Internetberechtigungen, sondern verlangt immer gleich uneingeschränkten Internetzugriff, was den Blick auf die Berechtigungen schon fast wieder ad absurdum führt.

Wer bei den Zugriffsberechtigungen Sicherheitsbedenken hat, kann die Installation an dieser Stelle noch abbrechen. Danach wird die App installiert und Sie können sie direkt aus dem Google Play Store heraus öffnen. Selbstverständlich ist die neu installierte App auch in der Liste aller Apps zu finden.

Bewertungen und Nutzerkommentare

Das Symbol *Empfehlung der Redaktion* sowie die Anzahl der Sterne und auch die Gesamtzahl der Installationen sind noch ein guter Richtwert für die Qualität der App.

Die Nutzerkommentare sollten Sie dagegen besser ignorieren. Wie in fast allen Onlineshops zeugen diese von absolut mangelhaftem technischem Verständnis, dafür umso mehr von übersteigertem Geltungsbewusstsein einiger Nutzer. Besonders die Bewerter mit wenigen Sternen würden bereits im Deutschunterricht der ersten Klasse durchfallen. Wie viele andere Webseiten auch, würde sich Google Play einen Gefallen tun, wenn die Kommentare redaktionell gefiltert oder ganz abgeschaltet würden.

App-Berechtigungen einschränken

In Android 6 Marshmallow war es erstmals möglich, bestimmte Berechtigungen von Apps nachträglich einzuschränken. Im Gegensatz zu CustomROMs wie z. B. LineageOS, die diese Funktionen schon länger enthielten, wobei das Einschränken von Berechtigungen häufig zu Abstürzen führt, werden im Standard-Android bei den Apps, die den Entwicklerrichtlinien entsprechen, nur die Berechtigungen zum Deaktivieren angeboten, ohne die die App auch noch läuft. Ob sie ohne die jeweiligen Berechtigungen noch sinnvolle Arbeit leistet, bleibt dem Nutzer überlassen. Speziell für Android 6 Marshmallow oder höher optimierte Apps zeigen bei der ersten Verwendung einer standardmäßig nicht gewährten Berechtigung eine Abfrage an, in der man diese Berechtigung gewähren muss, um die entsprechende Aktion der App ausführen zu können. Dies gilt in Android 8 Oreo gleichermaßen. Manche Apps fordern den Benutzer auch auf, die App-Einstellungen zu öffnen und dort die Berechtigungen einzeln zu gewähren.

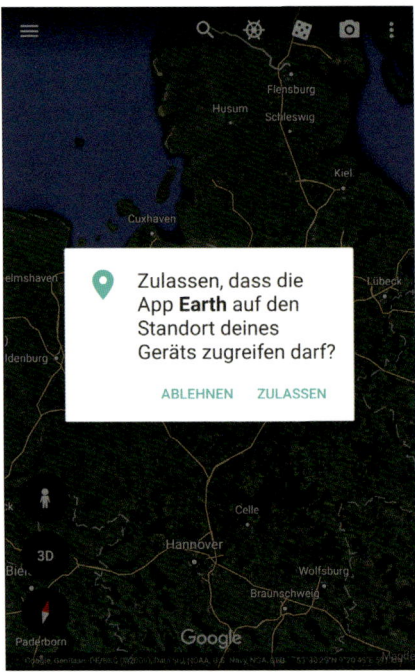 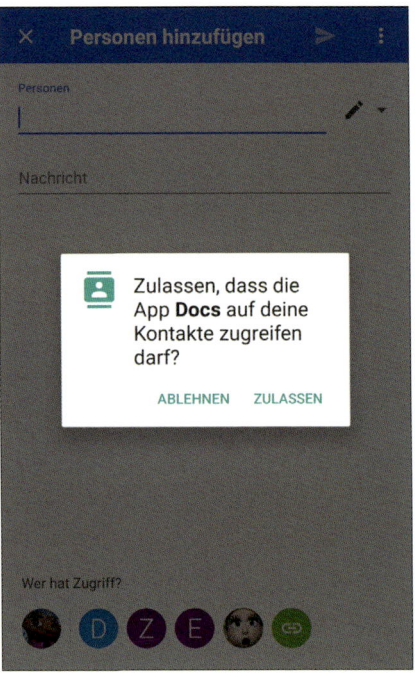

Unterschiedliche Anfragen nach Berechtigungen in verschiedenen Apps.

Um Berechtigungen nachträglich zu verweigern, tippen Sie in den App-Informationen einer App, die Sie in den *Einstellungen* über *Apps & Benachrichtigungen/App-Info* sehen, auf *Berechtigungen*. Hier werden die deaktivierbaren Berechtigungen dieser App angezeigt und können einzeln ausgeschaltet werden.

Der Google Play Store

Der Menüpunkt *Alle Berechtigungen* oben rechts zeigt alle von dieser App angeforderten Berechtigungen, auch die, die sich nicht abschalten lassen.

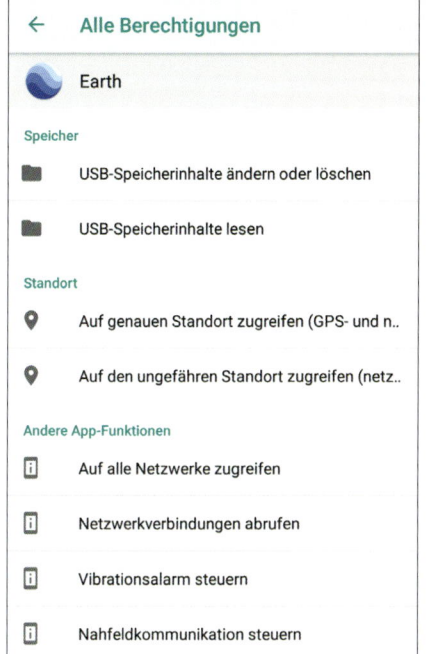 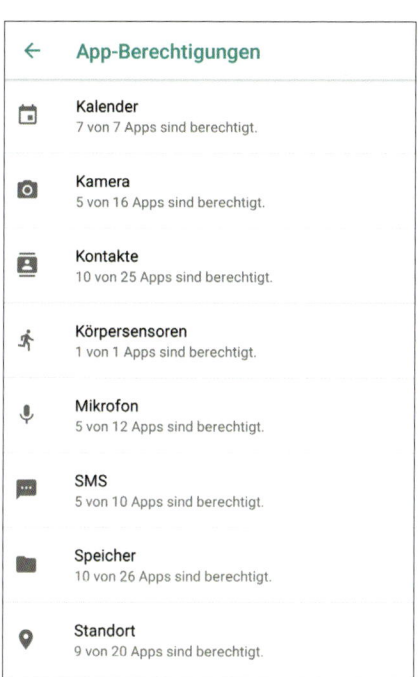

Berechtigungen einer App anzeigen und in den App-Einstellungen verwalten.

Tippen Sie umgekehrt in den *Einstellungen* unter *Apps & Benachrichtigungen* auf dem nächsten Bildschirm auf *App-Berechtigungen*, erhalten Sie einen Überblick, welche Berechtigungen von wie vielen installierten Apps angefordert werden. Tippen Sie auf eine angezeigte Berechtigung, werden die entsprechenden Apps aufgelistet. Hier können Sie einzelnen Apps die Berechtigung nachträglich entziehen oder gewähren.

Automatische App-Updates

Unter *Meine Apps und Spiele*, erreichbar mit einer Wischgeste vom linken Bildschirmrand, speichert der Google Play Store alle von dort heruntergeladenen Apps. In dieser Liste werden auch Update-Benachrichtigungen angezeigt, wenn von einer App eine neue Version verfügbar ist. Einige Apps erhalten häufig Updates. Um nicht jede App manuell updaten zu müssen, können Sie auch alle anstehenden Updates auf einmal aktualisieren. Auch wenn automatische Updates aktiv sind, können Sie bei einzelnen Apps über das Menü oben rechts die automatischen Updates abschalten, wenn z. B. bekannt ist, dass neue App-Versionen Kompatibilitätsprobleme oder Funktionseinschränkungen mit sich bringen.

3 ▪ Apps finden und installieren

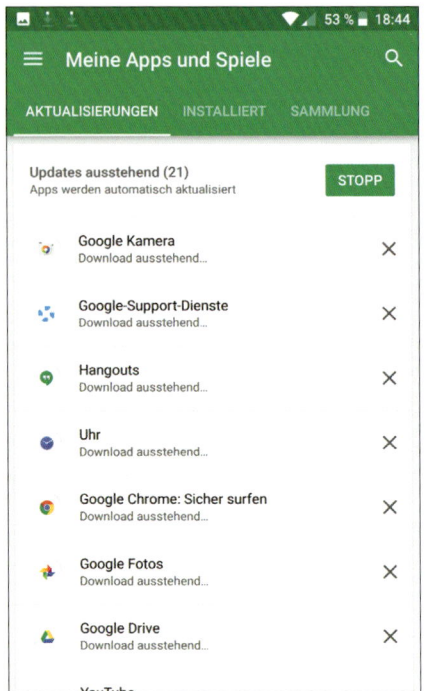 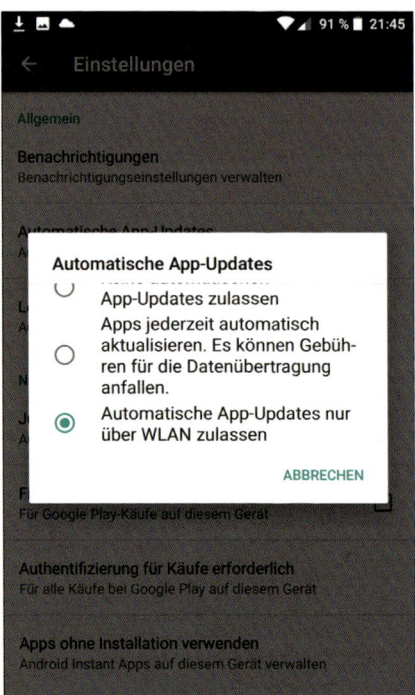

Automatische App-Updates im Google Play Store.

> **TIPP:** Möchten Sie sich über Updates keine Gedanken machen müssen, schalten Sie über den Menüpunkt *Einstellungen* im Google Play Store die Funktion *Automatische App-Updates* ein. Um Mobilfunkdatenvolumen zu sparen, sollten Sie gleichzeitig die Option *Automatische App-Updates nur über WLAN zulassen* aktivieren. Damit werden automatische Updates nur heruntergeladen, wenn das Smartphone in einem WLAN ist. Manuell können Sie trotzdem jederzeit App-Updates auch über Mobilfunk installieren.

Sowie ein Update neue Berechtigungen erfordert, wird es nicht mehr automatisch installiert. In diesem Fall müssen Sie zuerst den neuen Berechtigungen zustimmen. Danach kann das Update manuell installiert werden.

> **Automatisches Update beim ersten Start**
>
> Bereits direkt nach dem Start meldet fast jedes Smartphone, dass Updates zur Verfügung stehen. Dabei handelt es sich um einige Google-Apps, die inzwischen in einer neueren Version angeboten werden als der, mit der die Geräte im Herstellerwerk vorkonfiguriert wurden. Die Meldung brauchen Sie nicht weiter zu beachten, da diese Updates automatisch installiert werden.

So kann man Apps kaufen

Kostenpflichtige Apps werden im Google Play Store mit Googles eigenem Bezahlsystem Google Wallet bezahlt. Dies funktionierte lange Zeit mit einer gültigen Kreditkarte oder einer Prepaid-Guthabenkarte, inzwischen geht es bei vielen Telefonanbietern auch über die Mobilfunkrechnung. Spätestens beim ersten Kauf einer App müssen Benutzer in ihrem Google-Konto eine Zahlungsmethode sowie eine gültige Postanschrift hinterlegen. Vor jedem Kauf können Sie die Zahlungsmethode wechseln, und es muss sicherheitshalber noch einmal das Passwort des Google-Kontos eingegeben werden, solange Sie diese Abfrage nicht deaktiviert haben.

Alternativ zur Kreditkarte oder Telefonrechnung können Sie Prepaid-Guthaben für den Google Play Store in Form von Geschenkkarten u. a. bei verschiedenen Supermarkt- und Drogerieketten kaufen und beim Onlinekauf einlösen.

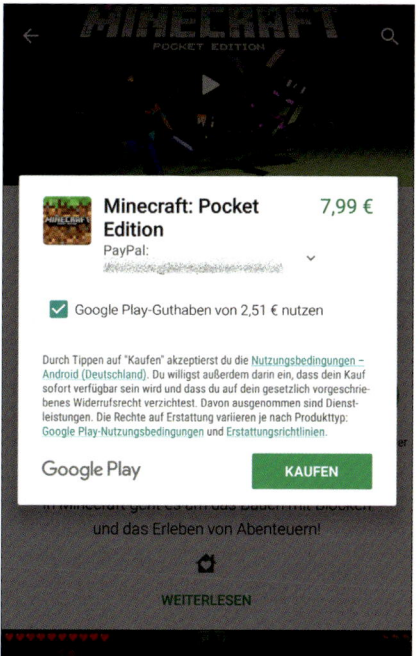 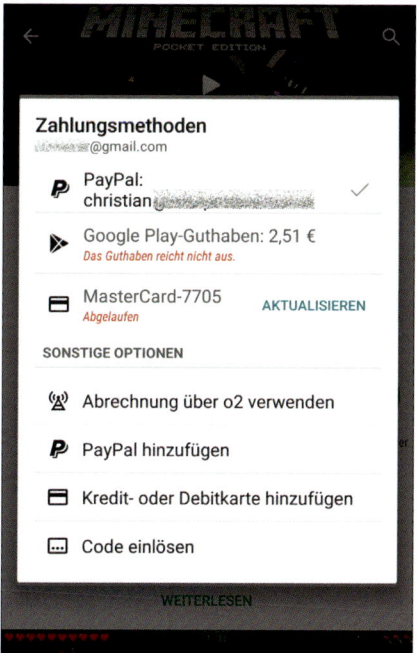

App kaufen und Zahlungsmethode wählen.

> **PayPal**
>
> Nachdem viele Nutzer jahrelang darauf gewartet haben, bietet der Google Play Store seit März 2015 auch PayPal als Zahlungsmethode an. Dabei kann ein beliebiges PayPal-Konto eingetragen werden. Dieses muss nicht mit der E-Mail-Adresse Ihres Google-Kontos übereinstimmen.

3 ▪ Apps finden und installieren

Eine App, die Sie einmal auf einem Android-Gerät gekauft haben, können Sie auf weiteren Geräten mit demselben Google-Konto installieren, ohne sie neu zu kaufen. Wählen Sie dazu im Menü von Google Play *Meine Apps und Spiele*. Dort finden Sie neben den installierten Apps noch die Liste *Sammlung*, die alle Apps enthält, die Sie jemals mit diesem Google-Konto auf irgendeinem Android-Gerät heruntergeladen haben – Freeware und auch Kauf-Apps.

Google Play-Guthaben mit Umfragen verdienen

Möchten Sie kostenpflichtige Apps ab und zu mal kostenlos bekommen? Durch regelmäßiges Beantworten einfacher statistischer Fragen kann man Google Play-Guthaben verdienen. Die *Google Umfrage-App* liefert alle paar Tage eine einfach zu beant-

wortende statistische Frage. Für das Beantworten bekommt man ein paar Cent gutgeschrieben. Nach wenigen Wochen bis Monaten hat man sich damit die erste App verdient.

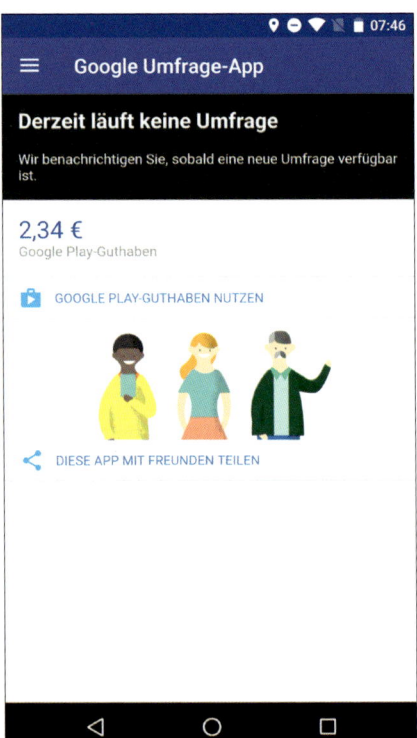
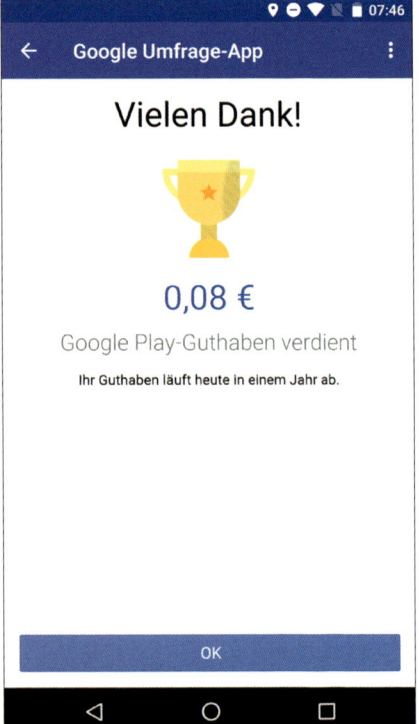

Google Play-Guthaben mit Umfragen verdienen.

Der Google Play Store auf dem PC

Der Google Play Store ist auch vom PC über einen beliebigen Webbrowser unter *play.google.com/store* zu erreichen. Hier kann man Apps finden und auch direkt auf seinen Geräten installieren.

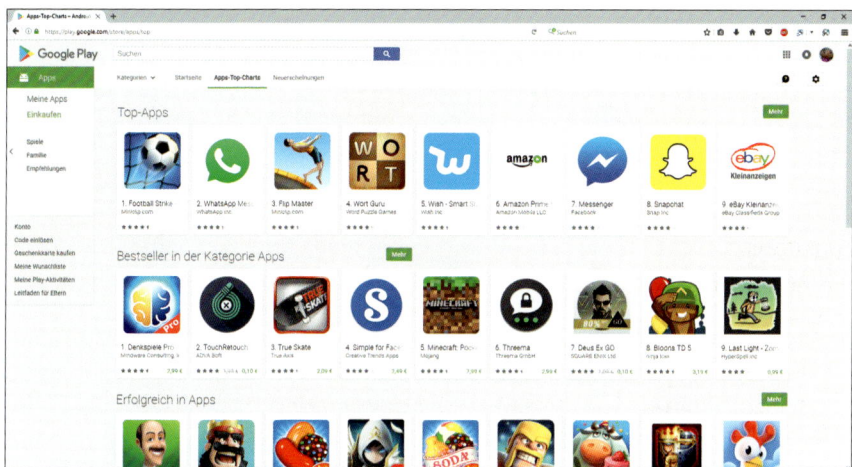

Der Google Play Store auf dem PC.

Zur Installation von Apps muss man auf dem PC im Browser mit dem Google-Konto angemeldet sein, das auch auf dem Smartphone verwendet wird. Mit dem Zahnradsymbol rechts oben können Benutzer die verwendeten Geräte verwalten. Unter dem Link *Meine Apps* sehen Sie alle auf Ihren Android-Geräten installierten Apps.

Bevor Sie eine App zur Installation auswählen, prüfen Sie unterhalb des grünen Installationsbuttons die Gerätekompatibilität. Ein Klick auf das *i*-Symbol zeigt alle in diesem Google-Konto eingetragenen Android-Geräte. Anhand von Betriebssystemversion, Bildschirmgröße und einigen anderen technischen Kriterien wird ermittelt, mit welchen der Geräte die App kompatibel ist.

Um eine App auf dem Smartphone zu installieren, klicken Sie auf dem PC auf den *Installieren*-Button bei der jeweiligen App. Wählen Sie jetzt noch das gewünschte Gerät aus, wenn Sie unter Ihrem Google-Konto mehrere Android-Geräte angemeldet haben, wie beispielsweise ein Smartphone und ein Tablet.

Um die Installation auf dem jeweiligen Gerät brauchen Sie sich keine Gedanken mehr zu machen. Die App wird nun vollautomatisch an Ihr Smartphone geschickt und dort installiert. Sie werden darüber in der Benachrichtigungszeile informiert. Beachten Sie hierbei, dass die Bestellung sofort per Push auf Ihr Smartphone geschickt wird. Das verbraucht Datenvolumen oder erzeugt

Kosten, falls Sie keine Flatrate besitzen. Besonders schnell und kostenlos geht es natürlich, wenn Ihr Smartphone per WLAN online ist.

Nicht mehr benötigte Apps deinstallieren

Irgendwann ist der Speicher des Smartphones voll oder Sie wollen mal wieder den Überblick in der Apps-Liste haben. Wie auch immer, es wird der Zeitpunkt kommen, an dem Sie bestimmte Apps wieder vom Smartphone entfernen möchten. Leider funktioniert dies nicht mit allen der auf manchen Smartphones vorinstallierten Werbe-Apps.

Apps können auf drei verschiedenen Wegen deinstalliert werden. Leider funktioniert nicht immer jede Methode bei jeder App, was unterschiedliche Gründe haben kann.

- **Apps über die Apps-Liste deinstallieren** – Am einfachsten deinstallieren Sie Apps direkt aus der Apps-Liste. Halten Sie den Finger länger auf die zu deinstallierende App, bis links oben das *Entfernen*-Symbol erscheint. Ziehen Sie die App auf dieses Symbol und bestätigen Sie die Sicherheitsabfrage. Bei Apps, die im ROM des Smartphones vorinstalliert sind, erscheint das *Deinstallieren*-Symbol gar nicht erst.

- **Apps über den Google Play Store deinstallieren** – Im Google Play Store finden Sie auf der Seite *Meine Apps und Spiele* unter *Installiert* alle aus dieser Quelle installierten Apps. Wählen Sie die App aus, die entfernt werden soll. Auf der Detailseite gibt es die Schaltfläche *Deinstallieren*. Vor der endgültigen Deinstallation erscheint noch eine Sicherheitsabfrage. Die ausgewählte App wird mit einem weiteren Klick deinstalliert.

- **Apps über die Systemeinstellungen deinstallieren** – Apps, die aus anderen Quellen installiert wurden, werden im Google Play Store nicht immer gefunden. Über die Einstellungen können Sie normalerweise jede App deinstallieren. Wählen Sie hier *Apps und Benachrichtigungen/App-Info*, sehen Sie eine Liste aller installierten Apps mit Angaben, wie viel Speicherplatz jede einzelne App belegt. Wählen Sie in dieser Liste die App aus, die Sie entfernen möchten. Auf der nächsten Bildschirmseite können Sie diese App deinstallieren.

Apps per QR-Code installieren

Immer mehr Plakate und andere Offlinewerbeformen zeigen Internetadressen, die sich der vorbeigehende Betrachter allerdings merken oder aufschreiben muss. Im Gegensatz zur Bannerwerbung kann man eine URL auf einem Plakat nicht einfach anklicken.

QR-Codes (**Q**uick **R**esponse = schnelle Antwort) bieten hier eine komfortable Lösung. Sie sind der schnelle Weg zu einer Webseite, ohne Adressen abzutippen. Diese grobpixeligen Schwarz-Weiß-Grafiken findet man inzwischen auch auf Fahrscheinen, Visitenkarten und T-Shirts. Auch an Straßenbahnhaltestellen, Fahrkartenautomaten und touristischen Sehenswürdigkeiten sind aktuelle Infos häufig per QR-Code abrufbar.

Um die mobile Version einer Webseite zu bewerben, bieten auch viele Webseitenbetreiber auf ihren Seiten QR-Codes an, die einen Link auf die mobile Seite enthalten. Scannt man mit der Smartphone-Kamera so einen Code, wird dieser von der entsprechenden Software ausgewertet, und die darin enthaltenen Daten werden direkt an den Browser übergeben. Voraussetzung dafür ist nur eine QR-Code-Lesesoftware auf dem Smartphone.

Apps per QR-Code installieren

Die App *Barcode Scanner* scannt QR-Codes, wertet sie aus und startet automatisch einen Browser, wenn es sich bei der im QR-Code gespeicherten Information um einen Weblink handelt. QR-Codes können neben Weblinks auch Telefonnummern, Kurztexte oder Kontaktdaten beinhalten.

Mit dem *Barcode Scanner* können Sie Apps auf dem Smartphone installieren. Scannen Sie dazu die im Buch abgedruckten QR-Codes. Diese führen direkt in den Google Play Store.

> **ACHTUNG:** Barcode-Scanner-Apps funktionieren nur auf Smartphones, deren Kamera über eine Autofokusfunktion verfügt.

Im Google Play Store finden sich diverse Apps zum Lesen von QR-Codes. Viele davon sind voller Werbung. Einige Hersteller installieren auf ihren Smartphones bereits QR-Code-Lese-Apps vor, teilweise auch als Zusatzfunktion innerhalb der Kamera-App. Die hier vorgestellte Open-Source-App ist werbefrei und bietet gegenüber manchen anderen noch diverse interessante Zusatzfunktionen.

1. Starten Sie den *Barcode Scanner* auf dem Smartphone und halten Sie die Kamera auf einen QR-Code.

2. Sowie der Code erkannt wurde, zeigt der *Barcode Scanner* den Inhalt an. Bei einem Weblink gibt es direkt die Möglichkeit, einen Browser zu starten.

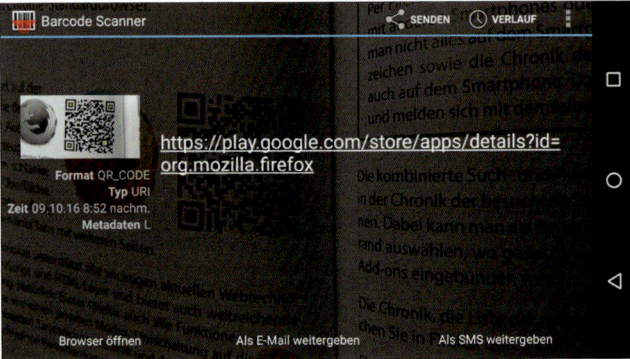

Der Barcode Scanner hat einen QR-Code aus dem Buch erkannt.

3. Sie können auch direkt aus dem *Barcode Scanner* heraus den Link per E-Mail oder SMS weitergeben.

Daten zwischen zwei Smartphones per QR-Code weitergeben

Kontakte, Lesezeichen oder Apps lassen sich per QR-Code ganz einfach von einem Smartphone an ein anderes weitergeben. Dazu erzeugt man auf dem einen Gerät einen QR-Code auf dem Bildschirm und scannt diesen mit dem anderen Smartphone.

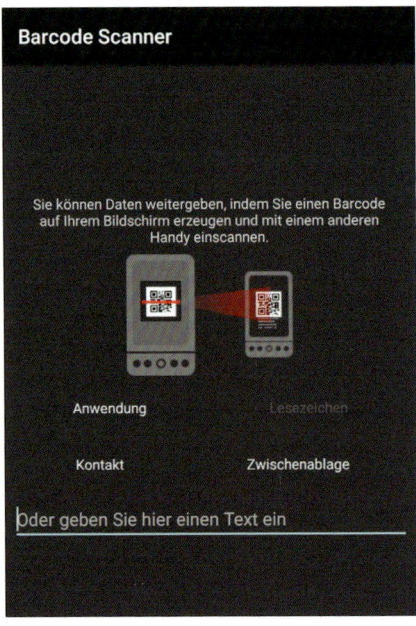 

Informationen per QR-Code von einem Smartphone an ein anderes weitergeben.

Der *Barcode Scanner* bietet über das Symbol *Senden* die Möglichkeit, QR-Codes für auf dem Smartphone gespeicherte Lesezeichen, Kontakte oder Apps auf dem Bildschirm anzuzeigen. Bei Apps wird ein Link auf die jeweilige App im Google Play Store generiert.

Scannen Sie dann mit dem anderen Smartphone ebenfalls mit dem *Barcode Scanner* den angezeigten QR-Code, und der entsprechende Link wird dort aufgerufen. Adressen können direkt ins Adressbuch des Smartphones übernommen werden.

Adresse über einen QR-Code übernehmen.

Auf diese Weise lassen sich auch beliebige Texte per Zwischenablage in den *Barcode Scanner* kopieren, der daraus einen QR-Code erzeugt, um den Text auf ein anderes Smartphone zu übertragen. Das funktioniert unabhängig vom Betriebssystem des empfangenden Smartphones. Nur QR-Codes, die auf Apps im Google Play Store verlinken, sind auf Android-Smartphones beschränkt.

Alternativen zum Google Play Store

Neben dem Google Play Store gibt es noch weitere unabhängige Anbieter von Android-Apps, die auch andere Zahlungsmethoden anbieten, wie etwa Lastschrift oder Sofortüberweisung. Ein weiterer Aspekt ist eher technischer Art. Nicht alle Apps werden auf jedem Gerät tatsächlich angezeigt. Dies kann verschiedene Ursachen haben. Einige Smartphones haben keinen Google Play Store und sind auf alternative Downloadquellen für Apps angewiesen. Hobby-Programmierer und Open-Source-Projekte können auch nicht immer für jede Betaversion oder Neuentwicklung die Gebühr bezahlen, die Google für das Einstellen in den Play Store verlangt. Einige Entwickler sind daher dazu übergegangen, ihre Apps zusätzlich oder gar ausschließlich über ihre eigenen Webseiten oder unabhängige Downloadportale anzubieten.

3 ▪ Apps finden und installieren

Apps werden außerhalb des Google Play Store als APK-Dateien zum Download angeboten. Diese können direkt über den Browser oder auch aus einem Dateianhang einer E-Mail auf dem Smartphone installiert werden. Die heruntergeladenen Dateien sind unter *Downloads* oder direkt nach dem Herunterladen über die Benachrichtigungen zu finden.

Bei der ersten Installation einer APK-Datei aus einer anderen App, zum Beispiel einem Browser, erscheint ein Hinweis, dass Installationen aus unbekannten Quellen nicht zulässig sind. Direkt aus dieser Meldung besteht Zugriff auf die zugehörige Systemeinstellung, mit der man die Installation aus unbekannter Herkunft zulassen kann.

Seit Android 8 Oreo wird die Berechtigung zur Installation unbekannter Apps für einzelne Apps vergeben. Damit wird es leichter möglich, aus einem Browser oder einem App Store eines anderen Anbieters als Google Play Apps zu installieren. Die automatischen Downloads und Installationen von Werbe- und Spam-Apps aus Spielen heraus bleiben aber unterbunden. In den *Einstellungen* unter *Apps & Benachrichtigungen/Erweitert/Spezieller App-Zugriff/Unbekannte Apps installieren* sind die Apps aufgelistet, denen bereits die Berechtigung zur Installation anderer Apps gewährt wurde. Hier können Sie einzelnen Apps dieses Recht auch wieder entziehen.

Links: heruntergeladene App installieren, rechts: Installation aus unbekannter Herkunft zulassen.

> **Hintergrund – gefährliche Apps**
>
> Die Installation einer App aus einer APK-Datei einer anderen vertrauenswürdigen Quelle ist technisch gleichermaßen sicher wie aus dem Google Play Store.
>
> Mit den Warnungen innerhalb des Betriebssystems macht Google Marketing für seinen Play Store. Auch dort haben es Entwickler immer wieder geschafft, bösartige Software zu verbreiten.
>
> Letztendlich ist jeder Anwender selbst dafür verantwortlich, welche Apps er auf seinem Smartphone installiert. Diese Verantwortung kann einem kein App-Shop-Betreiber abnehmen, egal ob Google Play oder ein anderer.
>
> Apps von unbekannten chinesischen Downloadseiten oder gar über ein Werbebanner zu installieren, ist dagegen leichtsinnig.

Amazon Appstore

Amazon bot einige Zeit unter dem Namen Amazon Underground einen eigenen App-Shop für Android-Apps an, der ausschließlich wirklich kostenlose Apps – auch ohne In-App-Käufe – enthielt.

Mittlerweile enthält der Amazon Appstore auch kostenpflichtige Apps sowie Werbe-Apps, bei deren Nutzung man sogenannte Amazon Coins verdienen kann, die später zum Kauf anderer Apps eingesetzt werden können.

Dieser App-Shop läuft über eine eigene App, die zunächst auf dem Smartphone installiert werden muss.

Auf Tablets und Smartphones der Amazon-Kindle-Serie ist der Amazon Appstore vorinstalliert.

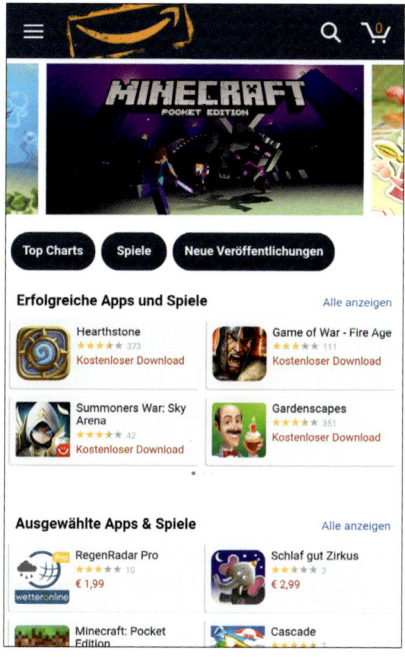

Der Amazon Appstore.

Besuchen Sie mit dem Browser auf dem Smartphone die Seite *amazon.de/underground*. Oder nutzen Sie den QR-Code zum Download des Amazon Appstore. Nach der Installation erscheint eine App, die das gesamte Angebot aller Amazon-Kategorien zeigt. Über das Menü oben links kommen Sie zum Amazon Appstore.

Amazon bietet vor allem Spiele an. Zur Nutzung des Amazon Appstore braucht man ein Amazon-Kundenkonto. Dort wird automatisch bei der Anmeldung im App-Shop das 1-Click-Kaufen aktiviert.

Uptodown

Uptodown ist ein unabhängiger App Store, der ausschließlich kostenlose Apps anbietet. Die Apps werden als APK-Dateien zum Download angeboten, daher können Sie den App Store direkt über den Browser aufrufen.

Zusätzlich bietet Uptodown auch eine eigene App an. Diese hat den Vorteil, dass Updates installierter Apps angezeigt werden und auf Wunsch auch automatisch installiert werden können.

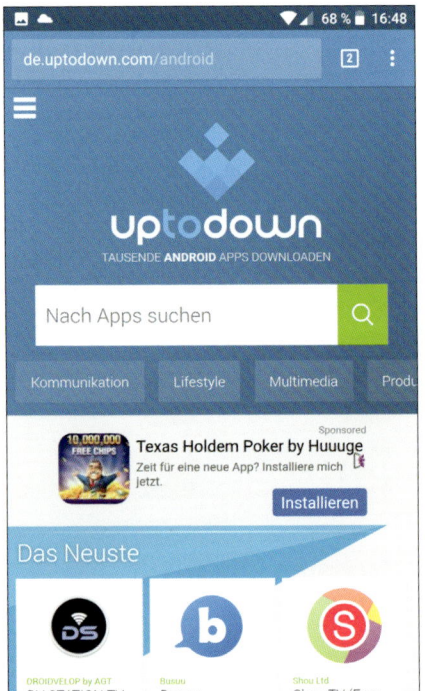

Ein großer Vorteil von Uptodown gegenüber anderen App Stores ist die Möglichkeit, eine App auf eine ältere Version downzugraden oder gleich eine ältere Version zu installieren, wenn die aktuelle Version Fehler, Funktionseinschränkungen oder lästige Werbung ohne wirkliche Vorteile enthält.

So bietet Uptodown z. B. noch die alte Version des *DB Navigator* (siehe in Kapitel 6 den Abschnitt »Fahrplanauskunft«) an, die noch wesentlich mehr Funktionen und eine übersichtlichere Darstellung bietet als die aktuelle Version.

Uptodown im Browser.

Kapitel 4

Online mit dem Smartphone

Internet unterwegs wird immer wichtiger. Viele Nutzer verbringen inzwischen mehr Zeit mit dem Smartphone im Internet, als damit zu telefonieren. Schnell eine Fahrplanauskunft holen, eine eBay-Auktion verfolgen oder die aktuellsten Nachrichten des Tages lesen – der vorinstallierte Webbrowser auf Android-Smartphones macht es möglich.

Tipps zum Chrome-Browser

Google bietet seinen Browser **Chrome**, der auf dem PC in kürzester Zeit größte Beliebtheit erreichte, auch für Android an. Android 8 Oreo nutzt Chrome als Standardbrowser. Der ehemalige Android-Browser ist auf den meisten Geräten nicht mehr installiert.

Chrome bietet wie auf dem PC einen sehr schnellen Seitenaufbau, flüssiges Zoomen und Scrollen sowie Surfen in mehreren Tabs. Tabs und Lesezeichen werden zwischen PC und Smartphone synchronisiert, sodass man zu Hause direkt weitersurfen kann, wenn man unterwegs eine interessante Webseite entdeckt hat. Dazu müssen Sie sich nur beim ersten Start in Chrome mit Ihrem Google-Konto anmelden.

Die Bedienung des Browsers ähnelt dem Chrome-Browser auf dem PC mit ein paar Besonderheiten für den kleinen Touchscreen und die Android-typischen Bedienelemente.

Oben in die Browserzeile gibt man die gewünschte URL ein. Diese Zeile verschwindet automatisch bei einer Wischbewegung nach oben, um Platz auf dem Bildschirm freizugeben. Wischen Sie den Bildschirm nach oben, um diese Eingabezeile wieder einzublenden.

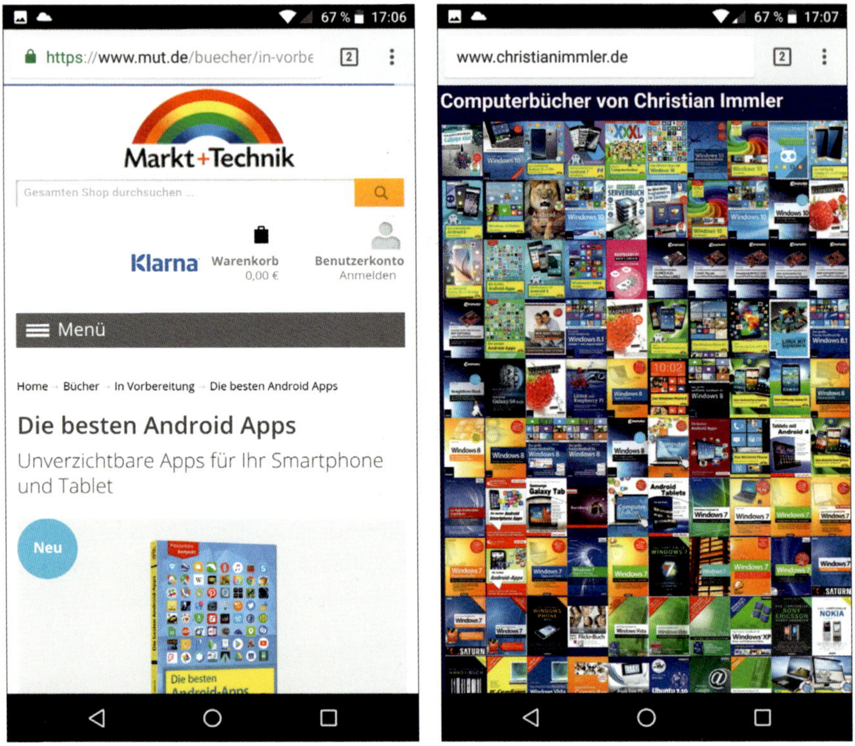

4 ▪ Online mit dem Smartphone

Der Chrome-Browser in Android mit einer mobil optimierten und einer nicht optimierten Webseite.

Webseiten, die nicht speziell für Smartphones optimiert sind, lassen sich im Querformat oft besser darstellen. Halten Sie das Smartphone quer, dreht sich die Darstellung automatisch, sodass in der Breite mehr Platz zur Verfügung steht.

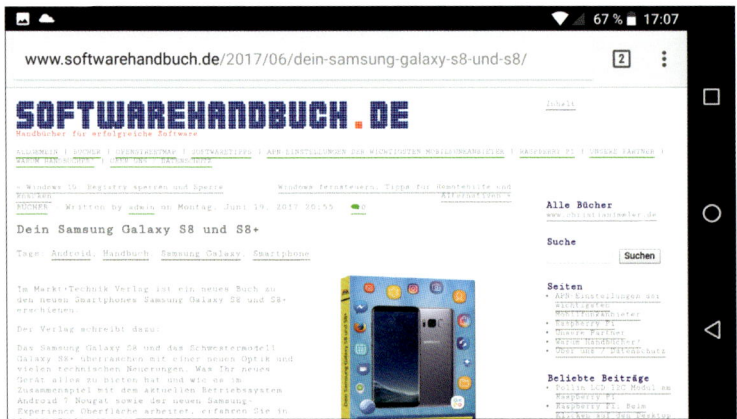

Nicht für Smartphones optimierte Webseite im Querformat im Chrome-Browser.

Intelligente Textauswahl

Die intelligente Textauswahl in Android 8 Oreo steht nicht nur im Chrome-Browser, sondern auch in diversen anderen unterstützten Apps zur Verfügung. Markieren Sie ein Wort oder einen Textbereich durch Antippen, können Sie diesen direkt in die Zwischenablage kopieren oder über die drei Punkte in der Symbolleiste mit anderen Apps teilen. Ziehen Sie an einem der blauen Griffe, können Sie die Markierung auf einen größeren Textbereich ausdehnen.

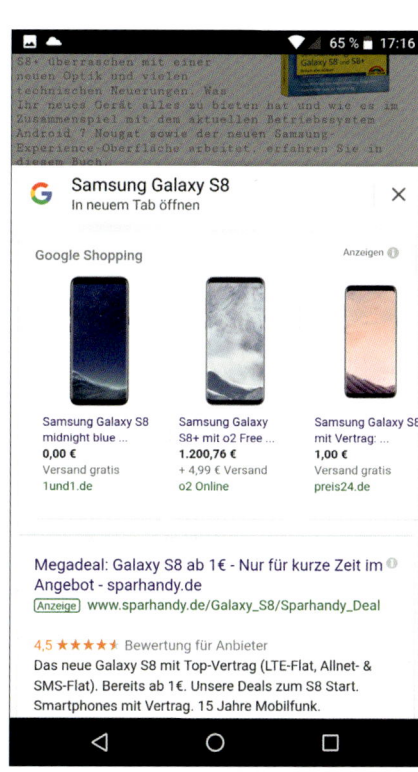

Die intelligente Textauswahl im Chrome-Browser.

Tippen Sie unten auf die Google-Leiste, wird der markierte Text bei Google gesucht, ohne die aktuelle App zu verlassen.

Lesezeichen im Chrome-Browser

Lesezeichen helfen, im Browser eine bestimmte Webseite wiederzufinden. Speichern Sie deshalb Internetadressen, die Sie voraussichtlich später noch einmal brauchen, als Lesezeichen ab.

Tippen Sie dazu auf das Menüsymbol oben rechts und dort dann auf das Sternsymbol. Damit wird, ohne einen weiteren Schritt bestätigen zu müssen, ein Lesezeichen gespeichert. Möchten Sie dieses Lesezeichen bearbeiten, z. B. umbenennen, tippen Sie unten auf *Bearbeiten* in der Informationsleiste, die aber nur ein paar Sekunden zu sehen ist. Waren Sie nicht schnell genug, tippen Sie einfach noch einmal auf das Sternsymbol im Menü. Jetzt erscheint ein Formular, in dem der Titel der Webseite und die Adresse bereits eingetragen sind. Beide Einträge können an dieser Stelle noch geändert werden. Wählen Sie dann einen der vorgegebenen Lesezeichenordner aus oder legen Sie einen neuen an.

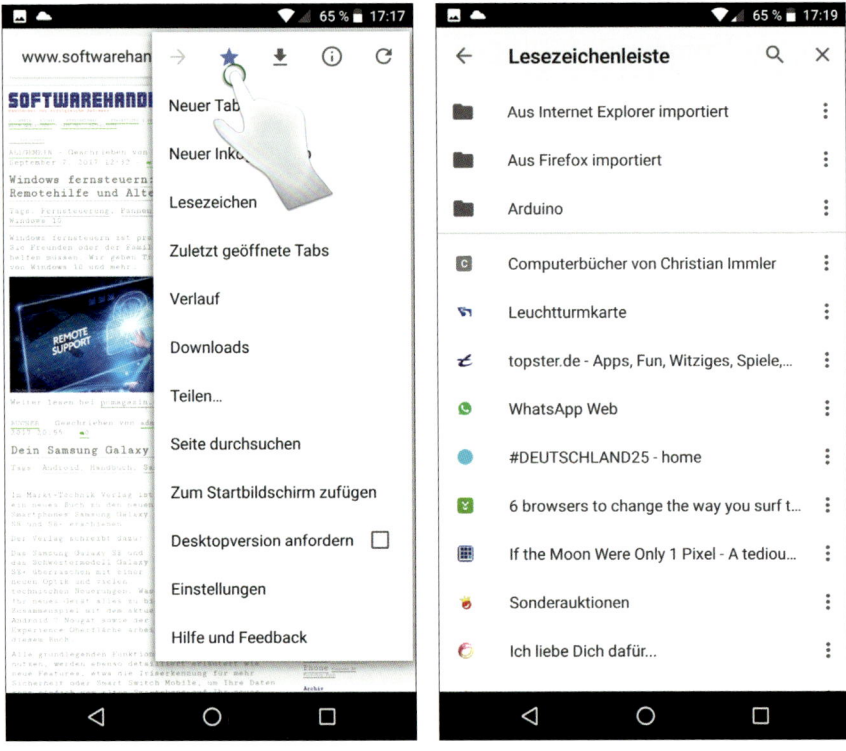

Links: Webseite als Lesezeichen speichern, rechts: Lesezeichenverwaltung.

Über den Menüpunkt *Lesezeichen* kommen Sie jederzeit schnell in die Liste aller gespeicherten Lesezeichen. Gerätehersteller und Mobilfunknetzbetreiber legen häufig auch Lesezeichen im Browser an.

Lesezeichen, die auf dem PC angelegt wurden, werden automatisch mit angezeigt, wenn Sie auf dem PC und dem Smartphone mit demselben Google-Konto in Chrome angemeldet sind. Das Gleiche gilt auch für die Verlaufsliste und zuletzt geöffnete Tabs auf anderen Geräten, die automatisch auch auf dem Smartphone verfügbar sind. Tippen Sie länger auf ein Lesezeichen, können Sie dieses bearbeiten, löschen oder in einen anderen Ordner verschieben.

Tipps zum Chrome-Browser

Mehrere Webseiten gleichzeitig anzeigen

Möchten Sie schnell etwas nachsehen, ohne die gerade geöffnete Webseite zu verlassen, öffnen Sie auf dem PC einen neuen Tab im Browser, in manchen Browsern auch als Registerkarte bezeichnet. Dies funktioniert auf dem Smartphone ebenfalls. Tippen Sie oben rechts auf das Menüsymbol und wählen Sie *Neuer Tab*. Einige Links auf Webseiten öffnen automatisch neue Tabs im Browser. Android 8 Oreo zeigt die geöffneten Browsertabs wieder innerhalb des Browsers und nicht mehr – wie in Android 6 Marshmallow – als einzelne geöffnete Apps an. Ein Symbol oben rechts neben der Adresszeile des Browsers zeigt, wie viele Tabs geöffnet sind. Tippen Sie darauf, erscheint eine Liste der offenen Browserfenster. Hier können Sie zwischen den Fenstern hin- und herwechseln sowie nicht mehr benötigte Tabs schließen. Oben links können Sie in dieser Ansicht einen neuen Tab anlegen.

 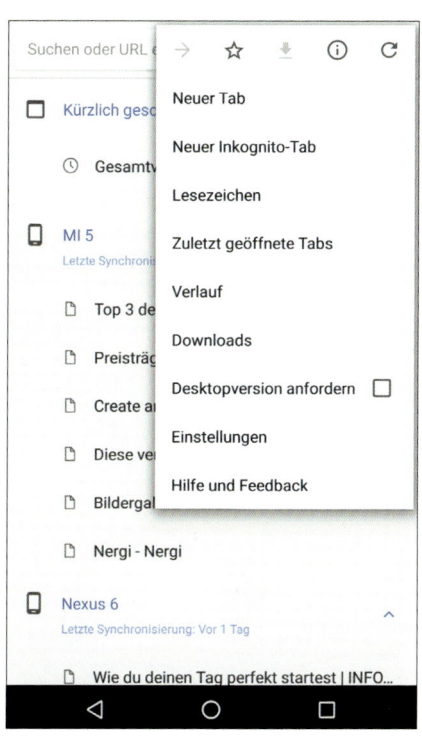

Die Liste der offenen Browsertabs und zuletzt geöffnete Tabs auf anderen Geräten.

Der Menüpunkt *Zuletzt geöffnete Tabs* zeigt die zuletzt geschlossenen Tabs, um sie schnell wieder öffnen zu können, sowie die Tabs, die zuletzt auf anderen Geräten mit dem gleichen Google-Konto geöffnet waren. So können Sie auf dem Smartphone schnell eine Seite finden, die Sie auf dem PC gelesen hatten.

Lesezeichen auf dem Startbildschirm

Besonders häufig besuchte Webseiten können Sie sich auch direkt auf den Startbildschirm des Smartphones legen. Tippen Sie auf diese Verknüpfung, startet der Chrome-Browser und ruft direkt das Lesezeichen auf. Öffnen Sie die gewünschte Webseite im Chrome-Browser, tippen Sie auf das Menüsymbol und wählen Sie *Zum Startbildschirm zufügen*. Tragen Sie dann noch den gewünschten Titel ein, der mit der Verknüpfung angezeigt werden soll. Wenn Sie jetzt zum Startbildschirm zurückgehen, finden Sie dort ein neues Symbol mit dem Lesezeichen. Tippen Sie darauf, wird automatisch der Browser mit dieser Seite gestartet.

Das Lesezeichen-Widget

Eine weitere Möglichkeit, Lesezeichen direkt auf dem Startbildschirm abzulegen, ist das Chrome-Lesezeichen-Widget. Dieses aktualisiert sich selbstständig und zeigt in einem scrollbaren Fenster alle im Browser angelegten oder synchronisierten Lesezeichen an. Halten Sie das Lesezeichen-Widget eine kurze Zeit, können Sie es in der Größe verändern und so mehr oder weniger Lesezeichen gleichzeitig auf dem Startbildschirm darstellen. Ziehen Sie es dazu mit den Anfasserpunkten auf den Kanten in die gewünschte Form.

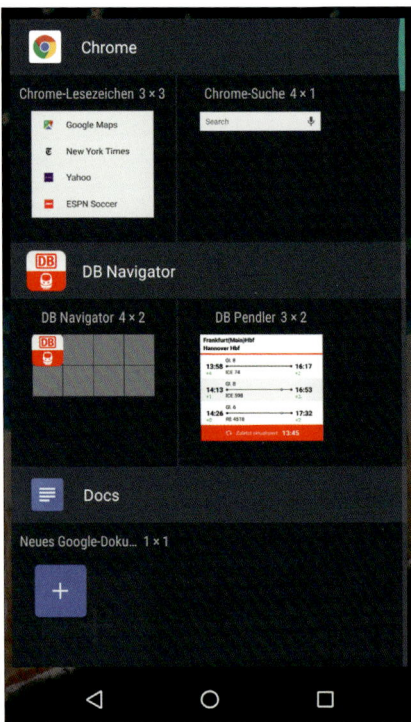 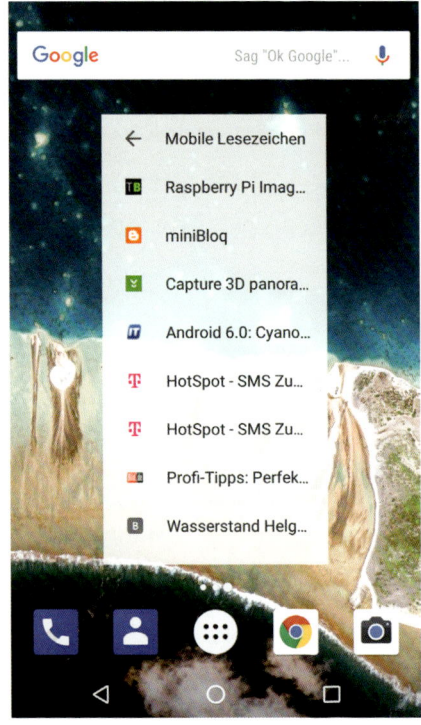

Lesezeichen-Widget für den Startbildschirm.

Tipps zur Seitendarstellung im Chrome-Browser

Der Chrome-Browser zeigt die meisten normalen Webseiten in einer gut lesbaren Schriftgröße an. Gibt es doch einmal Schwierigkeiten mit der Lesbarkeit, kann man auf der Seite zoomen. Dazu können Sie die Multitouch-Technik nutzen. Berühren Sie den Bildschirm mit zwei Fingern gleichzeitig und ziehen Sie beide Finger auseinander. Damit wird die Darstellung vergrößert und umgekehrt beim Zusammenschieben der Finger wieder verkleinert.

Noch einfacher zoomt man durch kurzes Doppeltippen auf den Bildschirm. Die Seite wird dann vergrößert dargestellt. Nochmaliges Doppeltippen schaltet wieder zur ursprünglichen Darstellung zurück. Allerdings darf sich an der entsprechenden Stelle kein Link befinden.

Im Menü des Browsers unter *Einstellungen/Bedienungshilfen* können Sie dieses Verhalten beeinflussen. Hier können Sie einen Faktor für die Textskalierung bei der Darstellung von Webseiten angeben, falls Texte auf kleineren Bildschirmen schwer lesbar sein sollten. Allerdings funktioniert dies nur bei Webseiten, bei denen die Schriftgrößen nicht fest im HTML-Code definiert sind.

Gezoomte Seite im Browser und Zoomeinstellungen.

Manche Webdesigner haben Angst, ihr Design könnte beschädigt werden, und wollen deshalb über ein Skript das Zoomen auf der Seite verhindern. Aktivieren Sie die Option *Zoom zwingend aktivieren*, um diese Anfrage von Webseiten zu umgehen und alle Seiten zoombar zu machen.

Desktop-Darstellung von Webseiten auf dem Smartphone

Viele Webserver entscheiden anhand der Browserkennung, die ein Gerät sendet, welche Version einer Webseite dargestellt werden soll. Immer mehr Webportale bieten ihre Inhalte für Smartphones in einer besonders schlanken, auf kleine Bildschirme und Touchbedienung optimierten Version an.

Die mobilen Versionen der Webseiten lassen sich zwar auf dem Smartphone deutlich besser bedienen, enthalten aber oft nicht die kompletten Informationen der Desktop-Version. Möchten Sie die komplette Seite sehen, selbst wenn diese auf dem Smartphone nur eingeschränkt darstellbar ist, tippen Sie im Menü des Browsers auf *Desktopversion anfordern*.

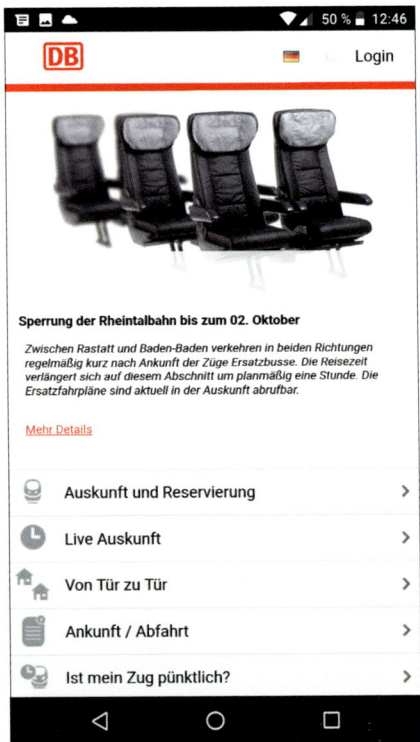 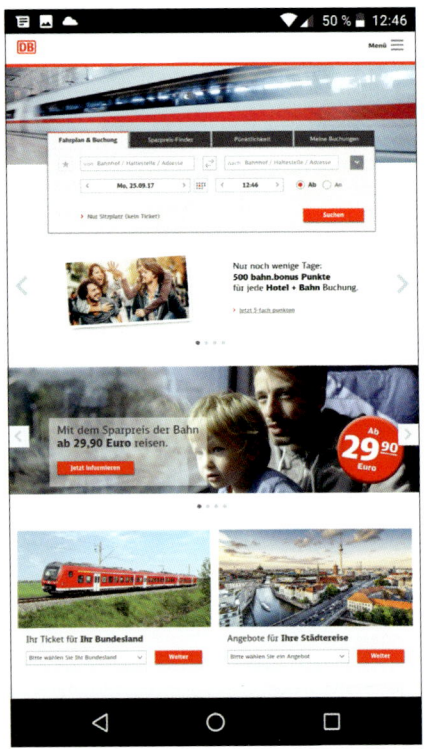

Die Webseite der Bahn ist ein gutes Beispiel für unterschiedliche Inhalte für mobile Nutzer und Desktop-Nutzer. Die Desktop-Version der Seite ist für Smartphones nur eingeschränkt geeignet.

Tipps zum Chrome-Browser

> **ACHTUNG:** Dieses Umschalten funktioniert nicht auf jeder Seite. Das hängt von der Methode ab, die der jeweilige Webserver verwendet, um PCs von Smartphones zu unterscheiden. Bedenken Sie auch, dass die Desktop-Versionen von Webseiten ein deutlich höheres Datenübertragungsvolumen verursachen als die für mobile Geräte optimierten Versionen.

Seitenlinks weitergeben

Wer eine interessante Internetseite gefunden hat, kann diese, ohne sie sich zwischendurch merken zu müssen, an Freunde weiterleiten. Wählen Sie dazu im Menü des Chrome-Browsers die Option *Teilen*. Jetzt öffnet sich die Auswahl aller im System eingetragenen Kommunikationsmethoden, die sich zum Weiterleiten oder Speichern von Internetadressen eignen. Standardmäßig sind auf den meisten Smartphones bereits diverse Apps dafür installiert. Nach der Installation weiterer Apps tragen sich u. a. auch Facebook, Google+ und Twitter in diese Liste ein. Wählen Sie hier die gewünschte Anwendung aus und leiten Sie so den Link zur aktuellen Webseite weiter.

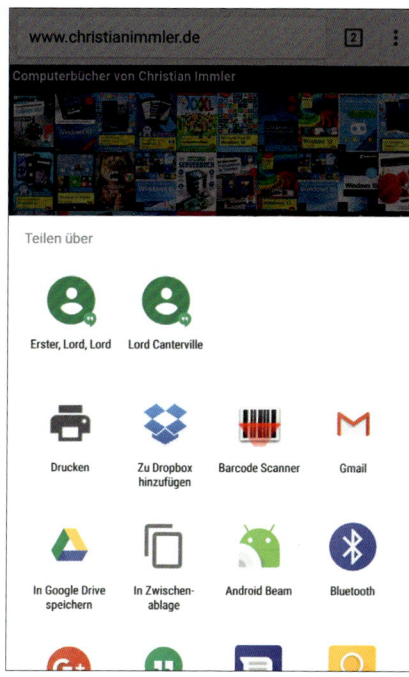 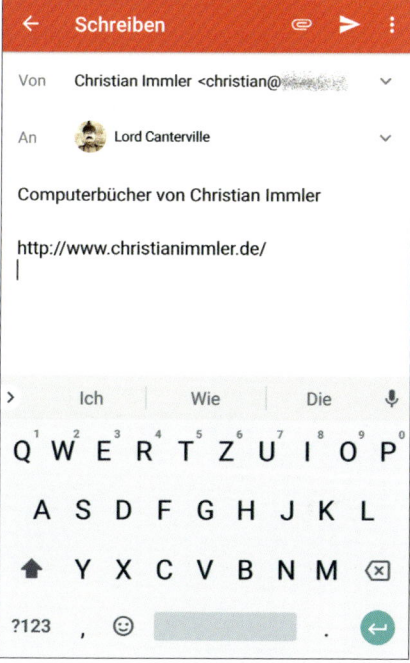

Seite im Browser teilen.

Bei E-Mails wird die Betreffzeile automatisch mit dem Seitentitel gefüllt und der eigentliche Link in den Mailtext eingetragen, sodass der Empfänger lediglich darauf zu klicken braucht. Sie müssen nur noch den Empfänger angeben und vielleicht noch einen freundlichen Satz in die E-Mail schreiben, damit die Internetadresse nicht ganz so unvermittelt beim Empfänger ankommt.

Die zuletzt zum Teilen verwendete App erscheint als Symbol im Menü des Browsers, um beim nächsten Teilen nicht unbedingt wieder eine App auswählen zu müssen.

Downloads und Offline-Webseiten

Chrome bietet die Möglichkeit, komplette Webseiten herunterzuladen, um sie offline weiterlesen zu können. Tippen Sie dazu im Menü oben auf das Downloadsymbol.

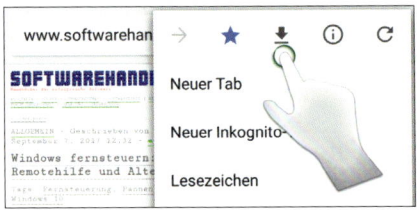 

Herunterladen einer Webseite, um sie offline anzuzeigen.

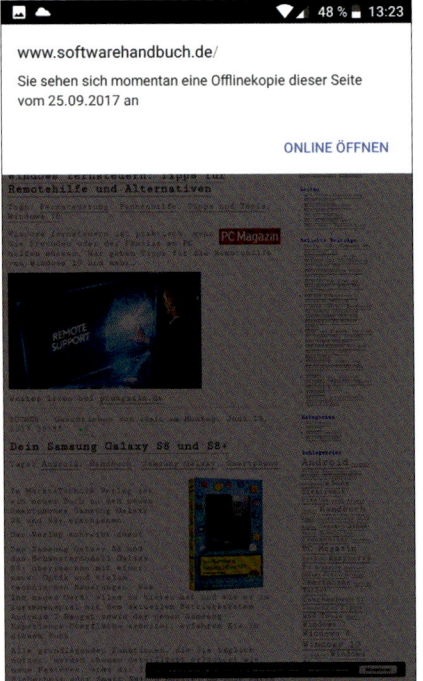 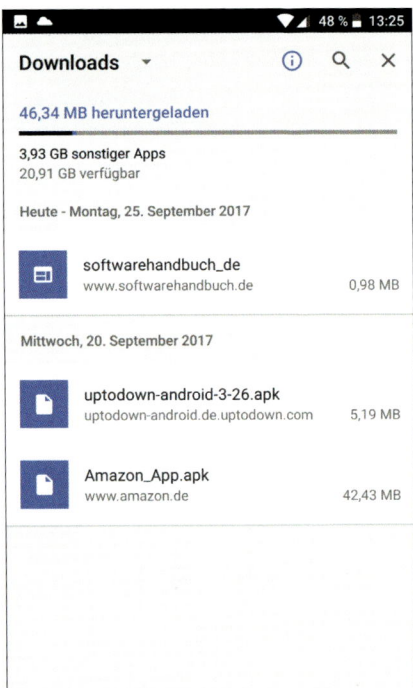

Links: Seite online anzeigen, rechts: Download-Manager im Chrome Browser.

Nach dem Herunterladen wird die Seite offline angezeigt und oben in der Adressleiste auch eigens gekennzeichnet. Tippen Sie auf das Offline-Symbol, um die Seite online zu öffnen. Seiten mit interaktiven Elementen oder Skripten funktionieren offline meist nicht. Über den Menüpunkt *Downloads* finden Sie die offline heruntergeladenen Seiten sowie auch über Links im Browser heruntergeladene Dateien mit einer Angabe zur Datenmenge. Halten Sie länger auf einen Eintrag in der Liste, können Sie diesen löschen oder über verschiedene Apps teilen.

Durch Kompression Daten sparen

Der Chrome-Browser beinhaltet einen Datensparmodus, um im Mobilfunknetz wertvolles Datenvolumen der Flatrate zu sparen. Bei eingeschalteter Optimierung werden besuchte Seiten von Google optimiert, um die Größe und damit den Datenverbrauch im Mobilfunk automatisch zu reduzieren, ohne dabei Qualitätseinbußen zu haben. Sie können diese Einstellung auch jederzeit in den Chrome-Einstellungen unter *Datensparmodus* oder über das Symbol *Datenverbrauch reduzieren* in den Schnelleinstellungen ein- und ausschalten. Der Datensparmodus wird über ein Symbol in der Statusleiste angezeigt. Webseiten, die über https-Verbindungen oder in Inkognito-Tabs geöffnet werden, werden nicht komprimiert.

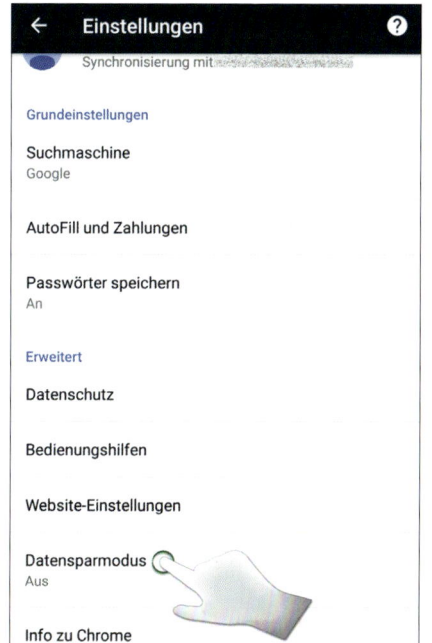

Der Datensparmodus in Chrome.

Anonym surfen

Der Chrome-Browser auf Smartphones hinterlässt genauso wie ein PC-Browser in der Verlaufsliste, in Cookies und Temporärdateien Spuren des eigenen Tuns im Netz. Diese bieten jedem, der Zugriff auf das Gerät hat, freien Einblick in alle Seiten, die Sie zuletzt besucht haben.

Möchten Sie nicht, dass ein anderer Benutzer des Smartphones sieht, dass Sie bestimmte Webseiten besucht haben, können Sie für diese Seiten den Inkognitomodus nutzen. Dazu wird immer ein neues Browserfenster gestartet.

Wählen Sie dazu im Menü *Neuer Inkognito-Tab*. Es öffnet sich ein neues Fenster mit einem Hinweis zum Inkognitomodus. Zur deutlichen Unterscheidung haben Inkognito-Tabs oben eine dunkle Titelleiste und werden nicht in der Verlaufsliste gespeichert und auch nicht mit anderen Geräten synchronisiert.

 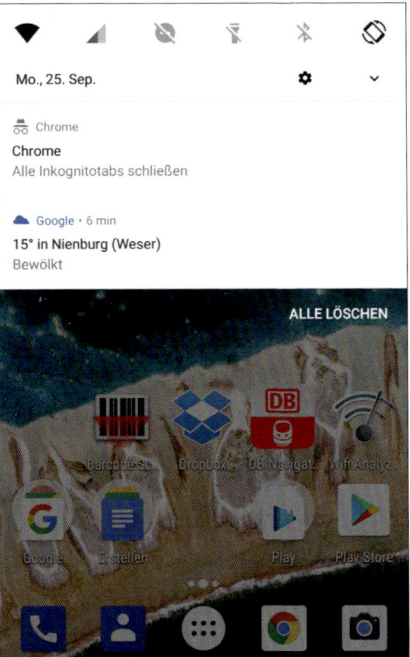

Links: Inkognitomodus im Browser aktivieren, rechts: Benachrichtigung zum Schließen aller Inkognito-Tabs.

Öffnen Sie einen Link aus einem Inkognito-Tab, der einen neuen Tab öffnet, wird dieser ebenfalls im Inkognitomodus geöffnet. Mit dem Schließen des letzten Inkognito-Tabs wird dieser Modus wieder beendet. Ein Symbol in der Benachrichtigungsleiste erinnert daran, die Inkognito-Tabs wieder zu schließen. Bevor Sie Ihr Smartphone aus der Hand geben, können Sie hier mit einem Antippen alle geöffneten Inkognito-Tabs auf einmal schließen.

App-Shortcuts

Über App-Shortcuts (langes Antippen des App-Symbols) lassen sich neue Tabs wie auch Inkognito-Tabs schnell aufrufen. Bei Bedarf können diese Shortcuts auf den Startbildschirm gelegt werden.

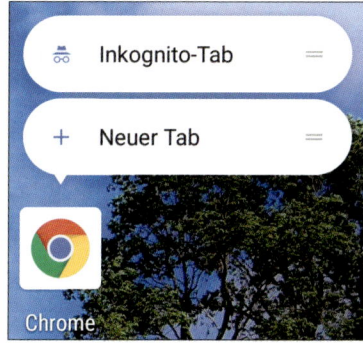

App-Shortcuts für Chrome.

Surfspuren verwischen

Möchten Sie nachträglich Ihre Spuren verwischen, die sich beim Surfen im »normalen« Modus angesammelt haben, wählen Sie im Menü des Browsers *Einstellungen/Datenschutz*. Tippen Sie dort ganz unten auf *Browserdaten löschen*. Dort können Sie den Cache, Verlauf sowie Cookies löschen. Schalten Sie oben auf *Erweitert* um, um auch gespeicherte Formulardaten und Passwörter zu löschen.

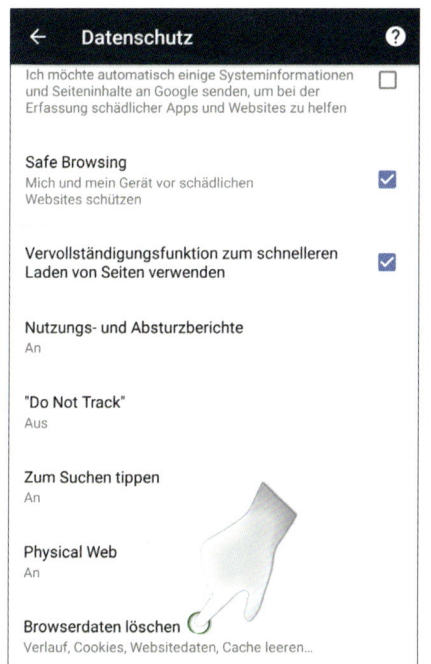
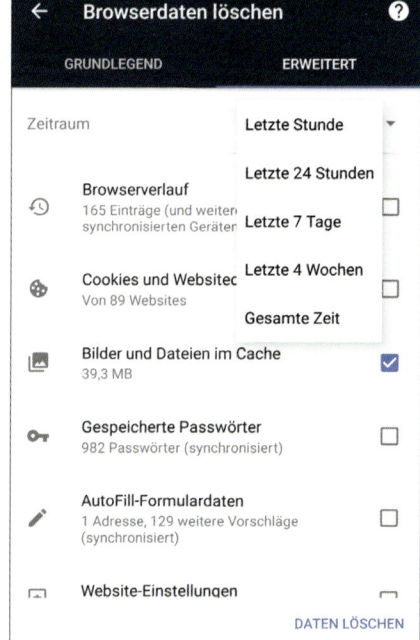

Browserdaten in Chrome löschen.

Wählen Sie einen Zeitraum, aus dem die Daten gelöscht werden sollen. So können Sie kürzlich besuchte Webseiten verschwinden lassen, aber Ihre Verlaufsliste der letzten Tage behalten. Bedenken Sie beim Löschen, dass der Browserverlauf des angegebenen Zeitraums auf allen synchronisierten Geräten mit gelöscht wird.

Verfolgungsschutz »Do Not Track«

Möchten Sie nicht nur selbst auf dem Smartphone keine Spuren hinterlassen, sondern auch für die Anbieter unerkannt bleiben, können Sie mit dem Tracking-Schutz im Chrome-Browser Inhalte bestimmter Drittanbieter blockieren. Der Tracking-Schutz wird in den Einstellungen des Chrome-Browsers unter *Datenschutz/Do Not Track* eingeschaltet. Viele Webseiten beziehen heute Informationen aus mehreren Quellen, nicht nur vom eigentlichen Seitenbetreiber, sondern auch von Dritten. Vielfach handelt es sich dabei um Werbung oder um Statistikmodule, die das Surfverhalten der Besucher beobachten.

Der Tracking-Schutz (DNT = **D**o **N**ot **T**rack) weist den jeweiligen Webserver an, Skripte von Drittanbietern auf Webseiten, die das eigene Surfverhalten ausspionieren, zu blockieren. Dabei werden nur »heimliche« Aufrufe blockiert. Klicken Sie eine der betreffenden Webseiten direkt an, können Sie sie ganz normal besuchen. Tracking-Schutz ist also kein Webfilter.

Die Technik basiert auf der Kooperation der Werbeanbieter, deren Skripte die vom Browser zurückgemeldeten Benutzerwünsche respektieren müssen. Wenn ein Webserver die DNT-Einstellung des Browsers ignoriert – was inzwischen bei den meisten großen Webseiten der Fall ist – ist der Tracking-Schutz wirkungslos.

Verständlicherweise wollen Sie, wenn Sie den Tracking-Schutz aktiviert haben, wissen, ob dieser auch wirklich funktioniert. Die Webseite *www.donottrack.us* bietet einen einfachen Onlinetest an, der prüft, ob ein Browser DNT überhaupt unterstützt und ob diese Funktion eingeschaltet ist. Hier finden Sie auch Hinweise, wie der Tracking-Schutz in unterstützten Browsern aktiviert werden kann.

Websuche mit Google

Um bei Google zu suchen, müssen Sie nicht erst den Browser starten, geben Sie einfach den gesuchten Begriff in das Suchfeld auf dem Startbildschirm ein.

Die Google-Suche zeigt bei vielen Suchbegriffen am Anfang Werbung und dann erst wirkliche Ergebnisse an. Scrollen Sie auf dem Bildschirm weiter nach unten, um zu den tatsächlichen Suchergebnissen zu kommen.

Websuche mit Google

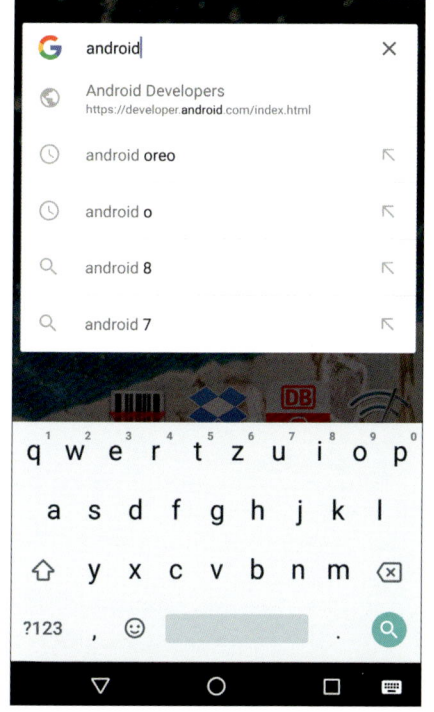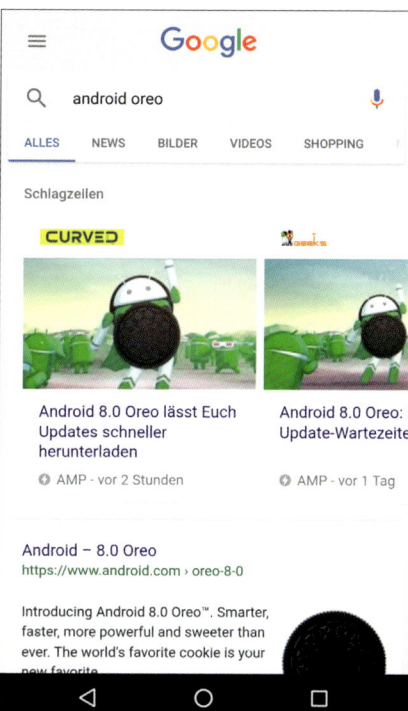

Google-Suche auf dem Startbildschirm.

Bei der Eingabe im Suchfeld zeigt Google bereits Suchvorschläge. Die Suchergebnisse werden in der Google-App angezeigt. Erst nachdem Sie auf ein Suchergebnis getippt haben, wird der Browser geöffnet. Alternativ zum Suchfeld auf dem Startbildschirm können Sie einen Suchbegriff auch in die Adresszeile des Browsers eintragen. Er wird dann über Google gesucht.

In Apps und E-Mails suchen

Geben Sie einen Suchbegriff im Suchfeld ein, werden neben Ergebnissen der Websuche auch Treffer in lokal installierten Apps, in E-Mails sowie im Verlauf und den Lesezeichen des Chrome-Browsers angezeigt. In den Google-Suchergebnissen können Sie außer in den üblichen Kategorien wie News, Bilder usw. auch in Apps suchen. Allerdings werden nur bestimmte Apps für die Suche lokaler Inhalte auf dem Smartphone unterstützt.

Um die Apps festzulegen, in denen gesucht werden soll, wählen Sie in den *Einstellungen* die Option *Google/Suche/In Apps*. Hier werden alle Apps angezeigt, die verwendet werden können. Schalten Sie die Apps wie gewünscht für die Suche ein oder aus.

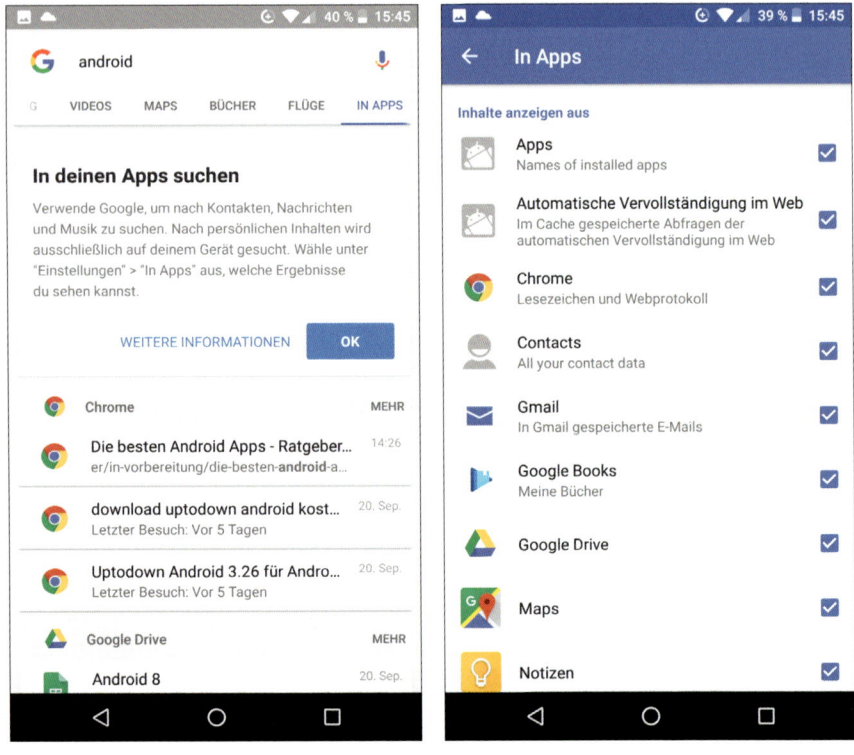

Links: Suchergebnisse in Apps, rechts: Apps für die Suche auswählen.

Google Feed einrichten und nutzen

Wischen Sie auf dem Startbildschirm nach rechts, um Google Feed, ein erweitertes Google-Suchfeld, einzublenden. In früheren Android-Versionen hieß diese Seite *Google Now*. Unterhalb des Suchfeldes erscheinen aktuelle Nachrichten sowie eine Wettervorhersage für den eigenen Standort.

Dies funktioniert nur, wenn Sie bei der Einrichtung des Smartphones Google Feed mit eingerichtet haben.

1. Erscheint Google Feed nicht, tippen Sie länger auf den Startbildschirm und dann auf das Symbol *Einstellungen*.

2. Tippen Sie auf dem nächsten Bildschirm auf *Mein Feed*.

3. Schalten Sie die Option *Feed* ein und bestätigen Sie die folgenden Fragen mit *OK*. Die detaillierte Einrichtung können Sie auch noch später vornehmen.

Websuche mit Google

Google Feed zeigt automatisch auf sogenannten Karten Kurznachrichten und Informationen, basierend auf den persönlichen Suchbegriffen, an. Tippen Sie auf eine dieser Karten, wird der entsprechende Artikel im Original angezeigt. Sollten Sie dabei feststellen, dass das Thema des Artikels nicht relevant ist, also nicht in Ihr Interessengebiet passt, oder gar die gesamte Quelle dieses Artikels unseriös ist, tippen Sie auf das Menüsymbol mit den drei Punkten oben rechts auf der Google-Feed-Karte. Jetzt können Sie das Thema oder auch die Nachrichtenquelle abschalten, damit derartige Kacheln in Zukunft nicht mehr angezeigt werden. Bei neu vorgeschlagenen Themen erscheint direkt die Frage *Ist diese Karte in diesem Moment hilfreich?* Hier können Sie uninteressante Themen sofort ausblenden.

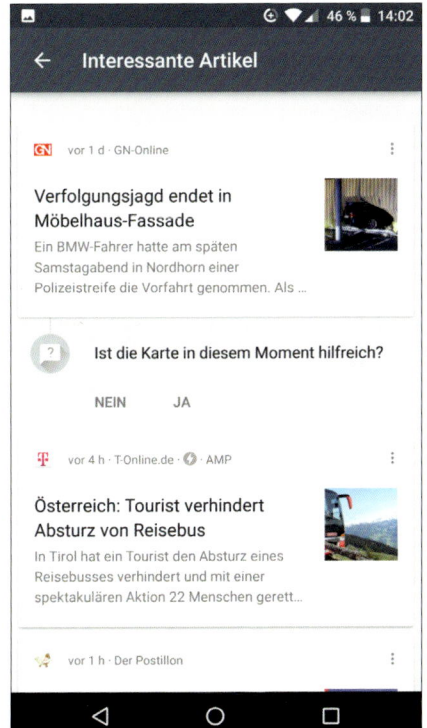 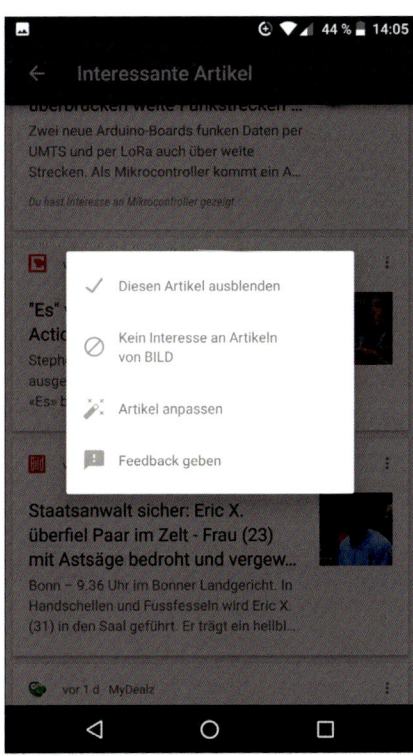

Google-Feed-Karten und Menü, um bestimmte Themen oder Quellen abzuschalten.

Auch häufig besuchte Webseiten oder bestimmte Apps können automatisch Google-Feed-Karten einblenden. Tippen Sie oben links auf das Menüsymbol in Google Feed und wählen Sie *Anpassen*, um automatisch gefundene Themengebiete einzuschalten und so die angezeigten Karten in Google Feed zu optimieren. Hier finden Sie verschiedene Bereiche wie *Apps und Websites*, *Orte*, *Personen*, *Aktienkurse* und *Sonstige Interessen*, in denen Sie festlegen können, ob Sie weiterhin Karten dazu angezeigt bekommen möchten.

Regionale Suche

Die Google-Suche auf dem Smartphone bietet neben der Websuche auch eine lokale Suche nach Restaurants, Cafés und anderen Lokalitäten, sofern der eigene Standort erkannt wird. Damit dies funktioniert, müssen Sie beim ersten Aufruf der Google-Suche die Standortdienste zulassen.

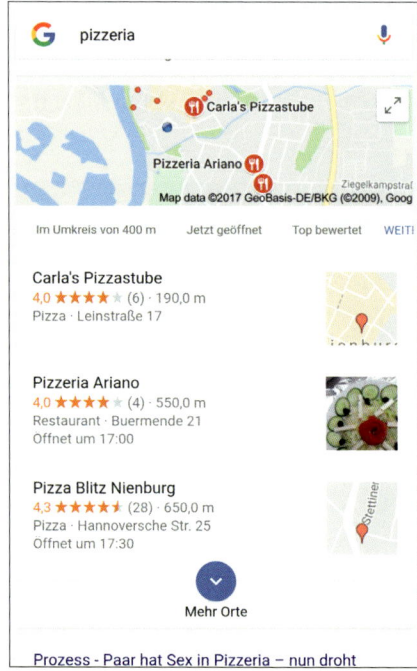 

Regionale Suchergebnisse als Liste oder Karte.

Tippen Sie auf die Karte, um sich die Ergebnisse auf einem Stadtplan der Umgebung anzeigen zu lassen. Hier können Sie auch durch Verschieben oder Zoomen mit den Fingern einen anderen Kartenausschnitt wählen und dann dort nach dem gleichen Suchbegriff suchen.

Android-Smartphones können zur Positionsbestimmung neben GPS auch Mobilfunkzellen und bekannte WLAN-Standorte nutzen, sodass die Positionsermittlung auch innerhalb von Gebäuden relativ genau funktioniert.

Google kann zur lokalen Suche einen ungefähren Standort verwenden, der anhand der Daten des Internetproviders und von WLANs in der Umgebung ermittelt wird. Wesentlich genauere Ergebnisse gibt es mit der GPS-Position. Dazu muss GPS auf dem Smartphone eingeschaltet und in den *Einstellungen* unter *Sicherheit & Standort/Standort* der Modus *Hohe Genauigkeit* aktiviert sein.

Websuche mit Google

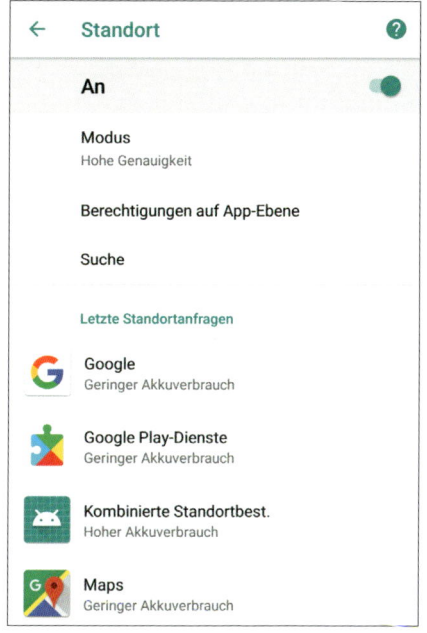
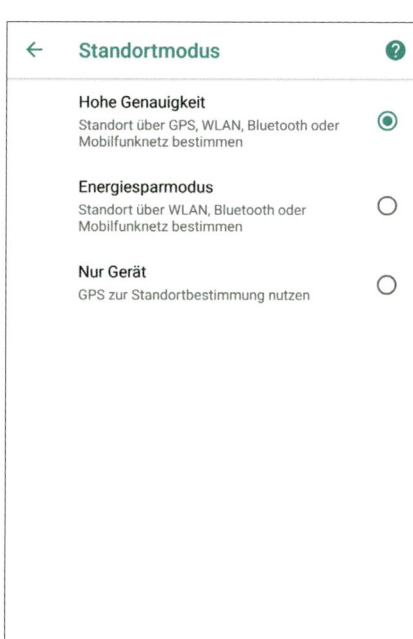

Hohe Genauigkeit in den Standorteinstellungen festlegen.

Google-Bildersuche

Haben Sie im Internet etwas Interessantes gefunden und suchen ähnliche Informationen, brauchen Sie sich nicht unbedingt einen passenden Suchbegriff auszudenken. Suchen Sie einfach anhand der Bilder andere Webseiten, die die gleichen Dinge darstellen.

Tippen Sie dazu länger auf ein Bild im Chrome-Browser, bis ein Kontextmenü erscheint. Wählen Sie hier *In Google nach dem Bild suchen*. Google sucht das gleiche oder ähnliche Bilder im Internet und versucht, auch einen passenden Suchbegriff zum Thema zu finden.

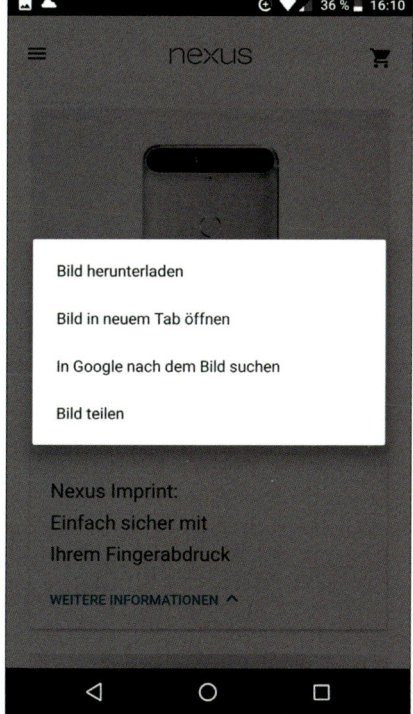

Google sucht nach einem Bild.

Der Google Assistant

Wenn man bei einem Suchbegriff nicht genau weiß, wie er geschrieben wird, ist es oft einfacher, ihn zu sprechen statt zu schreiben. Google bietet dazu eine eigene Sprachsuche an.

Das Google-Suchfeld auf dem Startbildschirm zeigt ganz rechts ein Mikrofonsymbol. Tippen Sie darauf und sprechen Sie den Suchbegriff ins Mikrofon. Google setzt das gesprochene Wort in Text um und sucht den Begriff. Dazu wird automatisch die Google-Suche geöffnet. Die Sprachsuche ist nur eine Funktion des neuen Google-Assistenten, der auch alltägliche Aufgaben auf dem Smartphone erledigen kann.

Statt auf das Mikrofonsymbol zu tippen, können Sie den Google Assistant auch aktivieren, indem Sie einfach *Ok Google* sagen oder länger auf das Kreissymbol unten tippen.

 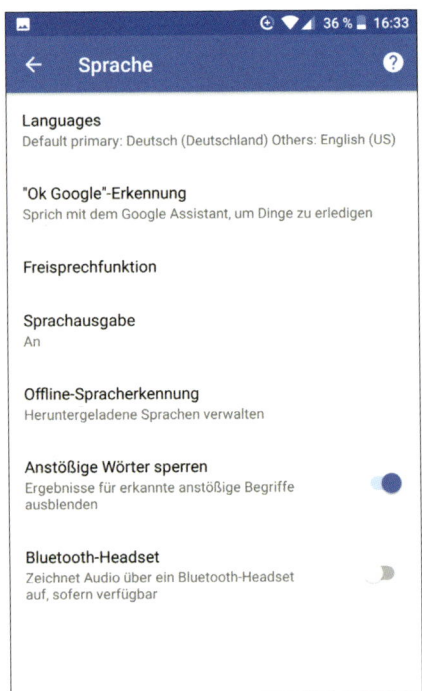

Google Assistant und Einstellungen der Sprachsuche.

Die Optionen der Sprachsuche finden Sie in den *Einstellungen* unter *Google/Suche/Sprache*. Achten Sie darauf, dass hier *Deutsch* als Standardsprache eingestellt ist, sonst wird die Sprachsuche alles fehlerhaft erkennen. In einer langen Liste

können Sie noch weitere Sprachen auswählen. Legen Sie die Standardsprache durch langes Antippen in der Liste fest. Zusätzlich können Sie hier anstößige Wörter aus der Suche ausblenden und die *"OK Google"-Erkennung* abschalten, da das ständig im Hintergrund aktive Mikrofon für einen erhöhten Stromverbrauch des Smartphones sorgt.

> **Achtung Datenvolumen**
>
> Die Sprachsuche erfolgt nicht direkt auf dem Smartphone, sondern das gesprochene Wort wird als Audiodatei an einen Google-Server übertragen, über den die Auswertung stattfindet. Hier fällt erheblich mehr Datenvolumen an als bei der Eingabe eines Suchbegriffs mit der Bildschirmtastatur.

Sprachbefehle zur Steuerung des Smartphones

Der Google Assistant bietet weit mehr als nur eine Sprachsuche. Mit passenden Sprachbefehlen – als komplette deutsche Sätze gesprochen – lassen sich verschiedene Alltagsaufgaben erledigen. Tippen Sie auf dem Google-Assistant-Bildschirm oder im Google-Suchfeld auf dem Startbildschirm auf das Mikrofonsymbol und sprechen Sie einen Sprachbefehl.

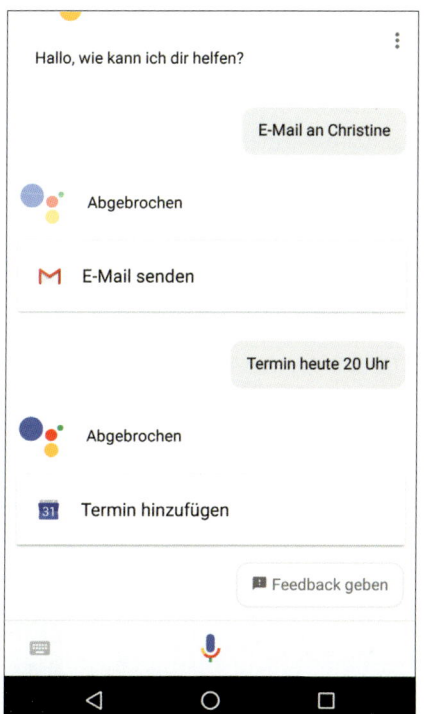

Mit dem Google Assistant einen Termin anlegen.

Die Tabelle zeigt einige beliebte Sprachbefehle:

Sprachbefehl	Funktion
Öffne [URL/App]	Webseite im Browser öffnen oder App starten
Stelle Wecker auf [Uhrzeit]	Wecker stellen
Erinnere mich um [Uhrzeit]	Erinnerung anlegen
Erstelle einen Termin [Name] [Tag/Uhrzeit]	Termin anlegen
Suche [Suchbegriff]	Google-Suche
Zeige Bilder von [Suchbegriff]	Google-Bildersuche
Karte von [Ort]	Landkarte oder Stadtplan zeigen
Wie viele Einwohner hat [Ort]	Einwohnerzahl eines Ortes mit Jahreszahl der letzten Statistik
Fahre nach [Ort]	Google-Routenplanung starten
Wo ist der nächste [Supermarkt/Baumarkt/Kiosk/Apotheke/Restaurant/Pizzeria/…]	Orte in der lokalen Google-Suche zeigen
[Zahl] [Rechenoperation] [Zahl]	Berechnung ausführen, Google-Assistant-Taschenrechner anzeigen
Wie spät ist es?	Uhrzeit ansagen und anzeigen
Wie ist das Wetter in [Ort]	Wetter im Google Assistant
Regnet es morgen?	Regenvorhersage und Wetter am aktuellen Standort
[Name] anrufen	Person anrufen. Bei mehreren Nummern kann eine per Sprachbefehl ausgewählt werden.
E-Mail an [Name]	E-Mail per Spracheingabe erstellen
[Zahl] [Währung] in [Währung]	Betrag in eine andere Währung umrechnen
[Satz] auf [Sprache]	Satz mit dem Google Übersetzer übersetzen
Spiele Musik von [Interpret]	Musik im Google Play Musik Player abspielen
Installiere [App]	App im Google Play Store suchen

Bildschirmsuche im Google Assistant

Die Google-Bildschirmsuche innerhalb des Google-Assistenten zeigt abhängig vom gerade angezeigten Bildschirminhalt aus Apps oder Webseiten heraus passende Informationen an.

Tippen Sie länger auf das Kreissymbol in der unteren Symbolleiste, erscheint der Google Assistant und wartet auf eine Spracheingabe. Eine Leiste am unteren Bildschirmrand schlägt ein paar Standardaufgaben vor. Tippen Sie auf *Was wird auf meinem Bildschirm angezeigt?* Kurz darauf werden ein paar Karten mit relevanten Suchergebnissen eingeblendet, die sich auf den aktuellen Bildschirminhalt beziehen.

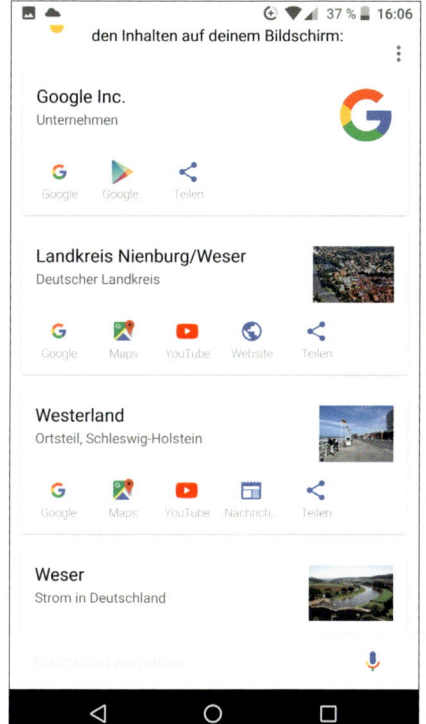

Ergebnisse der Google-Bildschirmsuche und Screenshot teilen.

Die Schaltfläche *Screenshot teilen* erzeugt ein Bildschirmfoto des letzten Bildschirms – ohne die Symbolleiste und Ergebnisse der Google-Bildschirmsuche. Diesen Screenshot können Sie anschließend direkt mit einer passenden App öffnen oder teilen.

WLAN optimieren

Zu Hause gehen Sie am besten über Ihren WLAN-Router mit dem Smartphone ins Internet. Dies spart nicht nur wertvolles Datenvolumen Ihrer Mobilfunk-Flatrate, die Übertragungsraten sind auch deutlich höher. Wie ein WLAN eingerichtet wird, haben Sie bereits bei der Ersteinrichtung des Smartphones erfahren.

Über die Schnelleinstellungen in der Benachrichtigungsleiste lässt sich das WLAN schnell ein- und ausschalten. Ziehen Sie die Benachrichtigungsleiste nach unten.

Tippen Sie dann auf das WLAN-Symbol. Schaltet man über das Symbol in den Schnelleinstellungen WLAN ein, sucht sich das Smartphone automatisch unter den gespeicherten WLAN-Verbindungen die zuletzt verwendete oder die mit der besten Signalstärke und verbindet sich damit.

Tippen Sie länger auf dieses Symbol, finden Sie alle WLANs in der Nähe und können sich nach Eingabe des Schlüssels mit einem WLAN verbinden.

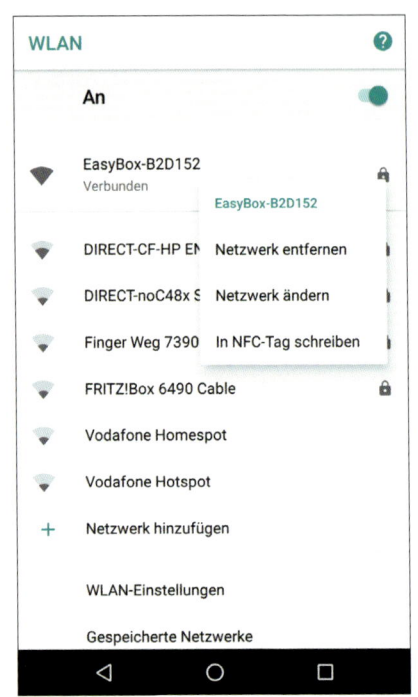

In den WLAN-Einstellungen über den Link ganz unten in der Liste lässt sich deutlich Akkuleistung sparen, wenn Sie das WLAN im Ruhezustand automatisch abschalten oder nur eingeschaltet lassen, wenn das Smartphone ans Ladegerät angeschlossen ist. Dann bleibt die Mobilfunkverbindung aktiv, damit weiterhin Benachrichtigungen über neue E-Mails und andere Aktivitäten empfangen werden können, was allerdings das verbrauchte Datenvolumen erhöht, da Daten über das Mobilfunknetz übertragen werden, obwohl ein WLAN in Reichweite wäre.

WLAN-Liste und Einstellungen.

Über den Menüpunkt *Gespeicherte Netzwerke* werden alle gespeicherten WLANs, mit denen das Smartphone schon einmal verbunden war, angezeigt.

> **Akku sparen**
>
> Schalten Sie das WLAN unterwegs, außerhalb der Reichweite eines WLANs, am besten über das Schnelleinstellungen-Symbol ganz aus, um Strom zu sparen. WLAN mit schwachem oder gar ohne Empfang saugt den Akku besonders schnell leer.

WLAN-Verbindung per WPS-Taste

Die Abkürzung WPS steht für **W**i-Fi **P**rotected **S**etup, eine Technik, um die verschlüsselte Anmeldung eines Gerätes an einem WLAN zu vereinfachen. Man drückt am Router eine Taste, woraufhin dieser eine WPS-Kennung sendet, die die Geräte empfangen und sich automatisch konfigurieren können. Bei dieser

WLAN optimieren

Technik geht man davon aus, dass eine Person, die physischen Zugang zum Router hat und die WPS-Taste drücken kann, auch berechtigt ist, sich mit dem WLAN zu verbinden.

1. Tippen Sie in der Liste der verfügbaren WLANs auf *WLAN-Einstellungen* und auf dem nächsten Bildschirm auf *Erweitert*.

2. Tippen Sie auf die Zeile *WPS-Push-Taste*. Daraufhin startet eine Fortschrittsanzeige auf dem Bildschirm.

3. Jetzt haben Sie etwa zwei Minuten Zeit, um auf dem Router die WPS-Taste zu drücken. Die WLAN-Verbindung wird automatisch eingerichtet und gespeichert.

Wifi Analyzer

Die App *Wifi Analyzer* findet WLANs in der Nähe und zeigt deren Kanäle und Signalstärke an.

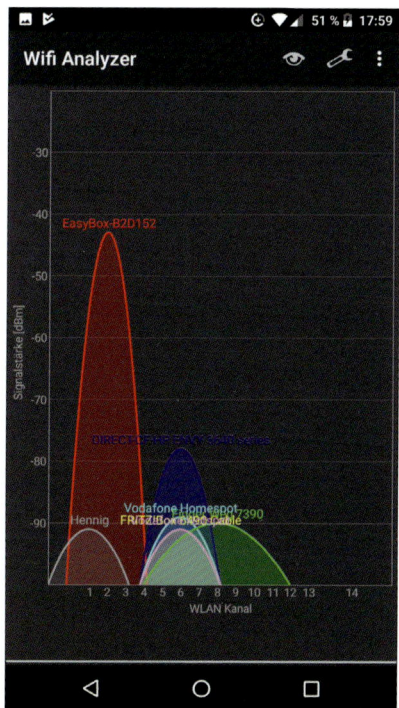

Läuft man mit dem *Wifi Analyzer* durchs Haus oder auch draußen durch die Straßen, lassen sich die Ausbreitungsbedingungen der verschiedenen WLANs gut ermitteln. Auch beim Aufstellen des eigenen Routers kann diese App eine Hilfe sein.

Wählen Sie den Kanal eines neuen WLAN-Routers immer so, dass möglichst viel Abstand zu den WLANs der Nachbarn gegeben ist. Router auf dicht nebeneinanderliegenden WLAN-Kanälen können Interferenzen verursachen, die den WLAN-Empfang schwächen. Der *Wifi Analyzer* bietet dazu eine Kanalbewertung, die Empfehlungen für den optimalen WLAN-Kanal für den eigenen Router gibt.

Wifi Analyzer zeigt alle WLANs in Reichweite.

Sicherheit im WLAN

Sicherheit im WLAN ist immer wieder ein wichtiges Thema, das man auch als Privatnutzer nicht unterschätzen sollte. Wenn Fremde von der Straße aus oder die Nachbarn Zugang zu Ihrem drahtlosen Netzwerk bekommen, können sie nicht nur das Internet benutzen, sondern auch persönliche Daten ausspähen und eventuell sogar manipulieren. Firewalls helfen hier wenig, da sich der Access Point zum WLAN innerhalb der Firewall befindet und nicht »draußen« im Internet.

Neben den dadurch möglichen Betrugsgeschäften mit fremden Bank- oder eBay-Daten ist auch die Gefahr krimineller Aktivitäten nicht zu unterschätzen. Lädt sich jemand über Ihr WLAN z. B. kriminelles oder – urheberrechtlich gesehen – illegales Material herunter, wird die IP-Adresse Ihres Internetanschlusses übermittelt. Die Strafverfolgungsbehörden stellen also Sie persönlich zur Rede. Dann wird es schwer, die eigene Unschuld zu beweisen.

Was jahrelang von Fall zu Fall ausgelegt wurde, wurde im Mai 2011 vom Bundesgerichtshof offiziell geregelt. Jedes private WLAN muss »... *durch angemessene Sicherungsmaßnahmen vor der Gefahr geschützt sein, von unberechtigten Dritten zur Begehung von Urheberrechtsverletzungen missbraucht zu werden*«. Dazu zählt neben einer Verschlüsselung auch, dass das vom Hersteller vorgegebene Standardpasswort des Routers durch ein eigenes ersetzt wird. Neue Router verwenden kein Standardpasswort mehr, sondern ein individuelles, für jedes Gerät unterschiedliches. Dieses finden Sie meist auf einem Aufkleber direkt auf dem Router. Bei diesen Geräten muss der Betreiber des Anschlusses das Passwort nicht ändern.

Viele Router bieten auch die Möglichkeit, den Zugang zur Konfigurationsoberfläche auf Kabelverbindungen zu beschränken. Mit dieser Option haben Unbefugte auf der Straße keine Chance mehr, den Router umzukonfigurieren, um Netzwerkschlüssel zu ändern oder andere Einstellungen zu manipulieren.

Beachten Sie bei der Einrichtung eines privaten WLANs folgende Sicherheitsregeln:

- Schalten Sie das WLAN-Modul im Router ab, wenn Sie es längere Zeit nicht benutzen. Das verringert das Risiko eines unbemerkten Angriffs, wenn Sie nicht zu Hause sind.
- Richten Sie den Router nach den lokalen Gegebenheiten aus. Für eine Etagenwohnung ist ein Router mit Zusatzantenne und mehreren 100 m Reichweite völlig überdimensioniert und stellt ein hohes Sicherheitsrisiko dar. In großen Büros verwendet man sinnvollerweise mehrere kleine Access Points anstelle eines großen, um das Netzwerk an die lokalen Ausbreitungsbedingungen besser anzupassen.

- Verändern Sie bei älteren Routern das Standardpasswort zur Router-Konfiguration, damit niemand sich an Ihrem Router zu schaffen macht, sich selbst Zugang verschafft oder einen anderen (teuren) Internetzugang einrichtet.

Bei drahtlosen Netzwerken ist die Verschlüsselung besonders wichtig, da man im Gegensatz zu einem kabelgebundenen Netzwerk nicht merkt, wenn sich ein fremder Computer unautorisiert mit dem Netzwerk verbindet. Aktivieren Sie, wenn möglich, immer die WPA2-Verschlüsselung. Dazu muss am Router und auf jedem Gerät einmalig ein Schlüssel eingegeben werden, der auf allen Geräten gleich ist. Geräte ohne diesen Schlüssel haben keinen Zugang zum WLAN.

Alle modernen Router unterstützen aktuelle WPA2-Verfahren (**W**i-Fi **P**rotected **A**ccess **2**). Dieses bietet zusätzlichen Schutz durch dynamische Schlüssel. Nach der Initialisierung mit dem Schlüssel kommt ein Session Key zum Einsatz. Allerdings können Sie dieses Verfahren auf dem Router nur nutzen, wenn es von allen angeschlossenen Geräten unterstützt wird. Nicht alle älteren Handys und PDAs verstehen WPA2. Aber selbst der Bundesgerichtshof verlangt nicht, aus jedem privaten WLAN einen Hochsicherheitstrakt zu machen, sodass die ältere WEP-Verschlüsselung durchaus weiterhin verwendet werden darf.

Immer wieder veröffentlichen Computerzeitschriften Workshops zum Knacken von WEP-Schlüsseln. Das Knacken eines Schlüssels ist aber immer noch deutlich aufwendiger als die unberechtigte Nutzung eines unverschlüsselten WLANs und gilt zudem im Zweifelsfall als rechtswidriges Eindringen in ein Netzwerk.

Einige Router bieten die Möglichkeit, nur bestimmte Geräte überhaupt per WLAN ins Netzwerk zu lassen. Zur Identifikation werden die MAC-Adressen der Geräte herangezogen. Diese MAC-Adresse ist eine weltweit eindeutige Kennung jeder Netzwerkkarte.

Die MAC-Adresse eines Android-Smartphones finden Sie über das Zahnradsymbol in den WLAN-Einstellungen.

Öffentliche WLANs nutzen

An immer mehr öffentlichen Plätzen, Bahnhöfen, in Hotels oder Cafés kann man per WLAN mit dem Smartphone eine Verbindung ins Internet herstellen, ohne das Datenvolumen der Mobilfunk-Flatrate aufzubrauchen.

In einigen Ländern sind öffentliche WLAN-Hotspots kostenlos nutzbar und auffällig gekennzeichnet. Ist der Schalter *Benachrichtigung zu offenen Netzwerken* in den WLAN-Einstellungen eingeschaltet, ertönt ein Benachrichtigungston, wenn ein öffentliches WLAN in der Nähe ist.

4 ▪ Online mit dem Smartphone

> **ACHTUNG:** Im Ausland gibt es fast überall kostenloses WLAN in Restaurants, Hotels und auf öffentlichen Plätzen. Dagegen sind die Roamingkosten für die Mobilfunknutzung außerhalb der EU extrem hoch. Schalten Sie im Nicht-EU-Ausland die mobile Datenübertragung aus. Am besten schützen Sie sich vor Roamingkosten, wenn Sie bei Auslandsreisen die SIM-Karte aus dem Smartphone nehmen.

Die meisten öffentlichen WLANs verlangen vor der Nutzung die Bestätigung der Geschäfts- und Datenschutzbedingungen durch den Nutzer. Dazu wurde früher eine spezielle Anmeldeseite im Browser aufgerufen. Android 8 Oreo vereinfacht diesen Anmeldevorgang:

1. Tippen Sie länger auf das WLAN-Symbol in den Schnelleinstellungen, um die Liste der WLANs in der Nähe zu sehen.

2. Bei bekannten öffentlichen WLANs der großen Anbieter versucht Android 8 Oreo, automatisch eine Verbindung herzustellen. Wird kein Verbindungsversuch angezeigt, tippen Sie auf das gewünschte WLAN in der Liste.

3. Nachdem die Verbindung hergestellt wurde, erscheint unter dem Netzwerknamen der Hinweis *Im Netzwerk anmelden*.

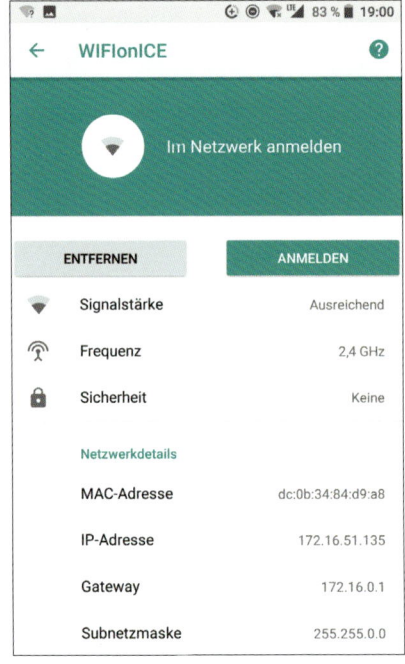

An einem öffentlichen WLAN anmelden.

WLAN optimieren

4. Tippen Sie darauf, werden Signalstärke, Frequenz und andere technische Daten des WLANs angezeigt. Tippen Sie auf diesem Bildschirm auf *Anmelden*.

5. Jetzt erscheint automatisch die Anmeldeseite des WLANs, auf der Sie Bedingungen bestätigen oder Anmeldedaten eingeben müssen. Danach sind Sie mit dem WLAN verbunden.

Tippen Sie in der WLAN-Liste auf ein verbundenes Netzwerk, werden die technischen Daten angezeigt. Auf dieser Seite können Sie sich auch aus dem WLAN abmelden.

Telekom HotSpots nutzen

Die Telekom rüstet in Großstädten und an touristisch interessanten Orten Telefonzellen mit Hotspots aus, über die man mit persönlicher Zugangskennung oder über direkte Bezahlung mit einem eigenen Notebook, Tablet oder Smartphone ins Internet kommt. An derzeit 105 großen Bahnhöfen Deutschlands bietet die Telekom öffentliche Hotspots an. Dabei sind die ersten 30 Minuten pro Tag kostenlos. Besucher der DB-Lounges können die Hotspots im Bereich der DB-Lounges an vielen Bahnhöfen kostenlos und ohne Anmeldung nutzen.

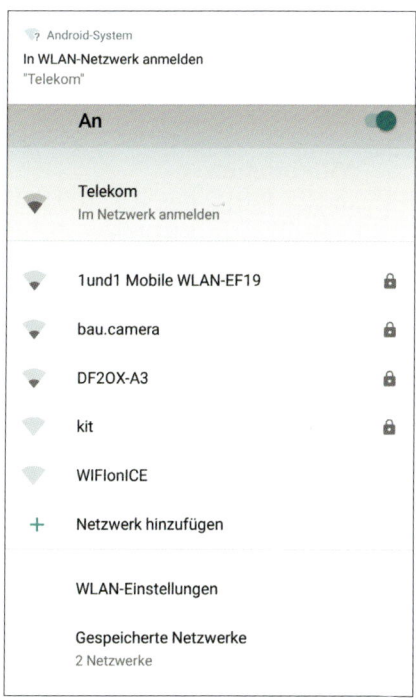

Anmeldung an einem Telekom-HotSpot.

> **INFO:** Um an einem kostenpflichtigen Telekom-HotSpot surfen zu können, brauchen Sie eine Zugangskennung, die entweder über die Telefonrechnung abgerechnet wird oder – ähnlich wie bei Prepaid-Handys – vorab für einen bestimmten Zeitraum gekauft werden kann. Am einfachsten ist der Zugang an den Telekom-HotSpots, wenn man ein Handy mit Laufzeitvertrag der Telekom hat.

Telekom-HotSpots werden in der Liste verfügbarer WLANs als offene Netzwerke angezeigt. Verbinden Sie das Smartphone mit diesem WLAN. Nach der Verbindung erscheint die Benachrichtigung *In WLAN-Netzwerk anmelden*. Tippen Sie darauf und geben Sie auf der Anmeldeseite, wenn nötig, Ihre Zugangsdaten ein. Erst danach können Sie andere Apps über dieses WLAN nutzen.

Die meisten Telekom-HotSpots zeigen auf der Anmeldeseite unterschiedliche Möglichkeiten zur Anmeldung, über einen HotSpot Pass, einen Gutscheincode oder mit Benutzername und Passwort aus einem Telekom-Mobilfunkvertrag.

WLAN im ICE

Seit Ende des Jahres 2016 sind fast alle ICE-Züge der Deutschen Bahn in der 1. und 2. Klasse mit kostenlosem WLAN ausgestattet. Das WLAN erscheint unter dem Namen *WIFIonICE* in der Liste der WLANs und verwendet eine Anmeldeseite, bei der Sie aber nur die Nutzungsbedingungen bestätigen müssen.

Das WLAN im ICE funktioniert über gebündelte LTE-Verbindungen mehrerer Mobilfunkanbieter. Dennoch müssen sich mehrere Hundert Fahrgäste die Bandbreite teilen. Damit alle Fahrgäste vom WLAN profitieren können und nicht einzelne mit Video-Streams die Geschwindigkeit für alle anderen Mitreisenden bremsen, wird das Datenvolumen nach der Nutzung von 200 MByte pro Tag und Gerät gedrosselt.

Anmeldung im WLAN im ICE.

Alternative Browser für Android

Wie auf dem PC haben unabhängige Softwarehersteller auch für Android-Smartphones weitere Browser entwickelt, die interessante Funktionen bieten und so zahlreiche Fans für sich gewinnen konnten. Auch auf dem Smartphone ist wie auf dem PC kein Browser objektiv der beste. Die Browserwahl ist immer eine Frage des persönlichen Geschmacks. Wir zeigen hier ein paar beliebte Alternativen zum Chrome-Standardbrowser.

Firefox

Firefox für Android basiert auf der gleichen Technologie wie der beliebte Browser für PCs. Auch auf dem Smartphone überzeugt Firefox durch seine extrem schlanke wie auch funktionelle Oberfläche. Tippt man oben rechts auf die kleine Ziffer, erscheinen weitere Tabs.

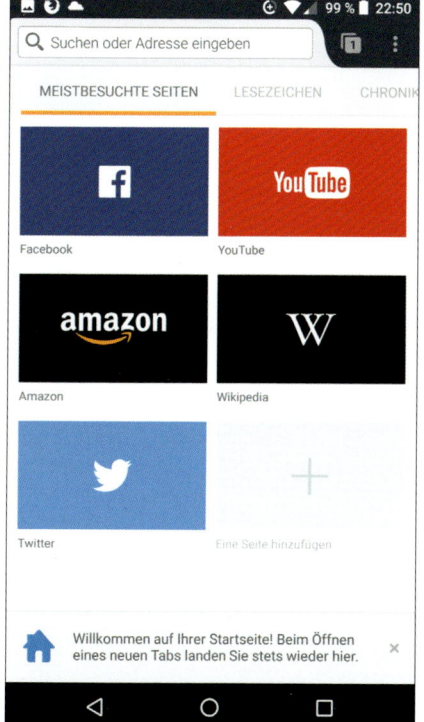
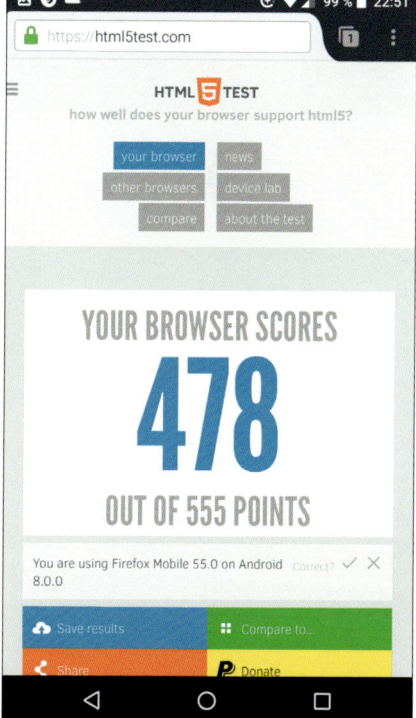

Startseite und HTML5-Testergebnis im mobilen Firefox.

Die aktuelle Firefox-Version unterstützt alle wichtigen aktuellen Webtechnologien wie Tabs, JavaScript und HTML-Layer und bietet auch weitreichende HTML5-Unterstützung. Natürlich bietet Firefox auch alle Funktionen moderner Android-Browser, wie einen privaten Modus, Umschaltung auf die Desktop-Version von Webseiten, Lesezeichen, Chronik und das Teilen von Internetadressen über verschiedene Kommunikationswege. Die Chronik, die Liste der meistbesuchten Seiten sowie die Lesezeichen erreichen Sie in Firefox durch einfaches Antippen der Adresszeile.

Die kombinierte Such- und Adressleiste findet schnell einen gesuchten Begriff in der Chronik der besuchten Seiten wie auch über verschiedene Suchmaschinen. Weitere Suchanbieter können über Add-ons eingebunden werden.

Firefox Sync

Per Firefox Sync lassen sich Lesezeichen, Passwörter und Formulareingaben mit anderen Smartphones oder Firefox auf dem PC synchronisieren, sodass man nicht alles auf dem Smartphone neu eingeben muss. Sie finden die Lesezeichen sowie die Chronik der zuletzt geöffneten Webseiten automatisch auch auf dem Smartphone. Dazu legen Sie auf dem PC ein Firefox-Konto an und melden sich mit demselben Konto auch bei Firefox für Android an.

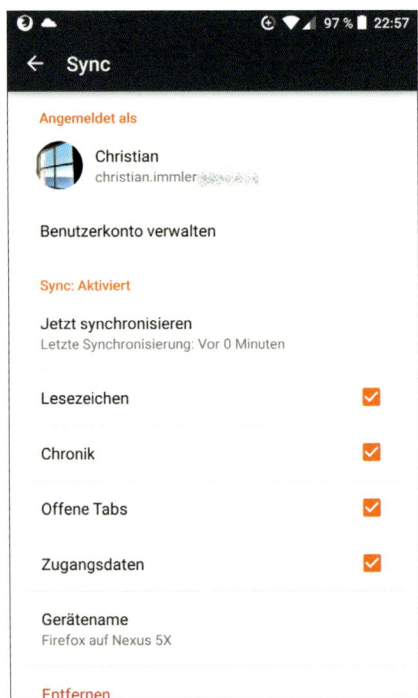 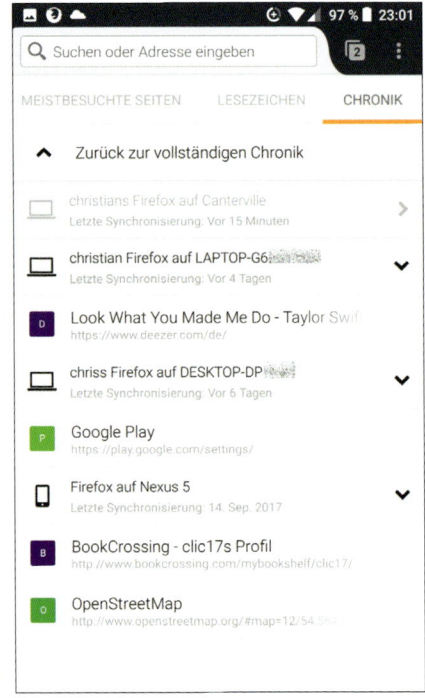

Synchronisation in Firefox.

Firefox Add-ons

Firefox bietet auf dem Smartphone eine ähnliche Add-on-Technik wie auf dem PC. Über solche nachträglich installierbaren Add-ons lassen sich zusätzliche Funktionen hinzufügen oder das Aussehen von Firefox verändern.

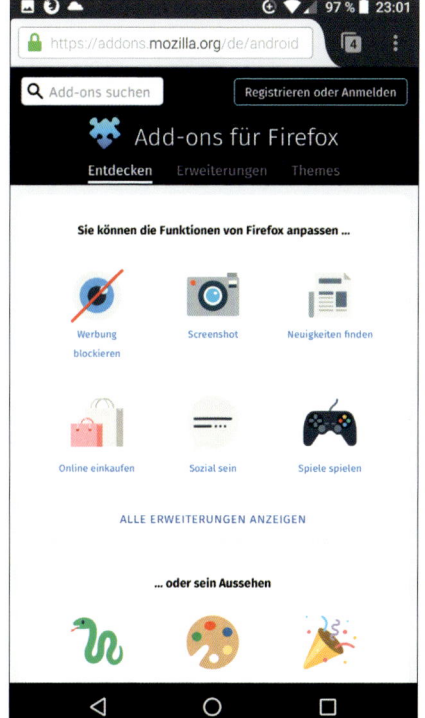 

Add-ons in Firefox installieren.

Firefox als Standardbrowser einrichten

Wie auf dem PC ist auch auf dem Smartphone immer ein Browser der Standardbrowser, der automatisch gestartet wird, wenn man in einer anderen App auf einen Link tippt. Wer grundsätzlich lieber Firefox als Chrome nutzt, kann die Standardeinstellung leicht umstellen. Um den Chrome-Browser verschwinden zu lassen, sind zwei Einstellungen zu verändern:

- Symbol in der unteren Leiste des Startbildschirms austauschen.
- Standardbrowser-Einstellung ändern, damit bei der Eingabe eines Suchbegriffs oder beim Antippen eines Weblinks in einer E-Mail automatisch Firefox gestartet wird.

Gehen Sie folgendermaßen vor:

1. Um das Symbol auszutauschen, halten Sie das Chrome-Symbol in der Schnellstartleiste am unteren Bildschirmrand länger, bis am oberen Bildschirmrand das Symbol *Entfernen* erscheint. Ziehen Sie das Chrome-Symbol darauf, verschwindet es aus der Schnellstartleiste.

2. Tippen Sie jetzt auf das Symbol in der Mitte unten auf dem Startbildschirm, um die Liste aller installierten Apps anzuzeigen. Suchen Sie hier das Firefox-Symbol, halten Sie es einen kurzen Moment und ziehen Sie es an die gewünschte Position in der Schnellstartleiste. Damit wird es automatisch dort verankert.

3. Um den Standardbrowser zu Firefox zu wechseln, öffnen Sie die *Einstellungen*. Wählen Sie hier *Apps & Benachrichtigungen/Erweitert/Standard-Apps*.

4. Tippen Sie auf *Browser-App*, um den neuen Standardbrowser auszuwählen.

 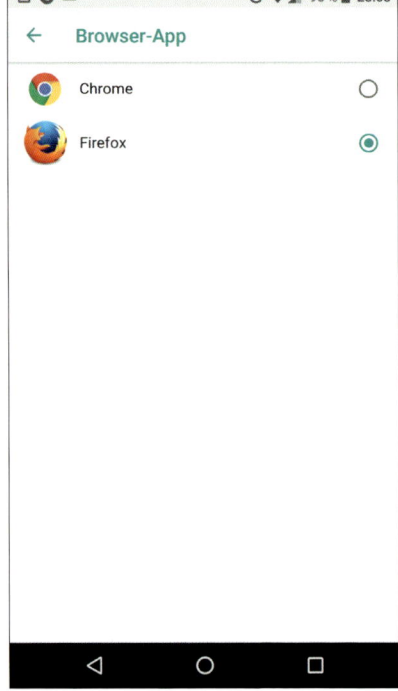

Chrome-Symbol gegen Firefox austauschen und Standardbrowser wechseln.

Adblock Browser

Die Entwickler des beliebten Werbeblockers Adblock Plus entwickeln einen eigenen Browser auf der Basis von Firefox für Android. Dieser **Adblock Browser** hat Funktionen zum Blockieren von Werbung bereits eingebaut. Es sind keine Plug-ins nötig, und das Blockieren funktioniert über jede Internetverbindung.

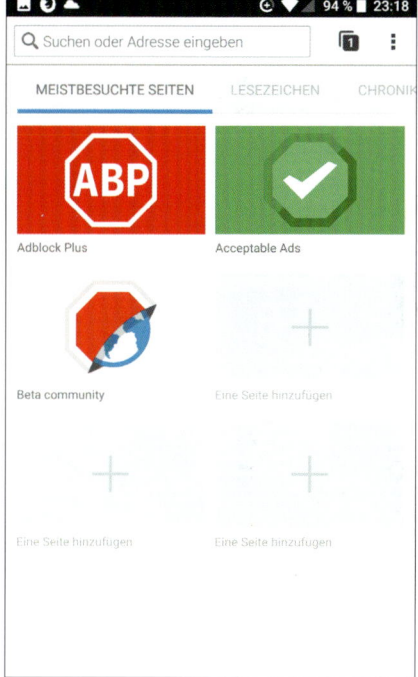

Der Adblock Browser für Android.

Der Adblock Browser funktioniert weitgehend wie Firefox und bietet auch die gleiche Startseite mit der Liste meistbesuchter Seiten, der Chronik und den Lesezeichen. Lesezeichen und Chronik können jederzeit aus dem Chrome-Standardbrowser übernommen werden.

Im Menü können Sie für die aktuell besuchte Seite festlegen, ob Werbung blockiert werden soll oder nicht. Standardmäßig ist der Werbeblocker immer eingeschaltet.

Opera Browser

Eine weitere interessante Alternative zu Chrome ist die mobile Version des unter Insidern auch auf dem PC bekannten Opera-Browsers.

Opera bietet einen Vollbildmodus und eine komfortable Navigation. Verlinkte Webseiten können in neuen Bildschirmfenstern geöffnet und auf einfache Weise als Lesezeichen gespeichert werden. Ähnlich wie auf dem PC ist ein automatisches Ausfüllen von Formularen und das Vervollständigen von Internetadressen möglich. Eine lokale Startseite vereinfacht die Navigation und zeigt die am häufigsten angewählten Internetseiten oder Newsfeeds zu verschiedenen Themen an.

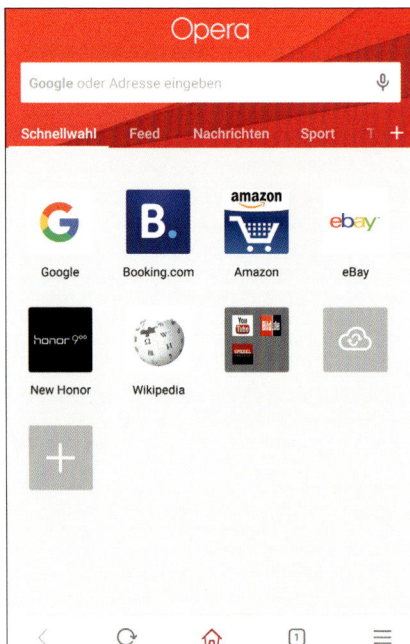 

Startseite und Datensparmodus in Opera.

Ein spezieller Datensparmodus in Opera verwendet eine serverseitige Komprimierung aller aufgerufenen Webseiten. Je nach Aufbau der Seite lässt sich das zu übertragende Datenvolumen um bis zu 90 % eindampfen, was der Geschwindigkeit des Seitenaufbaus zugutekommt und auch Datenvolumen spart. Selbst bei schlechter Mobilfunkabdeckung lassen sich so viele Webseiten noch aufrufen. Der integrierte Werbeblocker spart zusätzlich Datenvolumen und macht viele Seiten lesbarer.

Webseiten, die keine Rücksicht auf die Bildschirmauflösung des Besuchers nehmen, sind auf Smartphones normalerweise schwer lesbar. Opera kann auf Webseiten, die keine für Smartphones optimierte Darstellung kennen, den Textumbruch neu berechnen, sodass der Text größer dargestellt wird, ohne dass das gesamte Seitenlayout darunter leidet.

Dolphin Browser

Der **Dolphin Browser** zeigt Webseiten auf dem Smartphone so an, wie sie auch auf dem PC zu sehen wären. Komfortable Zoomfunktionen ermöglichen trotzdem eine einfache Navigation.

Auf Wunsch kann bei jeder Webseite auf die mobil optimierte Darstellung umgeschaltet werden – vorausgesetzt, die jeweilige Seite bietet diese Variante an.

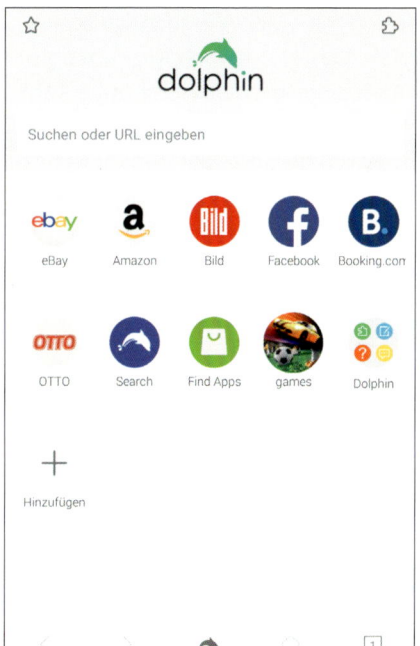
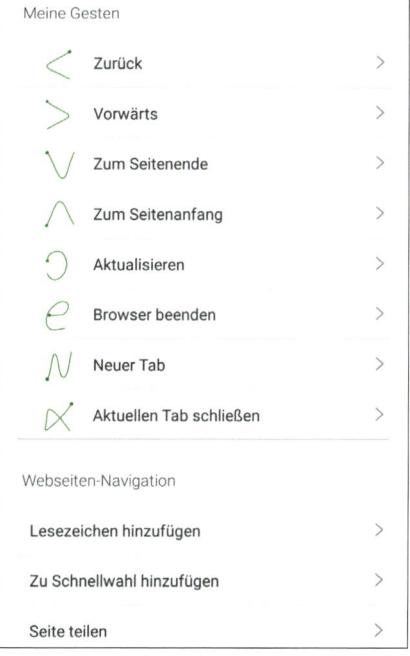

Der Dolphin Browser überzeugt durch innovative Bedienung.

Die Adresszeile unterstützt die Autovervollständigen-Funktion, wie man es von Desktop-Browsern kennt. Auch die Darstellung mehrerer Webseiten in Tabs sowie der private Modus, eine eigene Browserkonfiguration, die keine persönlichen Surfspuren auf dem Gerät hinterlässt, wurden den aktuellen

Versionen von PC-Browsern nachempfunden. Auch dieser Browser kann über Add-ons um nützliche Funktionen erweitert werden. Ein Werbeblocker ist in der aktuellen Version bereits eingebaut.

> **Scrollen mit Lautstärketasten**
>
> Eine ebenso nützliche wie auch simple Funktion ist das Scrollen mit den Lautstärketasten. Diese werden im Browser so gut wie nie gebraucht, liegen aber bei den meisten Smartphones so praktisch in den Fingern, dass man mit der Hand, ohne den Touchscreen zu brauchen, durch eine Seite blättern kann. Sie finden diese Einstellung unter *Erweitert/Mehr/Aktion der Lautstärketaste*. Außer zum Scrollen kann der Lautstärkeregler auch zum Blättern zwischen den Tabs genutzt werden. Tippen Sie unten in der Mitte auf das Dolphin-Symbol und dann auf das Zahnrad, um den Dialog für die Einstellungen zu öffnen.

Gestensteuerung im Dolphin Browser

Der Dolphin Browser unterstützt Sprachsteuerung und Fingergesten. Auf diese Weise lassen sich wichtige Browserfunktionen mit einem Fingerstrich steuern, ohne dass man Buttons und Menüs braucht. Gesten für wichtige Funktionen sind bereits vorinstalliert, weitere kann man sich beispielsweise zum Aufruf wichtiger Webseiten selbst ausdenken. Tippen Sie auf das Dolphin-Symbol unten. Malen Sie dann mit dem Finger die jeweilige Geste auf den Bildschirm. Tippen Sie in diesem Modus oben rechts auf das Einstellungssymbol, zeigt der Dolphin Browser eine Liste aller verfügbaren Gesten und deren Bedeutungen.

Wikipedia

Wikipedia ist das beliebteste aller Onlinelexika und wird ständig aktualisiert und erweitert. Wikipedia ist nicht nur auf dem PC interessant, sondern oft auch unterwegs, wenn man schnell etwas wissen möchte. Ein Android-Smartphone eignet sich dabei hervorragend als mobiles Lexikon.

Wikipedia bietet seine Inhalte für verschiedenste Geräte an. Neben der normalen Version zur Darstellung im Webbrowser auf dem PC gibt es auch Versionen, die speziell für die Darstellung auf mobilen Geräten optimiert sind. Besucht man die deutsche Webseite der Wikipedia *de.wikipedia.org* mit dem Chrome-Browser auf dem Smartphone, wird automatisch auf die mobile Variante  *de.m.wikipedia.org* umgeschaltet. Die für Mobilgeräte optimierte Version der Wikipedia hat auf Smartphones deutliche Vorteile. Schriftgröße und Zeilenbreite werden automatisch angepasst. Bilder werden dargestellt, ohne sie als Benutzer verkleinern zu müssen. Um den Seitenaufbau zu beschleunigen, werden die Unterkapitel zunächst nur als Überschrift angezeigt, tippt man darauf, lädt das Unterkapitel nach. Sollte ein Artikel in der mobilen Version nicht vollständig dargestellt werden, finden Sie ganz unten auf jeder Wikipedia-Seite einen Link zum Umschalten auf die klassische Ansicht, ohne den Browser selbst umschalten zu müssen. Auf die gleiche Weise kommen Sie von der klassischen Ansicht auch wieder zurück zur mobilen Ansicht.

Die offizielle Wikipedia-App

Die offizielle App der **Wikipedia** bietet mehr als nur eine schnellere Suche und Darstellung der Wikipedia-Artikel auf dem Smartphone. In der App lassen sich Seiten zum Offlinelesen speichern. Außerdem gibt es eine Verlaufsanzeige der zuletzt

gelesenen Wikipedia-Artikel. Die Wikipedia-App lässt sich auf alle von Wikipedia unterstützten Sprachen umschalten.

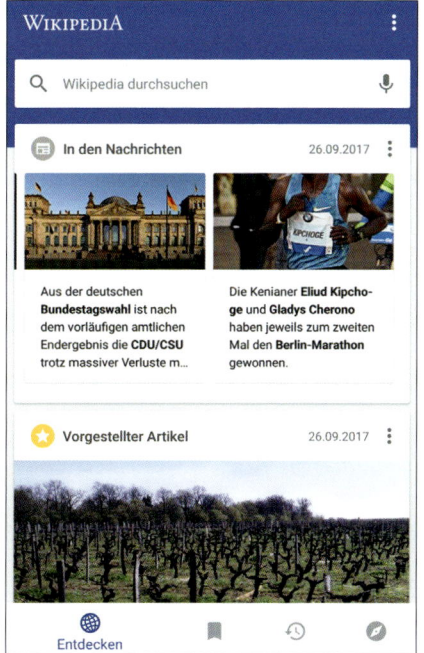 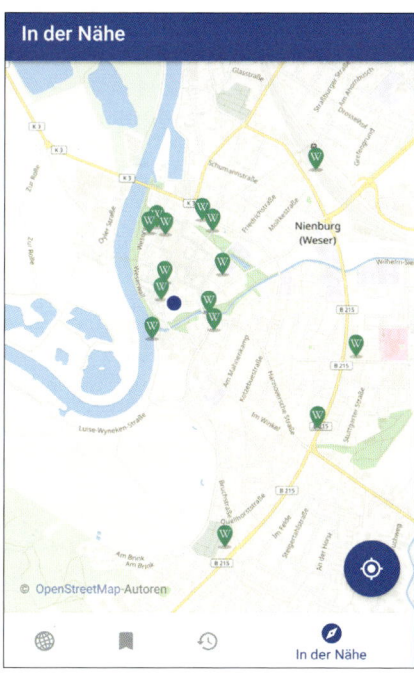

Startseite der App und Karte mit Wikipedia-Artikeln in der Nähe.

Die aktuelle Version der Wikipedia-App liefert ähnlich wie die Wikipedia-Webseite bereits beim Suchen Vorschläge passender Wikipedia-Artikel. Eine Wischgeste vom rechten Bildschirmrand blendet ein Inhaltsverzeichnis für den aktuell angezeigten Artikel ein. Die App bietet für Wikipedia-Autoren die Möglichkeit, sich anzumelden und Seiten als Lesezeichen in der App zu speichern. Der Menüpunkt *In der Nähe* findet auf einer Karte Wikipedia-Artikel zu Orten oder Gebäuden in der eigenen Umgebung.

> **INFO:** Bevor Wikipedia die eigene offizielle App veröffentlichte, gab es schon diverse andere Wikipedia-Apps, die aber häufig Werbung enthalten und einen geringeren Funktionsumfang bieten. Einige von diesen sind immer noch im Google Play Store zu finden. Achten Sie daher darauf, die offizielle Wikipedia-App zu installieren.

QRpedia

QRpedia (*qrpedia.org*) ist ein Projekt der Wikipedia, das es Anwendern ermöglicht, auf einfache Weise QR-Codes zu Wikipedia-Artikeln zu erzeugen. Diese QR-Codes können ausgedruckt und an Sehenswürdigkeiten oder Ausstellungsexponaten angebracht werden. Besucher kommen so auf einfache Weise zu dem zum jeweiligen Objekt passenden Wikipedia-Artikel.

Die QR-Codes aus QRpedia verweisen nicht direkt auf einen einzelnen Wikipedia-Artikel, sondern zunächst auf eine Seite bei *qrwp.org*. Dieser Server wertet die Spracheinstellung des jeweiligen Smartphones aus und liefert dann einen Wikipedia-Artikel in der vom Benutzer verwendeten Sprache zurück. Auf diese Weise ist auch bei Objekten von internationalem Interesse nur ein einziger QR-Code nötig. Jeder Besucher bekommt den passenden Wikipedia-Artikel in seiner auf dem Smartphone verwendeten Sprache angezeigt.

Die Webseite von QRpedia mit einem QR-Code zum Wikipedia-Artikel über das Projekt.

Um selbst solche QR-Codes zu erzeugen, kopieren Sie einfach die Adresse eines Wikipedia-Artikels in das Eingabefeld bei *qrpedia.org*. Sofort wird der passende QR-Code angezeigt.

Kapitel 5
Kommunikation mit dem Smartphone

Die ursprüngliche Aufgabe eines Handys war schon immer die Kommunikation. Neben Telefonieren und SMS sind auf Smartphones diverse moderne Kommunikationsformen dazugekommen. So ist es heute selbstverständlich, dass man seine E-Mails auf dem Smartphone liest und beantwortet und auch Kontakte in sozialen Netzwerken von unterwegs pflegt.

Google Mail – Gmail

Android und Google sind zwei enge Verwandte, so wundert es nicht, dass Gmail-Konten auf Android-Smartphones besonders gut unterstützt werden. Auf den Geräten ist (fast) immer eine eigene App für Googles Mailservice **Gmail** vorinstalliert, die ständig mit dem Google-Konto synchronisiert wird, sodass man über neue E-Mails automatisch in Echtzeit benachrichtigt wird.

> **INFO:** Google Mail tritt in den meisten Ländern inzwischen unter dem Markennamen Gmail auf. In Deutschland und Großbritannien durfte dieser Name wegen eines Rechtsstreits mit dem Betreiber eines privaten Postdienstes lange Zeit nicht genutzt werden. Google verwendet mittlerweile einheitlich *mail.google.com*. Die E-Mail-Adressen *@googlemail.com* und *@gmail.com* können gleichwertig verwendet werden. In Polen und China darf Google den Namen Gmail weiterhin nicht nutzen.

Die Gmail-App synchronisiert automatisch mit dem bei der Einrichtung des Smartphones festgelegten Google-Konto. Zusätzlich zu diesem können Sie in der Gmail-App später noch weitere Google-Konten sowie E-Mail-Konten anderer Anbieter hinzufügen.

E-Mails lesen

Kommt eine neue E-Mail an, leuchtet bei den meisten Smartphones automatisch die LED und es ertönt ein Benachrichtigungston. In der Benachrichtigungsleiste erscheint das Gmail-Symbol.

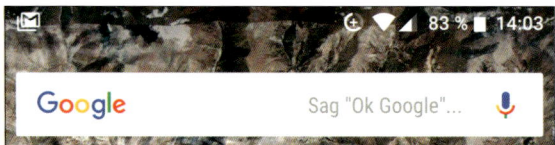

Das Gmail-Symbol bei eingegangenen E-Mails (links oben).

Ziehen Sie die Benachrichtigungsleiste nach unten, werden Absender, Betreff, Zeit und die ersten Textzeilen der E-Mail angezeigt. Android 8 Oreo fasst mehrere eingegangene E-Mails in einer Benachrichtigung zusammen.

Tippen Sie auf den kleinen Pfeil oben rechts neben der E-Mail-Adresse, um die E-Mails einzeln anzuzeigen. Tippen Sie auf den Pfeil neben der Zeitanzeige links in der Benachrichtigung, werden die ersten Zeilen der E-Mail angezeigt.

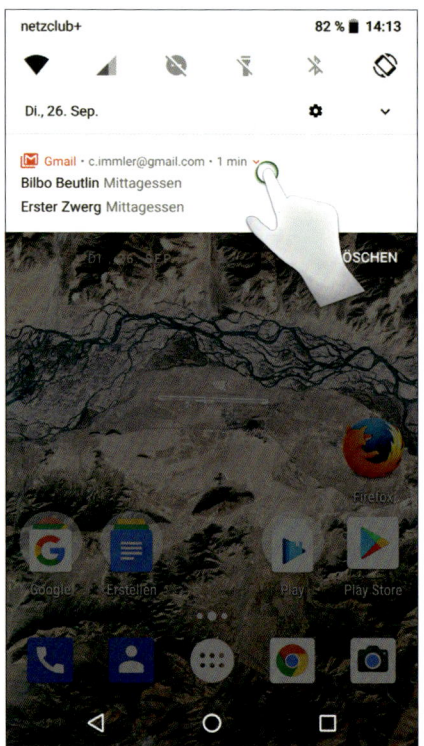 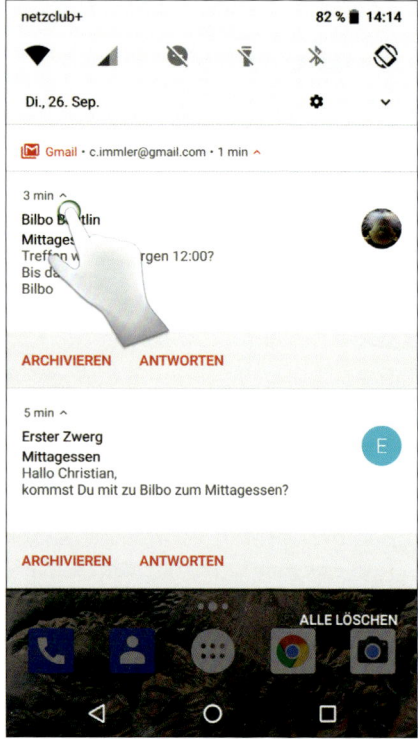

Benachrichtigungen über neue E-Mails.

Tippen Sie auf den Text einer E-Mail in einer Benachrichtigung, wird diese in voller Länge in der Gmail-App geöffnet. Mit dem Pfeilsymbol oben links kommen Sie aus der Ansicht einer E-Mail zurück in den Posteingang.

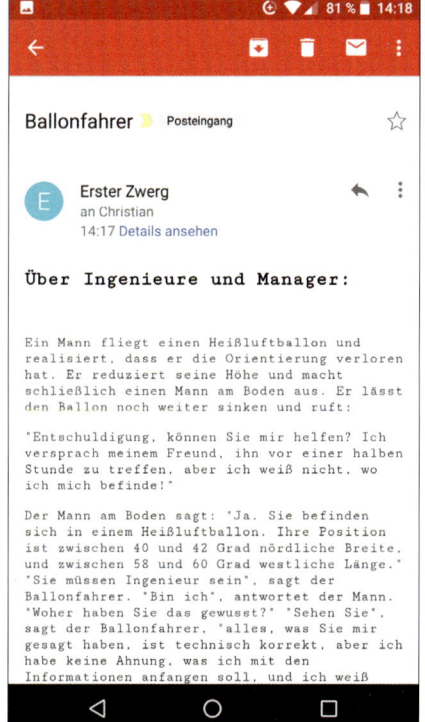 

Neue E-Mails in Gmail.

Ist vom Absender ein Kontaktfoto bei Google+ oder im eigenen Google-Konto hinterlegt, wird automatisch ein Bild des Absenders anstelle des Anfangsbuchstabens in der E-Mail angezeigt.

E-Mails beantworten

Um eine E-Mail zu beantworten, tippen Sie auf das Symbol *Antworten* unterhalb der Mail oder auf das Pfeilsymbol oben rechts neben dem Absender.

Es öffnet sich ein Antwortformular. Der Cursor wird automatisch an der richtigen Stelle positioniert, sodass man direkt mit dem Schreiben der Antwort beginnen kann.

Tippen Sie auf *Antworten*, können Sie zwischen der Antwort an den Absender, der Antwort an alle oder dem Weiterleiten wählen.

Haben Sie die Antwort geschrieben, tippen Sie oben rechts auf das Symbol mit dem Pfeil, um die E-Mail abzuschicken.

E-Mails schreiben

Eine neue Mail zu schreiben, funktioniert prinzipiell genauso, wie eine Mail zu beantworten. Tippen Sie dazu in der Gmail-App unten rechts auf das Stiftsymbol.

Sinnvolle Betreffzeile

Tragen Sie in die Betreffzeile etwas Sinnvolles ein, damit der Empfänger sofort weiß, worum es in der Mail geht. Die Betreffzeile ist auch ein wichtiges Kriterium für Spamfiltersoftware. Schreiben Sie hier vollständige deutsche Wörter und nicht nur »Hey« oder Ähnliches, wenn Sie möchten, dass Ihre Mail auch ankommt.

 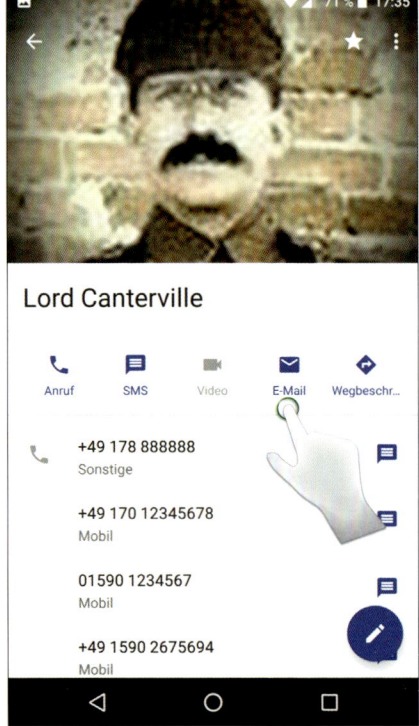

E-Mail aus Gmail oder aus der Kontaktliste schreiben.

Beim Eintippen des Empfängers werden automatisch Personen aus der Kontaktliste vorgeschlagen, die Sie durch einfaches Antippen auswählen können.

Üblicherweise schreiben Sie eine E-Mail nicht einfach, um eine E-Mail zu schreiben, sondern um einer bestimmten Person etwas mitzuteilen. Da liegt es nahe, direkt aus der Kontakte-App zu starten.

1. Rufen Sie die App *Kontakte* auf und suchen Sie die betreffende Person.

2. Tippen Sie auf den gewünschten Personeneintrag, erscheinen die Kontaktdetails. Tippen Sie hier auf die E-Mail-Adresse.

3. Sind mehrere E-Mail-Apps installiert, wählen Sie Gmail oder eine andere E-Mail-App. Möchten Sie immer Gmail nutzen, tippen Sie anschließend auf *Immer*, und Gmail wird als Standard zum Schreiben von E-Mails festgelegt.

4. Danach – oder auch, wenn nur Gmail installiert ist – öffnet sich automatisch die Gmail-App, und der Cursor springt gleich in die Betreffzeile. Der E-Mail-Empfänger ist automatisch eingetragen, als Absender wird das E-Mail-Konto gewählt, aus dessen Adressbuch der Kontakteintrag stammt.

E-Mail an mehrere Personen schreiben

Wenn Sie E-Mails an mehrere Empfänger verschicken, gibt es diverse Möglichkeiten, die Adressen anzugeben:

Adressierung	Beschreibung
An:	Diese Empfänger werden direkt adressiert, sie stehen in der Zeile *An:* im Mailtext, die Adressen sind für alle Empfänger zu lesen.
Cc:	**C**arbon **C**opy: Die in dieser Zeile aufgeführten Empfänger erhalten einen »Durchschlag« der E-Mail zur Kenntnisnahme. In diesem Fall sind die Empfänger der Carbon Copy für alle anderen Empfänger der Mail zu erkennen.
Bcc:	**B**lind **C**arbon **C**opy: Eine Blindkopie verhindert, dass die Empfänger dieser Kopie beim Originalempfänger oder auch bei den Empfängern regulärer Carbon Copys erkannt werden können.

Wenn Sie eine E-Mail in Gmail schreiben, ist standardmäßig nur das Feld *An:* zu sehen. Die Felder für *Cc:* und *Bcc:* können Sie hinzufügen, indem Sie auf den kleinen Pfeil rechts im Feld *An:* tippen.

App-Shortcuts

Über App-Shortcuts (langes Antippen des App-Symbols) lassen sich schnell neue E-Mails an häufig kontaktierte Personen schreiben. Bei Bedarf können diese Shortcuts auf den Startbildschirm gelegt werden.

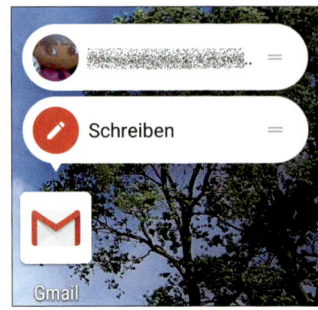

App-Shortcuts für Gmail.

Nicht jede E-Mail muss aufs Smartphone

Wenn Sie viele E-Mails bekommen, richten Sie bei Gmail auf dem PC Filterregeln ein, die den E-Mails Labels zuweisen. Jetzt können Sie in den Einstellungen der Gmail-App festlegen, welche Labels die App synchronisieren soll, also welche E-Mails auf das Smartphone zugestellt werden sollen und welche nicht. Bei jedem Label legen Sie in den Einstellungen der Gmail-App fest, ob alle E-Mails, nur die der letzten 30 Tage oder gar keine synchronisiert werden sollen.

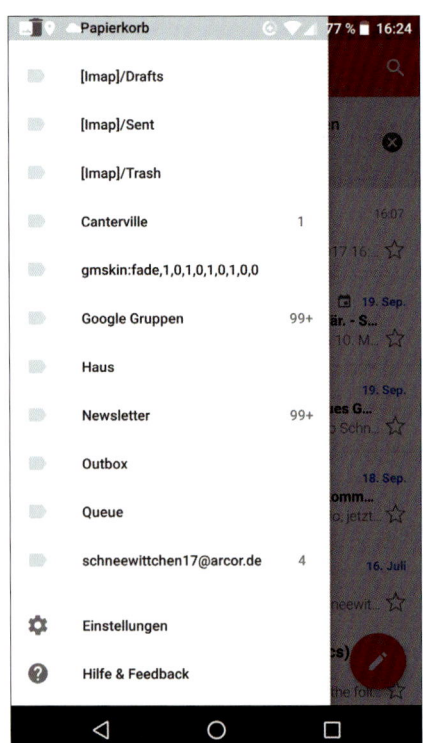
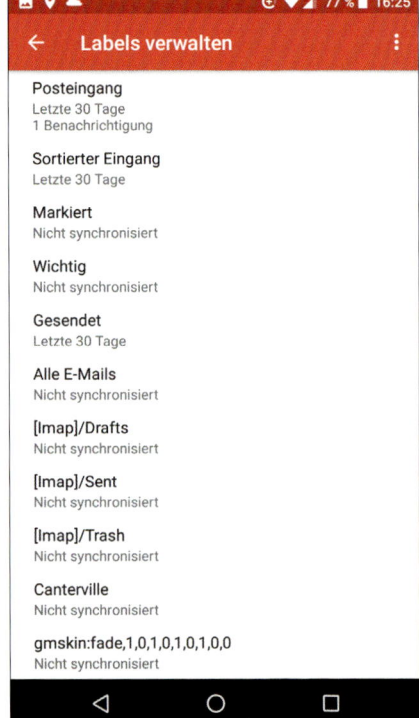

Labels zur Synchronisierung auswählen.

Google Mail – Gmail

Die Einstellungen erreichen Sie über das Symbol oben links in der Ecke oder mit einer Wischgeste vom linken Bildschirmrand. Wählen Sie in den *Einstellungen* das Google-Konto und anschließend *Labels verwalten*. Bei synchronisierten Labels können Sie auch die Art der Benachrichtigung festlegen.

Fotos per E-Mail senden

Ähnlich wie vom PC lassen sich auch vom Android-Smartphone Dateien per E-Mail verschicken. Schreiben Sie dazu zunächst wie gewohnt in der Gmail-App die Mail und tippen Sie dann auf das Symbol mit der Büroklammer. Wählen Sie *Datei anhängen*. Hier finden Sie eine Übersicht der zuletzt verwendeten Dateien, um schnell eine davon auszuwählen.

Tippen Sie auf das Menüsymbol oben links, können Sie ein beliebiges auf dem Smartphone gespeichertes Foto auswählen. Um ein auf dem Smartphone oder der Speicherkarte gespeichertes Foto an die E-Mail anzuhängen, tippen Sie auf *Bilder*. Hier finden Sie alle Ihre Fotos. Installierte Dateimanager und verschiedene andere Apps klinken sich hier ebenfalls mit ein. Auch darüber können Sie E-Mail-Anhänge auswählen.

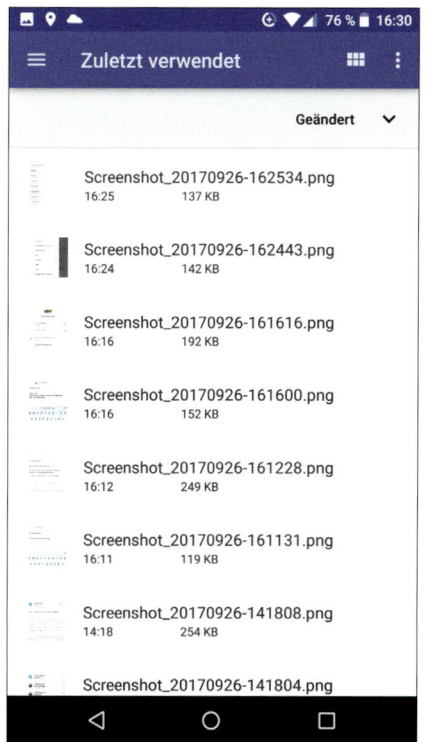
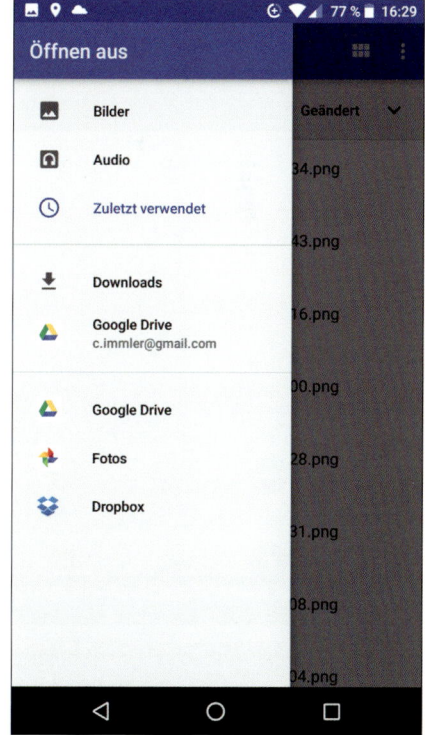

Datei als Anhang auf dem Smartphone oder aus Google Drive auswählen.

Sie haben auch die Möglichkeit, Dateien aus dem Cloud-Speicher Google Drive direkt als E-Mail-Anhang auszuwählen, ohne die Datei erst auf das Smartphone herunterladen zu müssen.

Anstatt die Gmail-App zu starten und dann das Bild zu wählen, können Sie auch direkt aus der Fotos-App ein Bild verschicken. Tippen Sie in der Bildanzeige unten auf das Symbol *Teilen* und wählen Sie dann die Gmail-App aus. Schieben Sie die Liste nach oben, erscheinen noch weitere Apps zum Teilen von Fotos.

In der oberen Zeile der Symbolleiste finden Sie Personen, mit denen Sie häufig kommunizieren. Tippen Sie auf eine Person, und Sie brauchen die E-Mail-Adresse nicht noch einmal auszuwählen. Das Symbol *Mehr* zeigt die Kontaktliste, aus der Sie schnell eine oder mehrere Personen auswählen können. Zusätzlich können Sie auch im Textfeld oberhalb der Symbole einen Namen oder eine E-Mail-Adresse eintippen, an die das Foto gesendet werden soll.

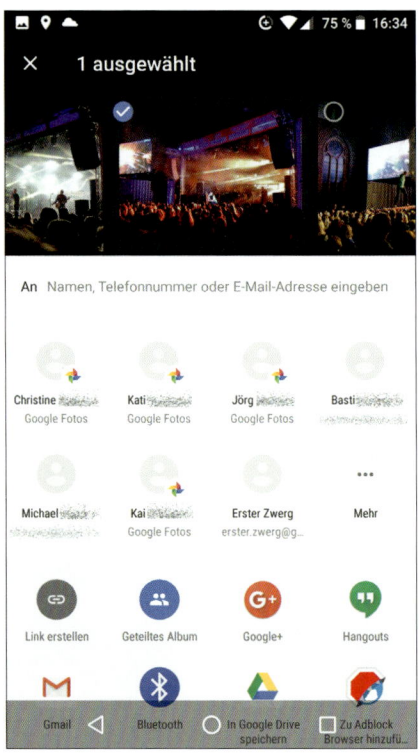
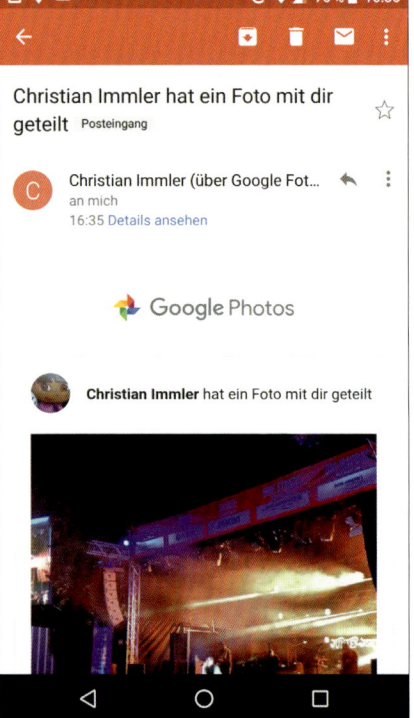

Fotos mit Freunden über Google Fotos teilen.

Personen, die mit einem Google-Fotos-Symbol gekennzeichnet sind, nutzen diese App und werden direkt innerhalb der App benachrichtigt, wenn man ihnen neue Fotos schickt.

Die Fotos-App schickt Fotos, die auf Google Fotos hochgeladen sind (siehe in Kapitel 7 den Abschnitt »Fotos online zeigen und teilen«) nicht als riesigen Dateianhang, sondern erstellt automatisch eine E-Mail mit einem Vorschaubild und einem Link auf das Foto. Das spart sowohl beim Absender als auch beim Empfänger Datenvolumen, da man das Foto in der Mail zwar sieht, es aber in voller Auflösung auch später noch im WLAN herunterladen kann. Vor dem Versenden können Sie ganz unten noch eine persönliche Nachricht eintragen.

Andere E-Mail-Konten einrichten und nutzen

Die Gmail-App in Android 8 Oreo unterstützt neben Gmail auch E-Mail-Konten anderer Anbieter, sodass nicht mehr wie früher mehrere E-Mail-Apps nötig sind.

> **Wo ist die andere E-Mail-App von Android?**
>
> Android-Smartphones benötigten früher neben Gmail noch eine weitere App, um auch andere POP3- und IMAP-Mailkonten zu nutzen. Diese App ist seit Android 6 Marshmallow nicht mehr nötig und wird seit Android 7 Nougat standardmäßig nicht mehr mitgeliefert. Einige Gerätehersteller, etwa Samsung, installieren zusätzlich zu Gmail noch eine eigene E-Mail-App.

Bei den meisten E-Mail-Anbietern können Sie mit E-Mail-Adresse und Passwort das Mailkonto auf dem Smartphone automatisch einrichten, da die Serverdaten in der App bekannt sind. Bei E-Mails auf eigenen privaten Domains ist die automatische Einrichtung in den meisten Fällen nicht möglich.

1. Tippen Sie im Seitenmenü der Gmail-App auf Ihr Benutzerkonto und danach auf *Konto hinzufügen*. Wählen Sie dann Ihren E-Mail-Anbieter. Die meisten bekannten E-Mail-Anbieter wie GMX, WEB.DE , T-Online und andere sind bereits vorkonfiguriert.

2. Geben Sie zur Sicherheit das Entsperrmuster, PIN oder Passwort ein.

3. Jetzt erscheint automatisch der Einrichtungsassistent. Geben Sie hier Ihre Mailadresse und auf der nächsten Seite das Passwort an.

4. Bei Nicht-Google-Konten wählen Sie jetzt noch, wie oft die App auf dem Mailserver nach neuen Nachrichten sehen soll. Hier können Sie auch festlegen, ob beim Eingang neuer E-Mails eine Benachrichtigung erscheinen soll. In den Kontoeinstellungen können Sie später auch noch einen Klingelton für diese Benachrichtigungen auswählen.

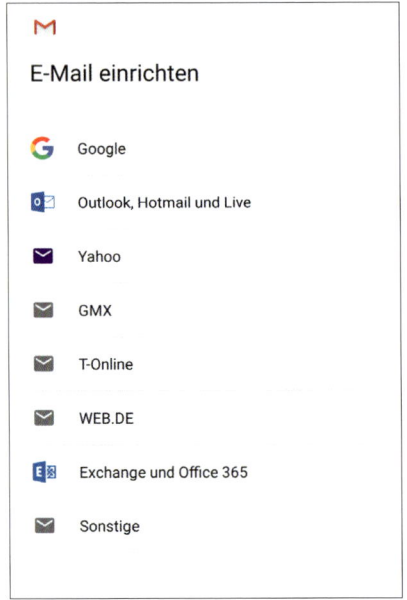 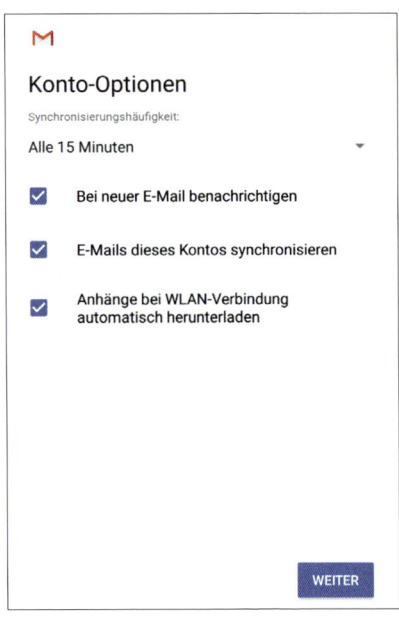

Weiteres E-Mail-Konto in der Gmail-App eintragen.

5. Im letzten Schritt geben Sie dem neu eingerichteten E-Mail-Konto noch einen eindeutigen Namen. Wird kein Name vergeben, bekommt das Konto in der Liste die E-Mail-Adresse als Namen. Zusätzlich tragen Sie hier den Namen ein, der beim Empfänger der E-Mails als Absendername erscheinen soll.

6. Danach ist das Mailkonto eingerichtet. Jetzt wird eine Verbindung zum Server hergestellt und die E-Mails werden abgerufen.

POP3/IMAP bei GMX

GMX und WEB.DE deaktivieren standardmäßig den Zugriff über externe E-Mail-Apps. Melden Sie sich auf dem PC im Browser dort an und aktivieren Sie in den *Einstellungen* den Schalter *E-Mails per externem Programm (Outlook, Thunderbird) versenden und empfangen*. Bestätigen Sie dann die Änderung mit einem Klick auf *Speichern* und der Eingabe eines Sicherheitscodes. Wird ein E-Mail-Konto längere Zeit nicht genutzt, wird der POP3-Zugriff automatisch wieder deaktiviert, kann aber jederzeit wieder aktiviert werden.

Tipps zur Gmail-App

Die Gmail-App bietet neben der Unterstützung für Mailkonten anderer Anbieter noch ein paar nette Kleinigkeiten, die den Umgang mit E-Mails vereinfachen. Eine Wischbewegung vom linken Bildschirmrand blendet ein Seitenmenü ein, in dem Sie über die runden Symbole oben schnell zwischen den

Andere E-Mail-Konten einrichten und nutzen

eingerichteten Mailkonten wechseln können. Kleine Zahlen zeigen, wie viele ungelesene E-Mails in den Mailkonten liegen.

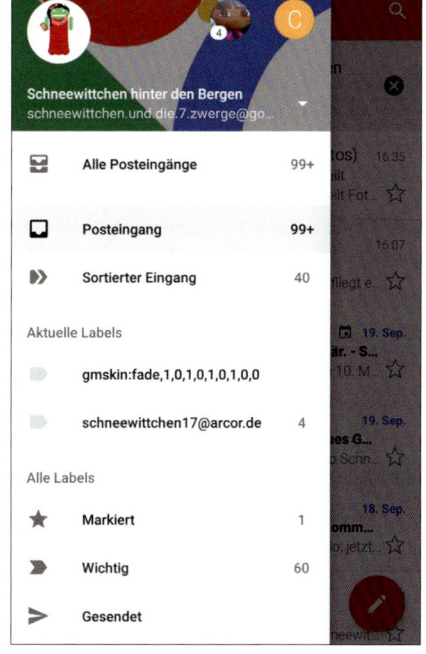 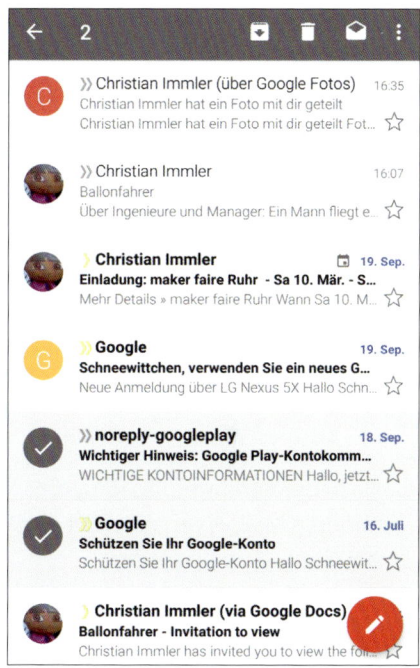

Seitenmenü und Auswahl mehrerer E-Mails.

Mehrere E-Mails auf einmal zu löschen oder als gelesen zu markieren, ist einfacher geworden. Tippen Sie auf die runden Absendersymbole in der Liste der Mails, um diese zu markieren. Anschließend können Sie die markierten E-Mails mit den Symbolen oben rechts alle auf einmal löschen, als gelesen bzw. ungelesen markieren oder über das Menü mit Sternchen als wichtig markieren.

Haben Sie mehrere E-Mails gelöscht, erscheint kurze Zeit danach eine Leiste am unteren Bildschirmrand, in der sich ver-

sehentliches Löschen schnell rückgängig machen lässt. Warten Sie auf eine E-Mail und wollen nicht abwarten, bis die App automatisch synchronisiert, wischen Sie einfach auf dem Bildschirm von oben nach unten. Damit wird eine manuelle Synchronisierung mit dem Mailserver durchgeführt.

E-Mail-Konten verknüpfen

E-Mail-Konten anderer Anbieter haben nicht den komfortablen Spamfilter von Gmail und unterstützen auch keine Labels zur Übersichtlichkeit in größeren Postfächern. Die neue Funktion *Gmailify* oder auf Deutsch einfach *Verknüpfung* verknüpft ein E-Mail-Konto bei einem fremden Anbieter mit dem eigenen

Gmail-Konto. Auf diese Weise kann man den Komfort von Gmail für andere Konten nutzen – sowohl in der Gmail-App als auch unter Webmail. Alle E-Mails des verknüpften Mailkontos tauchen im Gmail-Konto auf und können dort gefiltert, geordnet und auch durchsucht werden. Beim Schreiben einer neuen E-Mail oder beim Beantworten können Sie auswählen, welche Absenderadresse übertragen werden soll, die Gmail-Adresse oder die des verknüpften Kontos.

1. Nach dem Einrichten eines neuen Kontos in der Gmail-App erscheint eine Frage, ob *Gmailify* aktiviert werden soll. Tippen Sie hier auf *Jetzt testen*.
2. Wählen Sie im nächsten Schritt die Gmail-Adresse aus, mit der das andere Mailkonto verknüpft werden soll. Diese muss bereits als Konto auf dem Smartphone eingerichtet sein.
3. Danach wählen Sie die Standard-Absenderadresse für E-Mails des verknüpften Kontos. Sie können unabhängig davon bei jeder neuen E-Mail die Absenderadresse auswählen.
4. Nach der Verknüpfung dauert es kurze Zeit, bis Gmail die E-Mails auf dem anderen Mailserver abgeholt und gefiltert hat. Anschließend werden sie in der Gmail-App angezeigt.

Wenn Sie eine neue E-Mail schreiben, tippen Sie auf den kleinen Pfeil neben der Absenderadresse, um ein E-Mail-Konto und die in diesem Konto verknüpften E-Mail-Adressen auszuwählen.

 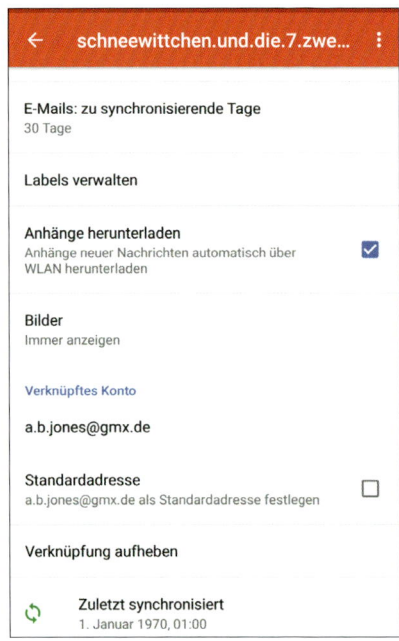

Links: Absenderadresse auswählen, rechts: Einstellungen zur Verknüpfung.

Wählen Sie in den Einstellungen der Gmail-App das Mailkonto, werden verknüpfte Konten angezeigt. Hier können Sie die Standardadresse ändern oder bei Bedarf die Verknüpfung wieder lösen.

E-Mail-Konto manuell einrichten

Nicht alle E-Mail-Konten können automatisch konfiguriert werden, da nicht immer die Serverdaten bekannt sind. Besonders bei E-Mail-Adressen auf eigenen Domains müssen Sie das Mailkonto manuell einrichten. Dazu brauchen Sie die Namen der Posteingangs- und Postausgangsserver sowie den Benutzernamen, das Passwort und teilweise auch Informationen zu Ports und Authentifizierungsverfahren.

> ### Das gleiche E-Mail-Konto auf Smartphone und PC nutzen
>
> Wenn Sie eine E-Mail-Adresse auf PC und Smartphone nutzen, verwenden Sie diese am besten über einen IMAP-Server. Dann haben Sie alle Änderungen immer gleich auf beiden Geräten. Gesendete E-Mails, Vorlagen und Entwürfe sollten in den jeweiligen IMAP-Ordnern gespeichert werden, dann stehen sie ebenfalls auf beiden Geräten zur Verfügung. Die meisten großen E-Mail-Anbieter unterstützen mittlerweile sowohl POP3 als auch IMAP.
>
> Sollte Ihr Mailserver kein IMAP unterstützen, haben Sie alle Mails beim automatischen Abruf vom POP3-Server sowohl auf dem PC als auch auf dem Smartphone. Hier sollten Sie sich gut überlegen, wo Sie E-Mails archivieren und wo Sie sie nur lesen wollen. In den meisten Fällen bewährt es sich, auf dem PC alle Mails aufzubewahren. Stellen Sie also dort das POP3-Konto so ein, dass Mails nach dem Löschen auch auf dem Server gelöscht werden. Diese Einstellung sollten Sie auf dem Smartphone nicht vornehmen. So können Sie auf dem Smartphone durch das Löschen gelesener E-Mails den Überblick behalten und haben auf dem PC trotzdem alle Mails. Nach dem Herunterladen auf den PC sollten die E-Mails aber weiterhin auf dem Server belassen werden, damit Sie sie auf dem Smartphone auch zur Verfügung haben.
>
> Nutzen Sie auf dem PC in Thunderbird oder Outlook ein E-Mail-Konto per POP3, können Sie dieses nicht einfach auf IMAP umstellen. Das POP3-Konto muss im E-Mail-Programm zunächst entfernt und dann als IMAP-Konto neu installiert werden. E-Mails, die sich noch auf dem Server befinden, bleiben dabei erhalten und stehen später wieder zur Verfügung. Lokal auf dem PC abgelegte E-Mails müssen Sie vorher sichern.

1. Bei einigen kostenlosen Mailanbietern muss der POP3-/SMTP-Zugang zunächst über die Weboberfläche freigeschaltet werden. Bei manchen Anbietern funktioniert der E-Mail-Versand per SMTP nur, wenn Sie auch über diese Anbieter im Internet sind.

2. Um ein Mailkonto manuell einzurichten, wählen Sie in den Einstellungen der Gmail-App wieder *Konto hinzufügen* und tippen dann auf *Sonstige*.

3. Geben Sie Ihre Mailadresse ein und tippen Sie auf *Manuell einrichten*. Danach müssen Sie zwischen IMAP oder POP3 wählen.

4. Auf dem nächsten Bildschirm geben Sie das Passwort an. Mit dem Augensymbol können Sie dies im Klartext anzeigen lassen, um Ihre Eingabe zu überprüfen.

5. Danach tragen Sie die Serverdaten, Ports und den Benutzernamen ein. Hier können Sie auch noch das Authentifizierungsverfahren festlegen. Die Gmail-App liefert automatisch Vorschläge, damit Sie nicht alle Daten manuell eintragen müssen.

6. Das Gleiche machen Sie danach noch für den Postausgangsserver. Danach erfolgt ein automatischer Verbindungstest mit dem Mailserver.

Einstellungen für Eingangs- und Ausgangsserver manuell eintragen.

7. Danach müssen Sie noch wie bei der automatischen Einrichtung das Intervall für die Synchronisierung sowie den Anzeigenamen für gesendete E-Mails festlegen. Anschließend werden die E-Mails heruntergeladen und können gelesen sowie beantwortet werden.

Serverdaten bekannter E-Mail-Anbieter

Jeder E-Mail-Anbieter gibt seinen Mailservern eigene Namen, auch die Schemata, nach denen sich die Benutzernamen zusammensetzen, sind überall unterschiedlich. In den Einstellungen für ausgehende E-Mails müssen Sie bei allen großen Anbietern die Option *Anmeldung erforderlich* aktivieren. Nutzername und Passwort sind die gleichen wie bei den Einstellungen für eingehende Verbindungen. Als Sicherheitstyp müssen Sie inzwischen bei den meisten Anbietern *SSL* angeben.

Server- und Benutzernamen bekannter Anbieter			
Anbieter	Posteingang POP/IMAP	Postausgang	Benutzername
GMX	pop.gmx.net imap.gmx.net	mail.gmx.net	E-Mail-Adresse
WEB.DE	pop3.web.de imap.web.de	smtp.web.de	E-Mail-Adresse
Arcor	pop3.arcor.de imap.arcor.de	mail.arcor.de	E-Mail-Adresse
freenet	mx.freenet.de mx.freenet.de	mx.freenet.de	E-Mail-Adresse
Kabelmail	pop3.kabelmail.de kein IMAP	smtp.kabelmail.de	E-Mail-Adresse
Outlook.com (Hotmail)	pop3.live.com pop3.live.com	smtp.live.com	E-Mail-Adresse
T-Online	popmail.t-online.de secureimap.t-online.de	securesmtp.t-online.de	Name vor dem @-Zeichen

Eine wesentlich umfangreichere und regelmäßig aktualisierte Liste mit Namen von POP3-/SMTP-Mailservern finden Sie unter windowsacht.de/e-mail-servernamen.

E-Mail-Konto entfernen

Entfernen Sie ein E-Mail-Konto vom Smartphone, wird das Konto auch wirklich nur auf dem Smartphone entfernt, als E-Mail-Konto auf dem Server bleibt es erhalten und kann weiter von anderen Geräten genutzt werden.

1. Tippen Sie im Seitenmenü der Gmail-App auf Ihren Benutzernamen. Es erscheint eine Liste der installierten E-Mail-Konten.

2. Tippen Sie auf *Konten verwalten*. Auf dem nächsten Bildschirm werden alle zusätzlich eingerichteten E-Mail-Konten aufgelistet. Das Haupt-Google-Konto auf dem Smartphone kann auf diesem Weg nicht entfernt werden.

3. Tippen Sie auf das zu entfernende Konto und auf dem folgenden Bildschirm auf *Konto entfernen*.

4. Nach einer Sicherheitsabfrage wird das E-Mail-Konto vom Smartphone entfernt.

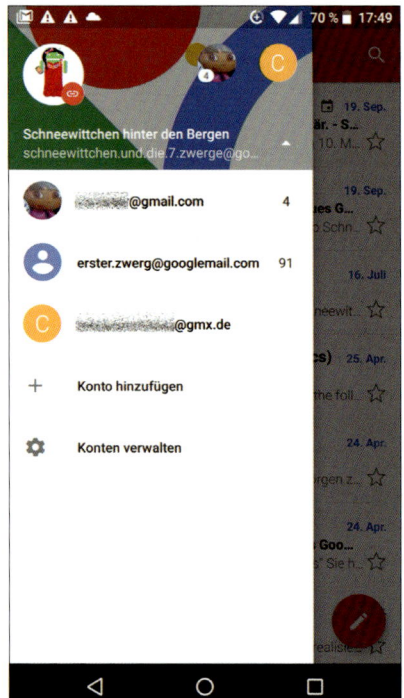 

E-Mail-Konto vom Smartphone entfernen.

E-Mail-Apps der bekannten Freemailer

Wer nur eine E-Mail-Adresse bei einem der großen Freemailer auf dem Smartphone nutzt, die nicht mit einem Google-Konto verbunden ist, fährt oft mit einer speziellen App des Mailanbieters am besten. Diese Apps sind exakt auf den jeweiligen Anbieter zugeschnitten und bieten oft auch Zusatzfunktionen.

Die meisten dieser Apps funktionieren nur mit E-Mail-Adressen der jeweiligen Anbieter. Nur Telekom, GMX und WEB.DE unterstützen auch Konten von Outlook.com und Yahoo! Wer mehrere E-Mail-Adressen auf dem Smartphone nutzt, braucht also in den meisten Fällen auch mehrere Apps, die sich teilweise gegenseitig störend beeinflussen. In diesem Fall empfiehlt es sich, die Gmail-App auf dem Smartphone zu nutzen und dort mehrere POP3- oder IMAP-Konten anzulegen.

E-Mail-Apps der bekannten Freemailer

1&1		**1&1** – Die E-Mail-App für 1&1-Postfächer, auch bei Mailkonten auf eigenen Domains, die über 1&1 laufen.
AOL		**AOL** – Lädt AOL-E-Mails sehr schnell und liefert zusätzlich aktuelle Nachrichten, Sportmeldungen und Wettervorhersage in einer App.
freenet		**Freenet** – Freenet-Kunden können Inklusiv-SMS direkt aus der Mail-App schreiben.
GMX		**GMX** – Anhänge können direkt im persönlichen Onlinespeicher abgelegt werden, sodass sie auf dem PC zur Verfügung stehen und auch für Freunde freigegeben werden können.
Outlook.com (Hotmail)		**Outlook.com** – Kalender und Kontakte von Outlook.com können synchronisiert werden. Die serverseitige Suche findet jede E-Mail.
Telekom Mail		**Telekom Mail** – Mail-App nicht nur für T-Online-Konten, sondern auch für andere Anbieter. Kontakte aus dem Telekom-Adressbuch werden übernommen.

		WEB.DE – Bietet Zugriff auf die Ordner *Unbekannt* und *Spam*, Mails lassen sich als Spam markieren.
WEB.DE		
Yahoo!		Yahoo! – Yahoo Mail verwendet intelligente Ordner und eine leistungsstarke E-Mail-Suche, was ohne die eigene Yahoo-Mail-App nicht nutzbar ist.

Apps der bekannten Freemailer.

Soziale Kontakte mit dem Smartphone

Die Kommunikation über soziale Netzwerke ist für viele Anwender inzwischen wichtiger als die klassische E-Mail oder SMS. Besonders auf Smartphones, die im Gegensatz zu PCs viel mehr in der Freizeit genutzt werden, spielen soziale Netzwerke eine große Rolle.

Facebook

Das beliebteste aller sozialen Netze ist Facebook. Bei Facebook trifft man seine Freunde und erfährt das Neueste von ihnen. Man tauscht sich aus, zeigt sich Fotos und lädt sich zu Partys ein. Der bequemste Zugang zu Facebook ist die von Facebook selbst gelieferte App für Android. Diese ist auf einigen Smartphones bereits vorinstalliert, gehört aber nicht  zur Standardausstattung von Android. Alternativ kann man Facebook auf dem Smartphone auch über die mobile Seite *m.facebook.com* nutzen. Dort gibt es auch einen Link zur Installation der Facebook-App.

> **INFO:** Zurzeit hat Facebook weltweit etwa 2 Milliarden regelmäßig aktive Nutzer, davon rund 28 Millionen in Deutschland. Etwa 12 % aller Menschen der Erde nutzen Facebook, in Europa sind es über 26 %. Weltweit besuchen etwa 1,09 Milliarden aktive Nutzer Facebook auf einem mobilen Endgerät, also einem Smartphone oder Tablet. Etwa drei Viertel nutzen Facebook sogar ausschließlich auf mobilen Geräten.

Soziale Kontakte mit dem Smartphone

Mobile Facebook-Seite und Facebook-App im Google Play Store.

Die Facebook-App benötigt wie auch die mobile Facebook-Seite eine einmalige Anmeldung mit den persönlichen Facebook-Nutzerdaten. Die App speichert die Benutzerdaten automatisch, sodass Facebook in Zukunft jederzeit zur Verfügung steht. Auf der mobilen Webseite kann der Browser die Daten speichern. Zusätzlich bietet Facebook die Möglichkeit, sich durch Antippen des eigenen Profilbildes in der App auf dem Smartphone anzumelden.

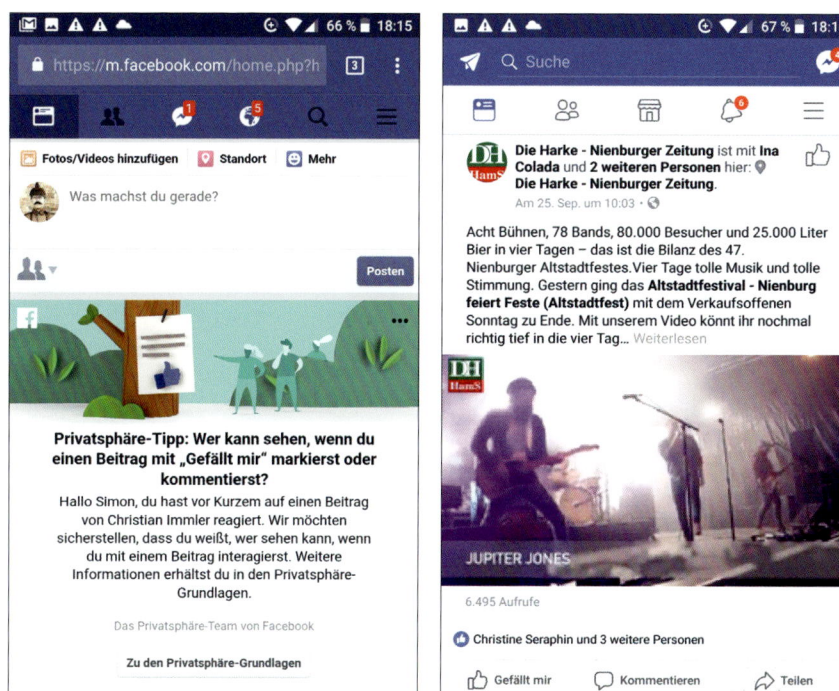

Mobile Facebook-Seite (links) und Facebook-App (rechts) sind in Funktionalität und Design weitgehend gleich.

Die Facebook-App zeigt auf dem Smartphone Neuigkeiten, Freunde, Fotos, das Postfach und das eigene Profil an. Natürlich kann man auch auf Nachrichten antworten oder selbst Statusmitteilungen veröffentlichen.

Das Menü wird in der App über das Menüsymbol rechts oben eingeblendet. Alle wichtigen Funktionen innerhalb der Neuigkeiten sind wie auf der Facebook-Webseite automatisch mit einem Link hinterlegt. So brauchen Sie nur auf den Namen einer Person zu klicken und kommen sofort auf deren Pinnwand, um Nachrichten zu schreiben oder Infos und Fotos dieses Freundes zu sehen.

Über das Eingabefeld *Möchtest Du ein Update posten?* können Sie jederzeit eine persönliche Statusmeldung eintippen und direkt absenden. Um schnell ein Foto hochzuladen, tippen Sie unten in der Statusmeldung auf das Fotosymbol. Hier haben Sie die übliche Auswahl unter den auf dem Smartphone gespeicherten Bildern.

Einchecken mit Facebook

Mit dem Standortsymbol in der Statusmeldung können Sie an einem bestimmten Ort »einchecken« und damit Ihren Freunden bekanntgeben, wo Sie sich gerade befinden.

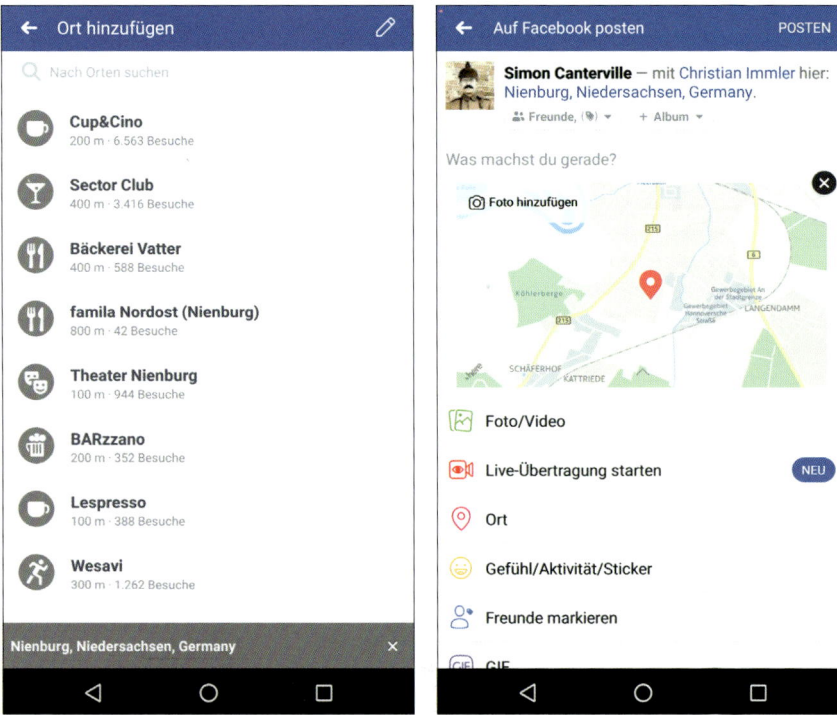

Orte in der Nähe auswählen und einchecken.

Facebook sucht hier nach bekannten Orten in der unmittelbaren Umgebung – Gastronomie, Läden, Bahnhöfe, Schulen, öffentliche Einrichtungen – und bietet eine entsprechende Liste zur Auswahl an. Dabei wird die Positionsbestimmung des Smartphones über GPS, WLAN oder Mobilfunkzellen genutzt. Um diese Funktion anwenden zu können, müssen Sie der Facebook-App beim ersten Mal über die eingeblendete Meldung den Standortzugriff gewähren.

Schreiben Sie noch einen kurzen Text dazu. Anschließend können Sie noch Freunde aus Ihrer Freundesliste wählen, die auch mit dabei sind. Sie werden über diese Markierung sofort informiert. Der Standort wird anderen Freunden angezeigt, um sich leicht zu verabreden.

In der Facebook-App geben Sie nicht nur an, wo Sie sind, sondern auch, was Sie dort tun. Dabei braucht man keinen Text einzugeben, sondern kann über das Symbol mit dem Smiley unter einer Vielzahl von Tätigkeiten mit Bildsymbolen auswählen.

Beim Einchecken können Sie wie bei jeder Facebook-Statusmeldung oben noch angeben, ob sie öffentlich oder nur für Freunde sichtbar sein soll.

Das Symbol *Orte in der Nähe* im Menü der Facebook-App zeigt auch – ohne einzuchecken – interessante Orte, Gastronomie und Läden in der eigenen Umgebung. Um leicht dorthin zu finden, können Sie sich eine Route auf einer Landkarte anzeigen lassen und nach dem Besuch natürlich auch eine Bewertung abgeben.

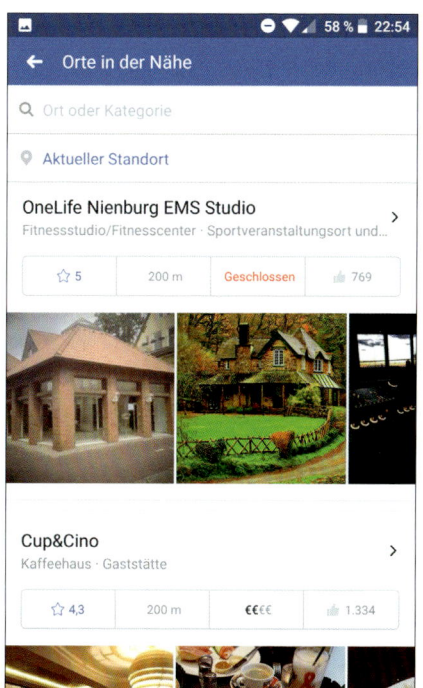 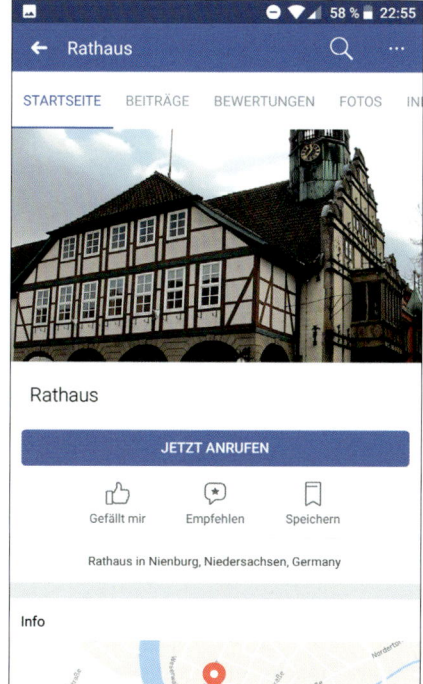

Orte in der Nähe in der Facebook-App.

Wichtige Einstellungen in der Facebook-App

Innerhalb der Facebook-App sollten Sie noch ein paar wichtige Einstellungen vornehmen. Die Einstellungen finden Sie über das Menüsymbol rechts oben. Scrollen Sie dann ganz nach unten zu *App-Einstellungen*.

Schalten Sie hier zuallererst die Funktion *Autoplay* auf *Nur bei WLAN-Verbindungen*, da sie zu einem enormen Datenverbrauch im Mobilfunknetz führen kann. Standardmäßig spielt Facebook seit einiger Zeit Videos – vor allem auch Werbevideos – in der mobilen App automatisch ab. Sie können das automatische Abspielen von Videos auch ganz unterbinden, um nicht ständig von dem damit verbundenen Lärm belästigt zu werden. Ist diese Einstellung ausgeschaltet, erscheint bei Videos zunächst nur ein Platzhalter. Erst beim Antippen wird das Video tatsächlich heruntergeladen und abgespielt. Deaktivieren Sie auch die Schalter *Fotos in HD hochladen* und *Videos in HD hochladen*, da diese Einstellungen ebenfalls zu sehr hohem Datenverbrauch, nicht nur bei Ihnen selbst, sondern auch bei allen, die Ihre Beiträge ansehen, führt.

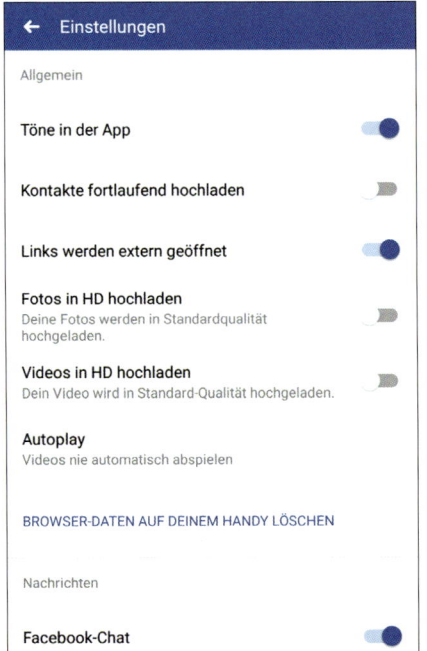 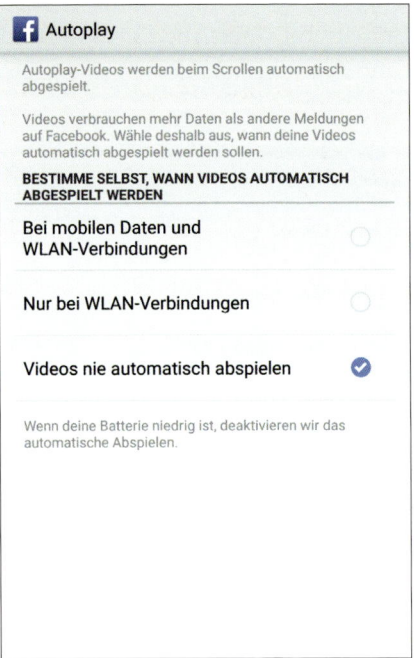

Wichtige Einstellungen in der Facebook-App.

In der Standardeinstellung öffnet Facebook externe Links im eingebauten Browser der App. Dies hat den Nachteil, dass sie nicht in der Verlaufsliste auf andere Geräte synchronisiert werden und man auch keine Lesezeichen anlegen kann. Weiterhin unterstützt der eingebaute Browser keine Erweiterungen und auch keine Werbeblocker. Aktivieren Sie den Schalter *Links werden extern geöffnet*, um Links aus Facebook im Chrome-Browser oder einem anderen installierten Browser auf dem Smartphone zu öffnen.

Weiterhin sollten Sie unter *Benachrichtigungen* alle weniger wichtigen Benachrichtigungen ausschalten, da das Smartphone sonst bei jeder Kleinigkeit auf Facebook klingelt und blinkt und Sie wichtige von unwichtigen Meldungen nicht mehr unterscheiden können.

Twitter

Twitter ist ein beliebter Kurznachrichtendienst, der zunehmend auch von Firmen und Infoportalen genutzt wird. Twitter eroberte in rasanter Geschwindigkeit das Internet und hat derzeit 328 Millionen aktive Nutzer, davon

etwa 3,8 Millionen in Deutschland. Deutlich mehr als die Hälfte davon nutzen mobile Endgeräte. Jeder Twitter-Nutzer kann Kurznachrichten öffentlich oder nur an bestimmte Personen schreiben. Über 500 Millionen solche Tweets werden täglich veröffentlicht.

Die Twitter-App für Android und aktuelle Infos der Deutschen Bahn auf Twitter.

Mit der Twitter-App für Android kann man von unterwegs twittern, Direktnachrichten, Fotos, Videos und Links an Freunde oder auch an alle schicken. Beim ersten Start der Twitter-App loggen Sie sich mit Ihren Benutzerdaten ein. Wer noch kein Twitter-Konto hat, kann dieses auch in der App anlegen.

Die Twitter-App zeigt beim Start die aktuelle Timeline mit den neuesten Tweets der Personen, denen man folgt. Ziehen Sie den Bildschirm nach unten, um die Anzeige zu aktualisieren und neueste Tweets anzuzeigen.

In der Twitter-App können Sie auch Listen, Trends und Erwähnungen sehen. Im eigenen Profil können Sie sich die letzten eigenen Tweets sowie die Follower – die Personen, die Ihre Tweets lesen – anzeigen lassen. Weiterhin kann man in der Twitter-App den Twitter-eigenen Foto-Upload-Dienst nutzen. Man kann Listen und Trends sehen, Tweets, Themen und Hashtags suchen sowie Tweets von Personen in der eigenen näheren Umgebung finden. Mit dem Briefsymbol oben rechts senden Sie private Nachrichten an einzelne Twitter-Nutzer, die nicht öffentlich zu sehen sind.

Im Suchfeld oben können Sie nach beliebigen Begriffen suchen. Beginnen Sie die Eingabe mit dem #-Zeichen, um nach sogenannten Hashtags, Stichwörtern, unter denen aktuelle Trends zusammengefasst werden, zu suchen, oder suchen Sie mit dem @-Symbol nach Personen.

App-Shortcuts

Über App-Shortcuts (langes Antippen des App-Symbols) lassen sich wichtige Aufgaben schnell aufrufen. Bei Bedarf können diese Shortcuts auf den Startbildschirm gelegt werden.

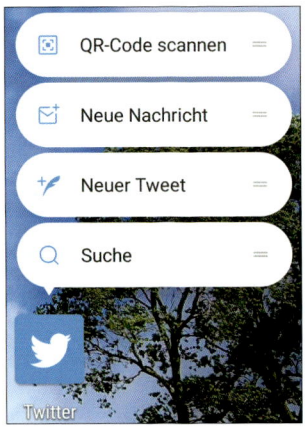

App-Shortcuts für Twitter.

Wichtige Einstellungen in der Twitter-App

Die Einstellungen der Twitter-App erreichen Sie, indem Sie oben links auf Ihr Profilbild tippen und dann *Einstellungen und Datenschutz* wählen. Auch hier sollten Sie gleich als Erstes unter *Datenverbrauch* die Optionen *Video-Autoplay* und *High-Quality-Video* abschalten.

Unter *Mitteilungen/Push-Mitteilungen* können Sie festlegen, dass eine Benachrichtigung erscheint, wenn Sie eine Antwort oder eine Erwähnung per

Twitter bekommen. Dabei haben Sie die Wahl, ob das für alle Antworten und Erwähnungen gilt oder nur für solche von Benutzern, denen Sie selbst folgen. Die Schalter *Empfehlungen* und *Neuigkeiten* sollten Sie deaktivieren, wenn Sie nicht per Push-Mitteilung durch Werbung belästigt werden möchten.

> **ACHTUNG:** Theoretisch können Sie sich sogar bei jedem Tweet benachrichtigen lassen. Dies ist standardmäßig aber abgeschaltet. Bei aktiven Twitterern kommen Tweets von anderen Nutzern im Minutentakt an. Hier würde ständig die Benachrichtigung blinken, sodass man wichtige E-Mails oder Termine in der Benachrichtigungsflut gar nicht mehr wahrnehmen würde. Schalten Sie in den *Einstellungen* unter *Bildschirm und Ton* die *Soundeffekte* aus, sonst ertönt bei jedem Tweet ein Geräusch.

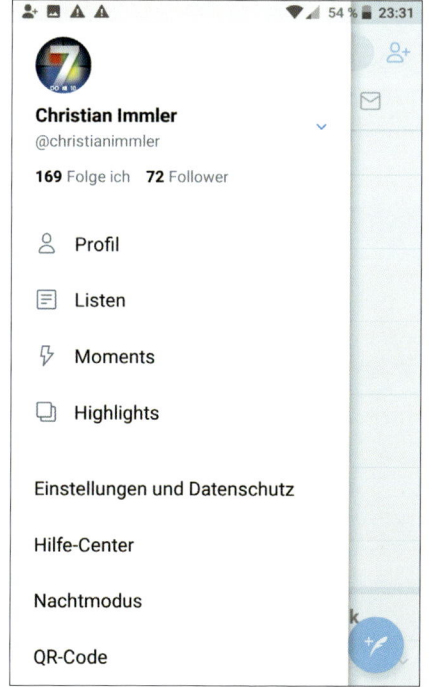 

Twitter-Einstellungen und Benachrichtigungseinstellungen.

Links aus dem Chrome-Browser twittern

Twitter integriert sich automatisch in den Browser. Um einen interessanten Link auf Twitter zu veröffentlichen, brauchen Sie im Chrome-Browser nur auf das Menüsymbol zu tippen und dann *Teilen* zu wählen. In der Liste der verfügbaren Sendemethoden finden Sie unter anderem auch zwei Symbole der Twitter-App, wenn diese installiert ist – eines für Direktnachrichten an eine bestimmte

Person und eines für öffentliche Tweets. Vor dem endgültigen Twittern können Sie noch einen Kommentar oder ein Foto hinzufügen. Zusätzlich können Sie aktuelle Standortdaten übertragen, was bei Regionalnachrichten nützlich sein kann. Benutzer können die Anzeige ihrer Tweets nach der Nähe zum eigenen Standort filtern, um gezielt Tweets aus der Umgebung zu sehen.

Google+

Viele haben es versucht, aber nur einer hat es geschafft, eine ernsthafte Konkurrenz zu Facebook aufzubauen. Google startete im Juni 2011 mit Google+ sein eigenes soziales Netzwerk, das in kürzester Zeit sehr gut angenommen wurde.

Dabei sollte Google+ nie ein soziales Netzwerk im Stil von Facebook werden, sondern stellt eher Themen und Interessengebiete in den Vordergrund. Hier tauscht man sich leichter mit Fremden in thematischen Communitys und Sammlungen aus, während Facebook mehr der privaten Kommunikation mit Freunden dient.

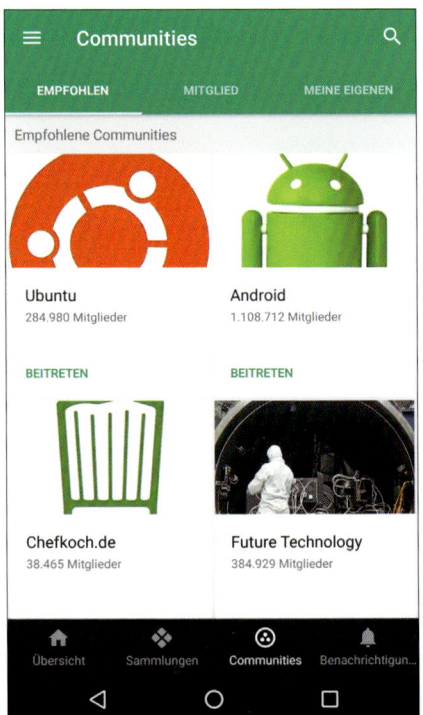 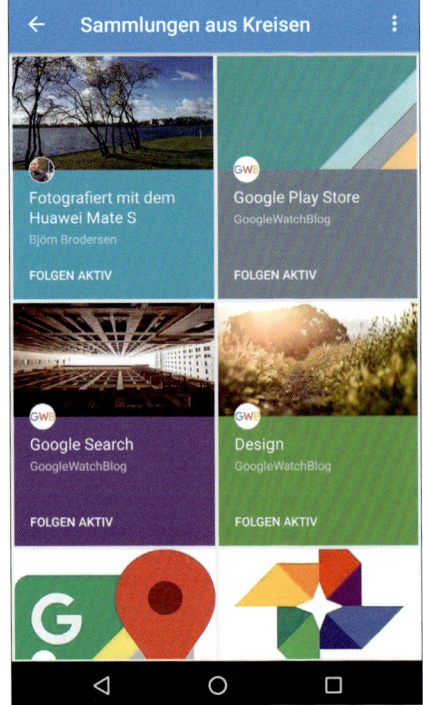

Die Google+-App ähnelte früher stark der Facebook-App, wird aber mit jedem Update eigenständiger.

Die wichtigsten Vorteile von Google+ gegenüber ähnlichen Angeboten sind die gute Integration in andere Google-Dienste und die Möglichkeit, Freundeskreise festzulegen, sodass nicht immer alle Kontakte alle Informationen bekommen. So kann man besser zwischen privaten Freunden, Familie und Arbeitskollegen unterscheiden. Facebook übernahm diese Idee später auch.

SMS

SMS verlieren zwar bedingt durch mobile Messenger und E-Mails zunehmend an Bedeutung, was nicht zuletzt an den vergleichsweise hohen Kosten liegt. Sie sind aber immer noch eine beliebte Kommunikationsform, vor allem zwischen Benutzern einfacher Handys, die keinen Internetzugang haben. Außerdem werden SMS teilweise heute noch von Mobilfunkprovidern verwendet, um Konfigurationsdaten auf Smartphones zu übertragen.

Viele Onlinedienste nutzen SMS, um Sicherheitscodes zu verschicken, da sich eine SMS im Gegensatz zu einer E-Mail wirklich nur von der Person lesen lässt, die über das Smartphone verfügt.

> **INFO:** In Deutschland werden zurzeit pro Jahr weniger als 15 Milliarden SMS verschickt, davon etwa 400 Millionen in der Silvesternacht, was jedes Jahr vielerorts zu Zusammenbrüchen der Netze führt. Die Anzahl der versandten SMS wird zugunsten von WhatsApp in Zukunft weiter abnehmen. Im Jahr 2015 wurden nur noch 39,8 Millionen SMS pro Tag verschickt, aber 667 Millionen WhatsApp-Nachrichten.

> **Beim Tarifwechsel beachten**
>
> Neue SMS-Dienste wie z. B. mobileTAN für Onlinebanking oder Parkgebühren bezahlen machen die SMS auch auf Smartphones noch interessant. Beachten Sie allerdings beim Wechsel auf einen günstigen Smartphone-Tarif, dass einige der preiswerten Anbieter, z. B. 1&1, keine Premium-SMS-Dienste unterstützen. Mit diesen SIM-Karten können also keine Parkgebühren oder Fahrscheine per SMS bezahlt werden. Einfache SMS an andere Smartphones funktionieren aber.

Natürlich kann man auch mit Android-Smartphones SMS senden und empfangen. Kommt eine SMS an, ertönt ein Benachrichtigungston, die LED blinkt und in der Benachrichtigungsleiste erscheint neben den Anzeigen neuer E-Mails und Facebook-Nachrichten ein weiteres Symbol.

Android 8 Oreo verwendet für SMS standardmäßig die App *Google Messenger*. Eine SMS zu schreiben, ist ganz einfach. Starten Sie die App, tippen Sie auf das Plussymbol und tragen Sie oben die Nummer des Empfängers ein oder wählen Sie einen Kontakt aus der Liste. Schreiben Sie dann unten den Text. Ist dieser länger als 160 Zeichen, wird die SMS automatisch als mehrere SMS verschickt, wobei auch die Verkettung einige Zeichen kostet. In eine doppelte SMS passen also nicht ganz 320 Zeichen.

Alternativ können Sie den SMS-Empfänger in der Kontakte-App auswählen und dann rechts neben der Telefonnummer auf das Nachrichtensymbol tippen. Das startet die Messenger-App, die Nummer des Empfängers wird direkt übernommen.

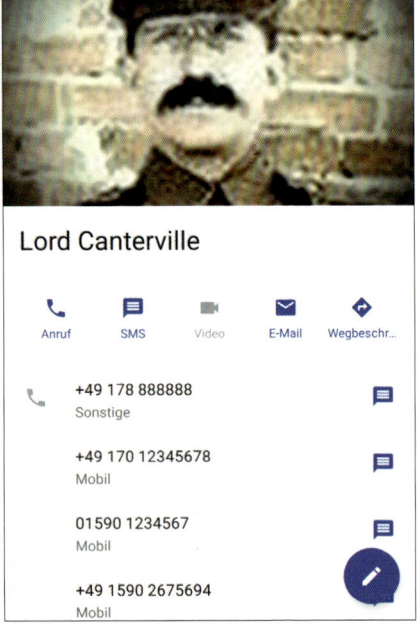

SMS über die Messenger-App oder die Kontakte-App schreiben.

> **INFO:** Die MMS, ursprünglich als sehr teurer Nachfolger der SMS geplant, kam selbst in besten Zeiten kaum über 0,5 Millionen pro Tag. MMS wurde fast vollständig durch mobile E-Mail und Messenger ersetzt und ist mittlerweile aus den Statistiken komplett verschwunden. Nur noch aus historischen Kompatibilitätsgründen unterstützt die Messenger-App weiterhin auch MMS.

WhatsApp und andere Messenger

Instant Messenger sind für die private, spontane Kommunikation inzwischen wichtiger als E-Mail. Per Chat kann man sich schnell mit Freunden verabreden oder kurze Informationen in Echtzeit austauschen.

Selbstverständlich gehört auch eine Chat-App auf ein Smartphone – *Google Allo* ist auf fast allen aktuellen Android-Smartphones bereits vorinstalliert, aber im deutschsprachigen Raum noch wenig verbreitet.

WhatsApp – Chat als SMS-Ersatz

Die Nummer eins der kostenlosen Apps im Google Play Store ist immer wieder der Messenger WhatsApp. WhatsApp ist auf dem besten Weg, die SMS zu ersetzen, und überzeugt durch sein Konzept sowie die einfache Installation und Nutzung. WhatsApp ist das Vorbild für diverse ähnliche Messenger-Systeme.

Anfang Februar 2016 gab das Unternehmen bekannt, dass die Marke von 1 Milliarde aktiven Nutzern überschritten wurde und täglich mit dem Dienst 42 Milliarden Nachrichten versandt wurden. WhatsApp gilt als der am schnellsten wachsende Internetdienst der Geschichte und ist nach Facebook erst die zweite App, die nicht von Google stammt und die Marke von 1 Milliarde Downloads überschritten hat. Etwa die Hälfte aller Android-Nutzer in Deutschland verwenden WhatsApp zum Chatten, in der Altersgruppe der 16-18-Jährigen sind es sogar 96 %, was die Netzbetreiber als deutlichen Rückgang der SMS-Zahlen zu spüren bekommen.

WhatsApp nutzt die Internetverbindung des Smartphones und nicht den SMS-Dienst. So fallen keine SMS-Kosten an. Die Nutzung ist im Rahmen einer Internetflatrate kostenlos, außerdem kann WLAN zum Versand und Empfang der Nachrichten verwendet werden, was bei SMS nicht möglich ist.

WhatsApp ist ein Messenger, der speziell für Smartphones entwickelt und nicht vom PC aufs Smartphone portiert wurde. Bei der Installation kann die App automatisch das Adressbuch auf dem Smartphone durchsuchen und alle Kontakte finden, die bereits WhatsApp nutzen. Damit wird die Verwendung so einfach wie SMS, nur kostenlos und nicht auf 160 Zeichen begrenzt. WhatsApp integriert sich automatisch in das Adressbuch auf dem Smartphone, sodass man beim Schreiben einer SMS automatisch gefragt wird, ob man wirklich eine klassische SMS verschicken möchte oder eine Nachricht per WhatsApp.

5 ▪ Kommunikation mit dem Smartphone

 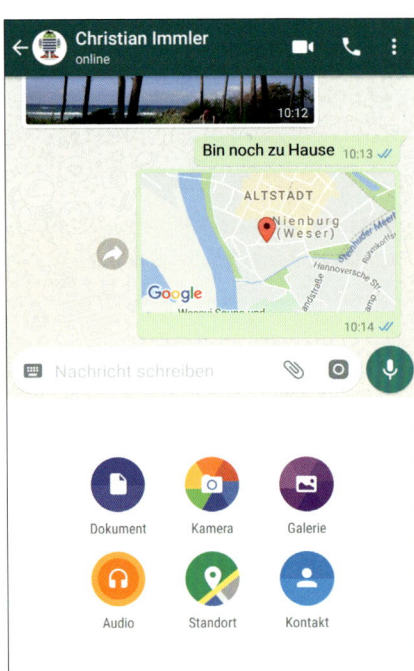

Chatten per WhatsApp.

Mit WhatsApp lassen sich auch Bilder, Dokumente, Videos und Internetlinks verschicken. Tippen Sie dazu auf das Symbol mit der Büroklammer im Eingabefeld. In der aktuellen Version lassen sich die Fotos vor dem Versand mit Filtern bearbeiten. Die Symbolleiste oben beim Verschicken eines Fotos bietet die Möglichkeit, Texte oder Grafiken in das Foto einzubinden, um zum Beispiel auf bestimmte Details hinzuweisen.

> **TIPP:** Um sich leicht zu verabreden, kann WhatsApp die aktuelle Position verschicken. Der Empfänger bekommt einen Google-Maps-Link, in dem die Position des Absenders eingetragen ist. Damit dies wirklich zuverlässig funktioniert, sollte natürlich das GPS auf dem Handy eingeschaltet sein und die Standortdienste müssen aktiviert sein.

Seit einiger Zeit bietet WhatsApp die Möglichkeit, über die Internetverbindung zu telefonieren, auch mit Video. Damit sind z. B. kostenlose Gespräche ins Ausland möglich, wenn beide Gesprächspartner eine Datenflatrate in ihrem Land haben oder ein WLAN nutzen.

WhatsApp-Gespräche verbrauchen nur Datenvolumen, aber keine Gesprächsminuten des Mobilfunkvertrags und schon gar keine überhöhten Tarife für Auslandsgespräche.

WhatsApp und andere Messenger

Bilder vor dem Versenden bearbeiten.

Im Gegensatz zu WhatsApp-Textnachrichten, die immer und überall funktionieren, stellt die Videotelefonie sehr hohe Anforderungen an die Qualität der Internetverbindung.

Google Hangouts

Google Hangouts ist auf vielen Android-Smartphones noch vorinstalliert, obwohl es in Zukunft von anderen Google-Messengern abgelöst werden wird. Über Hangouts können Sie mit allen Personen aus Ihrem Adressbuch chatten, die ein Google-Konto nutzen – egal ob auf dem Smartphone oder auf dem PC im Browser bei Gmail.

Hangouts unterstützt den Versand von Fotos, Videos und Google-Maps-Standorten. Dabei können Sie außer dem ermittelten Standort auch einen bekannten Ort in der Nähe, eine Sehenswürdigkeit oder einen Laden als Standort wählen, falls die automatische Standortermittlung nicht genau sein sollte.

Auch Videogespräche über die Internetverbindung des Smartphones sind direkt aus Hangouts möglich. Wie viele Chat-Apps bietet Hangouts auch Gruppenchats an. Chatten Sie mit einer Person, können Sie über den Menüpunkt *Teilnehmer* einfach weitere Personen zum Chat einladen.

In den Einstellungen von Hangouts können Sie über die Option *SMS Hangouts statt der Messenger-App* als Standard-App zum Empfang und Versand von SMS und MMS nutzen.

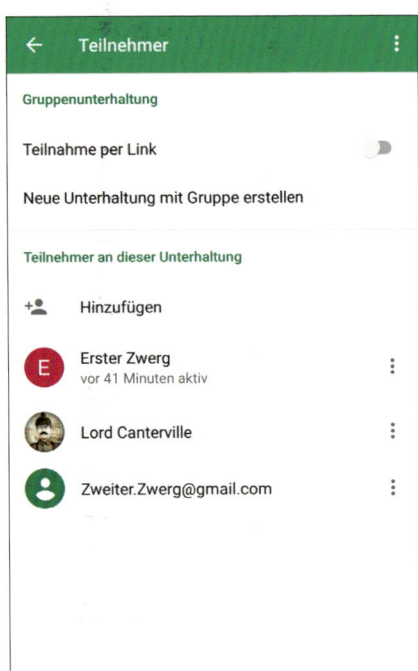

Gruppenchat mit Hangouts.

Google Allo

Google Allo ist ein neuer Messenger von Google, der einige neuartige Funktionen bietet, etwa große Sammlungen von Emojis und die über Wischgesten einstellbare Textgröße.

Die wichtigste ist der intelligente Assistent, den man direkt aus dem Chat heraus fragen kann. Fügt man in einer Unterhaltung *@google* über die Symbolleiste ein, antwortet der Google Assistant passend zum Chatthema und schlägt z. B. Wikipedia-Links, lokale Restaurants oder das aktuelle Kinoprogramm vor.

Google Allo beinhaltet einfache Malfunktionen, um Anmerkungen in Fotos vorzunehmen. Anhand des eigenen Chatverhaltens werden unter Fotos oder Antworten des Google-Assistenten Symbole mit typischen Antworten eingeblendet, um schnell einen Kommentar zu einem Foto abzugeben.

WhatsApp und andere Messenger

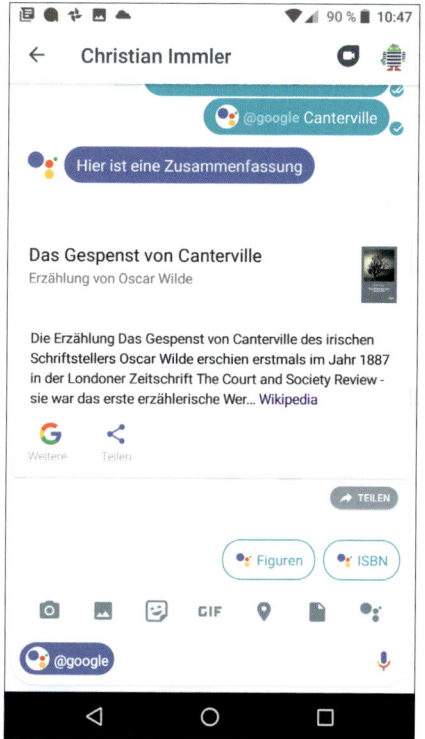

Der Messenger Google Allo.

App-Shortcuts

Über App-Shortcuts (langes Antippen des App-Symbols) lassen sich häufig kontaktierte Personen und neue Unterhaltungen schnell aufrufen. Bei Bedarf können diese Shortcuts auf den Startbildschirm gelegt werden.

App-Shortcuts für Google Allo.

Google Duo

Google Duo ist eine App, mit der Videoanrufe mit einem Fingertipp möglich sind. Die übersichtliche Oberfläche zeigt häufig kontaktierte Personen, die durch einfaches Antippen angerufen werden können. Bei der ersten Anmeldung müs-

sen Sie nur Ihre Telefonnummer bestätigen. Sie erhalten dann per SMS einen Code, der automatisch eingetragen wird, sodass Sie sofort loslegen können.

Mit dem Symbol *Neuer Anruf* können Sie sofort einen Videoanruf starten. Die zuletzt kontaktierten Personen werden direkt auf dem Startbildschirm angezeigt. Die Kontaktliste in Google Duo zeigt alle Personen aus dem eigenen Adressbuch an.

Sie können aber nur Personen anrufen, die ebenfalls Google Duo auf ihrem Smartphone haben. Bei allen anderen öffnet sich die SMS-App, um die Person per SMS zu Google Duo einzuladen.

Videotelefonie mit Google Duo.

Wenn Sie in den Einstellungen die Option *Kuckuck* aktivieren, sieht die angerufene Person bereits eine Live-Vorschau Ihres Kamerabildes. Dies funktioniert nur, wenn beide Gesprächspartner sich gegenseitig in ihren Kontaktlisten haben.

Durch ein neuartiges Protokoll zur Datenübertragung bleibt die Gesprächsqualität möglichst erhalten, wenn man das WLAN verlässt und in ein Mobilfunknetz wechselt.

Facebook Messenger

Facebook hat in seinen Nutzerzahlen alle anderen sozialen Netzwerke längst überholt. Da wundert es nicht, dass auch die in Facebook eingebaute Chatfunktion den klassischen Chatsystemen immer mehr den Rang abläuft.

Facebook bietet eine eigene Messenger-App an. Diese kann auch im Hintergrund laufen und den Benutzer bei eingehenden Chatnachrichten per LED oder Signalton benachrichtigen. Die klassische Facebook-App für Android bietet seit einiger Zeit keine Chatfunktion mehr an. Beim Versuch, einen Chat zu starten, wird direkt auf den Facebook Messenger verwiesen. Nach der Installation kann der Facebook Messenger auch für SMS verwendet werden. Sie brauchen dann nicht mehr zwischen so vielen Apps zu wechseln und können auf die Standard-SMS-App verzichten.

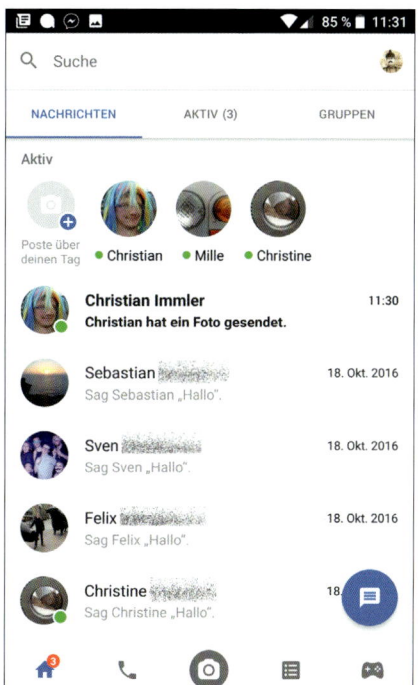 

Der Facebook Messenger für Android.

Der Facebook Messenger ermöglicht auch Gruppenunterhaltungen sowie den Versand von Fotos oder Ortsangaben an Facebook-Freunde. Der Messenger sollte ursprünglich die schnelle Facebook-Kommunikation ermöglichen, ohne erst die »große« App zu starten. Allerdings stellt auch der Messenger hohe Ansprüche an die Qualität der Internetverbindung. WhatsApp funktioniert dagegen auch bei schwacher Netzabdeckung noch.

> **Messenger auf dem PC**
>
> Statt der Facebook-Seite mit dem winzigen Chatfenster kann man auf dem PC im Browser auch über *www.messenger.com* chatten. Diese Seite hat ein deutlich übersichtlicheres Design und verhält sich auch sehr flüssig.

Das sogenannte Chatsymbol zeigt das Profilbild des Chatpartners als rundes Symbol an, das über andere Android-Apps geblendet wird und frei auf dem Bildschirm verschoben werden kann. So kommt man schnell aus einer anderen App wieder in den Chat und wird benachrichtigt, wenn eine neue Nachricht ankommt. Ziehen Sie dieses Chatsymbol an den unteren Bildschirmrand, verschwindet es vom Bildschirm.

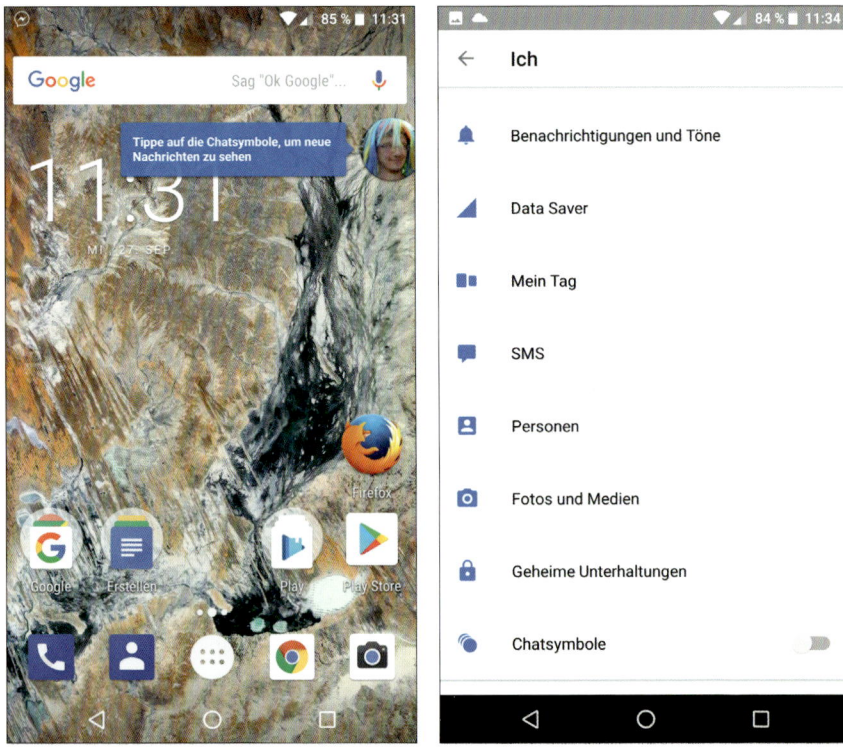

Chatbenachrichtigung als Symbol und Systembenachrichtigung.

Tippen Sie im Messenger oben rechts auf das eigene Profilbild, um das Profil und die Einstellungen aufzurufen. Mit dem Schalter *Chatsymbole* können Sie die Chatsymbole ein- und ausschalten. Chatbenachrichtigungen werden zusätzlich als Android-Systembenachrichtigung in der Benachrichtigungsleiste angezeigt. Der *Data Saver* verhindert, dass empfangene Videos und Bilder über die Mobilfunkverbindung automatisch heruntergeladen werden. Stattdessen erscheint ein Downloadlink.

Facebook Messenger Lite

Der Facebook Messenger ist für seinen hohen Ressourcenverbrauch bekannt. Facebook liefert deshalb eine neue Lite-Version des Messengers, der auf animierte GIFs, Farbspiele und diverse andere Zusatzfunktionen verzichtet.

Wer einfach nur kommunizieren will, schriftlich oder per VoIP-Telefonie, ist damit besser beraten. Das Versenden von Links und Fotos funktioniert auch mit der Lite-Version. Diese verbraucht deutlich weniger Datenvolumen und Speicher auf dem Smartphone. Die App selbst ist nur etwa 10 MByte groß – gegenüber 138 MByte beim »großen« Messenger – und funktioniert auch bei schwachen Internetverbindungen.

Skype

Vom Festnetz ins Ausland telefonieren ist teuer, vom Handy ist es noch teurer. **Skype** ist auf dem PC schon lange für kostenlose Telefonie im Internet bekannt. Skype funktioniert wie ein Messenger. Man registriert sich einmal mit seinem

Namen auf der Skype-Webseite und kann dann alle Freunde, die ebenfalls Skype verwenden, in eine Kontaktliste eintragen und deren Onlinestatus anzeigen lassen.

Seit Skype von Microsoft übernommen wurde, kann man sich ganz einfach mit dem Microsoft-Konto anmelden, mit dem man bei Windows am PC angemeldet ist, und benötigt kein eigenes Benutzerkonto mehr. Nach der Installation müssen unter Android 8 Oreo sechs verschiedene Berechtigungen gewährt werden, damit Sie mit Skype telefonieren und Daten verschicken können.

Durch Antippen eines Namens in der Skype-Kontaktliste stellt man eine Gesprächsverbindung her. Mit Skype können Sie nicht nur mit anderen Skype-Nutzern kostenlos telefonieren, sondern auch zu sehr günstigen Preisen in das normale Telefonnetz der meisten Länder der Welt anrufen. Dazu kauft man ähnlich wie bei einer Prepaid-Karte online ein SkypeOut-Guthaben und wählt dann in der App die Telefonnummer. Skype listet die Gebühren für Gespräche in verschiedene Länder unter *www.skype.com/de/rates* auf.

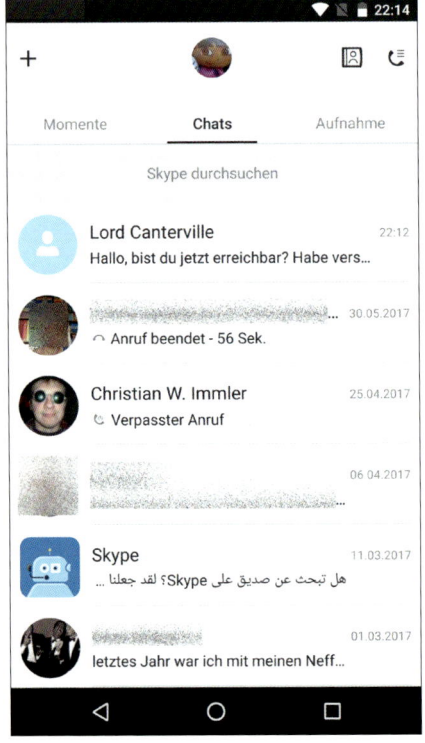 

Kontaktliste und Telefon in Skype.

Skype verwendet nicht das Mobilfunk-Telefonnetz, sondern eine Internetverbindung. Die App funktioniert am besten per WLAN, aber auch über UMTS oder LTE. Hier braucht man allerdings eine umfangreiche Datenflatrate, da bei VoIP-Gesprächen erhebliches Datenvolumen anfallen kann. Manche Mobilfunkbetreiber schließen VoIP-Gespräche in ihrer Datenflatrate explizit aus. Wie bei einem klassischen Messenger lassen sich auch Textnachrichten, Bilder und Dateien übertragen. Eingegangene Videonachrichten können gespeichert werden, um sie später auch offline anzusehen.

> **TIPP:** Für eine gute Gesprächsqualität sollte man sich mit dem Smartphone nicht zu hektisch bewegen und äußere Störquellen meiden.

Kapitel 6

Unterwegs mit dem Android-Smartphone

Wer unterwegs ist, braucht eine Landkarte oder einen Stadtplan des Urlaubsortes. Landkarten auf dem Smartphone haben gegenüber ihren auf großformatiges Papier gedruckten Vorgängern einige Vorteile. Sie können deutlich aktueller sein als Pläne aus Papier, die auch in Urlaubsregionen höchstens einmal im Jahr erneuert werden, und der eigene Standort lässt sich per GPS direkt auf der Karte anzeigen. Hinzu kommt eine präzise Suchfunktion, die selbst kleine Orte oder einzelne Straßen in Sekundenschnelle findet.

> **Google Assistant**
>
> Der Google Assistant zeigt Orte in der Nähe sowie bei Reisen auch aktuelle Verkehrsinformationen oder Fahrpläne an, wenn das Smartphone eine Bewegung in Richtung eines bekannten Ortes erkennt.
>
> Der Google Assistant ist auf dem Startbildschirm mit einer Wischgeste von links erreichbar. Im Seitenmenü können Sie den Google Assistant an Ihre persönlichen Interessen anpassen und so genau festlegen, welche Informationen angezeigt werden sollen.

Google Maps

Google Maps hat sich zur wichtigsten Quelle für Landkarten und geografische Informationen im Internet entwickelt. Genauso einfach, wie die Suchmaschine Google irgendetwas im Internet findet, findet Google Maps die genaue Position in der realen Welt. Auf allen Android-Smartphones ist eine App
für Google Maps vorinstalliert, die noch mehr Funktionen bietet als die browserbasierte Version von Google Maps. Das Menüsymbol oben links blendet ein

Seitenmenü ein, über das man weitere Informationen in der Karte anzeigen lassen kann. Mit zwei Fingern lässt sich die Kartenansicht, die normalerweise nach Norden ausgerichtet ist, drehen. Tippen Sie auf das Kompass-Symbol, wird die Karte wieder genordet.

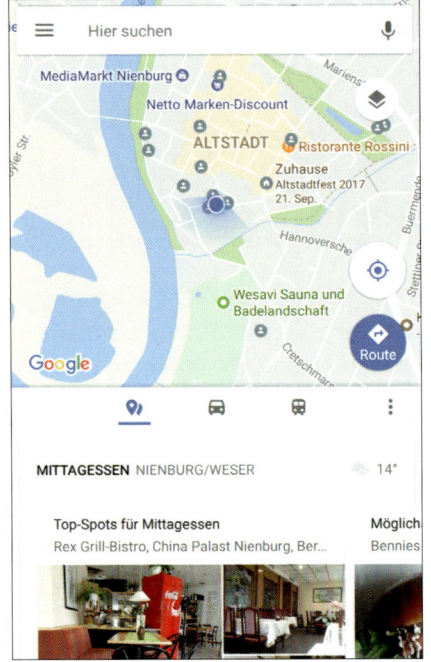 

Google Maps auf einem Android-Smartphone, rechts: mit Radwegen.

Im unteren Bildschirmbereich erscheint eine Symbolleiste, die Sie nach unten schieben können, um den ganzen Bildschirm für die Karte zur Verfügung zu haben. Das Symbol mit den drei Punkten rechts in dieser Symbolleiste blendet weitere Kartenebenen wie Radwege, Satellitenbild oder Geländeformationen ein. Schieben Sie die Symbolleiste nach oben, zeigt die App Gastronomie, Läden und Fotos aus der auf dem Kartenausschnitt dargestellten Region.

> **ACHTUNG:** Bedenken Sie, dass die Satellitenbilder ein deutlich höheres Datenvolumen verursachen als die simple Vektorgrafik.

Google Maps findet über das Suchfeld nicht nur Orte, sondern auch Straßennamen, Läden, Hotels und Restaurants. Dabei wird immer zuerst in der unmittelbaren Umgebung gesucht. Verschieben Sie den Kartenausschnitt, erscheint eine Schaltfläche, um im neuen Bereich zu suchen. Tippen Sie unten auf das Suchergebnis, erscheinen weitere Informationen. Dies funktioniert bei Sehenswürdigkeiten sowie bei zahlreichen Hotels und Gastronomiebetrieben.

Google Maps offline nutzen

Bewegen Sie sich in Gegenden mit schlechter Mobilfunkversorgung oder im Ausland, ist die Onlinenutzung von Google Maps nicht möglich oder mit hohen Roamingkosten verbunden. Laden Sie sich deshalb die für eine Reise benötigten Kartenbereiche zu Hause über WLAN herunter, um sie dann vor Ort offline nutzen zu können.

1. Suchen Sie den gewünschten Ort und ziehen Sie dann den Balken mit dem Suchergebnis unterhalb der Kartenanzeige nach oben.
2. Die nächste Seite zeigt Informationen zum Ort und meistens auch einige Fotos. Tippen Sie hier auf *Herunterladen*.
3. Jetzt können Sie den herunterzuladenden Kartenbereich noch verschieben. Tippen Sie dann erneut auf *Herunterladen*. Beachten Sie, dass ein Kartenausschnitt für eine Offlinekarte höchstens 120.000 km² groß sein kann.

 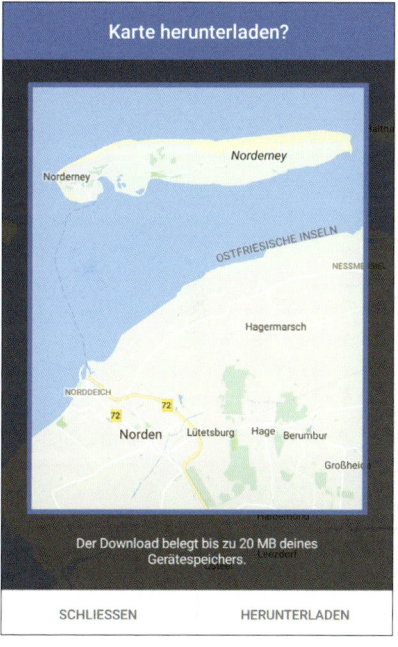

Karten zur Offlinenutzung herunterladen.

Da Kartenmaterial regelmäßig aktualisiert wird, haben die Offlinekarten nur eine begrenzte Gültigkeitsdauer von 30 Tagen. Mit dem Zahnradsymbol in der Liste der Offlinekarten kommen Sie in die *Einstellungen*. Hier können Sie festlegen, ob die Offlinekarten bei Ablauf automatisch aktualisiert werden. Dabei sollten Sie die Standardeinstellung beibehalten, dass die Karten wegen der großen Datenmenge nur über WLAN aktualisiert werden.

Routenplanung mit Google Maps

Google Maps enthält einen vollwertigen Routenplaner. Hier kann man wahlweise optimale Strecken für Autofahrer, Fußgänger oder Radfahrer errechnen lassen. Dabei wird neben der Entfernung auch die voraussichtliche Zeit für den Weg ermittelt. Bei Radrouten ist die angegebene Zeit allerdings nur für extrem sportliche Radrennfahrer zu erreichen. Hier muss Google noch nachbessern. Die Routenplanung für öffentliche Verkehrsmittel funktioniert inzwischen auch in Deutschland sehr zuverlässig.

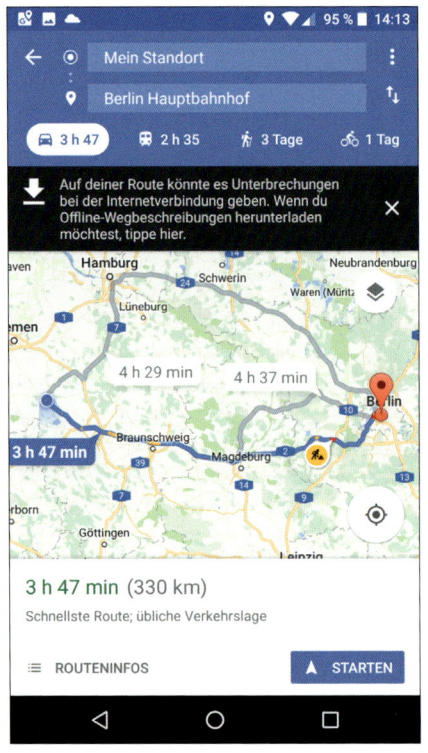 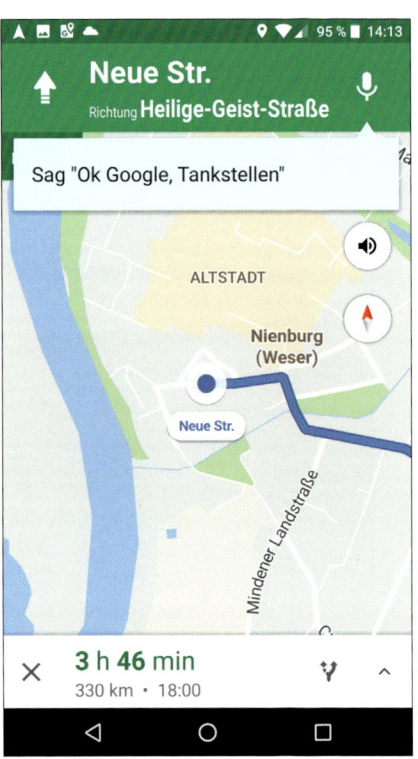

Routenplanung und Navigation für Autofahrer.

Suchen Sie in Google Maps den Zielort und tippen Sie auf das blaue Symbol unten rechts. Danach starten Sie die Berechnung der Route vom aktuellen Standort. Wählen Sie oben das gewünschte Verkehrsmittel aus. Hier können Sie auch noch einen anderen Startpunkt oder Routenoptionen einstellen.

Während der Fahrt zeigt Google Maps wie ein klassisches Navigationssystem Fahrtangaben mit Pfeilen an und spricht auch dazu. Tippen Sie unten auf die Zeitangabe, erhalten Sie eine Wegbeschreibung. Tippen Sie vor Fahrtbeginn auf das schwarze Banner, um diese Wegbeschreibung offline herunterzuladen, damit die Daten auch zur Verfügung stehen, wenn Sie unterwegs mal keine Internetverbindung haben.

Auf Autobahnen zeigt ein Farbcode die aktuelle Verkehrslage an. Dabei steht Grün für problemlos, Gelb für dichten Verkehr und Rot für Stau bzw. Staugefahr. Die Daten werden automatisch anhand der Fahrzeuge ermittelt, die sich auf der Strecke befinden und die Google-Maps-Navigation nutzen. Wird die Verkehrslage nicht angezeigt, schalten Sie sie über das Menüsymbol unten rechts in der Navigationsansicht ein.

Planen Sie eine Route mit öffentlichen Verkehrsmitteln, gehen Sie genauso vor und tippen dann im blauen Feld oberhalb der Karte auf das Bahnsymbol bei den Zeitangaben. Jetzt werden die nächsten Verbindungen angezeigt. Die aktuellen Fahrpläne kommen direkt aus den Auskunftssystemen der Deutschen Bahn sowie anderer regionaler Verkehrsbetriebe.

Tippen Sie auf eine Verbindung, erhalten Sie Details zu den Zügen sowie Umsteigebahnhöfe und -zeiten. Fußwegstrecken am Start- oder Zielort lassen sich auf einem Kartenausschnitt detailliert anzeigen. Mit dem Einstellungssymbol links wählen Sie andere Abfahrts- oder Ankunftszeiten.

> **Offline-Navigation nur für Autofahrer**
>
> Wenn Sie Offlinekarten nutzen, wird nur die Navigation für Autofahrer angeboten. Eine Routenplanung mit öffentlichen Verkehrsmitteln sowie Wegbeschreibungen für Radfahrer und Fußgänger stehen offline nicht zur Verfügung.

Google Street View

Google Street View war früher in Google Maps integriert und wird jetzt als eigene App angeboten, die auch in Gegenden, für die Google noch keine Street-View-Panoramen anbietet, Fotos und Panoramabilder von Nutzern zeigt. In Europa sind   die meisten Länder fast flächendeckend fotografiert. Nur in Deutschland, Bosnien und Herzegowina, Moldawien und Weißrussland gibt es bisher erst Bilder einiger Großstädte.

Zoomen Sie weit genug in die Karte, bis ein gelbes Männchen auftaucht. Positionieren Sie dieses auf einer der blau markierten Straßen, um mit der interaktiven Street-View-Ansicht zu beginnen. Mit den Pfeilen können Sie »die Straße entlanggehen«.

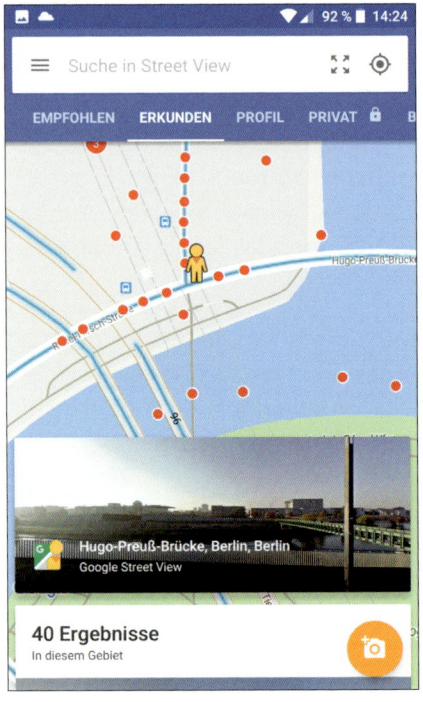 

Die Google-Street-View-App.

> **Eigene Bilder beisteuern**
>
> In der Google-Street-View-App können Sie eigene Panoramafotos veröffentlichen. Weitere Informationen dazu finden Sie in Kapitel 7 »Fotos und Multimedia«. An touristisch interessanten Standorten werden Fotosammlungen mit Panoramafotos zahlreicher Fotografen angeboten.

Google Earth

Auf dem Google-Vorzeigeprodukt Android darf natürlich der faszinierende interaktive Weltatlas Google Earth nicht fehlen. Mit einem Fingerstrich kann man um die ganze Welt reisen und über die Suchfunktion Orte, Plätze und sogar ausgewählte Geschäfte und Hotels finden.

Da Google Earth erwartungsgemäß sehr hohe Anforderungen an die Hardware stellt, läuft die App auf einfacheren Smartphones leider nicht. Die dreidimensionalen Gebäudemodelle sind nur auf High-End-Smartphones mit 3D-Grafikprozessor zu sehen.

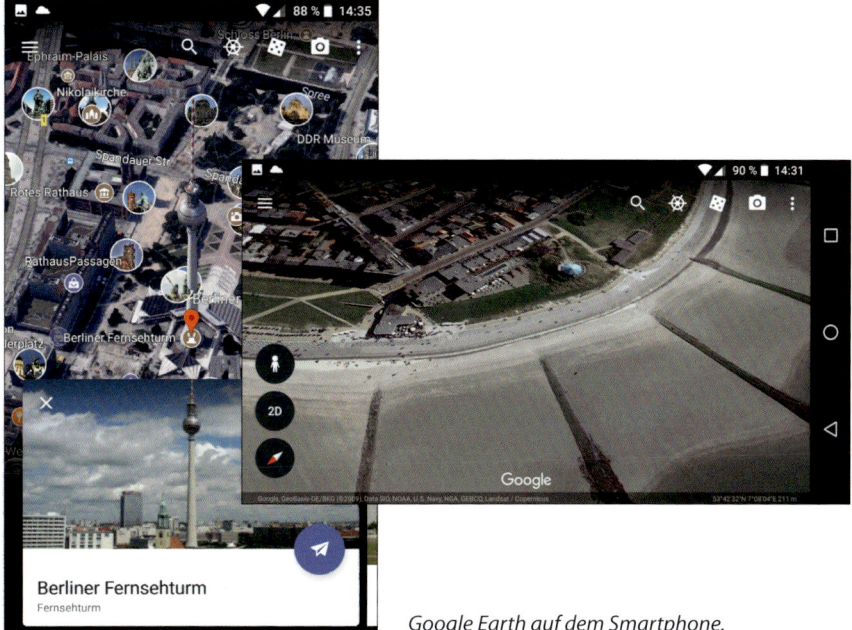

Google Earth auf dem Smartphone.

Google Earth verwendet eine komfortable Multitouch-Navigation über Fingergesten mit einem oder zwei Fingern:

- Streichen Sie mit einem Finger über den Bildschirm, um den Globus zu drehen.
- Durch das Auseinander- und Zusammenziehen von zwei Fingern und gleichzeitiges Drehen können Sie die Karte heranzoomen bzw. wieder herauszoomen und Ihren Blickpunkt ändern.
- Ziehen Sie zwei Finger über den Bildschirm, um die Ansicht zu neigen.
- Durch Doppeltippen mit einem Finger wird die Karte herangezoomt.
- Durch Doppeltippen mit zwei Fingern können Sie herauszoomen.

Über das Seitenmenü lassen sich verschiedene Kartenstile anzeigen, die wichtige Orte, Straßen oder Sehenswürdigkeiten einblenden. Die Anzeige von Fotos aus dem Bilderdienst Panoramio ist in der neuen Google-Earth-App leider weggefallen.

Wikipedia-Informationen werden nicht mehr als eigene Symbole angezeigt, sondern sind jetzt in den Beschreibungen angezeigter Sehenswürdigkeiten verlinkt.

Fahrplanauskunft

Onlinefahrpläne gehörten schon zu Zeiten der ersten WAP-Handys zu den beliebtesten und meistgenutzten mobilen Anwendungen. Das hat sich bis heute nicht geändert. Ein aktueller Fahrplan ist für jeden, der unterwegs ist, unverzichtbar.

DB Navigator

Der *DB Navigator*, die Routenplaner-App der Deutschen Bahn, bietet eine Online-Fahrplanauskunft mit Echtzeitdaten zur aktuellen Verkehrslage. Hier findet man schnell die Information, ob ein Zug pünktlich ist und Anschlüsse passen. Anhand der eigenen Position kann die nächste Haltestelle in der Umgebung gefunden werden.

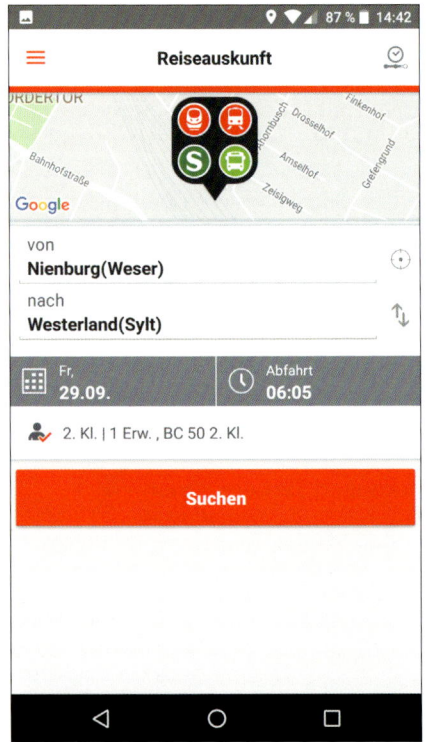

Aktuelle Fahrplanauskunft und Lageplan eines Bahnhofs im DB Navigator.

Man braucht keine Fahrplantabellen zu wälzen, sondern gibt nur Start und Ziel ein und die App sucht alle möglichen Verbindungen innerhalb eines bestimmten Zeitraums. Am Zielort zeigt die App einen Lageplan des Bahnhofs sowie Haltestellen des Nahverkehrs in der Nähe.

Beim ersten Start sollten Sie der App Zugriff auf Standort, Kontakte und Kalender geben. Dann können geplante Fahrten direkt als Termin in den Kalender eingetragen werden, und Sie können Adressen aus dem Adressbuch als Ziel einer Reise angeben, ohne die nächste Haltestelle kennen zu müssen. Melden Sie sich außerdem mit Ihrem DB-Kundenkonto bei der App an, dann brauchen Sie Ihre Onlinetickets nicht mehr unbedingt auszudrucken, sondern können sie direkt auf dem Smartphone speichern oder auch aus der App heraus Fahrkarten kaufen. Bei einer Kontrolle im Zug brauchen Sie nur noch den QR-Code auf dem Smartphone-Bildschirm vorzuzeigen.

Der bessere DB Navigator

Mit dem Update im Juli 2015 verlor der *DB Navigator* einiges an Qualität. Auf einmal gingen wichtige Funktionen verloren, die man gerade, wenn es zu Problemen kommt, bei schlechten Internetverbindungen im Zug oder knappen Umsteigezeiten, dringend braucht. Die Möglichkeit, Fahrpläne offline auf dem Smartphone zu haben oder die aktuellen Abfahrtstafeln häufig genutzter Bahnhöfe  direkt auf dem Startbildschirm, wurde zugunsten einer blassen inhaltslosen Grafik aufgegeben. Viele Daten, die früher kompakt dargestellt wurden, sind jetzt erst nach vielen Klicks und langem Scrollen auf fast leeren Bildschirmseiten zu finden – ausgesprochen lästig, wenn man mit einer Hand am Smartphone durch einen Bahnhof einem verspäteten Zug nachrennt.

Besonders ärgerlich: Die übersichtlichen Informationen zu Verspätungen, die während der Fahrt wichtig sind, wurden aus der App gestrichen. Früher konnte man auf einen Blick sehen, welche Anschlusszüge erreicht werden und welche Alternativen es gibt, wenn es mal zu spät wird.

Mehrere Tausend 1-Sterne-Bewertungen im Google Play Store bereits in den ersten Tagen nach Veröffentlichung des Updates sprechen eine eindeutige Sprache.

Mit einem Trick kommt man aber noch an die ältere, bessere Version des *DB Navigator*, die weiterhin alle aktuellen Fahrplandaten zeigt. Die ältere Version ist an einem Farbverlauf im Logo zu erkennen. Der weiter vorne im Buch beschriebene Uptodown Store liefert zu den meisten Apps zusätzlich zur aktuellen auch ältere Versionen. Suchen Sie dort den *DB Navigator* und scrollen Sie ganz nach unten zu den vorherigen Versionen. Nach der Installation des

6 ▪ Unterwegs mit dem Android-Smartphone

DB Navigator 15.04.P06.00 wird die App bei den eigenen Apps im Google Play Store angezeigt, obwohl sie nicht von dort installiert wurde. Schalten Sie hier gleich das automatische Update aus, sonst haben Sie möglicherweise schon Sekunden später wieder die neue Version auf Ihrem Smartphone. Weitere Informationen finden Sie auf *wp.me/p1mbVt-e4*.

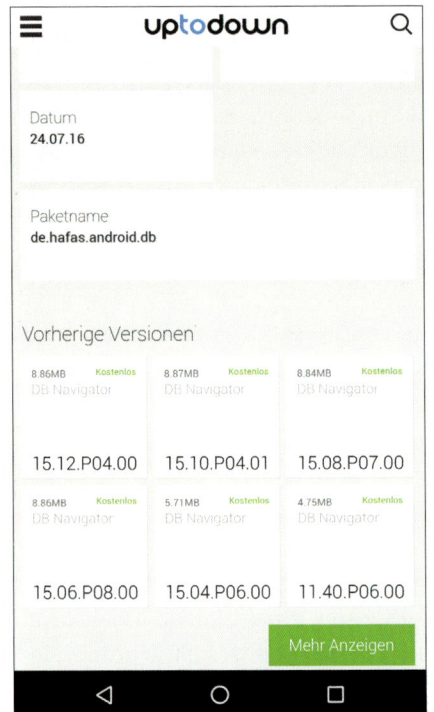 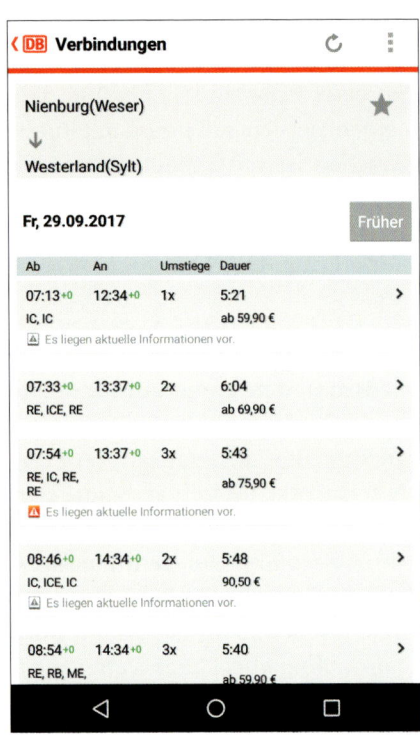

DB Navigator 15.04.P06.00 bei Uptodown herunterladen.

Fahrpläne in Großstädten

Die Verkehrsverbünde in deutschen Großstädten bieten ihre Fahrplanauskünfte und teilweise noch weitere Informationen auf für Smartphones optimierten Webseiten an. Für die vier größten Metropolregionen finden Sie hier Links und QR-Codes:

Rhein-Ruhr mobil.vrr.de – Berlin mobil.bvg.de – Hamburg m.hvv.de – München m.mvv-muenchen.de.

Fahrplanauskunft

Auf der Basis der App *DB Navigator* bieten verschiedene Verkehrsverbünde in Deutschland ähnliche Apps an, die alle regionalen Verkehrsmittel und teilweise noch besondere Zusatzfunktionen enthalten.

S-Bahn Berlin

S-Bahn München

Verkehrsverbund Berlin-Brandenburg

NRW-Navigator

Verkehrsverbund Bremen/ Niedersachsen

S-Bahn Stuttgart

Öffi

Öffi ist ein Routenplaner für Verkehrsnetze in zahlreichen deutschen Großstädten. Die App zeigt die Streckennetze der U- und S-Bahnen in den Ballungsräumen an und findet per Suchfunktion oder GPS jede Haltestelle in der Umgebung.   Die notwendigen Daten werden online aus den aktuellen Datenbanken der jeweiligen Verkehrsverbünde übernommen. Die interessanteste Funktion ist das Routing zwischen zwei beliebigen Haltestellen. Die App findet die kürzeste Verbindung oder die, bei der man am wenigsten umsteigen muss, und zeigt diese auf dem Stadtplan an.

In einer Zeitbalkenansicht sieht man alle Fahrmöglichkeiten in nächster Zeit sehr übersichtlich dargestellt. Bei Verspätungen werden in Echtzeit aktuelle Abfahrtszeiten angezeigt. Dazu liefert *Öffi* zoombare Liniennetzpläne von zahlreichen Verkehrsverbünden in Deutschland und auch anderen europäischen Ländern.

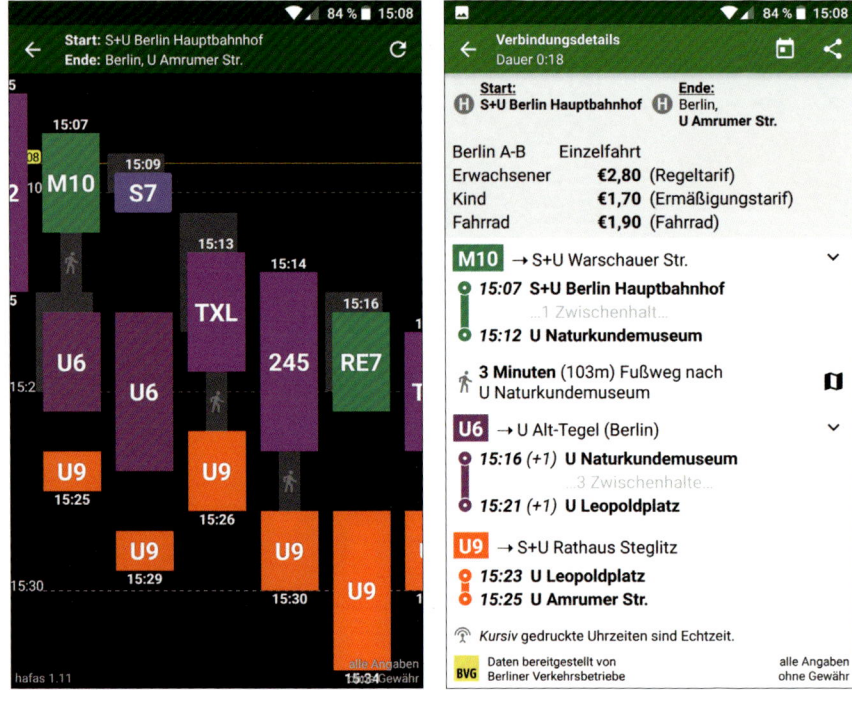

Öffi bietet viel mehr als die offiziellen Apps der U- und S-Bahnen in Deutschland.

Flugsuche mit Skyscanner

Einen günstigen Flug zu finden, ist wesentlich komplizierter als eine Bahnverbindung, da bei Flügen diverse Anbieter miteinander konkurrieren.

Verschiedene Internetportale haben sich auf die Flugsuche und Buchung spezialisiert. **Skyscanner**, eine bekannte derartige Webseite, bietet eine eigene Android-App an, mit der man komfortabel preisgünstige Flüge findet.

Nachdem man Start- und Zielort sowie die gewünschten Flugtage angegeben hat, sucht Skyscanner Flüge und zeigt diese nach Preisen sortiert an. Zu jedem Flug findet man neben dem Preis auch Flugnummer und genaue Zeiten, auch bei Umsteigeverbindungen. Natürlich kann man auch direkt aus der App heraus die Flüge buchen. Dazu verlinkt Skyscanner auf die jeweiligen Buchungsseiten der Fluggesellschaften und Reiseanbieter.

Eine Grafik liefert auf einen Blick die Preisentwicklung für die nächsten Tage. Diese ist etwas versteckt bei der Datumsauswahl zu finden und nicht aus den Suchergebnissen zu erreichen.

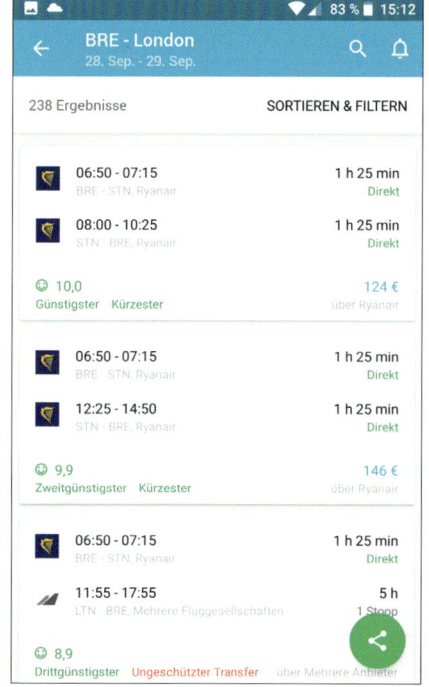 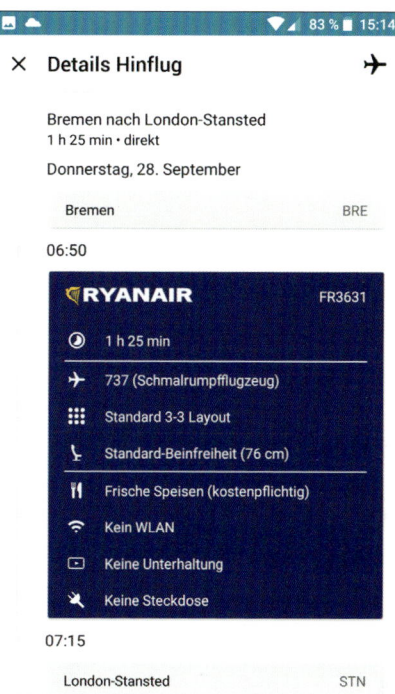

Skyscanner sucht preisgünstige Flüge auf dem Smartphone.

Wettervorhersage

Das aktuelle Wetter ist immer ein Gesprächsthema. Ändern kann man es zwar nicht, aber zumindest das Beste daraus machen. Internetseiten mit Wettervorhersagen gibt es wie Sand am Meer, und jeder hat darunter schon seine Lieblingsseite gefunden. Nur sind die meisten Wetterseiten mit viel Multimedia-Aufwand und jeder Menge Werbung gestaltet, sodass es schwer ist, die wirklichen Wetterdaten zu finden, falls die Seiten auf dem kleinen Smartphone-Bildschirm überhaupt dargestellt werden. Wesentlich komfortabler ist eine der kostenlosen Wetter-Apps, die die Wettervorhersage für den Heimatort oder das Urlaubsziel direkt aufs Smartphone bringen. Viele Gerätehersteller liefern bereits Wetter-Apps als Widgets auf dem Startbildschirm mit. Diese zeigen das Wetter für den aktuellen Standort oder zusätzlich auch für beliebige frei wählbare Orte an. Der Google Play Store bietet jede Menge Wetter-Anwendungen zum Download. Probieren Sie einfach ein paar davon aus und entscheiden Sie sich für Ihren persönlichen Favoriten.

Wetter im Google Assistant

Der Google Assistant zeigt das Wetter für den aktuellen Standort an. Tippen Sie im Google Assistant auf die Wetteranzeige, erscheint eine detaillierte Vorhersage für den nächsten Tag oder die nächsten zehn Tage. Der Google Assistant ist über eine Wischbewegung von links nach rechts auf dem Startbildschirm zu erreichen.

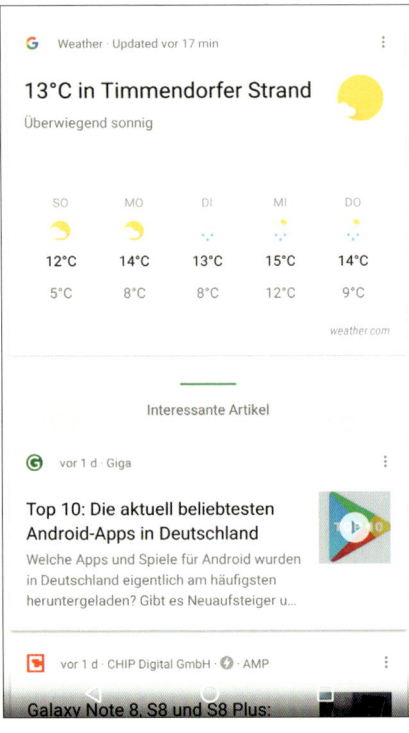

Die aktuelle Wettervorhersage bei Google.

Der Menüpunkt *Dem Startbildschirm hinzufügen* im Seitenmenü von Google Wetter oder auch eine Meldung auf der Wetterseite legt ein Symbol auf den Startbildschirm, um schnell auf die Wetterinformationen zugreifen zu können.

MSN Wetter

Wer auf dem Windows-10-PC die Wetter-App von MSN schätzen gelernt hat, kann diese auch auf Android-Smartphones nutzen.

Wettervorhersage

Die App bietet detaillierte Wettervorhersagen für beliebige Orte weltweit, Wetterkarten und auch ein Widget für den Startbildschirm, das eine Vorhersage für die nächsten Tage anzeigt. Nach der Anmeldung mit dem Microsoft-Konto synchronisiert die App die auf dem PC gespeicherten Favoriten und zeigt das Wetter für diese Orte auch auf dem Smartphone an.

wetter.com

Die App des bekannten Online-Wetterdienstes *www.wetter.com* zeigt auf dem Smartphone eine Wettervorhersage für den aktuellen Standort oder einen beliebigen anderen Ort in Deutschland.

Neben dem aktuellen Wetter gibt es eine Vorhersage für die nächsten sieben Tage, einen Wetterbericht in Textform, das Regenradar für ganz Deutschland sowie amtliche Unwetterwarnungen.

Die App von wetter.com auf dem Smartphone.

WeatherPro Free

WeatherPro liefert (im Vergleich mit den meisten anderen kostenlosen Apps) wesentlich ausführlichere und wirklich erstaunlich zuverlässige Wettervorhersagen für die nächsten sieben Tage.

Dazu wählt man die gewünschten Orte oder lässt einfach das Wetter für den aktuellen automatisch ermittelten Standort anzeigen.

Wie in den meisten Wetter-Apps können Sie mehrere Orte als Favoriten speichern. Zur Verbesserung der Qualität fragt WeatherPro in regelmäßigen Abständen, inwieweit das aktuelle Wetter der angezeigten Vorhersage entspricht. Beantworten Sie diese Frage einfach durch Antippen der entsprechenden Sterne. WeatherPro liefert deutlich mehr Daten als andere Wetter-Apps. An jedem Tag werden auch ortsgenau die Zeiten für Sonnenauf- und -untergang angezeigt. Zusätzlich können Daten wie Luftdruck oder Temperatur direkt mit dem Smartphone gemessen werden, wenn dieses über entsprechende Sensoren verfügt. Ein Widget für den Startbildschirm zeigt das aktuelle Wetter sowie die Vorhersage für die nächsten Tage an.

Wettervorhersage für die nächsten Tage und Widget.

Telefonnummern, Hotels, Geldautomaten finden

Wer früher unterwegs eine Telefonnummer oder ein Hotel suchte, musste in eine Telefonzelle gehen und dort im Telefonbuch nachschlagen. Das war damals schon umständlich – heute sogar noch mehr, werden doch die Telefonzellen immer seltener, und in denen der neuen Generation hängen auch keine Telefonbücher mehr aus. Wesentlich bequemer ist die Suche mit einer passenden App auf dem Smartphone.

Regionale Google-Suche

Google bietet ein Firmen-, Kneipen- und Restaurantverzeichnis, das mit Daten verschiedener Anbieter gefüllt wird. Hier findet man unter anderem auch diverse Nutzerbewertungen, die allerdings wie überall mit Vorsicht zu genießen sind. Die regionale Google-Suche zeigt neben Kneipen und Restaurants auch Hotels, Geldautomaten, Veranstaltungen und viele andere interessante Orte. Hier lassen sich die gefundenen Nummern auch direkt antippen und anrufen.

Regionale Google-Suche.

Die regionale Google-Suche braucht nicht eigens als App installiert zu werden. Der Dienst ist direkt in die Google-Suche und auch in Google Maps auf dem Smartphone integriert und bietet verschiedene Kategorien an. Die Ergebnisse werden direkt als Liste oder auf einer Landkarte dargestellt. Dabei werden die eigenen Standortinformationen genutzt, um Suchergebnisse in der Umgebung zu liefern.

Das Telefonbuch

Das Telefonbuch der Telekom war früher in keinem Haushalt wegzudenken. Jeder hatte einen solchen Wälzer neben dem Telefon liegen, und der enthielt nur die Nummern der eigenen Stadt und näheren Umgebung.

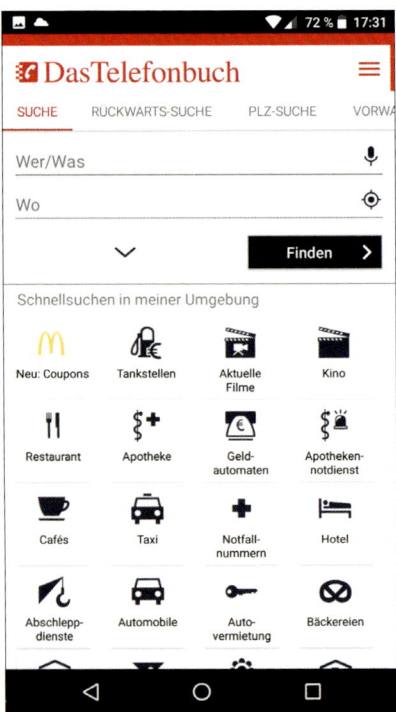

Das Telefonbuch für Android.

Heute hat man über die Telefonbuch-App Zugriff auf sämtliche Telefonnummern aus ganz Deutschland – und das tagesaktuell und nicht nur einmal im Jahr erneuert. Eine gefundene Rufnummer kann man direkt anrufen, die Adresse auf einer Karte anzeigen lassen oder auch ins Adressbuch des Smartphones übernehmen.

Restaurants, Hotels, Apotheken, Taxis, Geldautomaten und verschiedene weitere Informationen lassen sich abhängig vom eigenen Standort in unmittelbarer Umgebung im Telefonbuch finden. Außerdem ist eine Rückwärtssuche anhand einer Telefonnummer möglich, sodass man leicht feststellen kann, wer gerade angerufen hat.

Kapitel 7
Fotos und Multimedia

Ein Smartphone eignet sich bestens als digitaler Bilderrahmen. Dank heutiger Speichergrößen von mehreren GByte kann man Tausende von Fotos bequem mit sich herumtragen.

Die vorinstallierte Google-Fotos-App zeigt alle Bilder aus den eigenen Google-Fotoalben wie auch die, die sich auf der Speicherkarte befinden. Diese können vom PC übertragen, aus dem Internet heruntergeladen oder mit der Kamera fotografiert worden sein. Wählen Sie im Seitenmenü *Geräteordner*, um nur die auf dem Smartphone bzw. der Speicherkarte abgelegten Fotos zu sehen. Hier gibt es getrennte Ordner für Fotos von der Kamera, heruntergeladene Bilder und Screenshots.

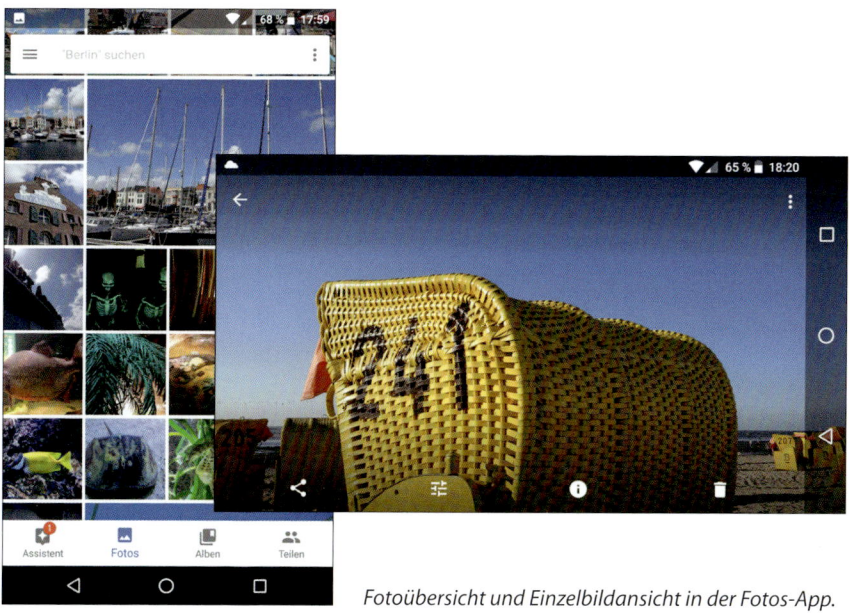

Fotoübersicht und Einzelbildansicht in der Fotos-App.

Mit einer senkrechten Wischbewegung in der Übersicht scrollen Sie zu älteren Fotos. Wischen Sie am rechten Bildschirmrand, erscheinen die Monate. Auf diese Weise kommen Sie sehr schnell zu deutlich älteren Fotos. Eine Zweifinger-Zoomgeste verkleinert die Übersicht, sodass Sie auf einen Blick die Fotos mehrerer Monate sehen können.

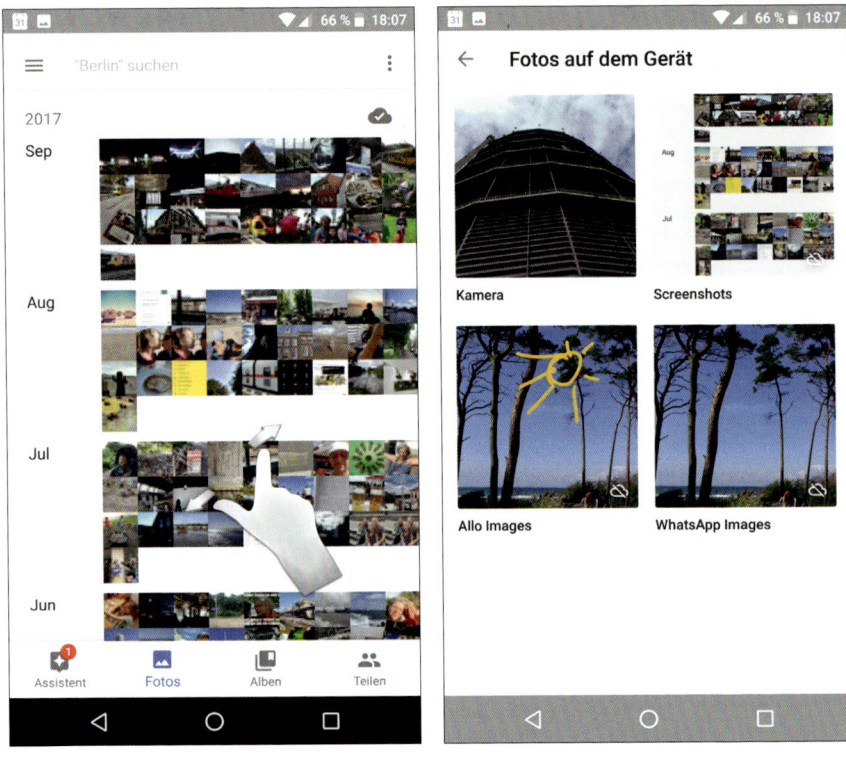

Verkleinerte Fotoübersicht und Geräteordner in der Fotos-App.

Tippt man auf eines der Vorschaubilder, wird das Foto groß dargestellt. Mit einer Zweifingergeste lässt sich zoomen. Durch einfaches horizontales Wischen mit dem Finger über den Bildschirm blättern Sie zu den nächsten oder vorherigen Bildern. Im Menü rechts oben können Sie eine automatische Diashow starten.

Smartphone-Fotos automatisch sichern

In den Einstellungen der Fotos-App lässt sich festlegen, dass alle mit dem Smartphone aufgenommenen Fotos automatisch bei Google in einem privaten Album gesichert werden, auf das nur Sie selbst Zugriff haben. Auf diese Weise haben Sie jederzeit vom PC aus über *photos.google.com* Zugriff auf Ihre Fotos, ohne sie manuell übertragen zu müssen.

Google bietet 15 GByte Speicherplatz für Fotos und andere Daten kostenlos an. Stellen Sie in den Einstellungen der Fotos-App unter *Sichern und synchronisieren* die *Uploadgröße* auf *Hohe Qualität*. Bei einer Auflösung von bis zu 16 Megapixeln ist das Speichern unbegrenzt kostenlos. Diese Bilder werden nicht auf den kostenlosen Speicherplatz bei Google Drive angerechnet. Liefert die Kamera eine höhere Auflösung, werden die Fotos beim Sichern automatisch auf 16 Megapixel reduziert.

> **Bonus für Google Pixel 2**
>
> Nutzer der neuen Smartphones Google Pixel 2 und Google Pixel 2 XL bekommen unbegrenzt freien Speicherplatz für Fotos und Videos in voller Auflösung.

Fotos von der Kamera werden bei eingeschalteter Synchronisation immer gesichert. Mit der Option *Geräteordner sichern* können Sie festlegen, welche weiteren Ordner ebenfalls gesichert werden sollen, wie z. B. Screenshots und Downloads.

Um Datenvolumen im Mobilfunk zu sparen, enthält die Fotos-App eine Einstellung, Fotos nur bei aktiver WLAN-Verbindung hochzuladen. Schalten Sie dazu die Option *Sicherung über Mobilnetz* aus. Wer mit einem ständig zu schwachen Akku zu kämpfen hat, kann die automatische Sicherung so einstellen, dass sie nur läuft, wenn das Smartphone am Stromnetz hängt.

Videos sollte man am besten gar nicht automatisch sichern, da hier das kostenlose Datenvolumen sehr schnell erreicht wird. Ebenso sollte beim Roaming wegen der hohen Kosten die automatische Sicherung abgeschaltet werden.

Fotos schneller finden

Die Fotos-App bietet eine praktische Suchfunktion, um Fotos nach bestimmten Stichwörtern zu finden, ohne sie vorher – wie früher üblich – manuell taggen zu müssen.

Tippen Sie auf das Symbol *Alben* auf dem Startbildschirm der Fotos-App. Jetzt werden über den persönlich angelegten Alben ganz oben einige Fotokategorien mit Orten und Dingen automatisch vorgeschlagen.

Sie können auch im Suchfeld einen Suchbegriff eingeben. Die App versucht, anhand von Ortsangaben oder typischen Motiven passende Fotos zu finden, was in den meisten Fällen auch sehr gut funktioniert.

7 ▪ Fotos und Multimedia

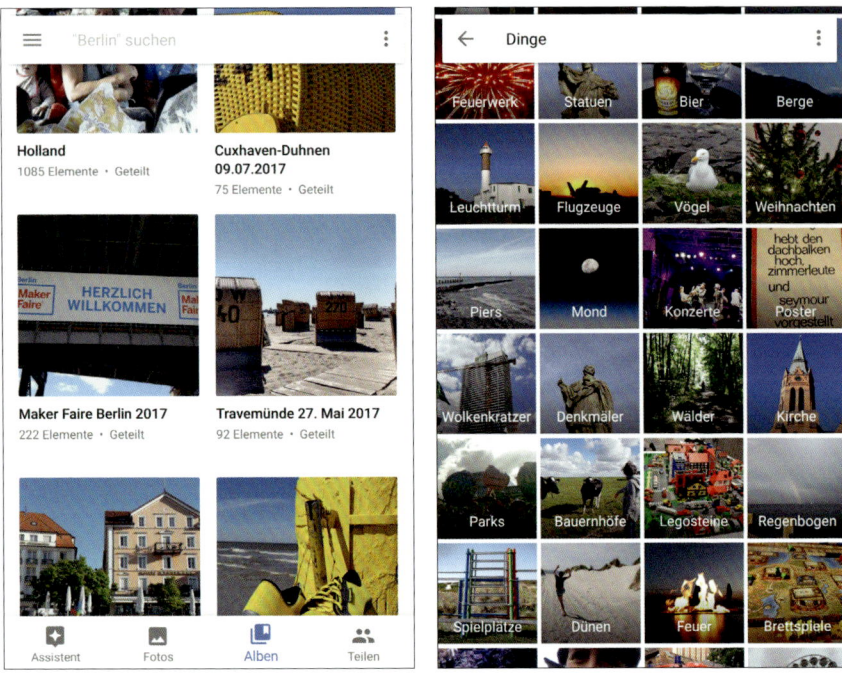

Fotos kategorisieren und suchen.

Fotografieren mit dem Smartphone

Aktuelle Smartphones haben Kameras eingebaut, deren Auflösung und Bildqualität mittlerweile höher sind als die von Digitalkameras der Mittelklasse. Eine ausreichend große Speicherkarte eingebaut, kann das Smartphone in vielen Fällen die klassische Digitalkamera ersetzen. Der Bildschirm, der als Sucher dient, ist deutlich größer als bei klassischen Kameras, allerdings fehlt Smartphones noch der optische Zoom, der viel mehr Details liefert als der simple Digitalzoom, den die meisten Smartphones heute in ihren Kamera-Apps bieten.

Die Kamera wird über eine vorinstallierte Kamera-App auf dem Smartphone gestartet. Android-Smartphones haben üblicherweise keine eigene Kamerataste. Auf einem ausgeschalteten Smartphone kann man die Kamera direkt vom Sperrbildschirm starten, indem man das Kamerasymbol aus der rechten unteren Bildschirmecke in Richtung Bildschirmmitte zieht.

> **ACHTUNG:** Achten Sie darauf, dass die Kameralinse auf der Rückseite des Smartphones nicht verkratzt, wenn Sie das Gerät in die Tasche stecken und sich dort z. B. auch noch ein Schlüsselbund befindet.

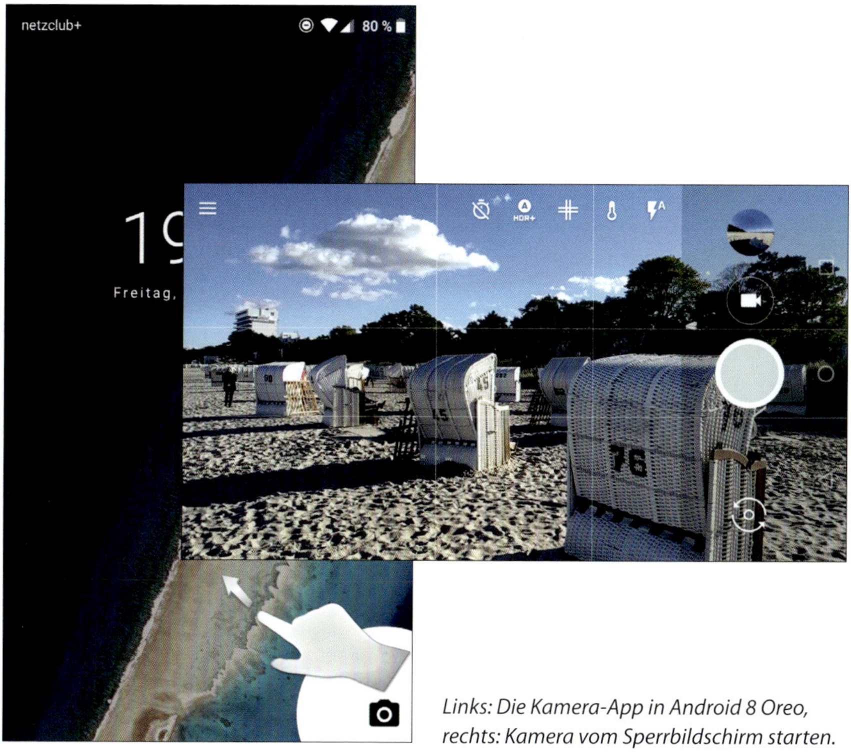

Fotografieren mit dem Smartphone

Links: Die Kamera-App in Android 8 Oreo, rechts: Kamera vom Sperrbildschirm starten.

> **Googles Kamera-App**
>
> In den ersten Android-Versionen war die Standard-Kamera-App recht simpel, sodass die meisten Gerätehersteller eigene Apps zur Ansteuerung der Kameras in ihren Smartphones vorinstallierten. Auch heute gibt es noch verschiedene Kamera-Apps bei unterschiedlichen Smartphone-Herstellern. Haben Sie auf dem Smartphone noch eine Kamera-App des Geräteherstellers, die möglicherweise nur eingeschränkte Funktionen bietet, können Sie über den QR-Code aus dem Google Play Store die originale Android-Kamera-App herunterladen.
>
>

Die Bedienungselemente der Kamera-Apps sind so angeordnet, dass sie sich, wenn man das Smartphone in beiden Händen hält, bequem mit den Daumen steuern lassen. Die große Schaltfläche rechts ist der Auslöser. Tippen Sie darauf, wird ein Bild aufgenommen. Auf dem Bildschirm zeigt ein rundes Symbol die Aktivität des Autofokus. Platzieren Sie dieses Symbol an der Stelle im Bild, auf die fokussiert werden soll.

Frontkamera

Sich selbst mit dem Smartphone zu fotografieren, war früher mit viel Zufall und akrobatischem Geschick verbunden. Auf den meisten Smartphones können Sie über ein Symbol die Frontkamera, die ursprünglich für Videochats gedacht ist, auch zum Fotografieren nutzen. So sehen Sie sich selbst auf dem Bildschirm und können wesentlich einfacher Selbstporträts – heute als Selfies bezeichnet – aufnehmen.

Fotoleuchte

Bei Dunkelheit kann das zu fotografierende Objekt mit der Blitz-LED auf der Rückseite des Smartphones beleuchtet werden. Im automatischen Modus wird die LED abhängig von der Umgebungshelligkeit bei dunklen Szenen eingeschaltet. Diese sehr helle LED verbraucht viel Akkustrom und sorgt oft auch für Farbverfälschungen, sie sollte daher sparsam eingesetzt werden.

HDR-Foto

Die Abkürzung HDR steht für **H**igh **D**ynamic **R**ange (zu Deutsch »hoher Dynamikumfang«) und bezeichnet eine Technik in der Fotografie, die früher teuren Spezialkameras vorbehalten war. Nach dem Antippen des HDR-Symbols auf dem Kamerabildschirm können Sie wählen, ob HDR immer ein-, immer aus- oder je nach Lichtverhältnissen automatisch eingeschaltet wird.

HDR-Modus auswählen.

Bei schwierigen Belichtungsverhältnissen wie z. B. gleißendem Tageslicht oder dunklem Kerzenschein wirken Teilbereiche eines Fotos immer zu hell oder zu dunkel. Die HDR-Fotografie bedient sich hier eines Tricks, um auch in dunklen

Bereichen eines Fotos noch Details darzustellen. Die Kamera fotografiert im HDR-Modus automatisch drei Bilder mit unterschiedlichen Belichtungseinstellungen und errechnet daraus ein neues Bild mit deutlich höherem Dynamikumfang. Sie brauchen sich um nichts weiter zu kümmern, als die Kamera möglichst ruhig zu halten, damit die drei kurz hintereinander aufgenommenen Fotos auch wirklich exakt das gleiche Bild zeigen.

Links: normale Aufnahme, rechts: HDR-Aufnahme.

Bedingt durch die HDR-Technik stehen in diesem Modus einige der anderen Kameraeffekte nicht zur Verfügung. So kann z. B. die Fotoleuchte im HDR-Modus nicht verwendet werden. Das Speichern eines HDR-Bildes dauert durch die Berechnung etwas länger. Dadurch steht die Kamera nicht sofort nach dem Fotografieren wieder für das nächste Foto zur Verfügung.

Selbstauslöser

Mit einem zeitgesteuerten Selbstauslöser können Sie Gruppenfotos fotografieren, auf denen Sie selbst mit drauf sind. Allerdings müssen Sie dazu das Smartphone auf einer festen Unterlage fixieren, damit sich der Bildausschnitt nicht verändert. Tippen Sie auf dieses Symbol, um zwischen unterschiedlichen Verzögerungszeiten zu wählen. Selbstauslöser sind auch bei schwachem Licht und sehr langen Belichtungszeiten hilfreich. In diesem Fall verhindern sie ein Verwackeln durch die Berührung des Auslösers. Auch hier muss das Smartphone natürlich gut befestigt sein, um vor Verwacklern zu schützen.

Raster im Sucher anzeigen

Hauchdünne Hilfslinien helfen dabei, die Kamera gerade zu halten, damit der Horizont wirklich horizontal aufs Bild kommt. Besonders bei Aufnahmen am Strand, wenn ein exakt waagerechter Horizont zu sehen ist, wirkt ein schiefer Horizont sehr unprofessionell. Die Kamera-App bietet verschiedene Raster zur Auswahl. Natürlich werden diese Hilfslinien nicht im endgültigen Foto dargestellt.

Weitere Fotofunktionen in Android 8 Oreo

Die Kamera-Apps bieten neben der ganz normalen Einzelbildaufnahme je nach Smartphone-Modell und Kameraqualität noch weitere spezielle Aufnahmemodi für Sonderfälle an. Tippen Sie auf das Symbol mit den drei Linien oben links im Kamerabildschirm, erscheint eine Symbolleiste mit weiteren Funktionen.

Die Symbolleiste mit Kamerafunktionen.

Fokuseffekt

Mit dem Fokuseffekt lassen sich kleine Objekte in der Nähe fotografieren und vor einem verschwommenen Hintergrund hervorheben. Bewegen Sie nach dem Auslösen die Kamera langsam nach oben über das Objekt, um es zu fokussieren. Dieser Effekt ist besonders geeignet für Produktfotos und funktioniert nur mit Objekten, die in der Mitte des Blickfeldes liegen, bis zu 2 m von der Kamera entfernt sind und sich nicht bewegen. Die Verarbeitung dieser Fotos nach dem Auslösen kann einige Sekunden dauern, was sich besonders bemerkbar macht, wenn Sie mehrere Bilder kurz hintereinander fotografieren.

Bild mit Fokuseffekt.

Wichtige Kameraeinstellungen

Über das Zahnradsymbol ganz unten bei den Fotofunktionen kommen Sie zu den Kameraeinstellungen. Hier können Sie unter anderem die Bildauflösung und das Bildformat wählen. Nur Fotos, die Sie später ausdrucken wollen, brauchen die höchste Auflösung. Für Bilder, die online per Mail oder Chat geteilt, auf Google Fotos oder auf Facebook hochgeladen werden, empfiehlt sich eine geringere Auflösung. Fotos, die Sie auf Papier, z. B. im Drogeriemarkt, ausdrucken möchten, sollten das Seitenverhältnis 4:3 haben, während Fotos im Seitenverhältnis 16:9 den Smartphone-Bildschirm und auch moderne PC-Bildschirme voll ausfüllen.

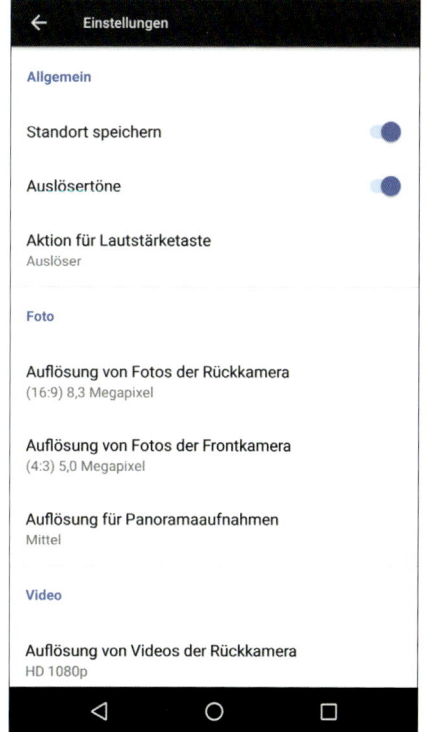
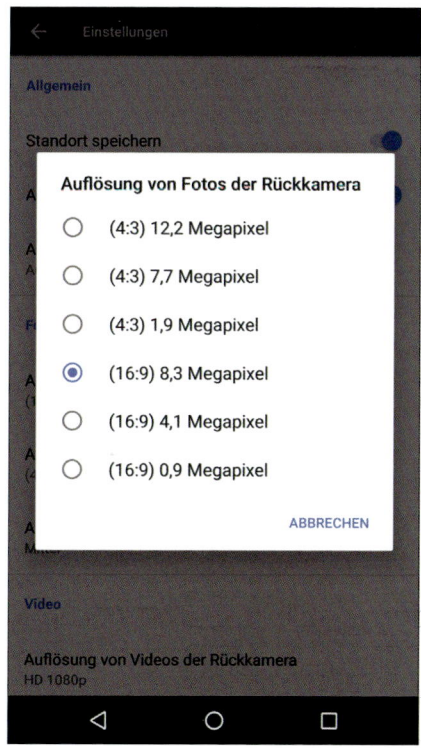

Einstellungen für Kamera und Auflösung.

Standort speichern

Die Kamera-App kann den eigenen Standort auswerten und mit dem Bild speichern, sodass Sie in Fotoalben, z. B. bei Google oder Flickr, auf einer Karte anzeigen lassen können, wo das Foto aufgenommen wurde. Diese Funktion wird als Geotagging bezeichnet und über den Schalter *Standort speichern* in den *Einstellungen* aktiviert.

Aktion für Lautstärketasten

Die Lautstärketasten dienen zusätzlich als Auslöser. In den Kameraeinstellungen können Sie stattdessen auch die Zoomfunktion auf die Lautstärketasten legen.

Panoramafotos aufnehmen

Mit dieser interessanten Funktion fotografieren Sie eindrucksvolle Landschaftspanoramen. Die Google-Kamera-App bietet vier Methoden, unterschiedliche Schwenkpanoramen aufzunehmen. Wählen Sie in der Symbolleiste oben den gewünschten Panoramamodus.

Beim Landschaftspanorama wird die Kamera um eine senkrechte Achse gedreht.

Beim klassischen Landschaftspanorama drücken Sie den Auslöser und drehen sich langsam um Ihre eigene Achse. Halten Sie dabei das Smartphone möglichst an der gleichen Stelle. Gehen Sie lieber selbst einen kleinen Kreis. Fixieren Sie nacheinander die angezeigten Punkte. An diesen Stellen werden Einzelbilder aufgenommen, die am Ende nahtlos zu einem einzigen Panoramabild zusammengesetzt werden.

Nicht immer hält die Aufnahme genau nach einer Drehung von 360° an. So kann es passieren, dass Objekte, die an einem Bildrand stehen, am anderen Bildrand ein zweites Mal auftauchen. Achten Sie auch darauf, dass keine sich schnell bewegenden Objekte während der Aufnahme in das Bild geraten.

Diese Panoramafotos lassen sich mit jedem Bildbetrachter darstellen.

Im Gegensatz zum einfachen Landschaftspanorama wird beim Fischaugenpanorama die Kamera auch nach oben und unten bewegt, um alle erforderlichen Punkte zu erfassen. Während der Aufnahme sieht das Bild noch wie durch eine zerbrochene Glasscheibe fotografiert aus. Erst nach der abschließenden Berechnung ergibt sich ein brauchbares Foto.

Beim Fischaugenpanorama wird die Kamera um beide Achsen gedreht.

Photo Sphere, nicht nur für Google Street View

Die Kameraoption *Photo Sphere* erzeugt ein Kugelpanorama, in dem man sich ähnlich wie bei Google Street View interaktiv umsehen kann. Diese Aufnahmen lassen sich mit üblichen Bildbetrachtern nicht ansehen, da sie keine plane Projektion des Bildes enthalten. Damit die Aufnahmen für Google Earth, Google Street View oder andere Dienste verwendet werden können, achten Sie darauf, dass die Standortdienste eingeschaltet sind und die Kamera Zugriff darauf hat.

Photo Sphere mit dem Smartphone aufnehmen.

Richten Sie zunächst die Kamera auf den späteren Bildmittelpunkt aus, bis der blaue Punkt in der Bildmitte genau innerhalb des Kreises liegt. Drehen Sie sich dann um Ihren eigenen Standpunkt und neigen Sie die Kamera nach oben und unten und bringen Sie so nacheinander alle im Sucherfeld erscheinenden Punkte in die jeweiligen Kreise. Verändern Sie dabei Ihren Standort nicht, gehen Sie keinen Schritt, sondern drehen Sie sich nur um sich selbst.

Nachdem rundherum in alle Richtungen alle Punkte erfasst wurden, wird aus den Einzelbildern automatisch ein Kugelpanorama zusammengesetzt. Dieses können Sie mit dem eingebauten Photo-Sphere-Plug-in in der Fotos-App interaktiv betrachten. Die Bilder sind in der Bildübersicht der Google-Fotos-App mit einem Photo-Sphere-Symbol gekennzeichnet. Veröffentlichen Sie das Panorama auf Google Fotos, können andere es im Browser auf dem PC ebenfalls interaktiv betrachten.

7 ▪ Fotos und Multimedia

Photo Sphere im Bildbetrachter und als interaktives Panorama.

Panoramafotos in der Street-View-App veröffentlichen

Die App *Google Street View* bietet die Möglichkeit, 360°-Panoramaaufnahmen mit dem Smartphone oder auch einer Profi-Panoramakamera aufzunehmen und direkt in Google Maps zu veröffentlichen.

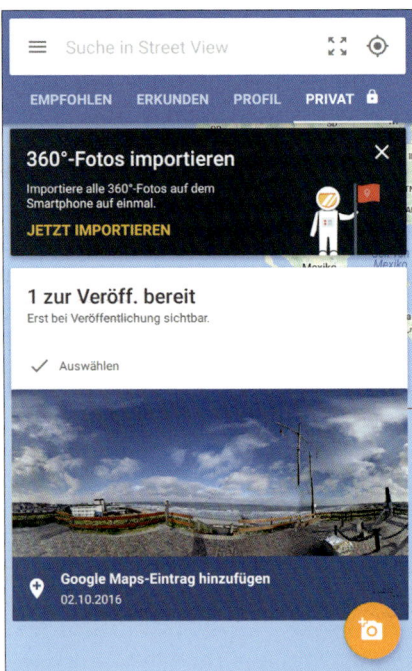 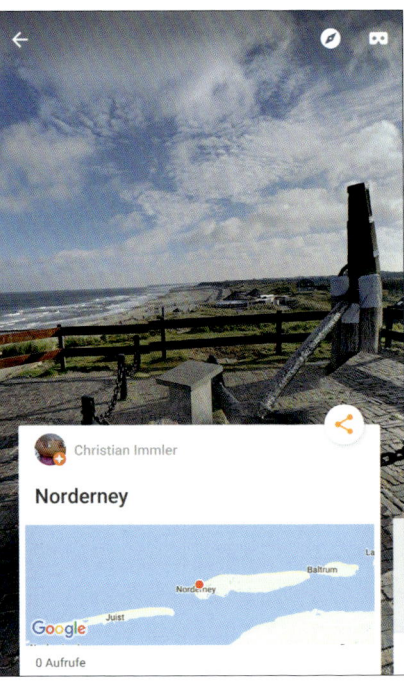

360°-Panorama bei Street View hochladen und betrachten.

Vor der ersten Aufnahme müssen Sie der Street-View-App die Berechtigungen gewähren, die Kamera zu nutzen sowie auf Fotos und Standortdaten zuzugreifen. Ohne diese Berechtigungen kann die Panoramafunktion nicht funktionieren.

1. Wischen Sie in der Street-View-App ganz nach rechts in den Bereich *Privat* und tippen Sie hier auf das orangefarbene Kamerasymbol.
2. Wählen Sie *360°-Fotos importieren* und suchen Sie das gewünschte Bild in der Bilderübersicht aus.
3. Tippen Sie auf *Auswählen* und dann auf den Pfeil zum Hochladen. Danach müssen Sie noch bestätigen, dass das Foto unter Ihrem Namen veröffentlicht wird.
4. Im nächsten Schritt können Sie noch einen *Google Maps-Eintrag hinzufügen*. Dazu geben Sie den Namen eines Ortes, Ladens oder einer Einrichtung ein, wo das Foto aufgenommen wurde, oder Sie verwenden einen der Vorschläge aus der Liste.

Alternativ können Sie auch direkt in der Google-Street-View-App ein 360°-Panorama aufnehmen.

1. Die App zeigt nach Auswahl der Option *Kamera* das Kamerabild und einen orangefarbenen Punkt. Richten Sie die Kamera auf diesen Punkt, um mit der Aufnahme zu beginnen.
2. Nachdem die Kamera den Punkt erfasst hat, erscheinen weitere Punkte in der Nähe. Erfassen Sie nacheinander alle diese Punkte und achten Sie darauf, sich selbst nicht von der Stelle zu bewegen. Verlassen Sie Ihren Standpunkt nicht, sondern drehen Sie sich nur um Ihre eigene Achse. Halten Sie dabei das Smartphone möglichst dicht vor die Augen, damit auch dieses keine große Kreisbewegung ausführt, sondern nur eine annähernde Drehung.
3. Bewegen Sie sich langsam und gleichmäßig von Punkt zu Punkt. Ein orangefarbener Indikator rund um das Quadratsymbol unten in der Mitte zeigt den Fortschritt. Erst wenn der Kreis geschlossen und grün ist, wurden alle Punkte erfasst und die Aufnahme wird abgeschlossen.
4. Wundern Sie sich nicht, wenn das Bild zunächst wie eine grobe Collage aussieht. Erst am Ende berechnet die App das endgültige Panorama.
5. Zum Schluss geben Sie noch einen Ort ein oder verwenden einen der Vorschläge aus der Liste.
6. Danach kann das Panorama hochgeladen werden. Wegen der großen Datenmenge sollten Sie das Panorama per WLAN hochladen. Es bleibt auf dem Smartphone gespeichert und muss nicht sofort am Fotostandort in Google Maps hochgeladen werden.

360°-Panorama in der Street-View-App aufnehmen.

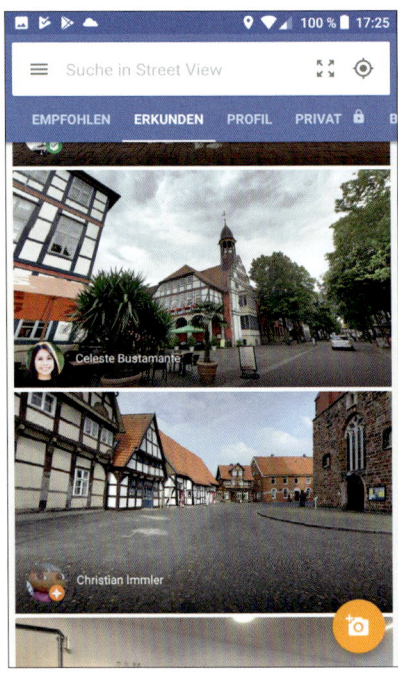 

Fertiges Panorama in der Street-View-App betrachten.

Google Cardboard

Google Cardboard ist ein einfaches System, das mithilfe einer faltbaren Kartonschablone aus jedem aktuellen Smartphone eine VR-Brille macht, mit der sich Videos, Spiele, Photo-Sphere-Panoramen, Google Street View und auch Google Earth dreidimensional erleben lassen.

Die Cardboard-VR-Brille (Foto: Google).

Das Design des Google Cardboard wird als Open-Source-Material bei *g.co/cardboard* zum Download angeboten, sodass jeder – auch kommerziell – solche Betrachter bauen kann und nur noch ein Smartphone hineinzustecken braucht. In Deutschland bietet das Versandhaus Pearl einen Bausatz für eine solche VR-Brille an: *www.pearl.de/a-ZX1521-1051.shtml*. Der Onlineshop *www.imcardboard.com* liefert weltweit Bausätze für Cardboard-Brillen.

Die Cardboard-App stellt zwei Bilder nebeneinander auf dem Smartphone dar, für das linke und für das rechte Auge. Das Gehirn macht daraus dann ein dreidimensionales Bild.

Die Cardboard-App bietet eine einfache Methode, die verwendete VR-Brille zu konfigurieren. Die meisten Cardboard-kompatiblen VR-Brillen haben einen QR-Code, der nur mit der Cardboard-App gescannt zu werden braucht. Damit werden Bildschirmgröße, Größe der VR-Brille, Linsenabstand und andere Geometrie-Parameter optimal aufeinander abgestimmt.

Nach der Einrichtung stecken Sie das Smartphone in das Cardboard und halten sich dieses vor die Augen. Die App zeigt eine interaktive Oberfläche, auf der Sie Spiele, Fotos und andere Demos für Cardboard finden. Jedes Auge bekommt ein eigenes Bild zu sehen, das sich von dem anderen minimal unterscheidet.

Die Google-Cardboard-Demo-App.

Fotos bearbeiten

Einige Kamera-Apps von Smartphone-Herstellern enthalten zusätzliche Bearbeitungsfunktionen, um Fotos nachträglich mit Effekten zu versehen, aber auch Google bietet mit seiner Kamera-App und der Fotos-App diverse Möglichkeiten, Fotos nachzubearbeiten.

Bildbearbeitung in der Fotos-App

Tippen Sie in der Fotos-App auf ein Bild, wird dieses im Vollbildmodus angezeigt und Sie können es auch direkt bearbeiten. Wischen Sie in der Google-Kamera-App das Kamerabild nach links, erscheinen die zuletzt fotografierten Bilder. Auch so kommen Sie in die Bildanzeige der Fotos-App. Hier werden über das Stiftsymbol unten ein paar Filter sowie ein-
fache Bearbeitungswerkzeuge angeboten. Bilder, die nur online auf Google Fotos und nicht lokal auf dem Smartphone liegen, müssen zum Bearbeiten zuerst über das Menüsymbol mit den drei Punkten rechts oben heruntergeladen werden.

Bei den Werkzeugen zur Bildkorrektur lässt sich die Stärke des Effektes mit Schiebereglern interaktiv einstellen. Die Filter sind hier nicht nach technischen Details, sondern mit Namen benannt, um sie sich leichter merken zu können.

Fotos bearbeiten

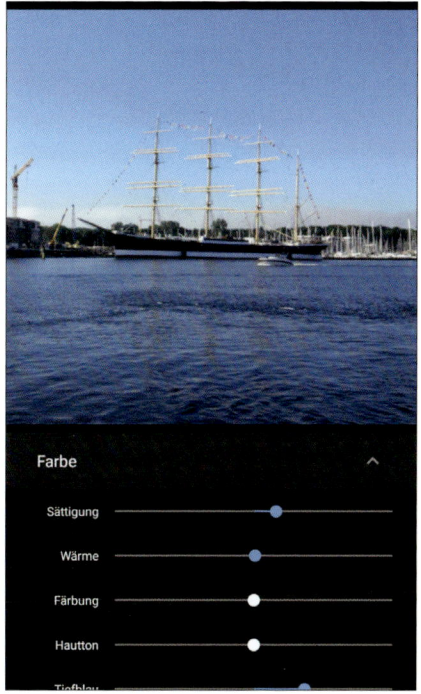 

Korrekturwerkzeuge und Filter in der Fotos-App.

Bilder lassen sich zuschneiden und auch gerade ausrichten. Als Hilfestellung wird ein Gitternetz über das Bild gelegt, das natürlich nicht mit abgespeichert wird. Alle Filter und Werkzeuge werden erst über die Schaltfläche *Speichern* wirklich auf das Bild angewendet. Über das Menü oben rechts können Sie auch eine Kopie speichern, um das Originalfoto zu behalten.

Das Info-Symbol zeigt die im Bild gespeicherten Kameradaten sowie den Aufnahmestandort auf einer Karte an. Tippen Sie darauf, öffnet sich Google Maps.

Fotos, die mit der Kameraeinstellung *Fokuseffekt* aufgenommen wurden, lassen sich nachträglich nachfokussieren. Bei diesen Bildern werden die Fokusdaten im Bild gespeichert, um später noch darauf zugreifen zu können.

Snapseed

Google liefert mit *Snapseed* eine komfortable App zur Bildbearbeitung und Korrektur mit äußerst intuitiver Bedienung. Bilder lassen sich ausrichten, drehen, zuschneiden sowie mit vielerlei Effekten und Korrekturen

7 ▪ Fotos und Multimedia

versehen. Snapseed kann auf dem Smartphone gespeicherte Fotos bearbeiten sowie auf solche aus Google-Fotos-Alben oder von Google Drive, OneDrive, Dropbox und anderer Cloud-Speicher zugreifen, deren Apps auf dem Smartphone installiert sind. Veränderte Bilder werden im Ordner *Snapseed* auf dem Smartphone gespeichert und können von dort geteilt oder auf Google Fotos hochgeladen werden. Aus vielen Apps heraus lassen sich Fotos direkt nach Snapseed teilen, um sie dort weiterzubearbeiten.

 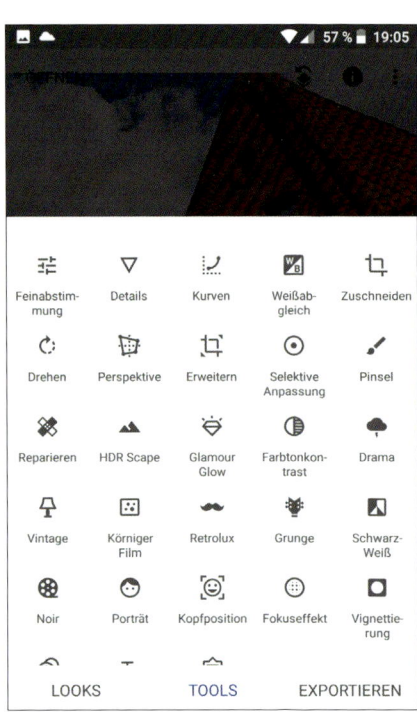

Looks (Effekte) und Tools (Werkzeuge) in Snapseed.

Unter den Werkzeugen finden Sie unter anderem Funktionen, um einen Bildausschnitt zu wählen. Diesen Bildausschnitt können Sie mit den dargestellten Griffen auf die gewünschte Größe ziehen. Dabei werden verschiedene Vorgaben für das Seitenverhältnis angeboten. Das Werkzeug zur Feinabstimmung bietet verschiedene Einstellungen wie Helligkeit, Kontrast und Sättigung, zwischen denen man mit einer senkrechten Wischbewegung hin- und herwechselt. Eine horizontale Wischbewegung justiert anschließend die Stärke der jeweiligen Einstellung.

Alle Änderungen werden erst durch Antippen des Symbols mit dem Häkchen unten rechts auf das Bild angewendet. Über das Kreuz unten links kommen Sie jederzeit zurück, ohne dass das Bild verändert wird.

Fotos bearbeiten

Das Vergleichssymbol oben rechts zeigt das Originalbild im Vergleich zum veränderten Bild. Bei den Filtern finden Sie einige der typischen Effekte, die man von vielen Bildbearbeitungsprogrammen kennt, aber auch interessante Filter, die nicht jede Bildbearbeitung in dieser Form hat. Hier können Sie das ganze Bild klassisch alt, in Pop-Art oder anderen Darstellungsweisen erscheinen lassen.

Bildeffekte und Korrekturen mit Snapseed.

Die meisten Filter bieten unterschiedliche Parameter, die sich mit einer vertikalen Wischbewegung auswählen lassen. Eine horizontale Wischbewegung ändert dann die Stärke des jeweiligen Effektes.

Einige Filter bieten noch weitere Einstellungen. So können Sie beim Fokuseffekt, der einen bestimmten Teil des Bildes zur Hervorhebung scharf belässt, während der Rest mehr oder weniger verschwimmt, nicht nur die Stärke, sondern auch die Form des Effektes einstellen. Durch interaktives Ziehen und Drehen verändern Sie den Effektbereich. Das Kartensymbol in der unteren Symbolleiste bietet neben einem kreisförmigen Fokusbereich auch verschiedene andere Formen an. Der *Grunge*-Filter erzeugt den Eindruck von alten, leicht beschädigten Fotos. Hier können Sie unterschiedliche Effektmuster wählen und diese über eine horizontale Wischbewegung interaktiv anpassen.

Fotos online zeigen und teilen

Wer seine Fotos online speichert, kann jederzeit und von überall darauf zugreifen. Außerdem sind Onlinefotoalben eine komfortable Lösung, um Fotos Freunden zu zeigen. So braucht man aus dem Urlaub nicht jede Menge Fotos einzeln per E-Mail zu verschicken. Ein Link auf die eigenen Fotos bei Google, OneDrive oder Flickr reicht aus. Android-Smartphones bieten komfortable Funktionen, um Fotos von der Smartphone-Kamera in die bekannten Onlinefotoalben hochzuladen und umgekehrt die eigenen Alben oder die freigegebenen Alben von Freunden auch auf dem Smartphone zu betrachten.

Google Fotos

Google Fotos (*photos.google.com*) bietet jedem Nutzer die Möglichkeit, seine Fotos online privat zu verwalten und auf Wunsch einzelne Bilder oder ganze Alben mit anderen zu teilen. Die Google-Fotos-App hat die klassische Galerie auf den Android-Smartphones ersetzt. Einige Gerätehersteller haben noch eigene Fotogalerien vorinstalliert, die aber nicht zum Standardumfang von Android gehören.

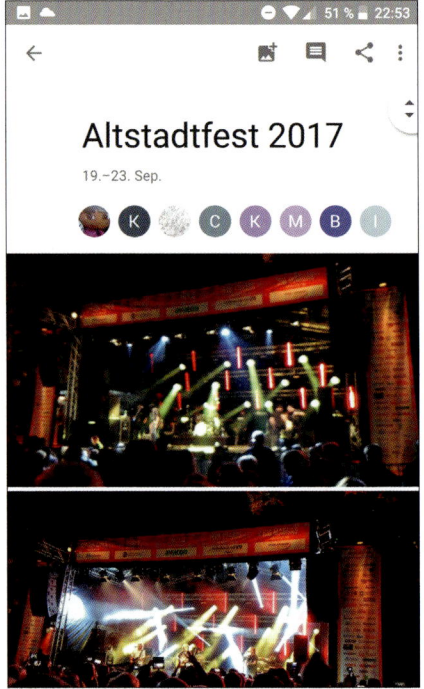

Google-Fotos-Webalben in der Google-Fotos-App auf dem Smartphone.

Fotos online zeigen und teilen

> **ACHTUNG:** Die persönlichen Webalben werden automatisch in der Fotos-App des Smartphones angezeigt, auch Fotos, die mit anderen Kameras fotografiert wurden.
>
> Dies gilt auch für Alben, die nur persönlich freigegeben sind und der Öffentlichkeit verborgen bleiben – auf dem Smartphone sind die Bilder alle zu sehen. Denken Sie daran, wenn Sie Ihr Smartphone aus der Hand geben.

Bei Google Fotos können Sie Bilder von Freunden kommentieren oder auch direkt als Beiträge auf Ihrem Google+-Profil veröffentlichen.

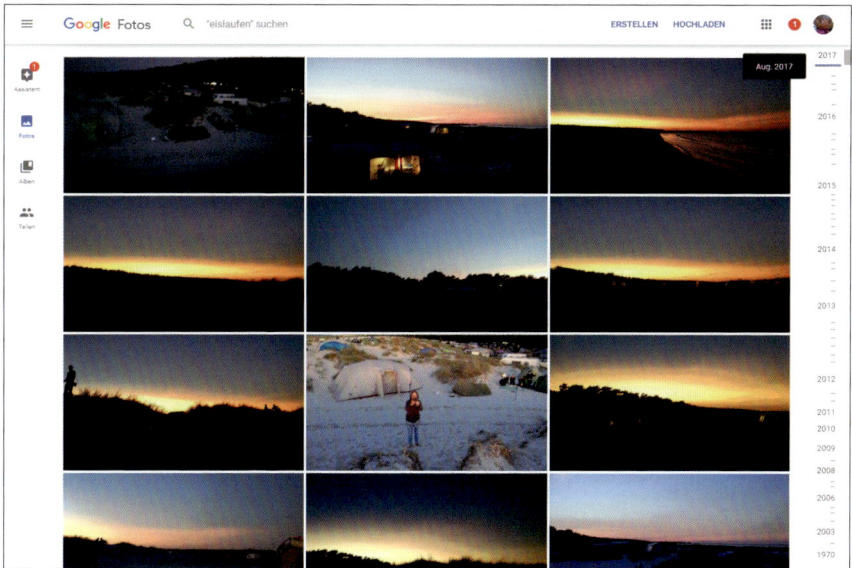

Eigene Fotos mit Zeitleiste bei Google Fotos im Browser auf dem PC.

Fotos mit Freunden per Mail teilen

Die Google-Fotos-App und auch die meisten anderen Android-Apps, die Fotos anzeigen, haben eine Funktion zum Senden von Fotos über verschiedene Kommunikationswege integriert. Tippen Sie dazu in der Anzeige eines Bildes auf das *Teilen*-Symbol unten links.

Wählen Sie *Link erstellen*, wird ein Link zum Foto erzeugt, der auf beliebigen Wegen weitergegeben werden kann. Der Empfänger kann den Link in jedem Browser auf Smartphones, PCs oder anderen Geräten öffnen und so das Bild sehen. Der Teilen-Bildschirm zeigt die zuletzt kontaktierten Personen. Auch so können Sie E-Mails mit einem Link auf das Foto verschicken, ohne es in voller Auflösung als Anhang senden zu müssen.

Foto aus der Fotos-App über Gmail teilen.

Fotos, die bereits automatisch hochgeladen wurden, können auf die gleiche Weise aus der Fotos-App heraus geteilt oder in ein anderes Album kopiert werden, ohne dass sie erneut hochgeladen werden müssen. Aus der Fotoübersicht der Google-Fotos-App können nicht nur einzelne, sondern auch mehrere Fotos auf einmal freigegeben werden, ohne dass man gleich ein ganzes Album freigeben muss. Dazu wird ein virtuelles Album angelegt, das nur in der Liste *Geteilt* auftaucht.

1. Tippen Sie länger auf ein Foto, wird es markiert und bei allen anderen Fotos erscheinen Markierungskästchen.

2. Wählen Sie jetzt die zusätzlichen Fotos aus und tippen Sie zum Schluss unten auf das *Teilen*-Symbol.

3. Wählen Sie eine Person aus, um eine E-Mail mit den Links zu schicken. Oder wählen Sie *Link erstellen*, dann wird ein Link erzeugt, der genau die gewählten Fotos freigibt. Geben Sie diesen Link per E-Mail, Messenger oder auf anderen Wegen an Ihre Freunde weiter. Diese können dann im Browser die ausgewählten Fotos sehen.

Einmal geteilte Links lassen sich über das Symbol *Geteilt* unten rechts in der Google-Fotos-App später jederzeit wieder aufrufen oder auch löschen.

Fotos online zeigen und teilen

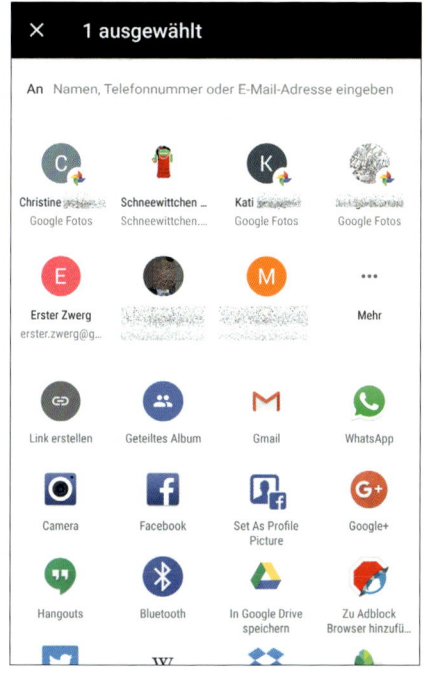 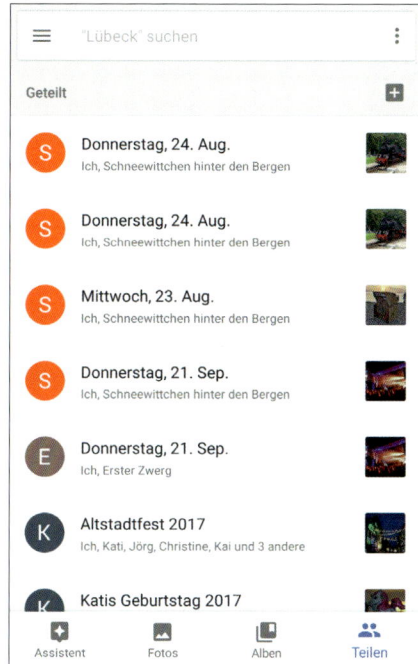

Automatisch hochgeladene Fotos auswählen und teilen.

> **Picasa**
>
> Picasa, der frühere Onlinefotodienst von Google wurde inzwischen voll in Google Fotos integriert. Die ehemaligen Picasa-Webalben lassen sich jetzt in Google Fotos sowie in der Fotos-App betrachten. Die alte Picasa-Webseite wurde komplett eingestellt, ältere Freigabelinks, die früher einmal an Freunde verschickt wurden, können aber weiterhin genutzt werden und verweisen jetzt auf Google Fotos.

Fotoalben anlegen

Zur besseren eigenen Übersicht oder auch zum Teilen können Sie bei Google Fotos Ihre Fotos in Alben ordnen.

1. Wählen Sie mehrere Fotos aus und tippen Sie auf das Plussymbol oben. Nachdem Sie ein Foto ausgewählt haben, ziehen Sie mit dem Finger über den Bildschirm, um die folgenden Fotos schnell mit auszuwählen.

2. Tippen Sie dann auf *Album* und geben Sie im nächsten Schritt dem neuen Album einen aussagekräftigen Namen.

3. Hier können Sie auch noch einen Kommentartext und einen Standort hinzufügen.

7 ▪ Fotos und Multimedia

4. An dieser Stelle können Sie direkt per Drag-and-drop die Reihenfolge der Fotos im Album ändern, was aber auch später noch möglich ist.

5. Über das *Teilen*-Symbol oben rufen Sie einen Link für das Album ab, um diesen an Freunde weiterzugeben.

6. Auf die gleiche Weise können Sie später auch weitere Fotos zu einem vorhandenen Album hinzufügen.

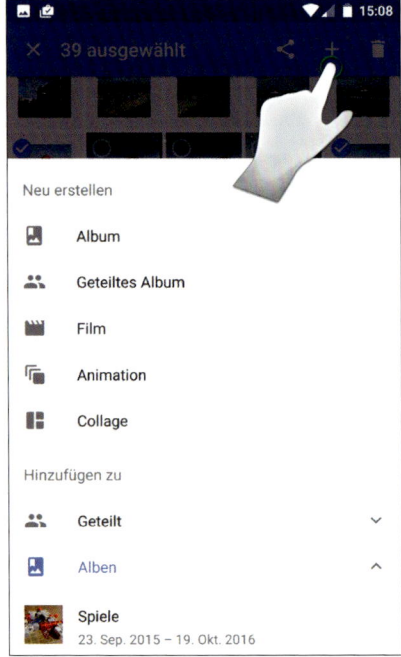 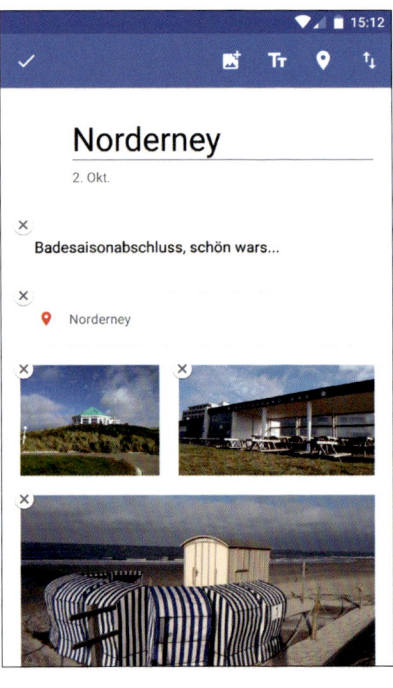

Fotoalbum anlegen.

Die Alben werden in der Fotos-App unter *Alben* angezeigt. Hier finden Sie auch Alben, die von Google Fotos automatisch erstellt werden. Selbstverständlich können Sie jedes Album nachträglich bearbeiten, Fotos ergänzen oder aus dem Album entfernen, ohne dass sie gleich bei Google Fotos gelöscht werden. Mit den Symbolen am oberen Bildschirmrand in der Bearbeitungsansicht können Sie dem Album auch nachträglich Ortsangaben und zusätzliche Texte hinzufügen.

Diashow erstellen

Neben klassischen Fotoalben bietet die Fotos-App die Möglichkeit, Diashows oder Collagen zu erstellen. Tippen Sie dazu unten auf *Assistent*, dann erscheinen Symbole zum Anlegen von Alben, Animationen, Filmen und Collagen.

Eine Animation ist eine automatisch ablaufende Diashow aus frei wählbaren Fotos. Sie wird als animiertes GIF gespeichert und kann so als Ganzes geteilt werden, ohne jedes Mal alle Bilder wieder auszuwählen oder ein Album anzulegen.

Collagen in der Fotos-App

Wählen Sie bis zu neun Fotos aus, die Fotos-App erstellt daraus automatisch eine Collage und speichert diese als Bild, das wie jedes andere Bild geteilt werden kann. Nach der Erstellung haben Sie noch die Möglichkeit, Farbfilter oder Effekte auf die Collage zu legen.

Collage und Film in der Fotos-App.

Filme erstellen

Mehrere Fotos können zu einem Film zusammengefügt werden. Im Gegensatz zu Diashows sind Filme Videodateien und keine Bilddateien, die mit einem Videobetrachter angezeigt und auch an beliebigen Stellen gestoppt werden können. Die Fotos-App legt automatisch Musik und einen Retroeffekt über den Film, der Kratzer im Film und Bildwechseleffekte simuliert. Die erzeugten Filme sind in der Fotos-App auf der Seite *Alben* unter *Videos* zu finden.

Flickr

Flickr (www.flickr.com) ist eine der bekanntesten Onlineplattformen für Fotos. Hier können Sie selbst Onlinefotoalben anlegen und Ihren Freunden Bilder präsentieren. Flickr bietet viele Funktionen eines sozialen Netzwerks, man kann Fotos kommentieren, Gruppen mit Freunden

gründen und sich gegenseitig über neue Fotos auf dem Laufenden halten. Flickr gehört zu Yahoo!, um eigene Fotos hochzuladen, benötigen Sie eine kostenlose Yahoo-ID.

Der persönliche Fotostream in der Flickr-App.

Flickr liefert eine eigene App für Android-Smartphones, mit der man jederzeit Zugriff auf seine Fotoalben bei Flickr und die von Freunden hat. Natürlich kann man auch direkt vom Smartphone neue Fotos bei Flickr hochladen.

Nach der Anmeldung mit der persönlichen Yahoo-ID zeigt die Flickr-App den eigenen Fotostream, eigene Fotoalben sowie die letzten Aktualisierungen der Freunde auf einen Blick an. Die Navigation in der App ist intuitiv und weitgehend an das den Nutzern vertraute Design der Flickr-Webseite angelehnt.

Fotografieren mit der Flickr-App

Mit der Flickr-App kann man auch direkt fotografieren. Man braucht nicht die Standard-Kamera-App aufzurufen. Einfach oben rechts in der Flickr-App auf das Kamerasymbol tippen und es startet eine eigene Kamerafunktion, in der Sie die neuen Fotos auch direkt benennen können, da bei Flickr jedes Bild einen Namen braucht. Auf der Seite *Details* können Sie noch einen Bildkommentar hinzufügen.

Farbfilter in der Flickr-App.

Besonders interessant sind die Filter im rechten Bildschirmbereich, mit denen man den Fotos eine persönliche Note oder auch ein besonders kitschiges Aussehen verpassen kann. Tippen Sie links auf das Symbol mit dem Pinsel, können Sie Belichtung, Weißabgleich, Helligkeit, Kontrast und andere Bildeigenschaften vor dem Hochladen noch anpassen.

Die Bearbeitungsfunktionen der Flickr-App können auch für bereits hochgeladene Fotos genutzt werden. Tippen Sie in der Vollbildansicht eines Fotos auf das Stiftsymbol, wird das Foto auf das Smartphone heruntergeladen und kann dort zugeschnitten, bearbeitet oder mit Filtern versehen werden.

> **Auto-Uploadr**
>
> Ähnlich wie Google Fotos, Dropbox und OneDrive bietet auch Flickr einen sogenannten Auto-Uploadr an, der alle neuen Fotos vom Smartphone direkt in ein privates Flickr-Album hochlädt, von wo aus Sie sie später veröffentlichen, bearbeiten oder mit Freunden teilen können. Der Auto-Uploadr kann in den Einstellungen der Flickr-App aktiviert werden. Auch hier kann man das Hochladen auf WLAN-Verbindungen beschränken.

Im nächsten Schritt laden Sie das Foto bei Flickr hoch. Es erscheint dann automatisch in Ihrem persönlichen Fotostream. Je nachdem, welche Privatsphäre-

Einstellungen Sie festgelegt haben, können nur Sie, Ihre Freunde oder jeder das Foto sehen. Um mehr Übersicht bei Ihren Fotos zu haben, ordnen Sie das Bild gleich in ein Album ein. Natürlich können Sie auch über die bekannte *Teilen*-Funktion der meisten Android-Apps Fotos auf Flickr veröffentlichen, wenn die Flickr-App installiert ist.

Facebook

Auch Facebook bietet seinen Nutzern Onlinefotoalben an, die unterwegs vom Smartphone genutzt werden können, und macht damit den klassischen Onlinefotoalben wie Google Fotos und Flickr Konkurrenz. Allerdings sind die Möglichkeiten bei Facebook deutlich begrenzter.

Wenn die Facebook-App auf dem Smartphone installiert ist, können Sie darüber Fotos auf Facebook hochladen. Noch einfacher wählen Sie in der Fotos-App die *Teilen*-Funktion. Facebook ist hier automatisch eingetragen. Sie brauchen es nur noch auszuwählen, danach startet die Facebook-App mit einem Formular, in dem Sie noch einen Text für den neuen Beitrag eingeben können. Zusätzlich können Sie den Ort angeben, wo dieses Foto ausgewählt wurde, sowie Facebook-Freunde markieren, die mit dabei waren.

> **TIPP:** Wenn Sie der Flickr-App Zugriff auf Facebook gewähren, können Sie Fotos direkt aus Flickr gleichzeitig auch auf Facebook veröffentlichen, ohne das Bild zweimal hochladen zu müssen, was nicht nur Aufwand, sondern auch Datenvolumen spart.

Instagram

Fotos vom Smartphone in ein soziales Netzwerk hochzuladen, ist nichts Neues mehr. Mit Instagram (*www.instagram.com*) gibt man dem Bild Stil und veröffentlicht gleich die passende Stimmung mit dazu. Dazu sind jede Menge

Farbfilter, Rahmen und Effekte bereits in der App vorgegeben. Weiterhin enthält Instagram eine eigene verbesserte Kamerafunktion, mit der man direkt fotografieren oder auch nachträglich Effekte auf bereits auf dem Smartphone gespeicherte Fotos legen kann. Gerade die Vielzahl und grafische Qualität dieser Effekte und Filter unterscheidet Instagram von ähnlichen Apps und Netzwerken.

Fotos online zeigen und teilen

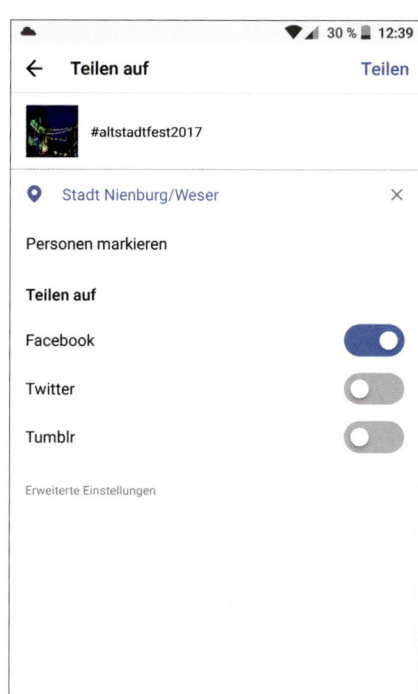

Foto auf dem Smartphone auswählen, mit Filtern aufbessern und auf Instagram und anderen sozialen Netzwerken posten.

Instagram enthält eigene Funktionen eines sozialen Netzwerks. Hier kann man direkt dem Fotostream von Freunden folgen, die auf diese Weise ihr Leben erzählen. Dabei werden üblicherweise Hashtags verwendet, um auch andere Fotos zum Thema zu finden. Nach Eingabe des #-Zeichens und der ersten Buchstaben schlägt die App automatisch passende Hashtags vor. Beim Veröffentlichen auf Instagram kann man seine Fotos auch direkt in anderen sozialen Netzwerken teilen, die mit dem eigenen Instagram-Konto verknüpft sind.

Dropbox

Die in Kapitel 8 näher beschriebene Dropbox-App kann Fotos vom Smartphone automatisch in Originalauflösung hochladen, um vom PC darauf zuzugreifen. Standardmäßig sind alle Fotos nur privat. Sie können aber auch Links zu einzelnen Bildern oder

ganzen Alben über verschiedene Kommunikationswege weitergeben. Dabei wird nicht das Bild selbst, sondern nur ein kurzer Link darauf verschickt.

275

OneDrive

Auch bei OneDrive von Microsoft gibt es eine automatische Kamerasicherung für Fotos von Android-Smartphones. Sie finden diese Option in den Einstellungen der OneDrive-App unter *Kameraupload*. Dabei können Sie wählen, ob die Fotos nur über WLAN oder auch über das Mobilfunknetz automatisch gesichert werden sollen oder ob sogar nur dann Fotos automatisch hochgeladen werden, wenn das Smartphone am Ladegerät angeschlossen ist.

Fotos per OneDrive synchronisieren und Links teilen.

Durch die gute Integration von OneDrive in Windows 10 hat man die Fotos vom Smartphone auf dem PC automatisch sofort zur Verfügung.

OneDrive bietet umfangreiche Möglichkeiten, Ordner und Alben anzulegen sowie Fotos für Freunde oder öffentlich freizugeben. Dabei kann entweder ein Bild oder ein Link verschickt werden. Auch später noch kann zu jedem Foto angezeigt werden, wer dafür eine Freigabe erhalten hat.

Fotos und Musik von alten Handys übernehmen

Fotos und Musik, die nicht im Google-Konto gespeichert sind, überträgt man bequem mit einer Speicherkarte. Einfach die Speicherkarte aus dem alten Smartphone in das neue stecken und die Daten können dort genutzt werden. Natürlich können Sie auch Daten im Kartenleser am PC auf die Speicherkarte kopieren und diese dann in das Smartphone stecken.

Ganz alte Handys mit exotischen Speicherkartenformaten oder ganz ohne Speicherkarte können über ein USB-Kabel mit dem PC verbunden werden und werden dort als Kamera oder Wechseldatenträger erkannt. Mit der Windows-Software *Sichern und Synchronisieren* (*photos.google.com/apps*) werden diese Fotos vom PC automatisch ins Google-Konto nach Google Fotos hochgeladen und stehen dann sofort auch auf dem Smartphone zur Verfügung.

Musik auf dem Smartphone

Digitale Musik unterwegs zu hören, gehört zum Alltag. Portable MP3-Player haben längst Walkman und tragbare CD-Spieler abgelöst. Inzwischen geht das Interesse an klassischen MP3-Playern auch schon wieder zurück. Fast jeder hört seine Musik nur noch auf dem Smartphone über Kopfhörer, deren Musikqualität mit dem, was man aus Walkman-Zeiten kannte, nicht mehr zu vergleichen ist.

Google Play Musik

Google Play Musik ist eine neue Musikplayer-App, die den ehemaligen Android-Musikplayer ersetzt. *Google Play Musik* spielt lokal auf dem Smartphone gespeicherte Musik ab sowie auch Musik vom Cloud-Speicher. Der Google Play Musik Store ist integriert. Gekaufte Musiktitel werden direkt im Player angezeigt und abgespielt.

> **Achtung Kostenfalle**
>
> Tippen Sie beim ersten Start der App *Google Play Musik* auf *Nein danke* und nicht auf *Abonnieren*, da Sie sonst den Google-Musik-Dienst abonnieren, der zwar 30 Tage lang kostenlos ist, aber wer denkt schon daran, so etwas rechtzeitig wieder abzumelden.

Den Downloadshop für Musik bietet Google Play seit einiger Zeit auch in Deutschland an. Zusammen mit diesem Angebot startete auch ein Cloud-Dienst, auf dem jeder Nutzer kostenlos bis zu 50.000 eigene Songs speichern und dann von jedem Gerät über sein persönliches Google-Konto anhören kann. Beim ersten Start der App erscheint eine Werbung für einen kostenpflichtigen Dienst. Diese können Sie mit *Nein danke* überspringen, die App funktioniert auch in der kostenlosen Version. Lediglich das Streaming-Angebot von Google ist kostenpflichtig.

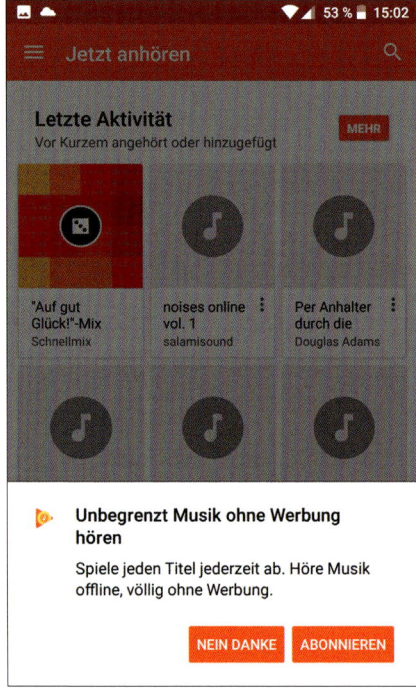 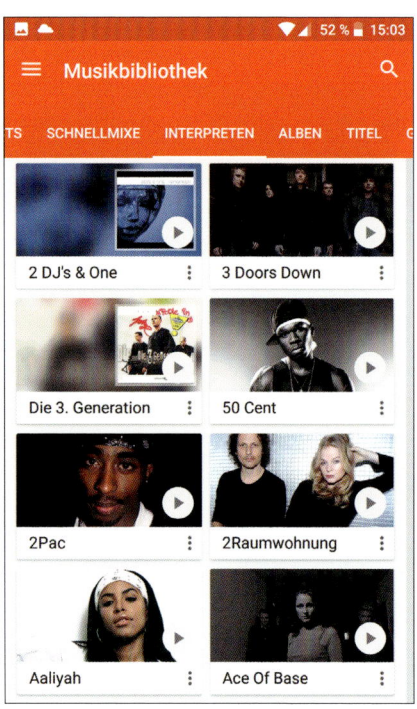

Google Play Musik auf dem Smartphone.

Die Bedienung ähnelt den bekannten Musikplayern auf anderen Plattformen: In jeder Ansicht ist ganz unten der gerade laufende Titel zu sehen. Mit den Bedienelementen lassen Sie die Musik pausieren oder springen zum nächsten Titel der aktuellen Wiedergabeliste. Sie können beliebige Titel zu einer Wiedergabeliste zusammenfassen, indem Sie auf das Symbol mit den drei Punkten rechts in einem Musiktitel tippen. Mit dem Lupensymbol oben rechts finden Sie jeden Titel Ihrer Musiksammlung. Mit der Funktion *Schnellmixe* lassen sich automatisch nach Interpreten Playlisten erzeugen und abspielen.

Während die Musik läuft, können Sie andere Apps nutzen. Drücken Sie einfach die Home-Taste. Der Musikplayer verschwindet in den Hintergrund, die Musik läuft weiter. In der Benachrichtigungsleiste ist ein Symbol für den Musikplayer zu sehen. Ziehen Sie die Benachrichtigungsleiste nach unten, erscheint der gerade abgespielte Titel. Ein Klick darauf bringt Sie wieder in den Musikplayer zurück.

> **Falsche Albumbilder**
>
> Wundern Sie sich nicht, wenn der Musikplayer falsche Albumbilder bei lokal gespeicherter Musik anzeigt. Dies ist leider ein gängiges Problem aller Musikplayer-Apps, wenn Musik auf verschiedenen Plattformen verwendet wird. In der MP3-Datei eingebettete Grafiken werden korrekt angezeigt. Einige Systeme verwenden aber zusätzliche Albumbilder im JPEG-Format. Wenn sich solche Bilder auf der Speicherkarte befinden, werden sie von den Musikplayern unterschiedlich und oft falsch zugeordnet.

Um unterwegs Datenvolumen zu sparen, sollten Sie in der Seitenleiste die Option *Nur heruntergeladene* aktivieren. Damit verhindern Sie, dass über Playlisten oder die zufällige Wiedergabe Musik aus dem Cloud-Speicher heruntergeladen wird. Die Seitenleiste blenden Sie ein, indem Sie auf das Menüsymbol oben links in der Ecke tippen.

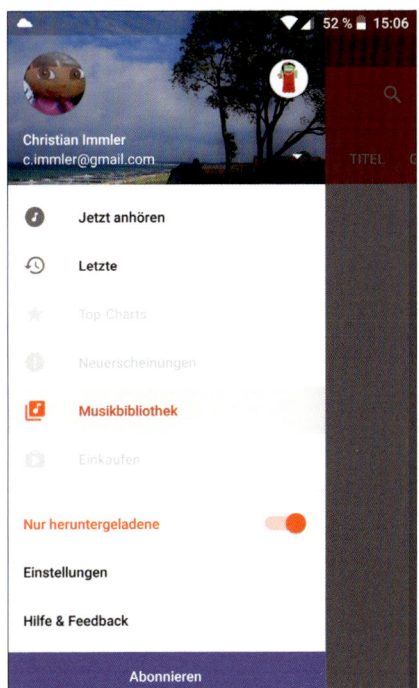 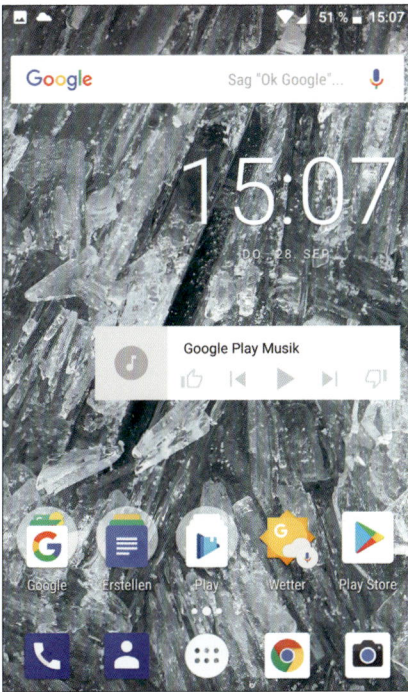

Links: Nur heruntergeladene Musik abspielen, rechts: das Widget zu Google Play Musik auf dem Startbildschirm.

Das Widget *Google Play Musik* zeigt den aktuellen oder zuletzt gespielten Titel direkt auf dem Startbildschirm und bietet die Steuerelemente des Medienplayers. Bei automatisch erstellten Mixen können Sie *Gefällt mir* oder *Gefällt mir nicht* antippen, um die Zusammenstellung der Mixe zu beeinflussen.

Neue Musik aus dem Google Play Store kaufen

Der Google Play Store bietet Musik zum Kauf direkt auf dem Smartphone an. Sie erreichen dieses Musikangebot sowohl über die Google-Play-App als auch direkt aus der Seitenleiste des Google-Musikplayers.

Lassen Sie sich auf der Startseite inspirieren oder suchen Sie gezielt nach Musiktiteln oder Alben. Die meisten Titel werden einzeln verkauft. In viele Titel kann man online hineinhören, ohne sie gleich kaufen zu müssen. Beim Kauf mehrerer Titel ist das ganze Album oft günstiger. Gekaufte Musik steht automatisch auf allen Geräten zur Verfügung, die über dasselbe Google-Konto angemeldet sind.

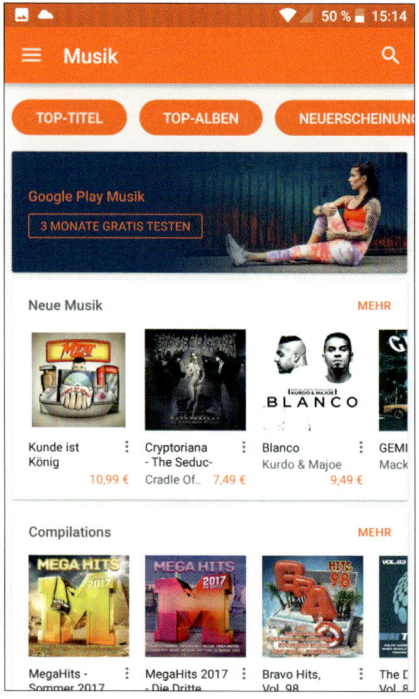

Musik im Google Play Store kaufen.

Einige wenige Alben werden auch kostenlos angeboten. Allerdings ist auch zum kostenlosen Download ein Google-Wallet-Konto mit gültigen Kreditkartendaten oder ein Prepaid-Guthaben notwendig.

Musik auf dem Smartphone

> **DRM in Google Play Musik**
>
> Musik, Filme und E-Books aus dem Google Play Store sind durch DRM (**D**igital **R**ights **M**anagement) geschützt. Das bedeutet, die Medien sind nur auf bestimmten Geräten nutzbar und können nicht auf andere Geräte übertragen werden. In den meisten Fällen bedeutet das, man kann gekaufte Inhalte auf allen Geräten nutzen, die über das eigene Google-Konto angemeldet sind, aber nicht an andere Nutzer weitergeben.

Lautsprecher und Kopfhörer per Miniklinke anschließen

Wer auf seinem Smartphone genüsslich Musik hören oder Filme ansehen möchte, wird bald merken, dass die Lautsprecher trotz des auf neuen Geräten verwendeten Surround-Sounds alles andere als optimal sind.

Smartphones haben eine 3,5-mm-Klinkenbuchse zum Anschluss von Kopfhörern, um in Ruhe, ohne z. B. im Zug seine Mitmenschen zu belästigen, Musik zu hören. Beim Einstecken eines Kopfhörers werden die internen Lautsprecher automatisch abgeschaltet.

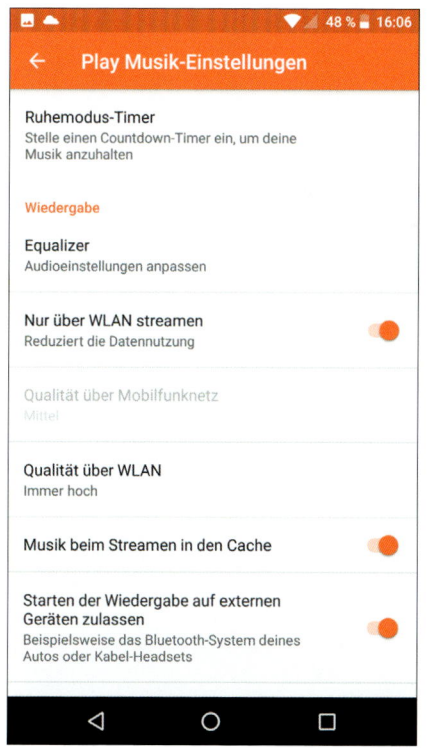 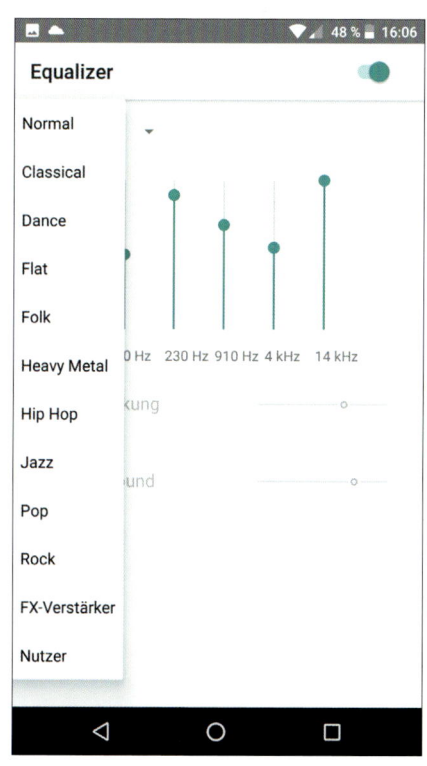

Einstellungen und Equalizer in Google Play Musik.

281

Zu Hause oder beim Musikhören mit mehreren Leuten schließen Sie an diese Buchse besser Lautsprecher an, die noch mehr Klang bieten. Dabei sollten Sie Aktivlautsprecher mit eingebautem Verstärker und eigener Stromversorgung verwenden. Die Leistung des Audioausgangs am Smartphone reicht sonst nur für eine schwache Lautstärke.

Um den Klang noch weiter zu verbessern, verfügt die Google-Play-Musik-App über einen eigenen *Equalizer*, der sich hinter dem Menüpunkt *Einstellungen* versteckt.

Wer gern mit Musik einschläft, kann in den *Einstellungen* im *Ruhemodus-Timer* eine Zeit einstellen, nach der die Musik automatisch anhält.

Eigene Musik in der Cloud speichern und auf dem Smartphone erleben

Der Cloud-Speicherdienst Google Play Music bietet jedem Nutzer kostenlosen Speicherplatz für 50.000 Songs. Laden Sie auf dem PC über *play.google.com/music* Ihre Musikbibliothek hoch, um mit allen Geräten darauf zugreifen zu können. Hier können Sie auch direkt im Browser Ihre gekauften oder selbst gespeicherten Musiktitel anhören.

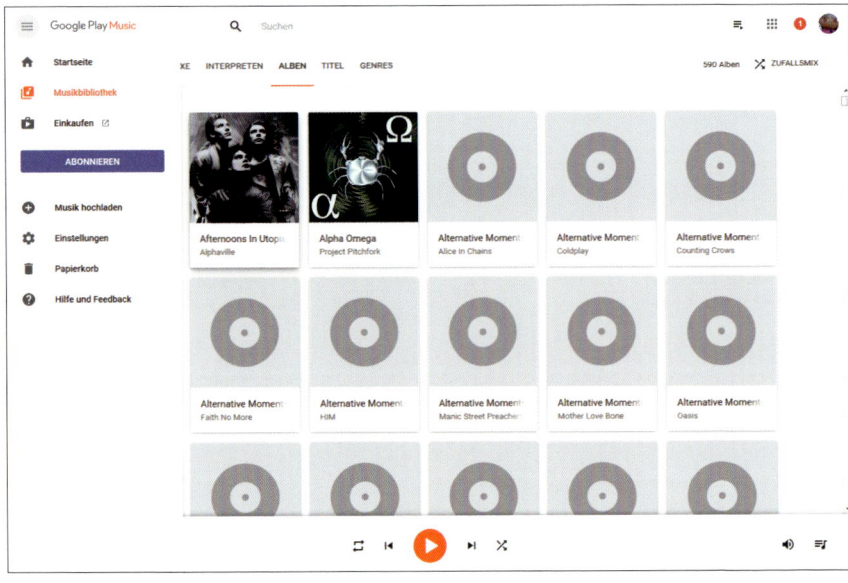

Google Play Music im Browser auf dem PC.

Laden Sie über die Schaltfläche *Musik hochladen* den Google Musik-Manager herunter. Das Programm läuft im Hintergrund und ist als Symbol im Infobereich der Taskleiste zu finden. Für den Chrome-Browser gibt es im Chrome-

Web-Store eine Erweiterung, sodass Sie kein eigenes Programm zu installieren brauchen.

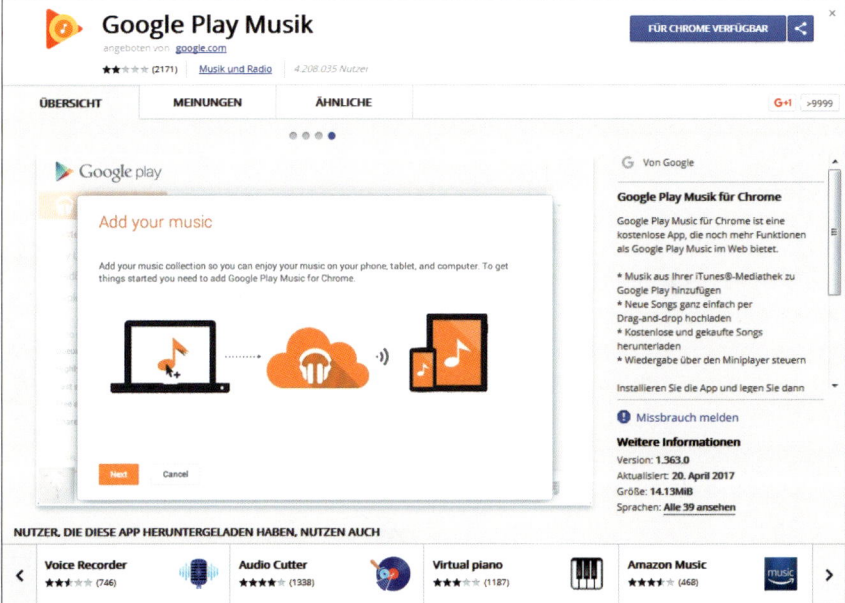

Der Google Musik-Manager auf dem PC.

Fügen Sie hier die Ordner hinzu, aus denen Sie Musik in Ihr Google-Konto hochladen möchten. Dabei können Sie festlegen, dass neue Titel in diesen Ordnern ebenfalls automatisch hochgeladen werden. Nach dem Hochladen können die Musiktitel auf allen Geräten, die mit dem eigenen Google-Konto angemeldet sind, angehört werden.

> **Achtung Datenvolumen**
>
> In den Einstellungen der Google-Play-Musik-App können Sie festlegen, dass Musik aus dem Cloud-Speicher nur über WLAN-Verbindungen gestreamt oder heruntergeladen wird.

Webradio

Viele Radiostationen haben auf ihren Webseiten auch einen Internetradiostream. Dazu kommen immer mehr – besonders kleinere – Spartensender, die ihr Programm ausschließlich über das Internet und gar nicht mehr über klassische Rundfunksender senden. Inzwischen haben fast alle Radiosender für Smartphones optimierte Webseiten, auf denen der Livestream zu hören ist.

7 ▪ Fotos und Multimedia

> **ACHTUNG:** Beim Webradio gilt wie auch bei YouTube: Nutzen Sie es nur, wenn Sie über WLAN mit dem Internet verbunden sind. Bei den typischen 128 Kbps der meisten Webradios kommt man auf etwa 56 MByte Datenvolumen pro Stunde Webradio. Eine einfache UMTS-Datenflatrate mit 200 MByte/Monat, wie sie in vielen Smartphone-Tarifen mit dabei ist, wäre also nach nicht einmal vier Stunden verbraucht.

TuneIn Radio

Mit einer Webradio-App wie *TuneIn Radio* ist es noch einfacher, Internetradiosender zu finden und anzuhören als über die einzelnen Webseiten der jeweiligen Anbieter. TuneIn Radio kennt über 100.000 Radiostationen, darunter mehrere Hundert aus Deutschland.

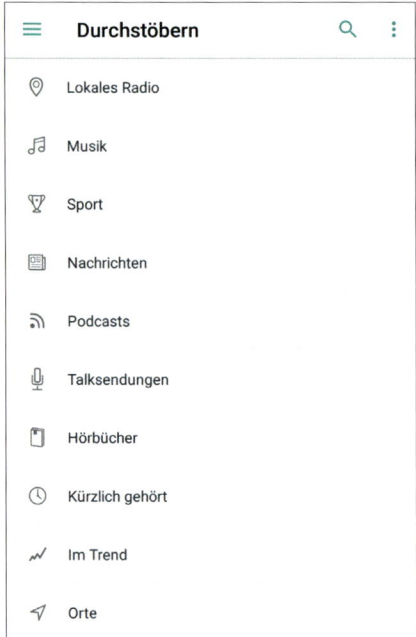

TuneIn Radio bietet unter einer einheitlichen Oberfläche gut sortierte Listen mit Webradiosendern.

Um Sender zu finden, kann man nicht nur nach Namen suchen, sondern auch regional oder nach dem Musikstil. Über das Internet bezieht die App regelmäßig Updates der Radiolisten. Bei der Fülle der angebotenen Sender empfiehlt es sich, Favoriten anzulegen. In der persönlichen Favoritenliste braucht man nur noch auf eine Radiostation zu tippen, die Musik wird dann umgehend gestreamt und abgespielt.

Welches Lied läuft gerade?

Jeder kennt das: Im Radio läuft ein schöner Musiktitel, aber man weiß nicht, wie er heißt und wer ihn singt, weil man die Ansage davor verpasst oder einfach nicht zugehört hat. Hier hilft ein Widget auf dem Smartphone, den Titel wiederzufinden.

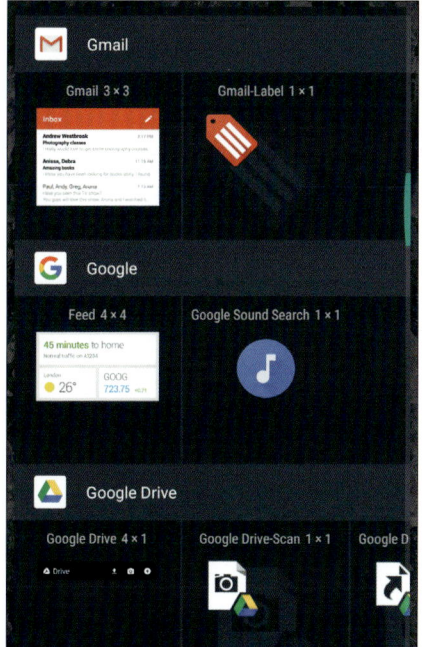 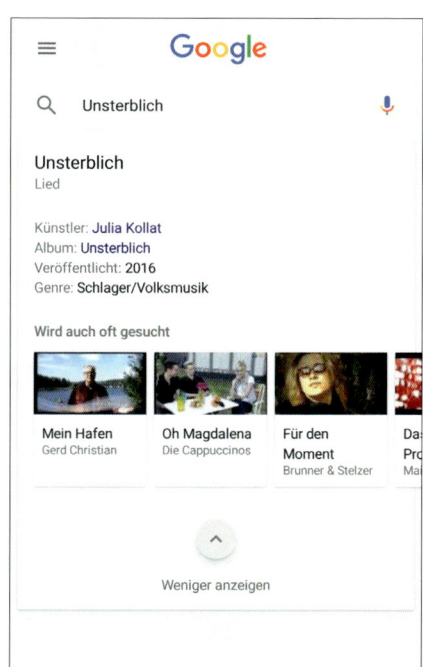

Sound Search hört Musik und findet diese bei Google Play.

Ziehen Sie das Widget *Google Sound Search* auf den Startbildschirm. Tippen Sie darauf, wenn Sie ein Lied hören, das Sie identifizieren möchten. Google hört ein paar Sekunden zu, zeichnet die Musik auf und überträgt sie an einen Server, der die Aufnahme auswertet und mit sehr hoher Treffsicherheit den passenden Titel findet – vorausgesetzt, dieser ist im Google Play Store als Musik zu kaufen.

Neben dem Songtitel findet *Sound Search* oft noch weitere Informationen wie Albumtitel, Veröffentlichungsdatum und Interpreten. Bei einigen Titeln werden kurze Hörproben angeboten. Tippen Sie auf *Kaufen*, müssen Sie noch nicht gleich kaufen – es wird zunächst die Google-Play-Musik-App gestartet, wo Sie weitere Informationen zum Interpreten finden und dann natürlich die Möglichkeit haben, den Titel oder das ganze Album zu kaufen.

Videos und YouTube

YouTube ist mehr denn je die beliebteste Quelle für Videos aller Art im Internet. YouTube bietet zwar die für mobile Geräte optimierte Webseite *m.de.youtube.com*. Deutlich komfortabler ist aber die YouTube-App, die eine speziell für Android-Smartphones optimierte Darstellung bietet. Ist diese App installiert, was bei den meisten Android-Smartphones bereits herstellerseitig der Fall ist, wird beim Besuch der mobilen YouTube-Webseite automatisch die App gestartet.

> **INFO:** Pro Tag werden über zwei Milliarden Videos auf YouTube betrachtet, und pro Minute wird über 100 Stunden neues Videomaterial hochgeladen. YouTube verursacht etwa 10 % des gesamten Internetdatenverkehrs. Bedenken Sie bei der Nutzung von YouTube über das Mobilfunknetz das zu übertragende Datenvolumen von Videos. Hier kommt man schnell an die Grenzen der Smartphone-Flatrates.

Mobile YouTube-Seite und YouTube-App im Google Play Store.

Nach der Anmeldung mit dem auf dem Smartphone installierten Google-Konto hat man in der YouTube-App direkten Zugriff auf eigene Playlisten und Favoriten. Die Suchfunktion sowie die Listen mit Videos des gleichen Anbieters oder ähnlichen Videos anderer Anbieter stehen so, wie man sie vom PC kennt, auch in der YouTube-App zur Verfügung.

Natürlich lassen sich alle Videos auch im Vollbildmodus abspielen. Dazu braucht man das Smartphone nur quer zu halten. Auch die Funktionen, Videos zu bewerten oder die Links an Freunde zu verschicken, sind in der App enthalten. Dabei werden alle installierten Kommunikations-Apps wie E-Mail, Facebook, Twitter, Google+ und weitere unterstützt.

Mit der YouTube-App können Sie auch eigene Videos, die mit der Smartphone-Kamera aufgenommen wurden, direkt auf YouTube hochladen, ohne dass Sie einen PC dafür benötigen.

Videos und YouTube

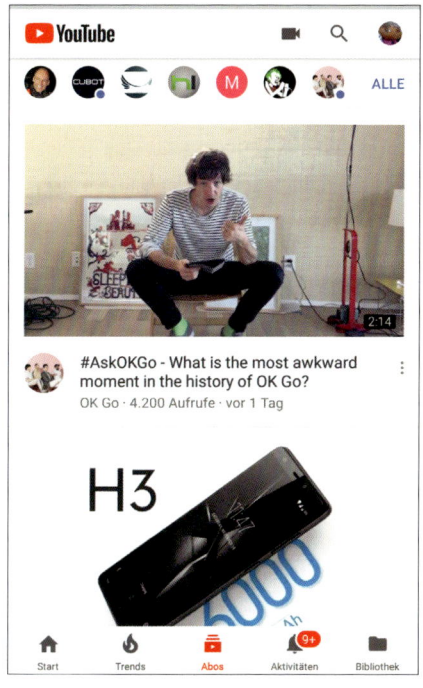
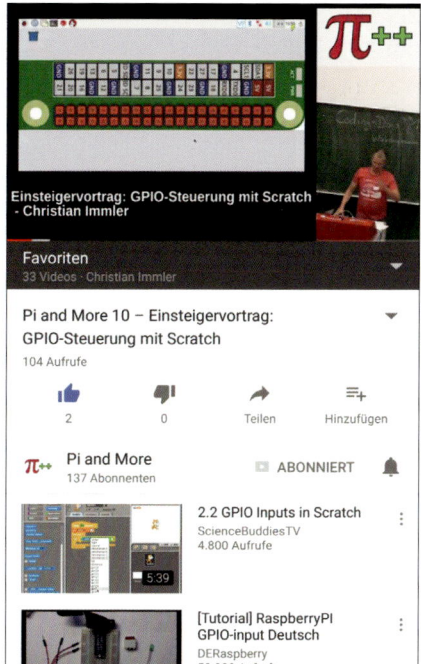

Die YouTube-App auf dem Smartphone.

App-Shortcuts

Über App-Shortcuts (langes Antippen des App-Symbols) lassen sich angesagte Videos, eigene Abos und die Suche schnell aufrufen. Bei Bedarf können diese Shortcuts auf den Startbildschirm gelegt werden.

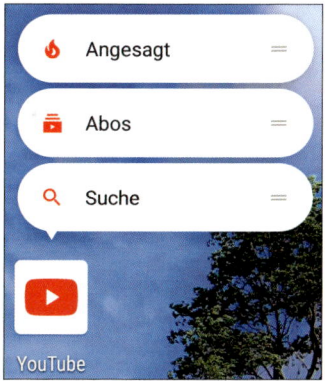

App-Shortcuts für YouTube.

VLC-Player

Der VLC-Player, ein bekanntes Open-Source-Programm zum Abspielen von Medien aller Art, ist auch als App für Android erhältlich und spielt so ziemlich jede Videodatei auf dem Smartphone ab, auch Formate, die

der Standard-Videoplayer von Android nicht darstellen kann. Im WLAN spielt der VLC-Player Videos von Streamingservern, zum Beispiel Netzwerkfestplatten, ab.

Der VLC-Player bietet deutlich mehr Einstellungen und Bedienkomfort als der Standardplayer. Beim ersten Aufruf eines Videos werden Fingergesten angezeigt, um im Video vor- und zurückzublättern sowie Helligkeit und Lautstärke zu regeln.

Bekommen Sie öfter Videos von Freunden, z. B. über WhatsApp, die sich nicht abspielen lassen, probieren Sie den VLC-Player aus. Tippen Sie auf ein Video, wählen Sie in der Liste *Öffnen mit* den VLC-Player und tippen Sie dann auf *Immer*, um diesen als Standard-Videoabspieler festzulegen.

Video mit der Kamera aufnehmen

Die Google-Kamera-App bietet auch die Möglichkeit, Videos aufzunehmen. Eine horizontale Wischbewegung auf dem Bildschirm schaltet zwischen Foto- und Videomodus um. Tippen Sie auf den Auslöser, der jetzt einen roten Punkt zeigt, um die Aufnahme zu starten. Andere Kamera-Apps zeigen oft Symbole für Fotoapparat und Videokamera.

Oben links läuft eine Anzeige mit der aktuellen Länge des Videos. Tippen Sie ein zweites Mal auf den Auslöser, um die Aufnahme zu stoppen. Die Pause-Taste unten ermöglicht Pausen während der Aufzeichnung, ohne die Videodatei zu beenden. Tippen Sie noch einmal auf das Pause-Symbol, wird die Aufzeichnung der gleichen Datei fortgesetzt.

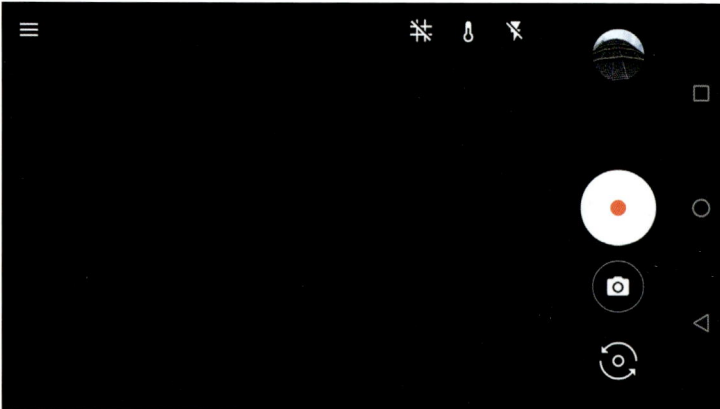

Im Videomodus stehen keine Effekte zur Verfügung. Über Bildschirmsymbole können Sie das Fotolicht einschalten oder auch die Frontkamera für Videos nutzen.

Kapitel 8
Coole Apps

Jeder Computer wird erst durch die installierten Programme interessant. Das gilt natürlich auch für Android-Smartphones. Immer wieder veröffentlichen Zeitschriften und Webseiten die angeblich besten Apps. Aber welche sind die besten? Niemand installiert Apps aus Sammlerleidenschaft nur um der Apps willen. Man installiert das, was man braucht, und da muss jeder für sich selbst beurteilen, was wichtig ist und was nicht.

Große Teile dieses Buches handeln von Apps und natürlich nur von den besten zu jedem Thema. In diesem Kapitel werden noch einige Apps zu Themen vorgestellt, die bisher unerwähnt blieben.

Dateimanager

Was dem Android-Betriebssystem bis heute fehlt, ist ein leistungsfähiger Dateimanager. Offenbar gehen die Entwickler der Plattform davon aus, dass Anwender sich für die einzelnen Dateien auf ihren Geräten nicht interessieren, früher heruntergeladene Dateien einfach wieder neu herunterladen, und wenn der Speicher voll ist, ein neues Smartphone kaufen.

Einige Gerätehersteller liefern daher eigene Dateimanager-Apps mit, auf anderen Smartphones sollten Sie selbst einen Dateimanager installieren.

Android 8 Oreo beinhaltet zumindest einen ganz einfachen Dateimanager, der zwar nicht viele Funktionen bietet, aber im Alltag trotzdem oft ausreicht.

Sie finden diesen Dateimanager nicht als App, sondern in den *Einstellungen* unter *Speicher/Dateien*.

8 • Coole Apps

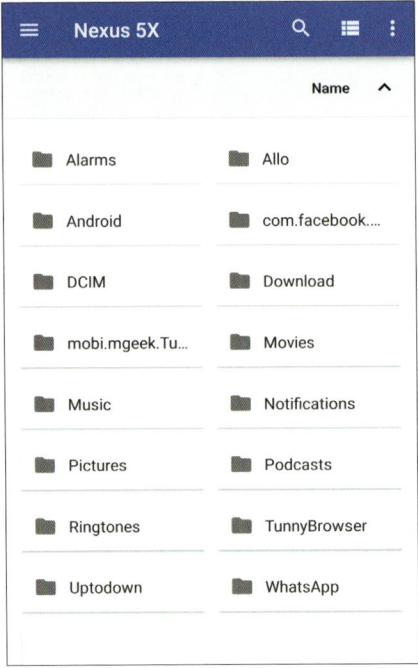 

Der eingebaute Dateimanager in den Einstellungen von Android 8 Oreo.

File Expert HD

File Expert HD ist ein komfortabler Dateimanager für Android mit vielen interessanten Funktionen, die über das simple Kopieren und Verschieben von Dateien hinausgehen. *File Expert HD* bietet zusätzlich zum Zugriff auf Dateien, die lo-

kal auf dem Smartphone oder auf der Speicherkarte liegen, auch interessante Netzwerk- und Cloud-Funktionen. *File Expert HD* weist an mehreren Stellen auf die kostenpflichtige Version hin – für alle alltäglichen Aufgaben reicht die kostenlose Version jedoch völlig aus.

Bevor man sich in der Verzeichnisstruktur des Smartphones verliert, zeigt *File Expert HD* eine Übersicht über die wichtigsten Bereiche, Dateien, Dokumente und Apps. Auf diese Weise findet man die wichtigen Dateien leichter und kann diese auch direkt aus dem Dateimanager heraus mit einer zugeordneten Standard-App anzeigen oder zur Bearbeitung öffnen. *File Expert HD* enthält zudem einen eingebauten Betrachter für Fotos und Grafikdateien. Im Gegensatz zu einfacheren Dateimanagern ermöglicht *File Expert HD* das Kopieren und Verschieben vieler Dateien auf einmal direkt auf dem Smartphone.

Dateimanager

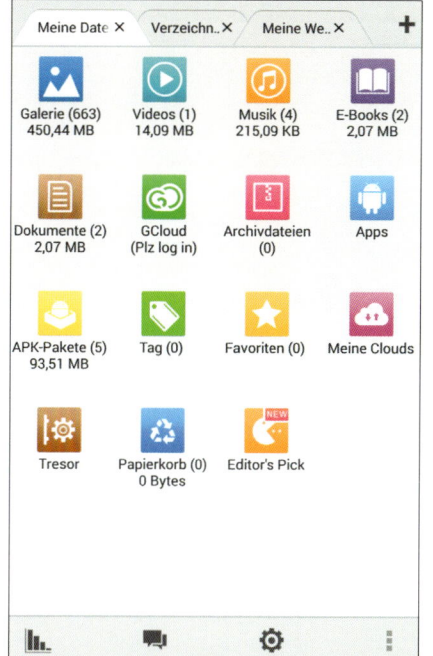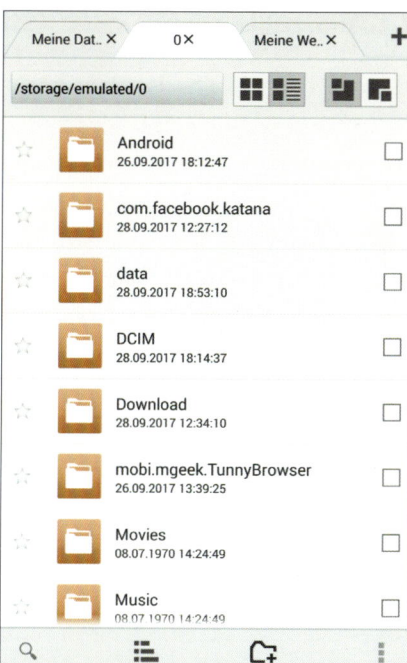

File Expert HD bietet eine Übersicht über die Inhalte auf dem Smartphone.

Unter *Apps* sind alle installierten Apps aufgelistet. Hier können Sie nicht nur eine oder viele Apps auf einmal deinstallieren, sondern auch installierte Apps sichern, um sie im Notfall wieder neu installieren zu können oder eine ältere Version zu installieren, wenn durch ein Update wichtige Funktionen verloren gegangen sind, wie z. B. beim weiter oben beschriebenen *DB Navigator*. Die Apps werden als APK-Dateien im Verzeichnis */backup_apps* im internen Speicher abgelegt. Das Dateiformat ist das gleiche, das auch zum Download von Apps im Internet außerhalb des Google Play Store verwendet wird. Das Symbol *APK-Pakete* auf der Startseite von *File Expert HD* zeigt in einer Übersicht alle gespeicherten APK-Dateien an, gesicherte wie auch aus anderen Quellen heruntergeladene.

Markieren Sie dazu die Häkchen rechts neben den Apps und tippen Sie auf *Backup*. Die so gesicherten Apps lassen sich, wie andere Dateien auch, weitergeben und auf diese Weise auf Smartphones installieren, die keinen Google Play Store in das System eingebunden haben.

> **ACHTUNG:** Beachten Sie beim Weitergeben die Lizenzbedingungen der App. Gekaufte Vollversionen werden oft an das Google-Konto oder seltener auch an die IMEI eines Smartphones gebunden und lassen sich auf anderen Geräten nicht verwenden.

8 ▪ Coole Apps

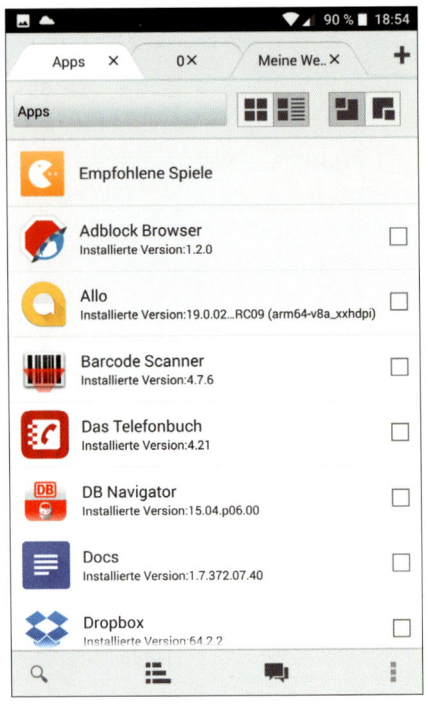 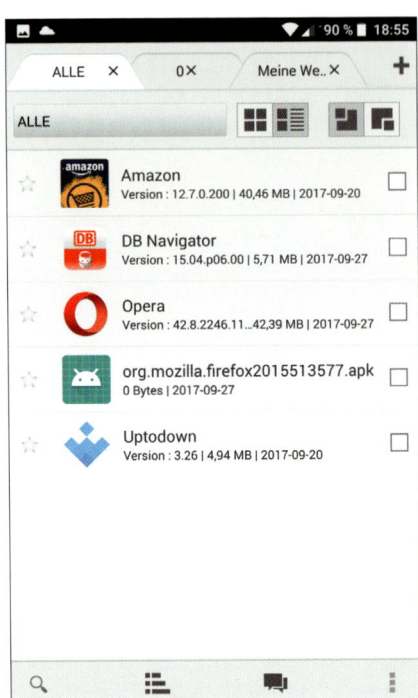

Apps-Liste und APK-Pakete auf dem Smartphone.

Unter *Apps* finden Sie auch einen eigenen kleinen App-Katalog des Herstellers, über den Sie neben Plug-ins für *File Expert HD* auch Spiele direkt auf das Smartphone herunterladen können.

File Expert HD unterstützt unter *Meine Clouds* diverse bekannte Cloud-Speicherdienste wie Dropbox, Google Drive oder box.net. Auf diese Weise haben Sie direkt vom Smartphone aus Zugriff auf Ihre persönlichen dort abgelegten Dateien und können umgekehrt eigene Daten vom Smartphone in Cloud-Speichern sichern oder auf diese Weise an Freunde weitergeben.

Nach einmaliger Anmeldung beim jeweiligen Cloud-Dienst werden die Dateien dort gleichermaßen wie lokale Dateien auf dem Smartphone angezeigt. Zur Übertragung lassen sich die bekannten Funktionen zum Kopieren, Ausschneiden und Einfügen nutzen.

File Expert HD bietet umfangreiche Funktionen zum Datenaustausch zwischen Smartphone und PC oder anderen Geräten im eigenen lokalen Netzwerk. Dabei werden die wichtigen Netzwerkübertragungsprotokolle FTP, SFTP, FTPS und Bluetooth OBEX unterstützt. Der integrierte SMB-Client ermöglicht den Zugriff auf Windows-PCs in der Netzwerkumgebung oder auf Linux-Samba-Server im Netzwerk vom Smartphone aus.

Total Commander

Der *Total Commander* ist auf dem PC einer der beliebtesten und funktionsreichsten Dateimanager. Dieses Tool wird auch für Android angeboten und verfügt dort über einen ähnlichen Funktionsumfang, unter anderem Kopieren, Verschieben und Umbenennen von Dateien, Zugriff auf Server und Netzwerklaufwerke, Packen und Entpacken in verschiedenen Formaten, konfigurierbare Symbolleisten und vieles mehr.

Ähnlich wie der klassische Norton Commander auf dem PC arbeitet der *Total Commander* ebenfalls mit zwei Fenstern, die verschiedene Verzeichnisansichten beinhalten können. Auf Smartphones schaltet man durch eine horizontale Wischbewegung auf das jeweils andere Fenster um, auf Tablets werden beide Fenster gleichzeitig auf dem Bildschirm angezeigt.

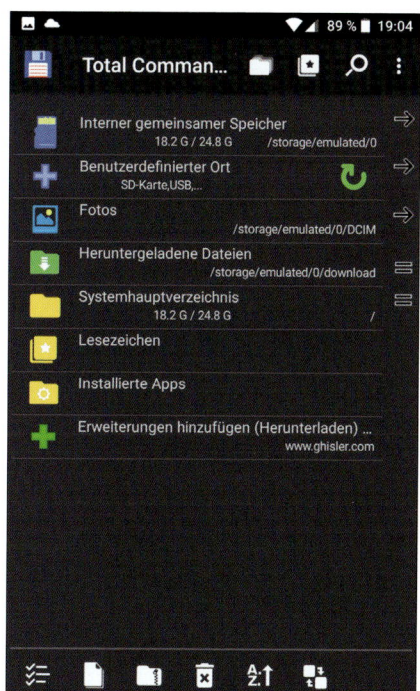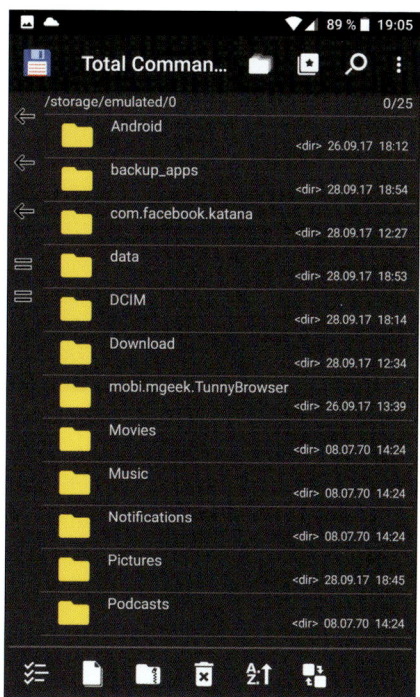

Total Commander mit zwei Fenstern.

Dateien lassen sich von einem Fenster ins andere kopieren, verschieben oder als ZIP-Archiv packen. Die beiden Fenster können frei eingestellt werden. Dabei kann es sich um Verzeichnisse auf der Speicherkarte oder im Dateisystem des Smartphones handeln. Mithilfe einer Verlaufsliste und Lesezeichen lassen sich wichtige Verzeichnisse schnell wiederfinden.

Der *Total Commander* beinhaltet einen eigenen Texteditor und eine komfortable Suchfunktion für Dateien, die auch Suchbegriffe innerhalb von Textdateien findet. Ein integrierter Medienplayer spielt MP3-Dateien und andere Medien ab, ohne dass diese in einer Musikbibliothek eines großen Medienplayers abgelegt sein müssen.

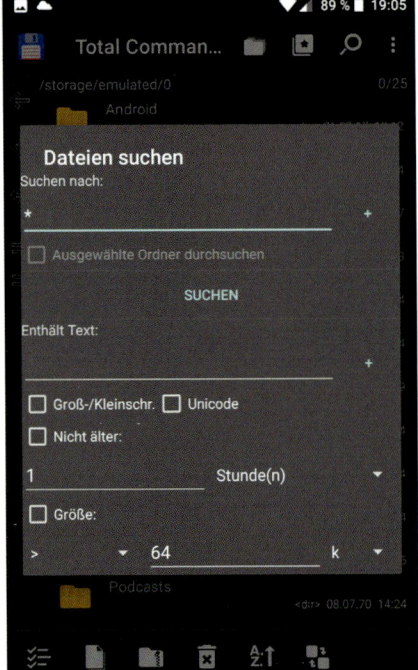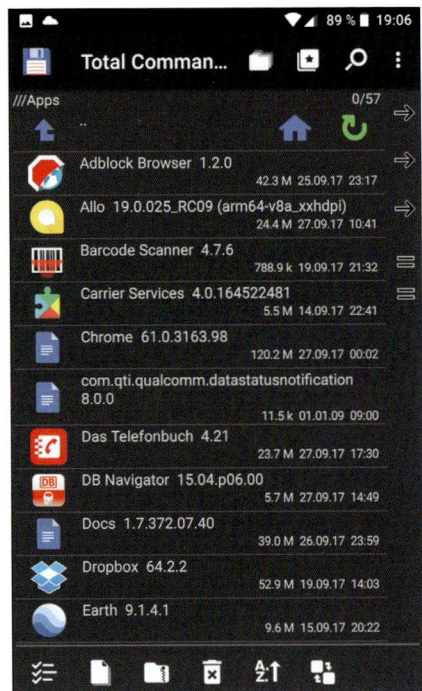

Dateisuche und installierte Apps im Total Commander.

Über Plug-ins können Netzwerklaufwerke, FTP-Server und die meisten gängigen Cloud-Speicherdienste zum direkten Zugriff in den *Total Commander* eingebunden werden. Auf diese Weise ersparen Sie es sich, für jeden verwendeten Cloud-Speicher eine eigene App zu installieren.

Datenaustausch über Cloud-Speicherdienste

Cloud-Speicherdienste sind die ideale Lösung, um Dateien aller Art komfortabel zwischen Smartphone und PC oder auch mehreren PCs auszutauschen. Musste man früher Smartphones noch mühsam per USB-Kabel mit dem PC ver-

Datenaustausch über Cloud-Speicherdienste

binden, um Daten auszutauschen, funktioniert es heute über das Internet vollautomatisch, wenn die Daten in den entsprechenden Verzeichnissen liegen.

Die bekanntesten derartigen Dienste – Google Drive, Dropbox und OneDrive von Microsoft – bieten alle neben PC-Anwendungen auch Android-Apps an. Die verschiedenen Anbieter unterscheiden sich nur in kleinen Details. Wer also bereits einen dieser Dienste auf dem PC nutzt, sollte die passende App auf dem Smartphone installieren.

Google Drive

Google bietet mit Google Drive (*drive.google.com*) allen Benutzern bis zu 15 GByte kostenlosen Onlinespeicherplatz, der für beliebige Dateien genutzt werden kann. Bei regelmäßiger Nutzung und durch Bonusaktionen kann dieser kostenlose Speicherplatz automatisch wachsen.

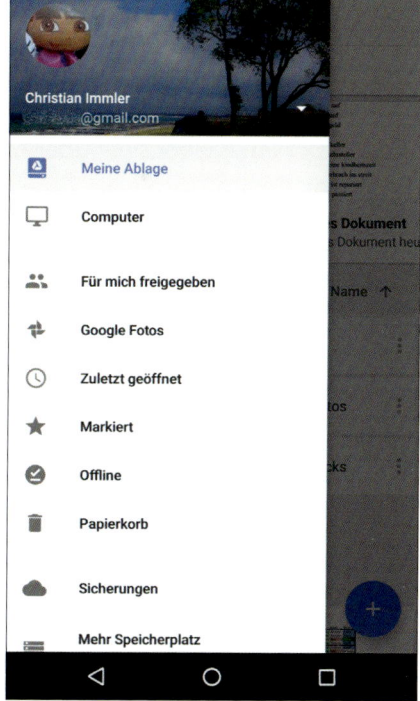

Die Google-Drive-App.

Die Google-Drive-App ist auf Android-8-Smartphones üblicherweise vorinstalliert und dient dort auch gleichzeitig als Dateimanager, um in anderen Apps Daten zum Teilen oder Öffnen auszuwählen. Die Google-Drive-App enthält für viele gängige Dateiformate integrierte Betrachter, um diese Dateien auf dem Smartphone darstellen zu können, ohne spezielle Apps installieren zu müssen. Fotos aus Google Drive werden automatisch in der Fotos-App angezeigt.

Google Drive ist von allen vergleichbaren Cloud-Speicheranbietern am besten in das Android-Betriebssystem integriert. Umgekehrt bieten sehr viele Android-Apps die Möglichkeit, Dateien auf Google Drive abzulegen und zu teilen.

Bei jeder Datei kann auf dem Smartphone eingestellt werden, ob sie zur Offlinenutzung auf das Gerät heruntergeladen werden soll. Bei jeder Veränderung der Datei wird die Offlinekopie mit der Cloud synchronisiert.

Laden Sie auf dem PC bei *www.google.com/drive/download* *Google Backup & Sync* für Windows herunter. Damit können Sie auf einfache Weise ein Verzeichnis der lokalen Festplatte automatisch im Hintergrund mit Google Drive synchronisieren und auf diese Weise leicht beliebige Dateien zwischen Smartphone und PC austauschen.

Dateien aus Google Drive für Freunde freigeben

Dateien lassen sich für andere Personen einfach freigeben und versenden. So spart man sich große E-Mail-Anhänge und die Datei kann leicht aktualisiert werden. Der Empfänger sieht über den freigegebenen Link immer die aktuellste Version.

1. Tippen Sie bei einer Datei in der Übersicht der eigenen Dateien in der Google-Drive-App auf das Symbol mit den drei Punkten.

2. Wählen Sie *Personen einladen*.

3. Auf der nächsten Seite wählen Sie Personen aus, die eine E-Mail zur Freigabe der Datei bekommen sollen. Dabei können Sie festlegen, ob diese die Datei bearbeiten, kommentieren oder nur betrachten dürfen.

4. Die Symbole unten zeigen, wer bereits Zugriff auf die Datei hat. Tippen Sie darauf, wird eine Liste mit kompletten Namen angezeigt, in der Sie auch die einzelnen Zugriffsrechte ändern können.

Alternativ können Sie auch über die Option *Link freigeben* einen Link generieren, der über beliebige Wege weitergegeben werden kann. Dieser Link bietet dann Zugriff auf die Datei.

Datenaustausch über Cloud-Speicherdienste

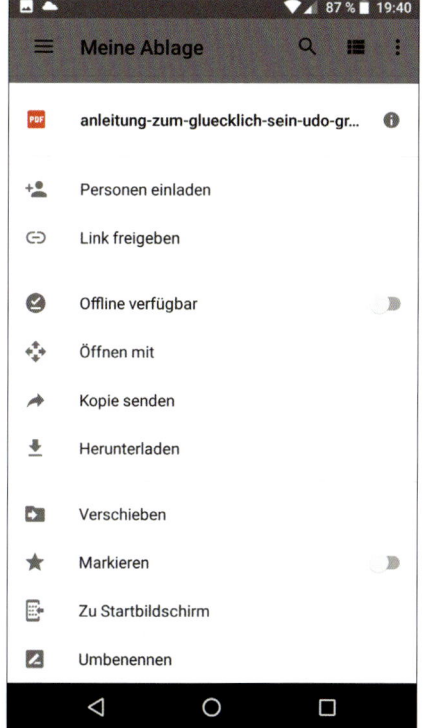
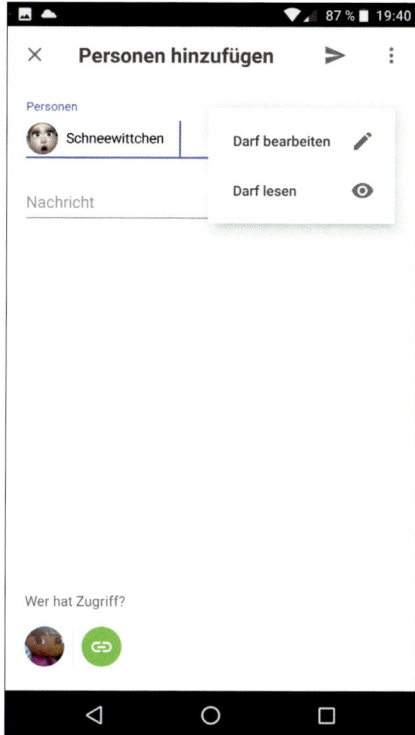

Personen zu einer Datei einladen.

Dokumente scannen mit Google Drive

Die Google-Drive-App beinhaltet eine Scanfunktion, mit der Sie mit der Kamera ein Dokument fotografieren und als PDF auf Google Drive ablegen können. Dabei sind auch mehrseitige PDF-Dokumente möglich.

1. Tippen Sie zum Scannen auf das Plussymbol unten rechts in der Google-Drive-App.

2. Tippen Sie in der Symbolleiste auf das Kamerasymbol *Scannen*. Automatisch startet die Kamera und Sie können die erste Seite des Dokuments fotografieren.

3. Mit dem Plussymbol unten links fotografieren Sie weitere Seiten, das OK-Symbol unten rechts lädt das Dokument als PDF auf Google Drive hoch.

Die Dokumente bleiben als grafisches PDF erhalten, werden also nicht in Text umgewandelt, die Inhalte sind aber durchsuchbar. Geben Sie im Suchfeld der Google-Drive-App einen Suchbegriff ein, findet die App auch gescannte Dokumente, in denen dieser Begriff enthalten ist.

8 ▪ Coole Apps

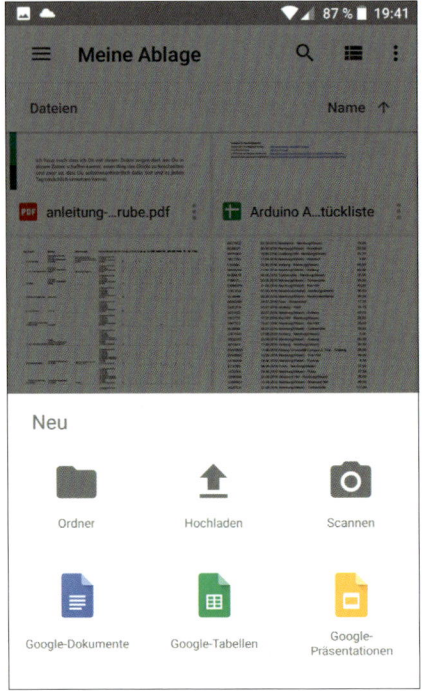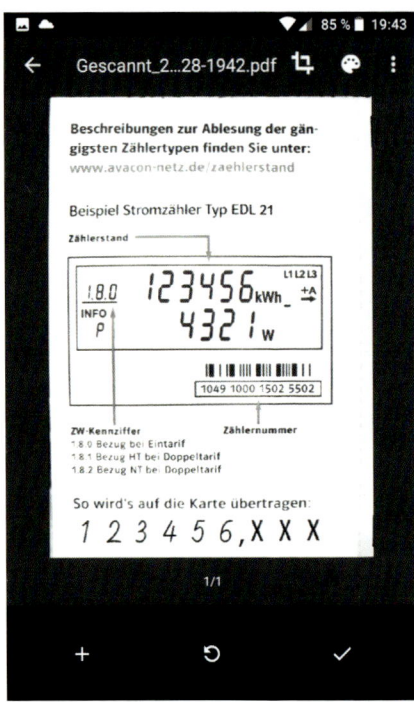

Dokumente mit Google Drive scannen.

App-Shortcuts

Über App-Shortcuts (langes Antippen des App-Symbols) lassen sich wichtige Aufgaben schnell aufrufen. Bei Bedarf können diese Shortcuts auf den Startbildschirm gelegt werden.

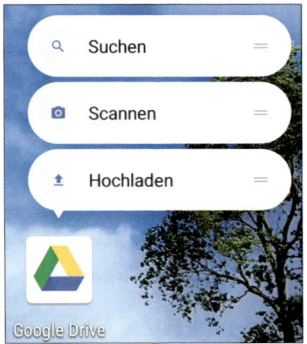

App-Shortcuts für Google Drive.

ICS-Dateien aus Google Drive in Kalender importieren

Viele Webseiten bieten Termine wie z. B. Feiertage, Schulferien, Messetermine oder auch Bahnfahrpläne im ICS-Format zum Download an. Speichern Sie diese Dateien auf Google Drive, können Sie sie direkt auf dem Smartphone in den Kalender übernehmen.

1. Starten Sie die Google-Drive-App und suchen Sie die zuvor dort abgelegte ICS-Datei. Tippen Sie darauf.

2. Der in der Datei gespeicherte Termin wird angezeigt. Enthält die ICS-Datei mehrere Termine, können Sie auswählen, welche davon Sie importieren möchten.

3. Tippen Sie unten auf *Zum Kalender hinzufügen*. Jetzt wird der Termin in den Kalender übernommen. Wenn Sie mehrere Kalender auf dem Smartphone anzeigen lassen, müssen Sie noch auswählen, in welchen der Termin importiert werden soll.

Dropbox

Dropbox ist der bekannteste kostenlose Cloud-Speicherdienst. Die Dropbox-App bietet Zugriff auf alle eigenen Dropbox-Ordner sowie auf die von Freunden freigegebenen. Dateien, die als Favoriten markiert sind, werden automatisch zur Offlineverwendung auf das Smartphone heruntergeladen.

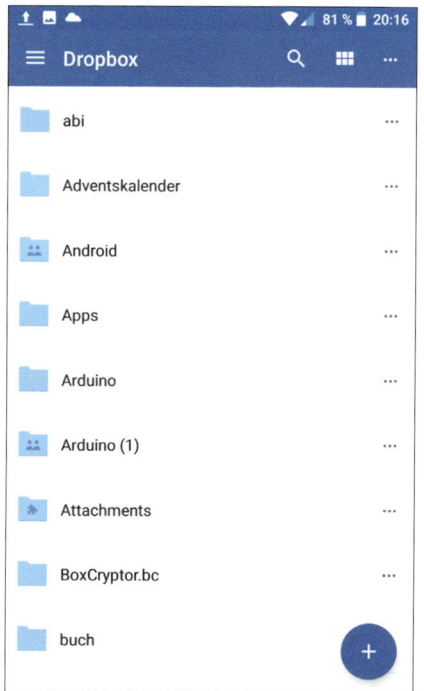 

Die Dropbox-App für Android.

Bei der Einrichtung der Dropbox-App können Sie festlegen, dass neue Fotos vom Smartphone automatisch in das Verzeichnis *Camera Uploads* Ihrer persönlichen Dropbox hochgeladen werden sollen. Wählen Sie, um Datenvolumen Ihres Internettarifs zu sparen, die Option *Nur über WLAN*.

> **TIPP:** Dropbox stellt jedem Nutzer 2 GByte kostenlosen Speicherplatz zur Verfügung. Melden Sie sich bei Dropbox über den Link *db.tt/vxUArMd* an, bekommen Sie zusätzliche 500 MByte Willkommensbonus.

OneDrive

Auch Microsoft bietet mit OneDrive (*onedrive.com*) eine Cloud-Speicherlösung an. Diese ist in Windows 10 bereits fest integriert und gewinnt dadurch große Beliebtheit. Mit der passenden Android-App kann man auch vom Smartphone auf seine Dateien zugreifen und sie mit Freunden teilen.

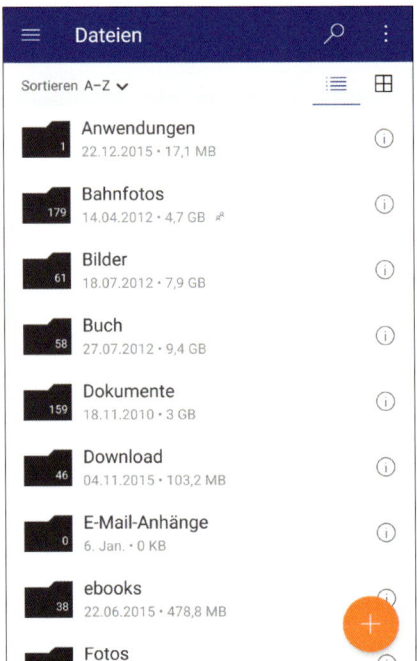
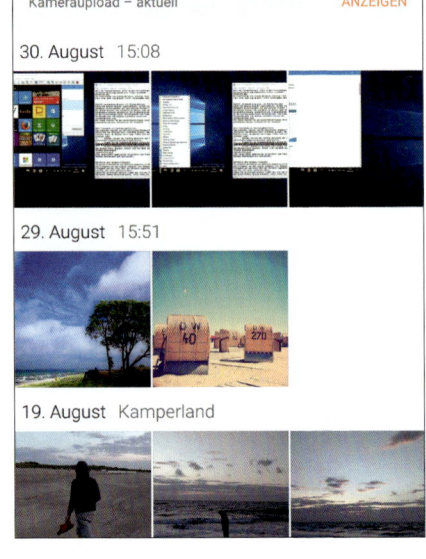

OneDrive auf einem Android-Smartphone.

Zur Anmeldung wird ein Microsoft-Konto benötigt. Dies kann mit einer Windows-8.1- oder Windows-10-Installation angelegt worden sein oder Sie melden sich bei *onedrive.com* oder auch direkt aus der App kostenlos neu an. Wer eine E-Mail-Adresse bei Hotmail, MSN oder Outlook.com oder ein Benutzerkonto des ehemaligen Windows Live Messengers hat, kann diese Daten auch für OneDrive nutzen. Für Nutzer von Windows 7 gibt es bei *onedrive.live.com/about/de-de/download* eine PC-Anwendung, die ähnlich wie Google Drive und Dropbox ein Verzeichnis der lokalen Festplatte im Hintergrund mit dem Cloud-Speicher synchronisiert.

> **INFO:** Microsoft hat im Januar 2014 wegen eines Namensstreits mit dem Fernsehsender British Sky Broadcasting (BSkyB) seinen Cloud-Speicherdienst SkyDrive in OneDrive umbenannt. Mit der Anmeldung bekommt man 5 GByte kostenlosen Onlinespeicher. Wer schon länger den Vorgänger SkyDrive nutzte, hat sogar 15 GByte zur Verfügung, wer OneDrive zum automatischen Hochladen eigener Fotos verwendet, bekommt weitere 3 GByte. Nutzer von Office 365 bekommen 1 TByte Speicherplatz. Zusätzlich gibt es diverse Bonusaktionen von Geräteherstellern, die die OneDrive-App vorinstallieren. Bei der Anmeldung über diesen Empfehlungslink erhalten Leser dieses Buches 0,5 GByte zusätzlichen Speicherplatz bei OneDrive: *1drv.ms/1lkdeA1*.

MEGA

MEGA (*mega.nz*) ist mit 50 GByte das großzügigste unter den kostenlosen Cloud-Speicher-Angeboten. Im Gegensatz zu allen anderen vergleichbaren Diensten werden die Daten auf den Geräten der Anwender verschlüsselt und entschlüsselt. Sie liegen also

immer in verschlüsselter Form auf den Cloud-Servern. Da auch die Dateilisten und Verzeichnisse verschlüsselt sind, dauert der erste Start der App etwas länger. Wie bei den anderen Diensten ist auch hier die Freigabe von Dateien an Freunde über Links direkt aus der App möglich.

Büro-Apps

In den Anfangszeiten der Smartphones waren es im Wesentlichen Geschäftsleute, die diese Geräte nutzten. Heute sieht es anders aus, ein Smartphone ist ein alltäglicher Begleiter der mobilen Internetgeneration. Dennoch gibt es immer noch nützliche Apps für büroähnliche Funktionen auf den mobilen Taschencomputern.

Google Docs

Wer öfter längere Texte schreibt, möchte diese auch unterwegs korrigieren oder in einer Besprechung Änderungen einfügen. Das ist oftmals schwierig, weil der Computer mit dem Originaltext gerade nicht zur Hand ist.

Die Textverarbeitung **Google Docs** beinhaltet alle wichtigen Funktionen einer Textverarbeitung. Damit lassen sich Google-Docs-Dokumente auf Google Drive sowie lokal auf dem Smartphone gespeicherte Word-Dokumente bearbeiten. Die App ist auf den meisten Android-8-Smartphones bereits vorinstalliert.

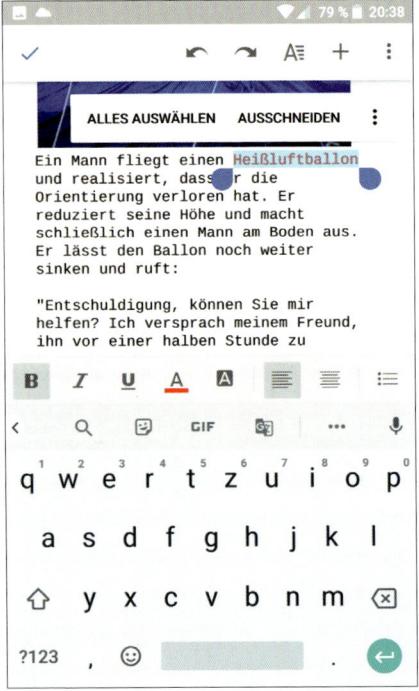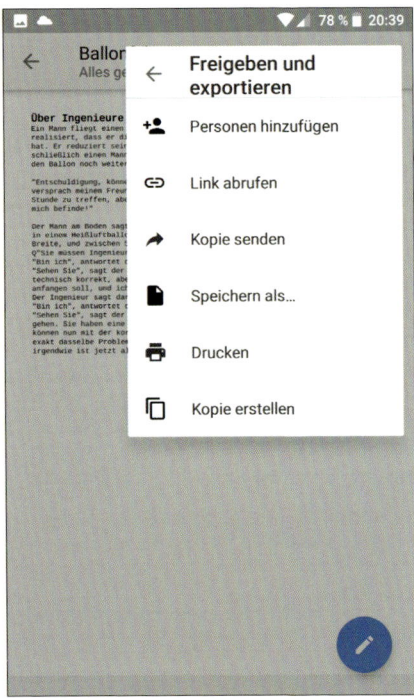

Textverarbeitung Google Docs auf dem Smartphone.

Setzen Sie den Cursor durch einfaches Antippen an die gewünschte Position. Tippen Sie doppelt, um einen Textbereich zu markieren. Anschließend können Anfang und Ende der Markierung beliebig verschoben werden. Tippen Sie länger auf einen markierten Text, erscheint eine Symbolleiste der Zwischenablage. Über das Menüsymbol oben rechts können Sie das Dokument für andere Personen freigeben. Dabei können Sie diesen Personen verschiedene

Rechte für das Dokument zuweisen: nur anzeigen, kommentieren oder sogar bearbeiten. Im Menü finden Sie auch bekannte Funktionen von Textverarbeitungen wie Suchen und Ersetzen sowie Dokumentstruktur anzeigen.

App-Shortcuts

Über App-Shortcuts (langes Antippen des App-Symbols) lassen sich wichtige Aufgaben schnell aufrufen. Bei Bedarf können diese Shortcuts auf den Startbildschirm gelegt werden.

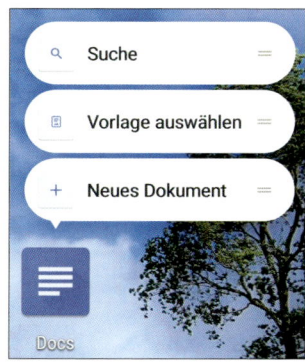

App-Shortcuts für Google Docs.

Google Tabellen

Die Tabellenkalkulation **Google Tabellen** unterstützt fast alle Formeln sowie auch Sortier- und Filterfunktionen aus Excel. Um Felder zu bearbeiten, tippen Sie in die betreffende Zelle. Jetzt erscheint ein Bearbeitungsfeld am unteren Bildschirmrand. Nach der Bearbeitung der Werte wird die Tabelle automatisch neu berechnet.

Trigonometrische und finanzmathematische Berechnungen sind in der Tabellenkalkulation ebenso möglich wie die Statistik oder Umrechnung zwischen Zahlensystemen. Selbst die Logik- und Verweisfunktionen aus Excel zum Bezug zwischen verschiedenen Bereichen einer Tabelle wurden umgesetzt. Die meisten Funktionsnamen sind in Englisch und heißen daher anders, als vom deutschen Excel bekannt, werden aber beim Import und Export automatisch umgesetzt und in der App auch auf Deutsch beschrieben.

> **INFO:** Manche alles besser wissenden Medien werfen den mobilen Office-Lösungen eingeschränkte Funktionalität vor. Gerade bei Tabellenkalkulationen gilt aber die alte Administratorenweisheit: Weniger als 10 % der Anwender nutzen mehr als 10 % der Funktionen eines Programms. Dass *Google Tabellen* keine Pivot-Tabellen und keine Was-wäre-wenn-Analysen mit verschiedenen Datenszenarien verarbeitet, wird nur einen sehr kleinen Anwenderkreis stören.

8 ▪ Coole Apps

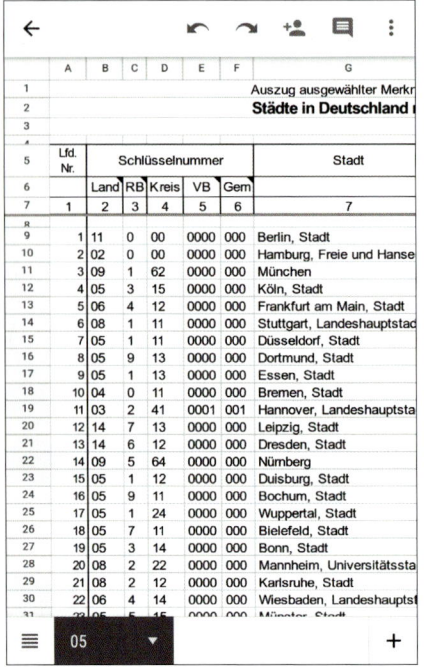

Die Tabellenkalkulation Google Tabellen.

App-Shortcuts

Über App-Shortcuts (langes Antippen des App-Symbols) lassen sich wichtige Aufgaben schnell aufrufen. Bei Bedarf können diese Shortcuts auf den Startbildschirm gelegt werden.

App-Shortcuts für Google Tabellen.

Microsoft Office für Android

Microsoft liefert eine vereinfachte Form von *Microsoft Office für Android*, mit der sich Dokumente auf dem Smartphone lesen und auch bearbeiten lassen. Über die Office-Apps können Sie auf lokal auf dem Smartphone gespeicherte Dateien sowie auf Dokumente auf OneDrive zugreifen. Auf diese Weise können Sie ganz einfach Ihre Dokumente vom PC auf dem Smartphone bearbeiten, Sie brauchen sie nur zu Hause in den persönlichen OneDrive-Ordner zu legen und haben dann unterwegs jederzeit Zugriff darauf. Beim ersten Start der Office-Apps müssen Sie sich dazu einmal mit Ihrem Microsoft-Konto anmelden, da einige Funktionen ein Office-365-Abonnement voraussetzen und Sie sich damit außerdem bei OneDrive identifizieren.

Word

In der Textverarbeitung stehen einfache Bearbeitungsfunktionen zur Verfügung, um schnell an einem Text etwas zu korrigieren oder Schrift und Farbe zu ändern. Fortgeschrittene Funktionen wie Verknüpfungen, Index oder auch den Überarbeitungsmodus sucht man dagegen vergebens.

Dieses Symbol in der oberen Symbolleiste schaltet zwischen Layoutdarstellung und einer zum leichteren Bearbeiten optimierten Fließtextdarstellung um. Über das Personensymbol können Sie aus allen Microsoft-Office-Apps Dokumente, die auf OneDrive gespeichert sind, für andere Benutzer freigeben. Bei jeder Freigabe können Sie wählen, ob die Empfänger der E-Mail das Dokument nur anzeigen oder auch bearbeiten dürfen. Zudem ist es möglich, lokal gespeicherte Dokumente aus den Office-Apps als E-Mail-Anhang im DOCX- oder PDF-Format zu verschicken.

Office-Dokumente für andere Personen freigeben.

Excel

Weiterhin liefert Microsoft für Android auch eine Tabellenkalkulation, mit der Sie Excel-Tabellen anzeigen und bearbeiten können. Die Bedienung und auch die Syntax der Funktionen in *Excel für Android* entsprechen denen der PC-Version. Tippen Sie oben links auf das Symbol *fx*, wird eine Liste aller verfügbaren Funktionen angezeigt. Enthält eine Tabelle Funktionen, die von der mobilen Version nicht unterstützt werden, kann die Tabelle nur angezeigt, aber nicht bearbeitet werden, damit keine Inhalte verloren gehen.

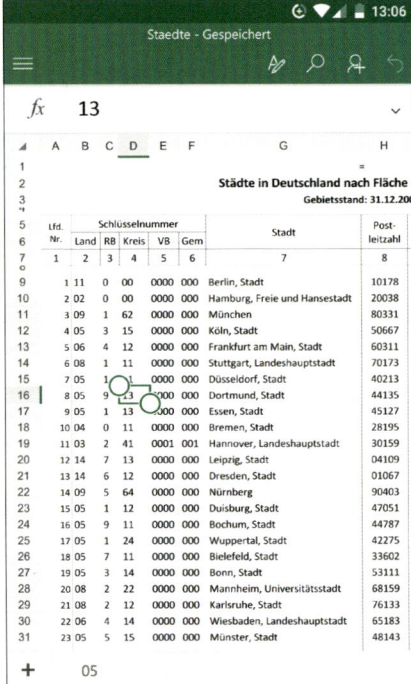
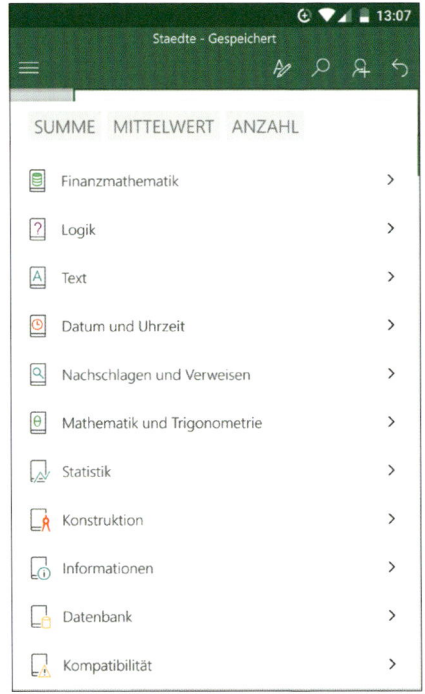

Die Tabellenkalkulation Excel für Android.

Notizen

Lange vor der Ära der Smartphones hatte Ernest Hemingway einen Notizblock neben seinem Bett liegen, um, wenn er nachts aufwachte, Ideen und Kommentare zu seinen unvollendeten Werken niederzuschreiben. Diese musste er dann am nächsten Morgen mühsam in seine Manuskripte nachtragen. Heute kann man Tag und Nacht und überall Notizen auf dem Smartphone machen.

Google Notizen

Mit der App *Google Notizen*, die auf den meisten Android-8-Smartphones vorinstalliert ist, können Sie unterwegs schnell und einfach Notizen verfassen und auch auf Ihre zu Hause im Browser unter *keep.google.com* erstellten Notizen zugreifen. Änderungen in der Android-App werden automatisch auf dem PC übernommen.

Google Notizen auf dem Smartphone.

Notizen werden automatisch in der Schriftgröße skaliert und in ihrer festgelegten Farbe dargestellt. Durch einfaches Antippen bearbeiten Sie die Notizen auf dem Smartphone. Weisen Sie den Notizen frei definierbare Labels zu, um eine bessere Übersicht zu haben.

Mit den Symbolen in der unteren Symbolleiste erstellen Sie neue Notizen verschiedener Typen. Dabei können Sie auch Sprachnotizen sprechen. Googles Spracherkennung versucht dann, diese in Text umzusetzen. Die originale

Sprachnotiz bleibt trotzdem erhalten und kann auch auf dem PC angehört werden. Über das Kamerasymbol starten Sie die Kamera des Smartphones und können sofort ein Foto machen, das in einer neuen Notiz gespeichert wird.

Über das Stiftsymbol in einem angezeigten Bild haben Sie verschiedene Stifttypen und Farben zur Auswahl, um in den Bildern herumzukritzeln und Kommentare anzubringen.

Im Menü der App finden Sie in der Notizansicht den Menüpunkt *Senden*. Damit geben Sie die Notiz über auf dem Smartphone installierte Kommunikationswege wie z. B. E-Mail oder Facebook-Chat weiter. *Google Notizen* bietet ein Widget für den Startbildschirm, mit dem Sie schnell eine Notiz anlegen können, ohne erst die App starten zu müssen. Außerdem zeigt das Widget die zuletzt angelegte Notiz direkt an.

Über App-Shortcuts (langes Antippen des App-Symbols) lassen sich wichtige Aufgaben schnell aufrufen. Bei Bedarf können diese Shortcuts auf den Startbildschirm gelegt werden.

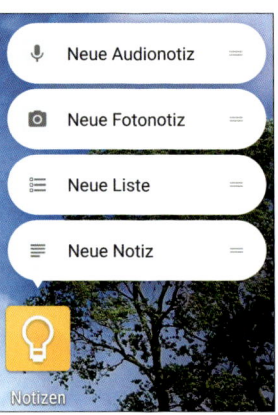

App-Shortcuts für Google Notizen.

OneNote

Microsofts Notizblock OneNote ist als kostenlose App für Android verfügbar. Zur Nutzung ist ein Microsoft-Konto erforderlich. Notizen, die auf dem PC mit der in Windows 10 vorinstallierten OneNote-App im Microsoft-Konto oder über

onenote.com online abgelegt wurden, werden automatisch mit dem Smartphone synchronisiert und können dort auch bearbeitet werden.

Die App liefert ein sogenanntes Badge für den Startbildschirm mit, einen Button, der frei verschiebbar im Vordergrund schwebt, um schnell eine Notiz erstellen zu können.

Büro-Apps

Notizen in OneNote auf dem Smartphone.

Microsoft To-Do

Um mal schnell eine Aufgabenliste zu erstellen, ist OneNote oft auch noch zu umständlich. Microsoft liefert mit der neuen App *To-Do* eine einfache und dennoch komfortable Lösung für Aufgabenlisten, Einkaufslisten und Ähnliches. Auf der Start-

seite *Mein Tag* können Sie sich die Aufgaben des aktuellen Tages übersichtlich anzeigen lassen und nach Erledigung abhaken.

Google Übersetzer

Die App *Google Übersetzer* bringt die bekannten Übersetzungsfunktionen von Google aufs Smartphone. Mit der App können eingetippte oder gesprochene Texte übersetzt werden. Unterwegs kann man mit der Kamera

ein Schild oder eine Speisekarte fotografieren und in Echtzeit in eine andere Sprache übersetzen lassen. Beim ersten Starten der App legt man seine eigene Sprache – üblicherweise Deutsch – sowie die am häufigsten übersetzte Sprache fest. Aktivieren Sie den Schalter *Offline übersetzen*, um eine Sprachdatei für die Übersetzung ohne Internetverbindung herunterzuladen.

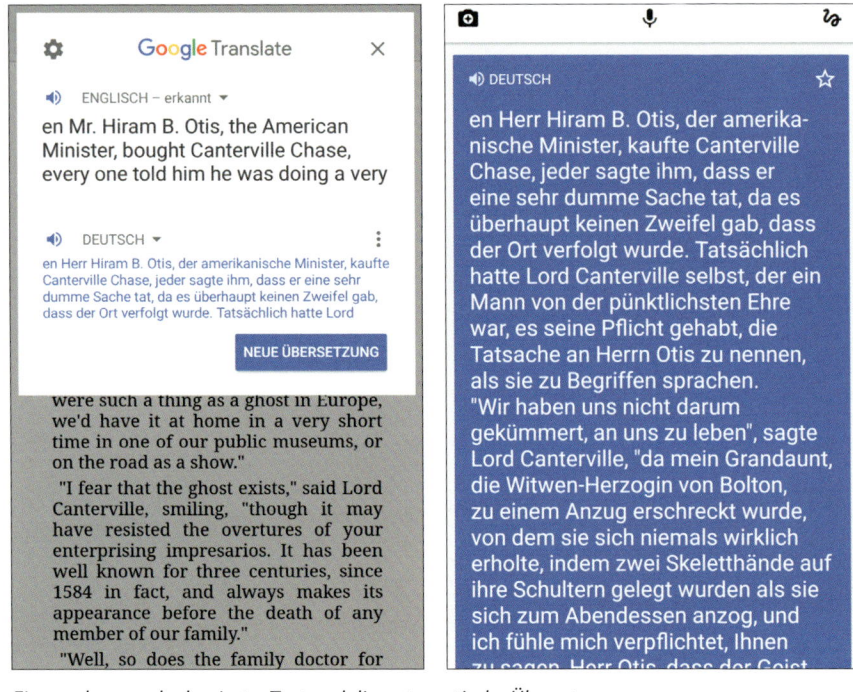

Eingegebener oder kopierter Text und die automatische Übersetzung.

Wenn die Google-Übersetzer-App installiert ist, integriert sich die Übersetzungsfunktion automatisch in die Kontextmenüs oder Symbolleisten unterstützter Apps. Markieren Sie in einer solchen App einen Text, können Sie diesen nicht nur wie bisher in die Zwischenablage kopieren oder direkt teilen, sondern auch in einem über die App geblendeten Fenster übersetzen lassen.

Fremdsprachige Texte lassen sich mit dem Lautsprechersymbol oben links vorlesen, da man in vielen Sprachen die Texte nicht einmal ohne Weiteres aussprechen kann. Anstatt Texte zu tippen oder zu kopieren, können Sie sie auch ins Mikrofon sprechen. So können Sie sich mit einer Person, die eine fremde Sprache spricht, wirklich unterhalten, indem Sie abwechselnd Sätze in das Smartphone sprechen und sich diese in der anderen Sprache wieder vorsprechen lassen.

Tippen Sie auf das Kamerasymbol, können Sie einen fremdsprachigen Text mit der Kamera erfassen und automatisch übersetzen. Allerdings eignet sich diese Methode nur für einfache Hinweisschilder oder Speisekarten. Selbst bei einfachen technischen Texten wie dem abgebildeten Werbetext ist die automatische Übersetzung nahezu unbrauchbar.

> **ACHTUNG:** Zur Veröffentlichung fremdsprachiger Texte ist der *Google Übersetzer* wie jede andere Art automatischer Übersetzung völlig ungeeignet. Die App dient nur dazu, sich ein ungefähres Bild vom Inhalt eines fremdsprachigen Textes zu machen. Besonders bei Sprachen, bei denen man nicht einmal den leisesten Hauch einer Ahnung hat, was ein Text bedeutet, kann eine automatische Übersetzung hilfreich sein.

Webseiten übersetzen

Öffnen Sie eine fremdsprachige Webseite im Chrome-Browser, versucht dieser, die Sprache automatisch zu erkennen, und bietet an, die Webseite zu übersetzen. In der Übersetzung wird das Original-Seitenlayout beibehalten. Zum Vergleich können Sie jederzeit wieder das Original anzeigen lassen.

Chinesische Webseite übersetzen.

Entscheiden Sie sich, eine Seite nicht zu übersetzen, erscheint die Abfrage, ob Sie die erkannte Sprache grundsätzlich nie übersetzen lassen möchten. Möchten Sie die automatische Übersetzung gar nicht nutzen, können Sie sie in den Einstellungen von Chrome unter *Website-Einstellungen/Sprache* komplett abschalten.

Rechner

Android liefert einen einfachen Taschenrechner mit, der für den Alltag in den meisten Fällen ausreicht. Er bietet sogar ein paar wissenschaftliche und trigonometrische Funktionen.

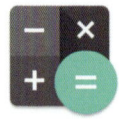

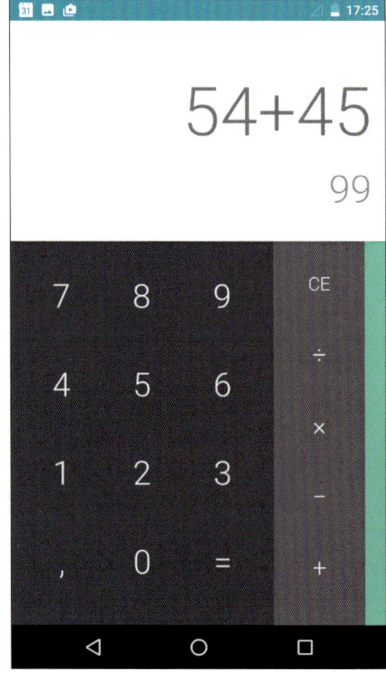

Diese erscheinen, wenn man den grünen Balken vom rechten Bildschirmrand nach links ins Bild schiebt. Im Querformat sind die wissenschaftlichen Funktionen immer zu sehen.

Der Standard-Taschenrechner auf Android-Smartphones.

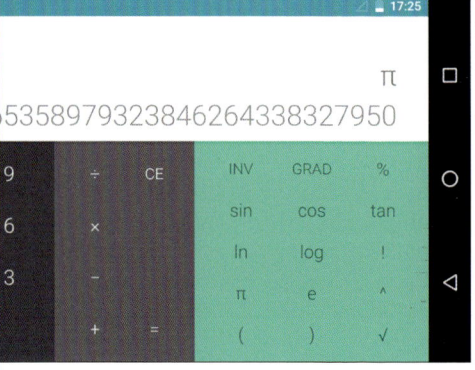

RealCalc Scientific Calculator

Der *RealCalc Scientific Calculator* ist ein wissenschaftlicher Taschenrechner, der jede Menge Funktionen bietet und auch im Design an die Zeit vor den Smartphones angelehnt ist, als die Taschenrechner noch echte Tasten hatten.

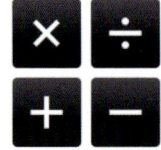

Der *RealCalc Scientific Calculator* kann in einen Vollbildmodus umgeschaltet werden, in dem die Benachrichtigungszeile verschwindet, sodass der ganze Bildschirm für den Rechner verfügbar ist. Wer gern im RPN-Modus mit umgekehrter polnischer Notation arbeitet, schaltet den Rechner über die Menütaste mit den drei Punkten oben links auf diese Betriebsart um.

Der RealCalc Scientific Calculator mit klassischer Taschenrechnertastatur und im RPN-Modus.

Bei langem Tippen auf die Ergebnisanzeige erscheint ein Kontextmenü, mit dem der angezeigte oder berechnete Wert per Zwischenablage in andere Apps übertragen werden kann.

Sehr nützlich sind die zahlreichen Einheitenumrechnungsformeln, die im *RealCalc Scientific Calculator* über die Tasten *SHIFT+CONV* integriert sind. In übersichtlichen Listen finden Sie Maßeinheiten für Länge, Fläche, Volumen, Masse, Zeit, Energie, Temperatur und diverse andere Größen, in die der aktuell errechnete Wert mit wenigen Klicks umgerechnet wird. Für wissenschaftliche Berechnungen liefert der *RealCalc Scientific Calculator* über die Tasten *SHIFT+CNST* eine umfangreiche Sammlung an Naturkonstanten zu verschiedenen Themen.

E-Books

Android-Smartphones mit ihren hochauflösenden Bildschirmen eignen sich gut, um unterwegs E-Books zu lesen. Die digitalen Bücher wiegen nichts, verbrauchen keinen Platz in der Tasche, und man braucht auch nicht daran zu denken, ein Buch für längere Bahnfahrten oder Wartezeiten mitzunehmen – das Smartphone hat man sowieso immer dabei.

E-Books werden in verschiedenen digitalen Formaten zum kostenlosen Download und auch zum Downloadkauf angeboten. Das bekannteste Format ist EPUB. Einige Bücher werden aber auch in den vom PC bekannten Dateiformaten PDF und RTF geliefert. Zum Lesen von E-Books auf dem Smartphone braucht man eine E-Book-Reader-App.

Google Play Bücher

Google Play bietet neben Apps, Musik und Hardware auch einen Downloadshop für E-Books an. Für die hier gekauften Bücher gibt es eine eigene Reader-App, die auf aktuellen Android-8-Smartphones bereits vorinstalliert ist. Damit lassen sich die im eigenen Google-Konto gespeicherten Bücher direkt online lesen oder auch zum Offlinelesen auf dem Gerät zur Verfügung stellen.

Die Startseite der App zeigt Empfehlungen und Bestseller. Auf der Seite *Bibliothek* sind die im eigenen Google-Konto heruntergeladenen oder gekauften Bücher zu finden. Im Bereich *Einkaufen* ist der Google-E-Book-Store fest integriert. Bei vielen Büchern gibt es kostenlose Leseproben, die auch ohne Angabe von Zahlungsdaten gelesen werden können. Öffnen Sie ein Buch durch Antippen. Es wird im Hintergrund heruntergeladen, man kann sofort mit dem Lesen beginnen.

Im Buch kann man mit Fingergesten blättern. Statt mit dem Finger über den Bildschirm zu wischen, reicht auch ein kurzes Antippen am rechten Bildschirmrand, um eine Seite weiterzublättern. Tippt man auf den linken Bildschirmrand, kommt man wieder eine Seite zurück. Tippen Sie kurz in

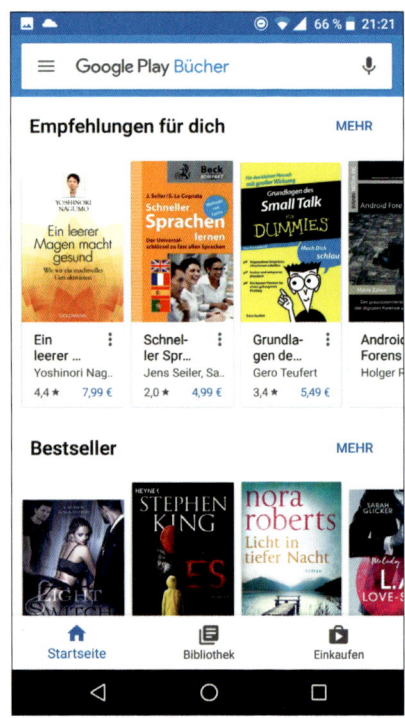

E-Books in der Google-Play-Bücher-App.

die Bildschirmmitte, erscheint oben eine Symbolleiste und unten ein Balken, der die aktuelle Position im Buch anzeigt. Hier können Sie auch rasch zu einer beliebigen Position springen.

Das Lupensymbol oben blendet ein Suchfeld zur Volltextsuche nach einem beliebigen Wort im ganzen Text ein – eine Funktion, die in gedruckten Büchern undenkbar ist. Die Schaltfläche neben dem Lupensymbol blendet das Inhaltsverzeichnis des Buches ein. Hier können Sie schnell direkt zu einer Überschrift springen.

In den Anzeigeoptionen über das *A*-Symbol können Sie die Helligkeit einstellen und zum Lesen im Dunkeln auf ein augenfreundliches Nachtlicht umschalten, bei dem je nach Umgebungshelligkeit der Blauanteil der Bildschirmbeleuchtung mehr oder weniger reduziert wird. Außerdem lassen sich hier Schriftgröße, Zeilenhöhe und Schriftart festlegen. Um nur kurz zu zoomen, ohne gleich die Schriftgröße zu verändern, tippen Sie doppelt in die Bildschirmmitte.

Halten Sie den Finger länger auf ein Wort, wird dieses markiert und es erscheint eine Symbolleiste, mit deren Hilfe Sie eine Notiz anfügen, den markierten Text übersetzen oder im Buch suchen lassen können. Steht das Wort im Wörterbuch, wird automatisch die Definition angezeigt.

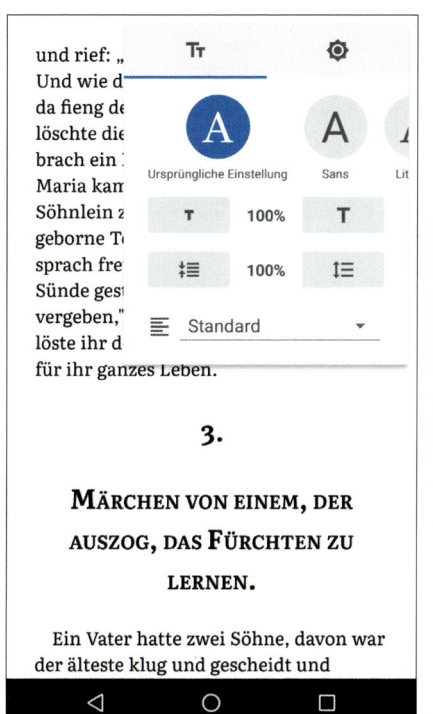 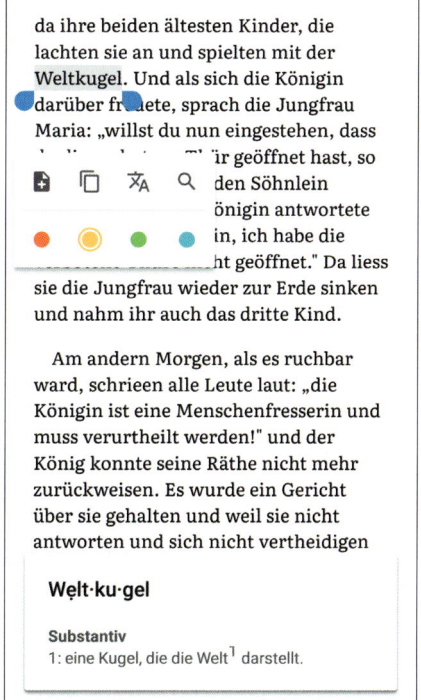

Links: Leseeinstellungen, rechts: Wort markieren und im Wörterbuch suchen.

Markieren Sie einen Satz oder einen Textabsatz und tippen Sie auf das Übersetzungssymbol, um diesen in eine andere Sprache zu übersetzen. Hier werden alle Sprachen des Google Übersetzers angeboten.

Das Menüsymbol rechts oben bietet weitere nützliche Funktionen und Lesehilfen.

- *Originalseiten* – schaltet von der lesefreundlichen Fließtextansicht auf das Originallayout des gedruckten Buches um, vorausgesetzt, dieses ist im E-Book mit gespeichert.
- *Über dieses Buch* – öffnet die Produktseite des Buches im Google Play Store. Wenn Sie eine Leseprobe haben, können Sie hier das komplette Buch kaufen.
- *Teilen* – verschickt einen Link auf das Buch im Google Play Store per E-Mail oder über andere installierte Kommunikations-Apps.
- *Lesezeichen hinzufügen* – erstellt ein Lesezeichen an der aktuellen Position. Zu diesen Lesezeichen springen Sie später über das Inhaltsverzeichnissymbol unten links.
- *Vorlesen* – liest das Buch mit einer Computerstimme vor. In den *Einstellungen* können Sie eine menschlichere Stimme wählen. Dazu ist aber eine Onlineverbindung erforderlich.
- *Einstellungen* – blendet einen Einstellungsbildschirm ein. Hier finden Sie die interessante Option, die beim Lesen nicht benötigten Lautstärketasten an der Seite des Smartphones zum komfortablen Blättern mit einer Hand zu verwenden. Außerdem können Sie PDF-Dateien aus Downloads, E-Mails oder anderen Apps in Ihr Google-Konto hochladen, um diese Dateien dann mit dem *Google Play Bücher*-Reader zu lesen.
- *Hilfe und Feedback* – öffnet die Hilfefunktion, die seit Android 6 Marshmallow bei den meisten Google-Apps und Systemkomponenten mitgeliefert wird.

> **TIPP:** Der *Google Play Bücher*-Reader kann auch eigene E-Books in den Formaten EPUB und PDF darstellen, solange diese keinen Kopierschutz haben. Laden Sie Ihre E-Books vom PC über die Seite *play.google.com/books/uploads* in Ihr Google-Konto hoch. Sie können auch E-Books aus Ihrer persönlichen Google-Drive-Ablage direkt über die Google-Drive-App in Ihre E-Book-Bibliothek übernehmen. Bei E-Books im EPUB-Format stehen alle Funktionen des E-Book-Readers zur Verfügung, unter anderem die Volltextsuche, das Inhaltsverzeichnis, Notizen, die Einstellung der Schriftgröße. Im PDF-Format können Sie nur Lesezeichen setzen.

E-Books

App-Shortcuts

Über App-Shortcuts (langes Antippen des App-Symbols) lassen sich das zuletzt gelesene Buch, die eigene Bibliothek und der E-Book-Store schnell aufrufen. Bei Bedarf können diese Shortcuts auf den Startbildschirm gelegt werden.

App-Shortcuts für Google Play Bücher.

Amazon Kindle

Der Onlinebuchhändler Amazon machte mit seinem E-Book-Lesegerät Kindle das Lesen von E-Books erst richtig populär. Anstelle eines »echten« Kindle kann man auch die Kindle-App nutzen, um seine bei Amazon gekauften E-Books unterwegs zu lesen.

Amazon verwendet für den Kindle ein eigenes Datenformat, das die anderen E-Book-Reader nicht lesen können. Diese App bietet natürlich auch Zugang zum Onlineshop, der innerhalb der App in einem für Smartphones optimierten Format dargestellt wird, sowie zu den kostenlosen Büchern.

> **Kindle für Samsung**
>
> Nutzer von Samsung-Smartphones sollten die Kindle-App nicht aus dem Google Play Store, sondern aus dem Samsung Galaxy Store herunterladen. Hier wird eine spezielle Kindle-App im hellen, schlichten Samsung-Design angeboten. Das Besondere an dieser Version ist, dass Nutzer jeden Monat ein Kindle-E-Book von Amazon kostenlos bekommen. Dazu stellt Amazon nur in dieser App-Version jeweils vier Bücher aus seinem Eigenverlag AmazonCrossing zur Verfügung, die sonst kostenpflichtig sind. Der Benutzer kann sich eines davon aussuchen und kostenlos lesen. Nach dem kostenlosen »Kauf« steht das Buch auch auf anderen Kindle-Geräten oder -Apps mit dem gleichen Amazon-Benutzerkonto zur Verfügung. Natürlich können Sie auch mit der Samsung-Version der Kindle-App Ihre bisher bei Amazon gekauften E-Books auf dem Samsung-Galaxy-Smartphone lesen.

Auch die kostenlosen Bücher muss man bei Amazon »kaufen«. Dazu ist ein Amazon-Kundenkonto erforderlich, das man aber auch schnell im Kindle-Shop anlegen kann, wenn man noch nie bei Amazon eingekauft hat. Nach der

»Bestellung« wählt man nur noch das Gerät aus, auf dem man das Buch lesen möchte, falls man mehrere Kindle oder Geräte mit Kindle-App in Verwendung hat. Die Bücher werden automatisch über Amazons eigene Whispersync-Technologie direkt auf das Smartphone zugestellt, ohne dass Sie noch irgendetwas dazu tun müssen.

In der Kindle-App finden Sie alle gekauften sowie die kostenlos heruntergeladenen Bücher. Bei den bereits angelesenen Büchern zeigt eine kleine Prozentzahl die aktuelle Leseposition im Buch.

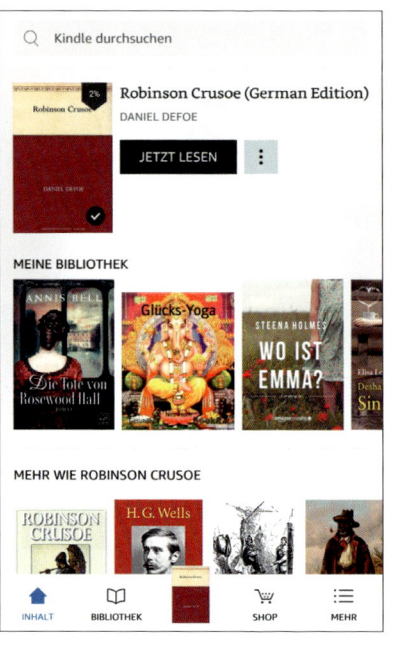

Fahren Sie mit zwei Fingern gleichzeitig von oben nach unten über den Bildschirm, stellen Sie damit die Helligkeit ein. Beim Lesen in der Nacht schalten Sie am besten auf den augenfreundlichen Nachtmodus um, der helle Schrift auf dunklem Grund zeigt und so den Leser nicht so stark blendet. Außerdem können Sie je nach Lesegewohnheit die Schriftgröße auf ein angenehmes Maß einstellen.

Sie können jederzeit die aktuelle Position als Lesezeichen speichern, um so wichtige Textstellen schnell wiederzu-

Die Kindle-App auf dem Android-Smartphone.

finden. Tippen Sie dazu in die äußerste rechte obere Bildschirmecke. Die Lesezeichen erreichen Sie später über den Menüpunkt *Notizen und Markierungen*.

Tolino

Der deutsche Buchhandel bietet mit **Tolino** eine gemeinsame Plattform zum Verkauf von E-Books an. In der Tolino-App haben Sie Zugriff auf alle an Tolino beteiligten Händler, unter anderem Thalia, Weltbild, Hugendubel, Buch.de, Ebook.de und

weitere Buchhändler. Nach der Anmeldung in Ihrem Lieblingsshop wird die Tolino-App auf diesen Shop eingerichtet und Sie können Ihre dort gekauften E-Books in die Tolino-App herunterladen und natürlich auch neue kaufen.

E-Books

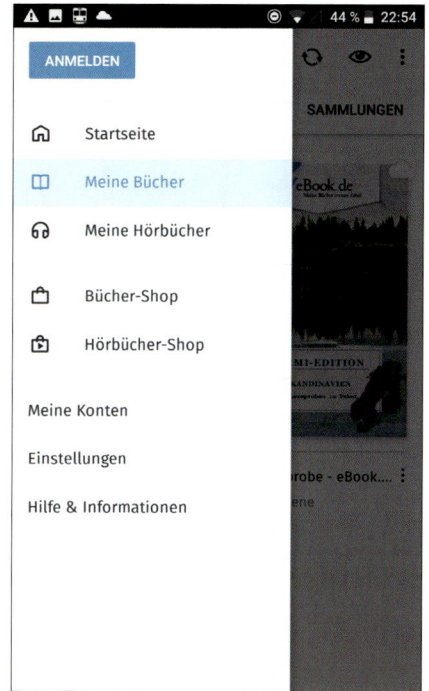 

Startseite und Buchansicht mit Bedienelementen in der Tolino-App.

Die Tolino-App funktioniert wie alle E-Book-Reader-Apps im Vollbildmodus. Tippen Sie auf den rechten oder linken Bildschirmrand, um seitenweise vor- oder zurückzublättern. Alternativ können Sie auch mit Wischbewegungen umblättern. Die Bedienelemente werden beim Tippen auf die Bildschirmmitte eingeblendet.

Über die Bibliothek-Verknüpfung in den Einstellungen können Sie Ihre Bibliotheken aus anderen Shops verknüpfen und alle E-Books über die Tolino-Cloud in der App lesen – wie natürlich auch auf Tolino-E-Book-Readern. Geben Sie in den Einstellungen Ihre Adobe ID ein, um auch DRM-geschützte E-Books lesen zu können. Wenn Sie noch keine Adobe ID haben, folgen Sie dem Link *Noch keine Adobe ID?*, um sich kostenlos zu registrieren.

> **INFO:** DRM steht für **D**igital **R**ights **M**anagement, zu Deutsch »digitale Rechteverwaltung«. Dabei handelt es sich um eine Technologie, die für jedes E-Book festlegt, auf welchen Geräten es dargestellt werden darf. E-Book-Shops können damit entscheiden, ob ein Käufer ein E-Book nur auf einem oder auf mehreren eigenen Geräten herunterladen und lesen darf. DRM legt auch fest, ob ein E-Book ausgedruckt werden darf.

Bloggen mit dem Smartphone

Blogs sind dazu da, spontane Ideen und Meinungen schnell und einfach zu veröffentlichen. Dazu extra den PC einzuschalten, wenn er nicht sowieso ständig läuft, ist oft zu mühsam. Viel einfacher geht es, kurz vom Smartphone aus zu bloggen. Inzwischen bieten die meisten Blogsysteme zusätzlich zur für Smartphones optimierten Darstellung zum Lesen im Browser auch eine App zum Bearbeiten und Schreiben von Beiträgen an.

WordPress

WordPress bietet seit der Version 3.9.x eine für Smartphones optimierte Darstellung des Backends, sodass nicht mehr unbedingt eine externe App nötig ist, um von unterwegs Beiträge zu schreiben, Kommentare zu beantwor-

ten oder auch die Statistik des eigenen Blogs zu beobachten. Die WordPress-App bietet aber noch mehr Übersicht und Bedienkomfort. Sie unterstützt WordPress.com und selbst gehostete WordPress-Installationen und bietet auch Zugriff auf die eigenen Daten bei Jetpack.

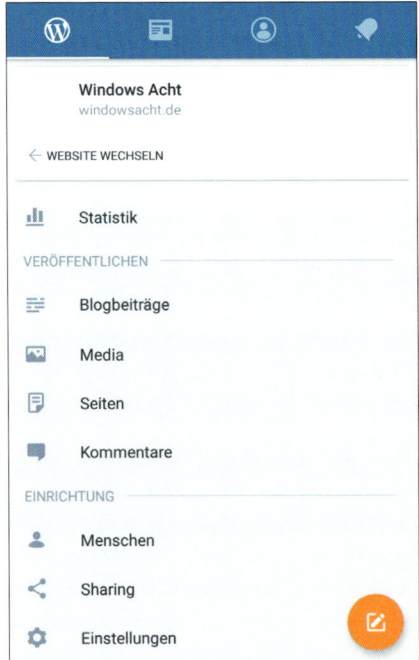 

Die WordPress-App für Android.

Blogger

Googles Blogdienst Blogger liefert eine eigene App zum Bloggen vom Smartphone. Nachdem man sich mit seinem Google-Konto angemeldet hat, sind alle Blogs zu sehen, in denen man schreiben darf. Direkt aus der App heraus lässt sich die Kamera öffnen, um schnell ein Foto im eigenen Blog zu posten.

Gesundheit

Ein Smartphone, das man ständig mit sich trägt, ist der ideale Fitnesscoach, zumal der Bewegungssensor die eigenen Aktivitäten automatisch erkennt.

Google Fit

Google Fit motiviert zu mehr Bewegung im Alltag. Jeden Tag mindestens eine Stunde Bewegung oder auch andere persönliche Ziele können gesetzt werden. Im Nachhinein kann man den täglichen Aktivitätenverlauf verfolgen.

Die App eignet sich auch dazu, Radtouren oder Laufstrecken per GPS zu tracken und später auszuwerten.

Spiele für Android

Spiele, die von vielen selbst ernannten Computerspezialisten als unwichtig betrachtet werden, tragen doch wesentlich zur Weiterentwicklung und Verbreitung jeder Computerplattform bei. Schnelle und intelligente Spiele für verschiedenste Systeme zu entwickeln, gilt für viele Programmierer als Herausforderung.

Auch für Android-Smartphones gibt es eine große Vielfalt an Spielen.

8 ▪ Coole Apps

Google Play Spiele

Google Play Spiele ist eine Plattform, auf der man Erfolge und Belohnungen aus verschiedenen unterstützten Spielen sammeln und sich mit anderen Spielern vergleichen kann. Einige Spiele sind sogar mehrspielerfähig, sodass man direkt gegeneinander antreten kann. Die Google-Play-Spiele-App ist auf allen Android-8-Smartphones vorinstalliert.

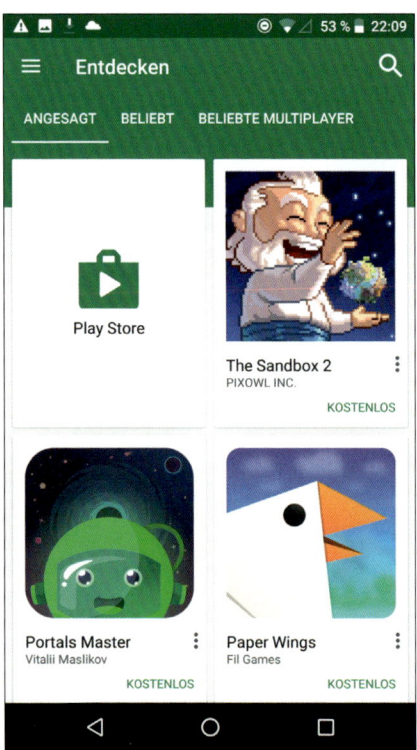
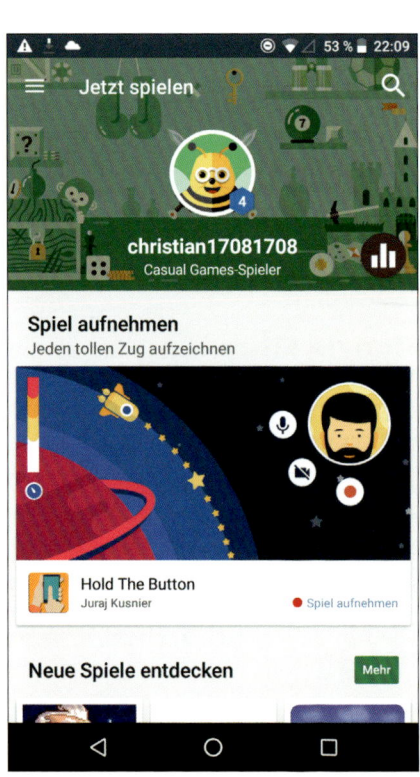

Die Spielplattform Google Play Spiele.

Haben Sie bereits auf anderen Android-Geräten über *Google Play Spiele* gespielt, werden Ihr Spielerprofil, zuletzt gespielte Spiele und Erfolge automatisch in der Google-Play-Spiele-App angezeigt.

Kapitel 9
Insidertipps zur Bedienung

Die Bedienung eines Android-Smartphones erfolgt weitgehend intuitiv, sodass man kaum etwas falsch machen kann. Aber natürlich gibt es wie bei jedem System einige Tricks, auf die man nicht sofort kommt.

Wenn die Automatik versagt – Internetzugang manuell einrichten

Normalerweise erkennt das Smartphone anhand der SIM-Karte die richtigen Einstellungen für den Internetzugang über das Mobilfunknetz. In einigen Fällen klappt dies aber nicht, was daran zu erkennen ist, dass man mit dem Smartphone zwar telefonieren kann, aber ohne WLAN nicht ins Internet kommt. Besonders beim Mobilfunkanbieter Netzclub und einigen Discountern, die das Netz von O2 nutzen, kommt es immer wieder zu Problemen mit der automatischen Einrichtung des Internetzugangs.

1. Wählen Sie *Einstellungen/Netzwerk und Internet/Mobilfunknetz*.

2. Entscheiden Sie sich unter *Bevorzugter Netzwerktyp* für den bestmöglichen Netzwerktyp, den Ihre SIM-Karte unterstützt. Bei SIM-Karten ohne LTE-Tarif muss also *3G* ausgewählt werden, auch wenn das Smartphone standardmäßig LTE vorschlägt.

3. Tippen Sie auf die Zeile *Mobilfunkanbieter* und danach auf *Netzwerke suchen*. Jetzt wird eine Liste verfügbarer Netzwerke gesucht. Ist Ihr Anbieter dabei, tippen Sie darauf, um die Internetverbindung automatisch zu konfigurieren.

4. Auch das funktioniert nicht immer. Tippen Sie auf die Zeile *Zugangspunkte (APNs)*. Wählen Sie den eingetragenen Zugangspunkt durch Antippen aus. Sollten es mehrere sein, tippen Sie auf den mit einem grünen Punkt markierten.

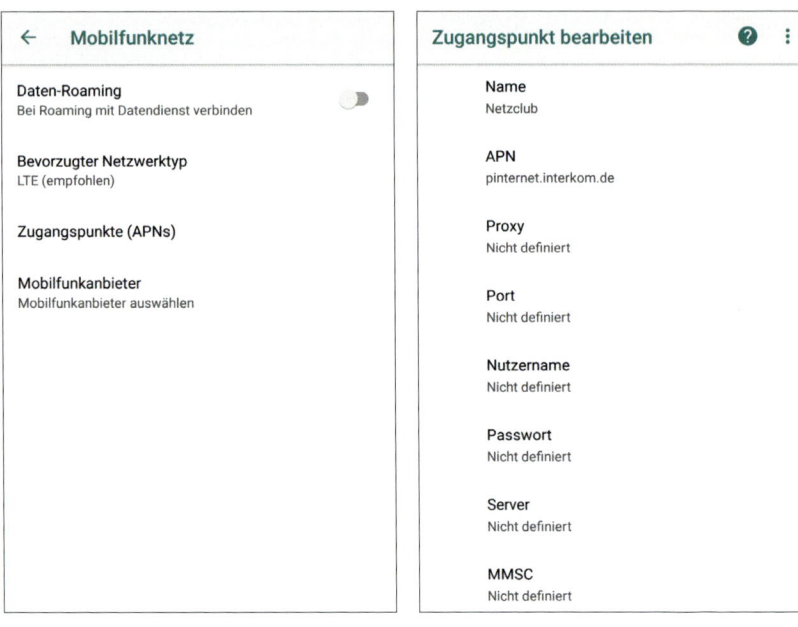

Einstellungen für Mobilfunknetze und APN-Zugangspunkt bearbeiten.

5. Tragen Sie im Feld *Name* Ihren Netzbetreiber ein. Dieses Feld dient nur dazu, Zugangspunkte zu unterscheiden, wenn mehrere eingerichtet sind.

6. Geben Sie im Feld *APN* den APN-Namen ein, den Sie von Ihrem Mobilfunkanbieter erhalten. Bei Netzclub und einigen anderen O2-Discountern lautet dieser *pinternet.interkom.de* und nicht, wie oft automatisch vorgeschlagen, *internet*.

7. Die Felder *Proxy*, *Port*, *Nutzername*, *Passwort* und *Server* müssen bei den meisten Anbietern leer bleiben.

Eine ausführliche Liste von APN-Einstellungen aller wichtigen deutschen Mobilfunkanbieter finden Sie hier: *www.softwarehandbuch.de/apn-einstellungen*.

Hintergrundbilder und Live-Hintergründe

Das Hintergrundbild des Bildschirms, sei es auf dem PC oder auf dem Smartphone, ist ein höchst emotionales Thema. Die einen vertreten äußerst vehement die Meinung, der Bildschirmhintergrund sei das Unwichtigste überhaupt, anderen liegt dieses Bild so am Herzen, dass es je nach Tageslaune ständig geändert werden muss.

Je nach Smartphone-Modell wird ein vorinstalliertes Hintergrundbild mitgeliefert, aber wer möchte schon, dass sein Display aussieht wie alle?

Hintergrundbilder und Live-Hintergründe

Tippen Sie etwas länger auf den Startbildschirm und dann auf das Symbol *Hintergründe*. Jetzt erscheint eine Auswahlliste zum Wählen eines Hintergrundbildes. Wählen Sie in der Leiste am unteren Bildschirmrand ein Hintergrundbild aus und tippen Sie auf *Hintergrund auswählen*. Jetzt können Sie noch festlegen, ob das gewählte Bild auf dem Startbildschirm oder dem Sperrbildschirm als Hintergrund genutzt werden soll.

Bei Android mitgelieferte Hintergrundbilder auswählen.

Eigene Hintergrundbilder verwenden

Noch wesentlich persönlicher ist ein selbst fotografiertes Hintergrundbild auf dem Smartphone. Wählen Sie dazu in der Bildauswahlleiste ganz am Anfang das Symbol *Meine Fotos*.

Jetzt werden alle auf dem Smartphone gespeicherten Fotos angezeigt. Diese können mit der Kamera aufgenommen, aus dem Internet heruntergeladen oder auf anderem Weg, z. B. per E-Mail, auf das Smartphone gelangt sein. Über das Menüsymbol links oben haben Sie die Möglichkeit, außer lokal gespeicherten Bildern auch Fotos von Google Drive, aus der Fotos-App oder aus OneDrive und anderen installierten Cloud-Speicherdiensten zu wählen.

Betrachten Sie gerade Fotos in der Fotos-App und finden dabei ein Bild, das Sie gern als Bildschirmhintergrund sehen möchten, brauchen Sie nicht den Umweg über den Startbildschirm zu gehen. Wählen Sie im Menü oben rechts *Verwenden als* und tippen Sie dann auf das Symbol *Hintergrund*.

Foto aus der Google-Fotos-App als Hintergrundbild nutzen.

Live-Hintergründe

Live-Hintergründe sind keine Bilder im klassischen Sinn, sondern mathematische Algorithmen, die in Echtzeit einen animierten Hintergrund berechnen und darstellen. Viele dieser Live-Hintergründe reagieren interaktiv auf Berührungen des Startbildschirms. Einige Apps enthalten Live-Hintergründe, um z. B. das aktuelle Wetter oder andere Informationen in Echtzeit als Hintergrund auf dem Startbildschirm zu zeigen. Android 8 Oreo liefert selbst keine Live-Hintergründe mehr mit.

> **ACHTUNG:** Live-Hintergründe belasten den Prozessor und tragen damit extrem zum Akkuverbrauch des Smartphones bei. Wer auf lange Akkulaufzeiten Wert legt, verwendet lieber ein statisches Hintergrundbild, am besten ein möglichst dunkles.

Noch mehr Hintergrundbilder mit der Hintergründe-App

Google liefert eine eigene App *Hintergründe*, die eine Vielzahl an Hintergrundbildern für den Start- und Sperrbildschirm zum Download anbietet. Die Bilder sind nach Kategorien geordnet und stammen von Google Earth sowie ausgewählten Landschaftsfotosammlungen von Google+. Innerhalb der gewünschten Kategorie können Sie das Hintergrundbild täglich automatisch wechseln. Wegen des Datenvolumens sollten Sie dabei die Option *Neue Hintergründe nur über WLAN herunterladen* einschalten.

Hintergründe über die Google-App automatisch wechseln.

Widgets für schnelle und persönliche Infos

Widgets sind kleine interaktive Elemente, die bestimmte Informationen oder Daten zum schnellen Zugriff auf den Startbildschirm bringen. Android liefert eine Liste nützlicher Widgets bereits mit. Viele Apps installieren weitere Widgets, wie z. B. Facebook, Twitter, diverse Wetter-Apps oder Google+.

327

Widgets auf den Startbildschirm legen

Tippen Sie länger auf den Startbildschirm und dann auf das Symbol *Widgets*. Jetzt erscheint eine mehrere Bildschirmseiten lange Liste von Widgets.

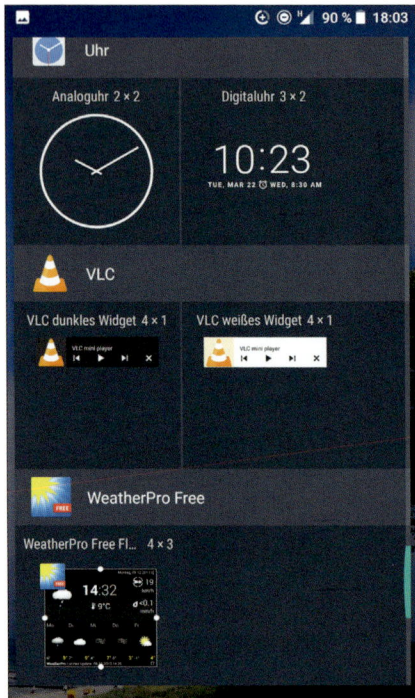 

Widgets auf den Startbildschirm bringen und in der Größe anpassen.

Bei jedem Widget ist die Größe in Rastereinheiten angezeigt, die dieses Widget belegt. Eine Rastereinheit entspricht der Größe eines App-Symbols. Einige Widgets sind in verschiedenen Größen verfügbar, manche lassen sich auch in der Größe verändern. Je nach freiem Platz auf dem Startbildschirm können Sie bei einigen Widgets unterschiedlich viele Informationen anzeigen lassen.

Um ein Widget auf den Startbildschirm zu bringen, ziehen Sie es einfach wie eine App aus der Liste heraus und platzieren es an der gewünschten Stelle auf einem der Startbildschirme.

Widgets können auch später noch jederzeit wie App-Symbole auf dem Startbildschirm verschoben werden. Zeigt ein Widget eine farbige Umrandung mit weißen Griffen an den Seiten, lässt sich dieses interaktiv in der Größe verändern. Um ein Widget wieder vom Startbildschirm zu löschen, gehen Sie genauso vor wie bei Apps. Ziehen Sie es an den oberen Bildschirmrand auf die Fläche *Entfernen*.

Einstellungen mit Suchfunktion

Die *Einstellungen* wurden in Android 8 Oreo wieder einmal grundlegend überarbeitet und übersichtlicher gestaltet. Man braucht die Einstellungen-App nicht unbedingt aus der Liste der Apps aufzurufen. Ziehen Sie einfach die Benachrichtigungsleiste vom oberen Bildschirmrand herunter und tippen Sie oben rechts auf das Einstellungen-Symbol.

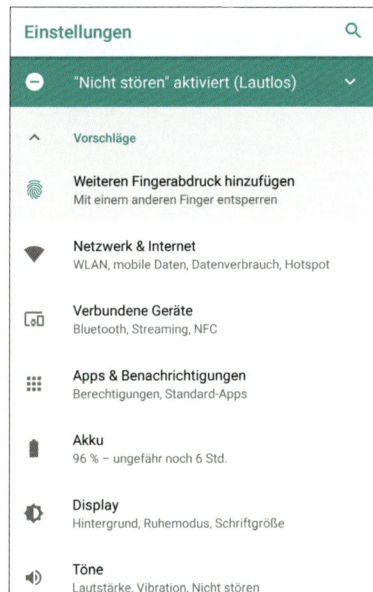

Nicht immer ist es ganz einfach, eine bestimmte Einstellung innerhalb der verschachtelten Struktur zu finden.

Auf dem Hauptbildschirm der *Einstellungen* finden Sie oben rechts ein Lupensymbol. Tippen Sie darauf, können Sie einen Suchbegriff eingeben. Schon während der Eingabe werden passende Einstellungen vorgeschlagen.

Hauptmenü der Einstellungen und in den Einstellungen suchen.

App-Shortcuts

Über App-Shortcuts (langes Antippen des Einstellungen-Symbols) lassen sich häufig gebrauchte Einstellungen schnell aufrufen. Bei Bedarf können diese Shortcuts auf den Startbildschirm gelegt werden.

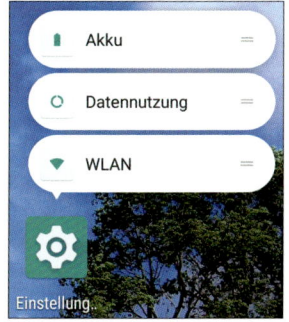

App-Shortcuts für die Einstellungen.

Tipps zur schnellen Texteingabe

Zusätzlich zum einfachen Tippen bietet die Bildschirmtastatur auf Android-8-Smartphones noch weitere nützliche Funktionen an.

Wischen statt tippen

Nach einer gewissen Eingewöhnungszeit schreibt man mit Wischbewegungen auf der Tastatur noch viel schneller, als jeden Buchstaben einzeln anzutippen. Aktivieren Sie in den *Einstellungen* unter *System/Sprachen & Eingabe/Bildschirmtastatur/Gboard/Glide Typing* alle Schalter.

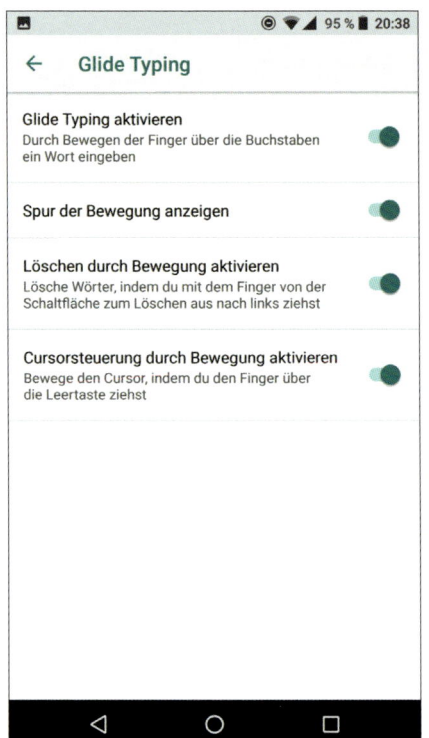
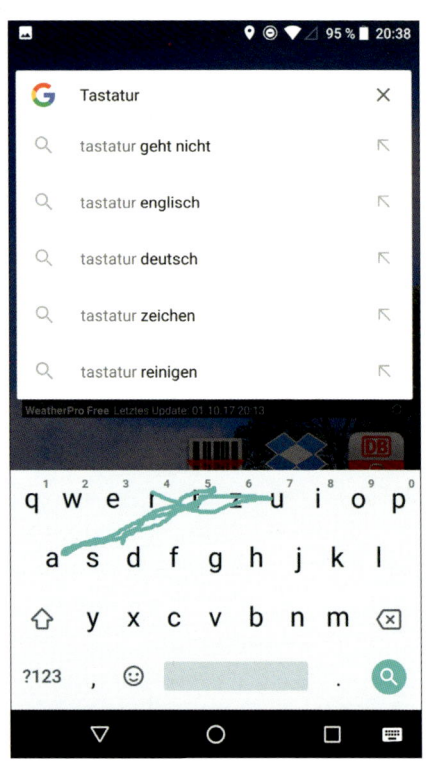

Mit Wischen schreibt es sich schneller.

Schreiben Sie jetzt ein Wort, indem Sie den ersten Buchstaben antippen, dann den Finger auf der Tastatur lassen und einfach von Buchstabe zu Buchstabe wischen. Die Texterkennung erkennt meist recht schnell das gewünschte Wort, selbst wenn Sie die Buchstabentasten nicht genau treffen, sodass Sie längst nicht alle Wörter zu Ende schreiben müssen.

- Zur Eingabe eines doppelten Buchstabens wischen Sie mit dem Finger auf der Taste kurz hin und her oder verlassen sich auf die Texterkennung, die viele Wörter auch erkennt, wenn doppelte Buchstaben nur einfach geschrieben werden.
- Am Ende eines Wortes wird automatisch ein Leerzeichen eingefügt.

- Zur Eingabe von Großbuchstaben am Wortanfang brauchen Sie keine ⇧-Taste mehr. Tippen Sie auf den ersten Buchstaben, wischen Sie kurz aus dem Tastaturfeld in den oberen Bildschirmbereich und dann, ohne abzusetzen, auf den nächsten Buchstaben.

> **Schnellzugriff auf Tastatureinstellungen**
>
> Wenn Sie die Tastatureinstellungen oft benötigen, aktivieren Sie in den *Einstellungen* unter *System/Sprachen & Eingabe/Bildschirmtastatur/Gboard/Erweitert* den Schalter *App-Symbol anzeigen*. In der Apps-Liste auf dem Startbildschirm wird jetzt das Symbol *Gboard* angezeigt, das direkt zu den Tastatureinstellungen führt.

Einfache Cursorsteuerung zum Markieren

Oftmals ist es schwierig, den Anfangspunkt richtig zu setzen, um einen Textbereich genau zu markieren. Zu leicht trifft man mit dem Cursor daneben. Die Bildschirmtastatur hat zwar keine Cursortasten, bietet aber eine komfortable Möglichkeit, über Wischbewegungen auf der Tastatur den Cursor zu versetzen.

Aktivieren Sie in den Tastatureinstellungen unter *Glide Typing* den Schalter *Cursorsteuerung durch Bewegung aktivieren*. Wischen Sie dann mit dem Finger über die Leertaste, um den Cursor genau zu positionieren.

System UI Tuner

Der *System UI Tuner* ermöglicht Anpassungen der Statusleiste und anderer Einstellungen, ist aber standardmäßig verborgen, da sich die dort angebotenen Funktionen noch im Teststadium befinden und jederzeit geändert werden können. Mit einem späteren Update werden diese teilweise normal in die *Einstellungen* übernommen.

Ziehen Sie die Benachrichtigungsleiste nach unten und tippen Sie länger auf das Zahnrad zum Aufruf der *Einstellungen*. Nach wenigen Sekunden erscheint eine Meldung, dass der *System UI Tuner* den *Einstellungen* hinzugefügt wurde. Sie finden ihn dort unter *System*.

In den Einstellungen für die Statusleiste legen Sie fest, welche Symbole in der Statusleiste erscheinen sollen. Standardmäßig sind alle verfügbaren Symbole aktiv. Diese werden aber nur sichtbar, wenn die entsprechende Systemkomponente sie einblendet. Im *System UI Tuner* ausgeschaltete Symbole können auch von Systemfunktionen nicht eingeblendet werden.

9 ▪ Insidertipps zur Bedienung

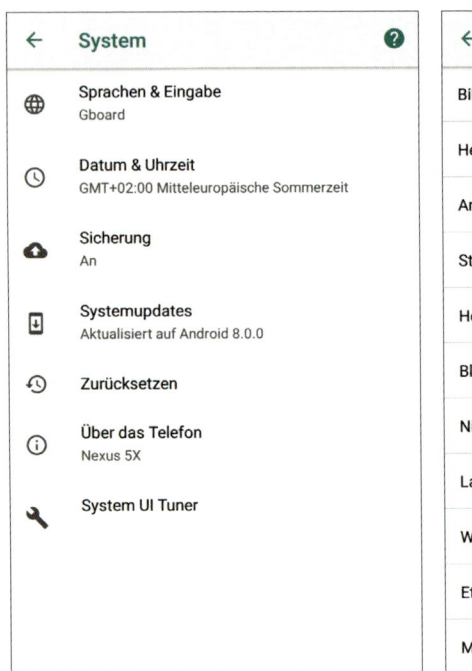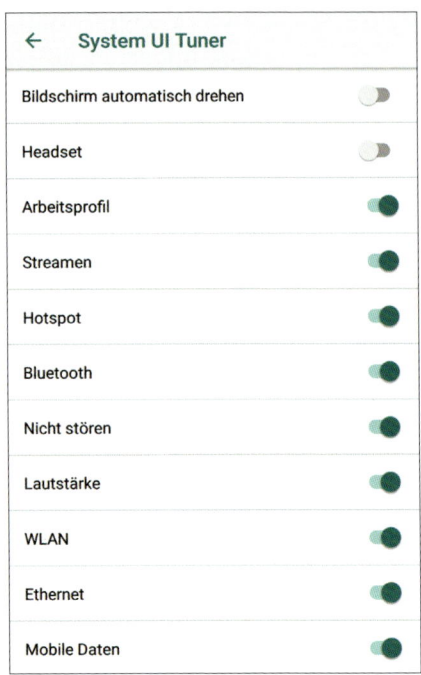

Der System UI Tuner in den Einstellungen.

Über das Menüsymbol mit den drei Punkten oben rechts im *System UI Tuner* können Sie diesen wieder aus den *Einstellungen* ausblenden.

Akku sparen

Wie bei jedem batteriebetriebenen Gerät ist auch bei Android-Smartphones der Akku immer viel zu schnell leer. Bei keiner anderen Zahl in den Datenblättern oder der Werbung für Smartphones beweisen Hersteller so viel Fantasie wie bei Stand-by- und Gesprächszeiten. Angaben von mehreren Hundert Stunden können nur unter extremen Laborbedingungen gelten, wenn optimaler Netzempfang besteht und keine einzige App sich im Hintergrund Daten holt. Um im Alltag Laufzeiten von mehr als einem Tag zu erreichen, ist bewusstes Akkusparen mit den richtigen Einstellungen wichtig.

Android zeigt sehr detailliert an, welche Apps oder Systemkomponenten den Akku beanspruchen. Neben den großen Stromfressern GPS, Bluetooth und WLAN sorgen auch die Hintergrundbeleuchtung sowie einige Apps mit viel Hintergrundaktivität, z. B. Live-Hintergründe, dafür, dass der Akku nicht so lange hält wie erwartet.

Sie finden diese Anzeige, indem Sie länger auf das Akkusymbol in der Schnelleinstellungsleiste tippen. Kurzes Antippen aktiviert den Energiesparmodus.

Akku sparen

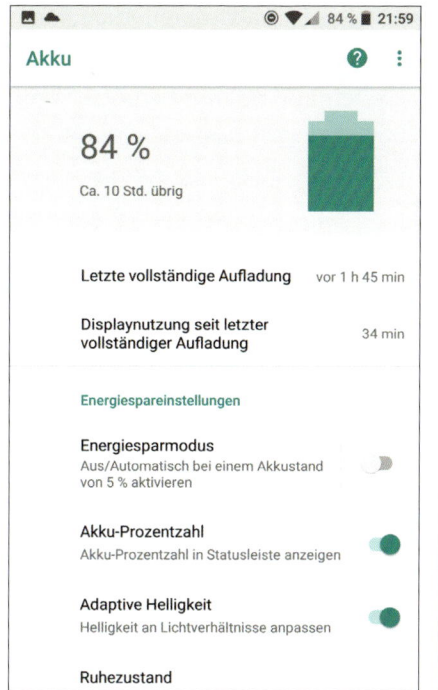 

Die neue Akkuverbrauchsanzeige in Android 8 Oreo.

Tippen Sie auf das Akkusymbol auf dieser Seite, erscheint eine Verlaufskurve. Hier schätzt Android, wie lange es noch dauern wird, bis der Akku bei gleichbleibendem Nutzerverhalten ganz leer ist oder voraussichtlich wieder voll aufgeladen ist, wenn das Smartphone gerade am Ladegerät hängt. In der Akkuanzeige lassen sich gezielt Stromfresser finden. Die betreffenden Apps sollten Sie bei Akkuknappheit nicht mehr nutzen.

Tipps zum Akkusparen

- Wenn Sie sich außerhalb eines WLANs befinden, schalten Sie das WLAN aus.
- Der Flugmodus spart noch mehr Strom.
- Verringern Sie die Bildschirmhelligkeit. Ziehen Sie dazu die Benachrichtigungsleiste mit zwei Fingern herunter und schieben Sie den Helligkeitsregler ein Stück nach links.
- Schalten Sie die automatische Synchronisation in den Einstellungen des Google-Kontos für alle Dienste ab, die Sie nicht so oft benötigen. Dies spart Strom, allerdings zulasten des Komforts, da Sie jetzt die Datensynchronisierung manuell vornehmen müssen. Einfacher ist es, die Option *Datenver-*

brauch reduzieren in den Schnelleinstellungen zu aktivieren. Auch damit wird die Synchronisierung im Hintergrund deaktiviert.

- Laden Sie größere Dateien, vor allem Systemupdates nur herunter, wenn das Smartphone an die Stromversorgung angeschlossen ist.

Akku-Leistungsoptimierung

Aktuelle Android-Versionen bringen eine deutliche Reduzierung des Stromverbrauchs im Stand-by-Modus. Ein Smartphone-Akku ist also nicht mehr morgens leer, wenn das Gerät über Nacht einfach nur herumlag.

Bisher wurde auch im Stand-by-Modus viel Strom durch Hintergrundaktivitäten von Apps verbraucht, die Daten synchronisierten oder über irgendwelche Ereignisse benachrichtigten, die den Benutzer z. B. in der Nacht überhaupt nicht interessierten.

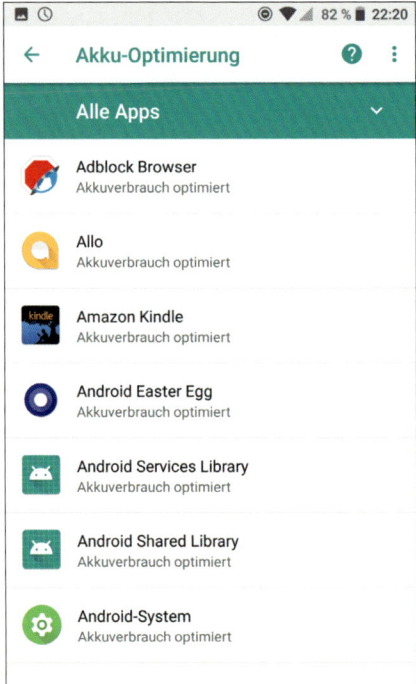 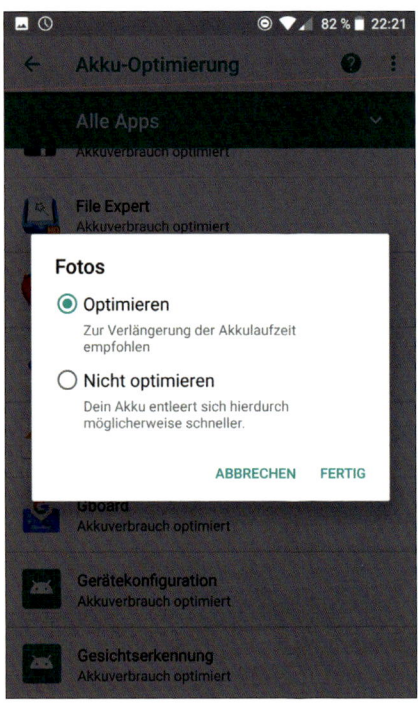

Einstellungen zur Akku-Leistungsoptimierung.

Die Systemfunktion *App-Stand-by* sorgt dafür, dass alle Apps, die Hintergrundaktivitäten durchführen, dies im Stand-by-Modus zu bestimmten vom System festgelegten Zeiten tun. So wird das Smartphone in bestimmten Zeitintervallen geweckt, dann synchronisieren alle Apps und danach fällt es wieder in den Ruhezustand zurück. Diese Methode verbraucht wesentlich weniger

Strom als die deutlich häufigeren Weckvorgänge, wenn jede App ihr eigenes Synchronisationsintervall nutzt.

Die Optimierung des Akkuverbrauchs ist für alle Apps, bei denen dies möglich ist, standardmäßig eingeschaltet. Tippen Sie in den *Einstellungen* unter *Akku* auf das Menüsymbol rechts oben und wählen Sie dort *Akku-Optimierung*. Schalten Sie die Liste von *Nicht optimiert* auf *Alle Apps* um, können Sie für jede App oder jeden Systemdienst bei Problemen die Optimierung abschalten, was dann aber zu höherem Stromverbrauch führt.

Der Energiesparmodus

Android bietet einen Energiesparmodus an, der seit Android 8 Oreo ganz einfach durch Antippen des Batteriesymbols in den Schnelleinstellungen aktiviert wird. Tippen Sie länger auf das Batteriesymbol, können Sie festlegen, dass der Energiesparmodus bei schwacher Akkukapazität automatisch aktiviert wird.

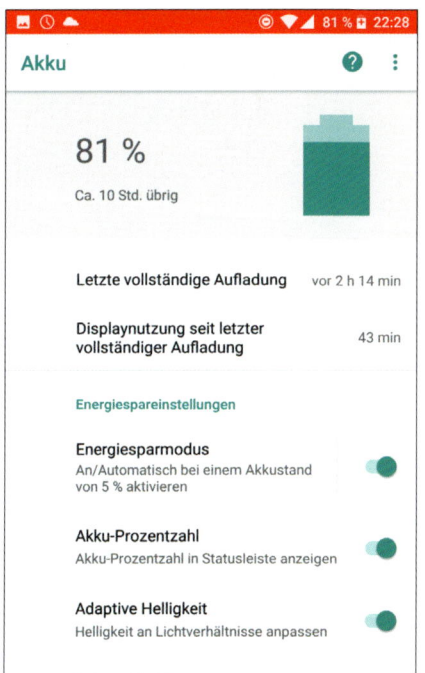
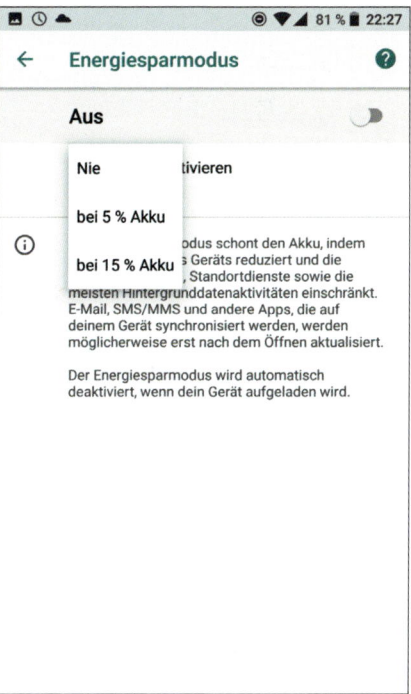

Einstellungen für den Energiesparmodus.

Zur deutlichen Kennzeichnung erscheinen die Benachrichtigungsleiste und die Symbolleiste am unteren Bildschirmrand im Energiesparmodus in einem kräftigen Rot. Im Energiesparmodus werden Synchronisationsfunktionen im

Hintergrund sowie die Vibrationsfunktion abgeschaltet. Das Telefon klingelt weiterhin. Apps lassen sich auch manuell synchronisieren.

Sowie das Smartphone an ein Ladegerät angeschlossen ist, wird der Energiesparmodus automatisch wieder deaktiviert.

Steuerung über Bewegungen

Auf einigen Smartphones können durch kurze Bewegungen nützliche Funktionen ausgelöst werden. Dies muss allerdings vom Gerät unterstützt werden, daher taucht der Menüpunkt *Bewegungen* nicht auf allen Smartphones in den *Einstellungen* unter *System* auf.

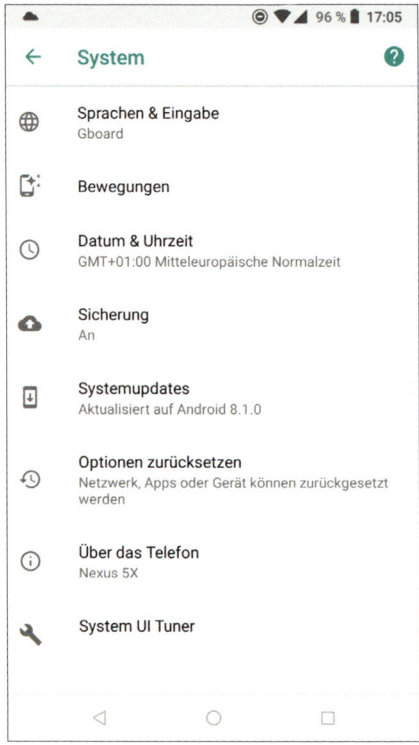 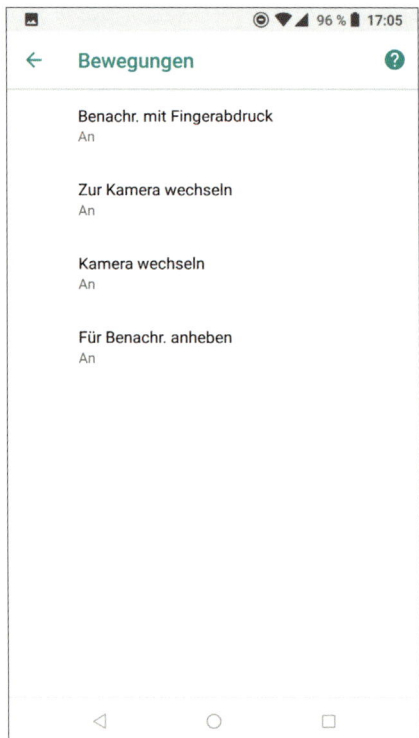

Einstellungen für Bewegungssteuerung.

- **Benachrichtigung mit Fingerabdruck** – blendet die Benachrichtigungen ein, wenn man mit dem Finger von oben nach unten über den Fingerabdrucksensor streicht.

- **Zur Kamera wechseln** – startet die Kamera durch zweimaliges kurzes Drücken des Ein-/Ausschalters.

- **Kamera wechseln** – wechselt schnell zwischen Haupt- und Frontkamera, wenn man das Smartphone zweimal dreht, während die Kamera-App geöffnet ist.

- **Smartphone hochnehmen, um das Display zu sehen** – Liegt das Smartphone bei ausgeschaltetem Bildschirm auf dem Tisch, nehmen Sie es hoch und bringen es in eine senkrechte Position. Ein stromsparender schwarzer Bildschirm zeigt die aktuelle Uhrzeit und die Benachrichtigungen, wie sie auf dem Sperrbildschirm zu sehen sind.

Verbesserte Speicherverwaltung

In Android 8 Oreo wurde die Speicherverwaltung wieder einmal verbessert. Für den Benutzer bedeutet das mehr Übersichtlichkeit und weniger Probleme, wenn der Speicherplatz zur Neige geht. Tippen Sie in den *Einstellungen* auf *Speicher*, wird die aktuelle Speicherbelegung angezeigt. Hier sehen Sie auf einen Blick, welche Daten, Apps, Bilder, Videos etc. wie viel Speicher belegen. Weiter unten in der Liste sind auch die Datenmengen anderer Benutzer auf dem Smartphone zu sehen, soweit welche angelegt sind.

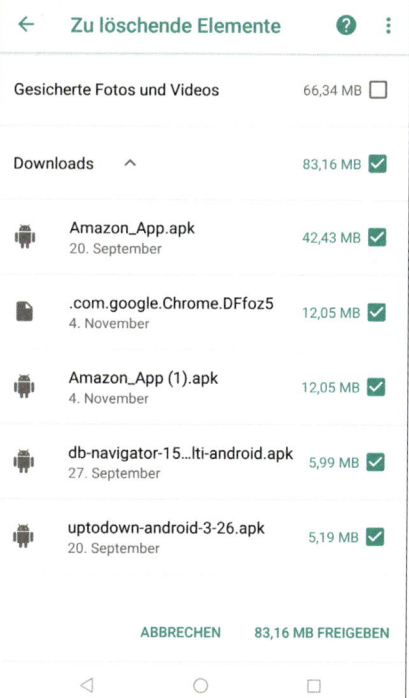

Speicherverbrauch der Daten auf dem Smartphone anzeigen und nicht benötigte Daten löschen.

Tippen Sie oben auf *Speicherplatz freigeben*, werden Daten angezeigt, die typischerweise viel Platz benötigen und oft nicht mehr gebraucht werden, wie gesicherte Fotos und Videos, Downloads sowie selten verwendet Apps. Hier können Sie auswählen, welche Daten wirklich gelöscht werden sollen, und auf diese Weise viel Speicherplatz freigeben.

Aktivieren Sie den Schalter *Intelligenter Speicher*, werden Fotos und Videos, die auf Google Fotos gesichert wurden und älter als 90 Tage sind, automatisch gelöscht. Bedenken Sie dabei, dass die Fotos beim Hochladen auf Google Fotos standardmäßig auf 16 Megapixel reduziert werden. Falls die Kamera des Smartphones eine höhere Auflösung liefert und Sie einzelne Fotos in dieser Auflösung benötigen, sichern Sie diese zusätzlich auf anderem Wege. Tippen Sie auf *Weitere Apps*, um eine Liste aller Apps, sortiert nach ihrem aktuellen Speicherbedarf, anzuzeigen. Tippen Sie hier auf eine App, sehen Sie detailliert, wie viel Speicher die App selbst benötigt und wie viel die zugehörigen Daten und der Cache. Hier können Sie Cache und Daten der App mit wenigen Klicks löschen.

> **ACHTUNG:** Vorsicht beim Löschen von Daten. Hier werden in vielen Fällen persönliche Daten unwiderruflich gelöscht. Mit einem falschen Antippen löschen Sie z. B. alle eigenen Fotos auf dem Smartphone, heruntergeladene Musik oder E-Books. Im Gegensatz zum Löschen der Daten ist das Löschen des Cache bei den meisten Apps völlig ungefährlich.

> **INFO:** Viele Android-Smartphones bieten die Möglichkeit, eine Speicherkarte als echte Speichererweiterung zu nutzen, nicht nur als Ablageort für Fotos, Musik und App-Daten, wie dies in früheren Android-Versionen der Fall war. Sichern Sie dazu zunächst alle Daten von der Speicherkarte, da diese bei der Neuformatierung verloren gehen. Tippen Sie dann in den *Einstellungen* unter *Speicher* auf die Speicherkarte, wählen Sie oben rechts im Menü die Option *Einstellungen* und auf dem nächsten Bildschirm *Als internen Speicher formatieren*.
>
> Jetzt wird die Speicherkarte neu formatiert und kann als echte Speichererweiterung genutzt werden. Diese Speicherkarte ist jetzt in anderen Geräten nicht mehr lesbar, sie kann also nicht mehr zum Datenaustausch zwischen Smartphone und PC verwendet werden.

Das Smartphone mit dem PC verbinden

Moderne Android-Smartphones müssen nicht mehr mit dem PC verbunden werden, um Daten zu synchronisieren. Fast alle Daten lassen sich auch drahtlos über Cloud-Dienste austauschen. Die Synchronisation von Adressbuch und Kalender erfolgt automatisch über das Google-Konto.

Das Smartphone mit dem PC verbinden

Es gibt aber noch Fälle, in denen eine USB-Verbindung mit einem PC durchaus nützlich sein kann, z. B. um eine größere Musiksammlung vom PC aufs Smartphone zu bringen oder umgekehrt Fotos von der Smartphone-Kamera auf den PC zu übertragen. Auch lassen sich Smartphones mit ihrer großen Speicherkapazität als tragbarer Datenspeicher statt eines USB-Sticks oder gar als Sicherungsmedium für persönliche Daten nutzen.

Vom PC aus hat man zwar ohne Spezialtools keinen Zugriff auf den internen Programmspeicher, aber auf das interne Datenlaufwerk sowie die Speicherkarte (wenn vorhanden) im Smartphone, die meistens größer als der interne Speicher ist. Die meisten aktuellen Android-Smartphones haben einen Micro-USB- oder USB-Typ-C-Anschluss zur Verbindung mit dem PC, der auch zum Aufladen des Akkus genutzt wird.

1. Schließen Sie das Smartphone über ein USB-Kabel am PC an. Die meisten aktuellen Smartphones werden bei der Verbindung mit einem PC zunächst nur aufgeladen, ohne eine Datenverbindung herzustellen.

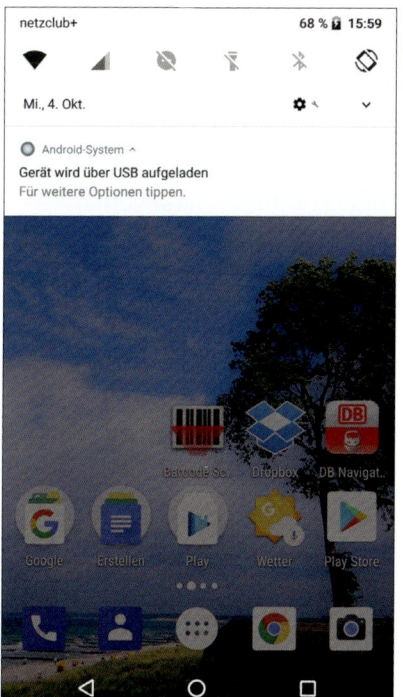 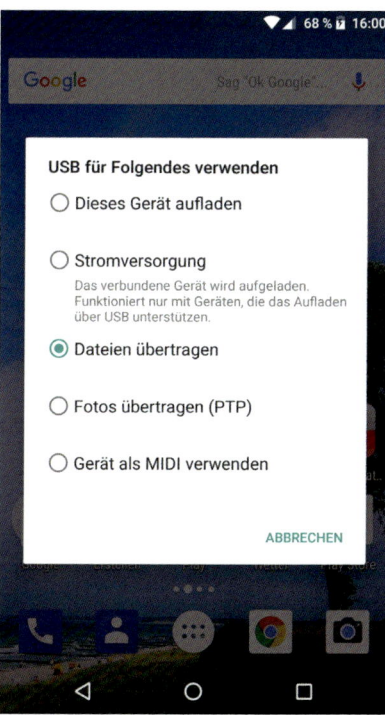

USB-Verbindung zwischen Android-Smartphone und PC.

2. Ziehen Sie die Benachrichtigungsleiste herunter und tippen Sie auf die Systembenachrichtigung zur USB-Verbindung. In den meisten Fällen empfiehlt sich der Verbindungsmodus *Dateien übertragen*, manchmal auch als

Mediengerät (MTP) bezeichnet. In diesem Modus können Sie Fotos importieren, Dateien öffnen und auch digitale Medien zwischen PC und Smartphone synchronisieren.

3. Im Modus *Fotos übertragen (PTP)* wird das Smartphone dagegen als Kamera erkannt, hier haben Sie nur Zugriff auf die Fotos, können allerdings mit einigen Fotoverwaltungsprogrammen vom PC direkt darauf zugreifen, ohne die Bilder erst auf die Festplatte übertragen zu müssen.

4. Im Modus *Stromversorgung* lädt das Smartphone ein anderes Gerät über die USB-Verbindung auf.

5. In der USB-Verbindungsbenachrichtigung auf dem Smartphone können Sie den Verbindungsmodus später noch umstellen.

6. Bei der ersten Verbindung mit dem PC werden bei einigen Smartphones spezielle Gerätetreiber installiert. Danach erscheint ein Auswahlfenster *Wählen Sie eine Aktion für dieses Gerät aus*.

7. Neben einfachem Importieren von Fotos bietet der Link *Holen Sie Ihren Inhalt auf PC ...* noch mehr Möglichkeiten. Die Windows-10-App *Begleiter für Telefon* zeigt Hinweise zu Microsoft-Apps, die Daten von Windows mit Android synchronisieren. Im unteren Teil des Fensters sehen Sie die Speichernutzung sowie den Akkustand des Smartphones. Der Link *Übertragen anderer Dateien* zeigt das interne Laufwerk und – wenn vorhanden – die Speicherkarte des Smartphones im Datei-Explorer auf dem PC. Hier können Sie Daten in beide Richtungen kopieren.

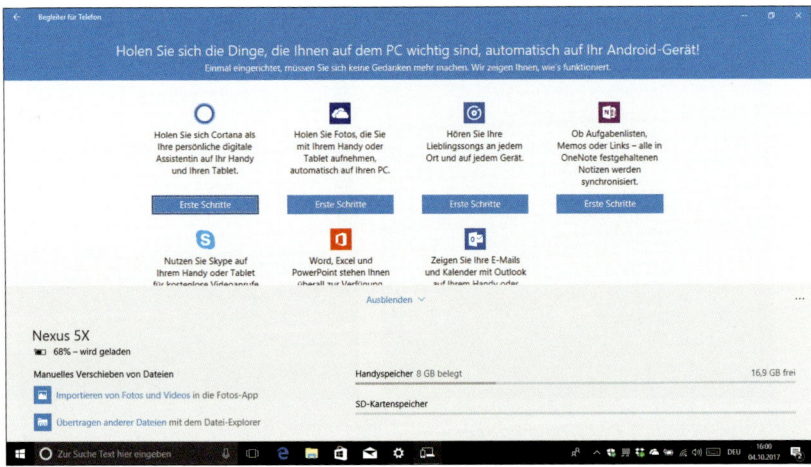

Die Windows-10-App Begleiter für Telefon.

Chrome Remote Desktop

Chrome Remote Desktop ist eine App von Google, mit der Sie Ihren PC vom Smartphone fernsteuern können. Auf dem PC ist dazu der Chrome-Browser erforderlich. Dort müssen Sie mit dem gleichen Google-Konto wie auf dem Smartphone angemeldet sein. Der Modus *Remote-Unterstützung* funktioniert mit fremden PCs und anderen Google-Konten. Hier muss ein Sicherheitsschlüssel eingegeben werden, der kurz vorher auf dem entfernten Gerät automatisch generiert wird. Der angemeldete Benutzer dort muss die Freigabe bestätigen und kann die Verbindung auch jederzeit trennen.

1. Laden Sie über den Link *chrome.google.com/remotedesktop* im Chrome-Browser auf dem PC die App *Chrome Remote Desktop* aus dem Chrome Web Store herunter.

2. Starten Sie die App *Chrome Remote Desktop* anschließend über den Button *App starten* oder über den *Chrome App Launcher* auf dem Windows-Desktop.

3. Beim ersten Start müssen Sie der App die angefragten Zugriffsberechtigungen geben, da der Chrome-Browser sonst keine derartigen Zugriffe von außen zulassen würde.

4. Klicken Sie im *Chrome Remote Desktop*-Fenster im Bereich *Meine Computer* auf *Remote-Verbindungen aktivieren*. Nur beim ersten Mal muss noch ein Remote-Desktop-Host-Installationsprogramm heruntergeladen und ausgeführt werden.

5. Starten Sie auf dem Smartphone die App *Chrome Remote Desktop*. In der Liste erscheinen Ihre Geräte, auf denen *Chrome Remote Desktop* installiert ist. Manchmal dauert es einen Moment, bis ein neuer PC hier auftaucht. Tippen Sie in solchen Fällen auf das *Aktualisieren*-Symbol oben rechts.

6. Jetzt erscheint der Desktop des PCs auf dem Smartphone-Bildschirm. Am besten halten Sie das Smartphone dazu quer. Hier können Sie mit einer Zweifingergeste zoomen. Die Symbole oben rechts schalten auf den Vollbildmodus und blenden eine Tastatur ein. Über das Menüsymbol oben rechts können Sie die Verbindung trennen. Über die Fernsteuerung haben Sie Zugriff auf den kompletten Desktop, nicht nur auf den Chrome-Browser. Auf dem ferngesteuerten PC können Sie jederzeit in die Fernsteuerung eingreifen.

9 ▪ Insidertipps zur Bedienung

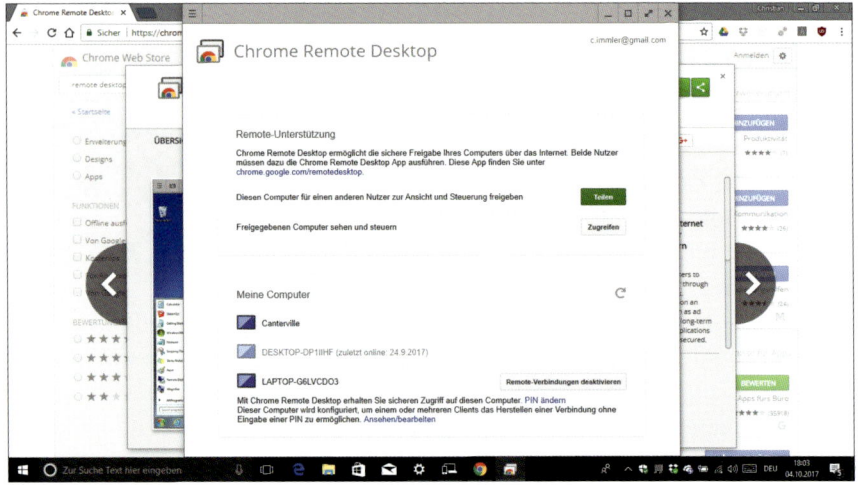

Chrome Remote Desktop auf dem PC.

> **Tipps zur Fernsteuerung eigener PCs**
>
> Nutzen Sie *Chrome Remote Desktop* auf eigenen PCs mit dem gleichen Google-Konto, können Sie den Verbindungsaufbau vereinfachen und unbeaufsichtigte Verbindungen zulassen. Im Bereich *Meine Computer* aktivieren Sie für Ihren PC die Remote-Verbindungen und legen eine eigene PIN für den Zugriff fest. Diese brauchen Sie auf dem Smartphone nur einzugeben und müssen dann die Remote-Verbindung nicht mehr eigens auf dem PC autorisieren.
>
> So können Sie auf einen eigenen PC, der woanders steht, zugreifen, ohne dass dort jemand etwas bestätigen muss. Stellen Sie in den Energieeinstellungen dieses PCs sicher, dass er nicht automatisch nach einer Inaktivitätszeit in einen Energiesparmodus schaltet. In diesem Fall wäre er aus der Ferne nicht erreichbar.

Mit dem Notebook über das Smartphone ins Internet

Moderne Smartphones liefern zumindest in Großstädten mit guter HSDPA- oder LTE-Versorgung Datenübertragungsraten, die mit DSL über Telefonkabel durchaus mithalten können. Da bietet es sich an, unterwegs das Smartphone als mobilen Internetzugang für das Notebook zu nutzen.

Dieses Verfahren wird als Tethering bezeichnet, abgeleitet von dem englischen Wort für »anbinden«.

> **INFO:** Mobilfunkbetreiber sehen Tethering gar nicht gern, da es auf dem Smartphone auf einmal ein Vielfaches an Datenvolumen erzeugt. Am Anfang versuchte man, Tethering technisch zu verhindern, was aber allein über die SIM-Karte nur schwer möglich ist, da das Smartphone eine normale Internetverbindung aufbaut und der PC von außen nicht zu sehen ist. Einige US-amerikanische Netzbetreiber lesen den User-Agent-String des Browsers aus und verhindern damit Netzwerkdatenverkehr, der von PC-Browsern verursacht wird. Auch hierzulande kursieren Gerüchte, Mobilfunkanbieter wollten in Zukunft die Modemnutzung in den preisgünstigen Tarifen technisch unterbinden.
>
> Bei den meisten günstigen Flatratetarifen für Smartphones wird nach wenigen Hundert MByte – zum mobilen Surfen in einem Monat meist ausreichend – auf unattraktive GPRS-Geschwindigkeit abgebremst. Per Tethering mit dem Notebook kann man dieses Datenvolumen schon nach wenigen Stunden erreichen. Für den Rest des Monats hat man dann keinen Spaß mehr an der Flatrate. Die teureren Datenflatrates für Surfsticks beinhalten deutlich mehr Übertragungsvolumen. Natürlich spricht nichts dagegen, eine solche SIM-Karte in ein Smartphone zu stecken und dieses für das Tethering zu nutzen. Allerdings haben die typischen Notebook-Surftarife meist höchst unattraktive Preise beim Telefonieren.

Smartphone als mobiler WLAN-Hotspot

Android bietet eine Möglichkeit, einen mobilen WLAN-Hotspot einzurichten. Sie können sich dann mit anderen Geräten wie Notebooks, Tablets, Spielkonsolen, E-Book-Readern per WLAN am Smartphone anmelden und die Mobilfunkverbindung des Smartphones als Internetzugang nutzen.

1. Tippen Sie in den *Einstellungen* unter *Netzwerk und Internet* auf *Hotspot und Tethering* oder halten Sie den Finger länger auf das Schnelleinstellungssymbol *Hotspot*.

2. Schalten Sie hier die Option *Mobiler WLAN-Hotspot* ein. Ein Symbol in der Statusleiste markiert den aktiven WLAN-Hotspot. Er wird sofort auf den anderen Geräten als verfügbar angezeigt. Bedenken Sie jedoch, dass die Reichweite bei Weitem nicht so groß ist wie die eines klassischen WLAN-Routers. Außerdem verbraucht die Nutzung als WLAN-Hotspot sehr viel Strom des Smartphone-Akkus. Schließen Sie am besten das Smartphone die ganze Zeit ans Ladegerät an und beenden Sie den WLAN-Hotspot, sobald Sie ihn nicht mehr benötigen.

3. Tippen Sie auf *WLAN-Hotspot einrichten*. Der Konfigurationsdialog zeigt den Namen des Hotspots sowie einen zufällig generierten Schlüssel an,

der auf den Geräten eingegeben werden muss. Als Verschlüsselungsverfahren wird standardmäßig WPA2-PSK verwendet. Aktivieren Sie *Passwort anzeigen*, um das automatisch generierte Passwort zu sehen, damit Sie es auf den anderen Geräten eingeben können. An dieser Stelle können Sie auch selbst ein Passwort festlegen und bei Bedarf das Frequenzband umstellen. Android 8 Oreo unterstützt für WLAN-Hotspots auch das 5-GHz-Band, soweit dieses von der verwendeten Hardware unterstützt wird.

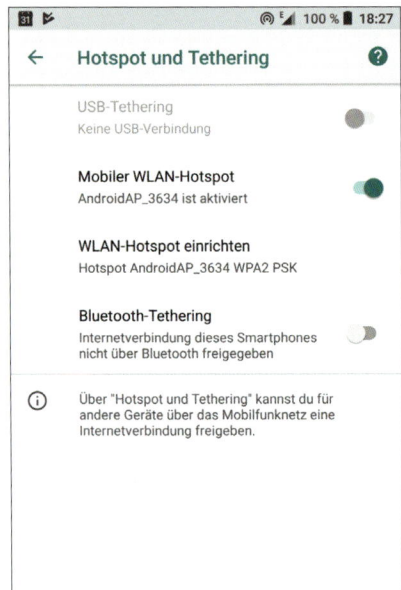

WLAN-Hotspot auf dem Smartphone einrichten.

4. Jetzt können Sie sich mit anderen Geräten an diesem WLAN-Hotspot anmelden.

Mit einem PC am WLAN-Hotspot auf dem Smartphone anmelden.

Tethering per USB-Kabel

Anstatt über WLAN können Sie ein Notebook oder einen PC auch über ein USB-Kabel mit dem Smartphone verbinden, um die Internetverbindung zu nutzen. Dies funktioniert allerdings nur mit Windows-PCs und immer nur mit einem PC gleichzeitig.

> **ACHTUNG:** Diese Art der Verbindung sollten Sie auf jeden Fall zu Hause auf dem Notebook einrichten, bevor Sie sie unterwegs nutzen, da das Notebook oftmals eine funktionierende Internetverbindung voraussetzt, um notwendige Treiber zu installieren, bevor das USB-Tethering verwendet werden kann.

1. Verbinden Sie das Smartphone über ein USB-Kabel mit dem PC und tippen Sie in den *Einstellungen* unter *Netzwerk und Internet* auf *Hotspot und Tethering*. Aktivieren Sie hier die Option *USB-Tethering*.

2. In einigen Fällen erscheint auf dem PC eine Meldung, dass Gerätetreiber installiert werden. Dazu wird die vorhandene Internetverbindung des PCs genutzt.

3. Trennen Sie nun die bestehende Internetverbindung des PCs. Nach kurzer Zeit nutzt Windows automatisch die neue Netzwerkverbindung über das Smartphone. Um sie wieder zu trennen, ziehen Sie einfach das USB-Kabel heraus. Auf dem Smartphone wird dann automatisch das USB-Tethering wieder deaktiviert.

Die neue Netzwerkverbindung auf dem PC.

Datenübertragung per Bluetooth

Bluetooth ist eine drahtlose Übertragungstechnik mit einer Reichweite von wenigen Metern, mit der Sie Daten zwischen verschiedenen Geräten übertragen können. Fast alle Smartphones unterschiedlichster Betriebssysteme und selbst ältere Handys unterstützen Bluetooth. Per Bluetooth können Sie auch Daten auf PCs oder die Fotodruckautomaten in Drogerie- und Elektronikmärkten übertragen.

Daten zwischen zwei Smartphones übertragen

Da Bluetooth viel Strom frisst, empfiehlt es sich, es nur einzuschalten, wenn es wirklich benutzt wird. Ein Symbol in den Schnelleinstellungen ermöglicht es, Bluetooth jederzeit ein- und wieder auszuschalten. Halten Sie den Finger länger auf dieses Symbol, kommen Sie zu den *Einstellungen*. Hier sehen Sie eine Liste aller Bluetooth-Geräte in der Nähe. Über das Menüsymbol oben rechts können Sie die Liste jederzeit aktualisieren.

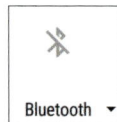

Bei Bluetooth verwendet jedes Gerät einen eigenen Namen, unter dem es von anderen Geräten unterschieden werden kann. Damit sich die Geräte gegenseitig finden, müssen sie sichtbar geschaltet werden. Android 8 Oreo regelt wie alle aktuellen Android-Versionen die Sichtbarkeit automatisch. Solange der Bildschirm mit den Bluetooth-Einstellungen geöffnet ist, ist das Smartphone für andere sichtbar.

1. Möchten Sie ein Foto oder eine andere Datei vom Smartphone per Bluetooth auf ein anderes Gerät übertragen, schalten Sie auf beiden Geräten Bluetooth ein und machen sie sichtbar (seit Android 5 automatisch geregelt).

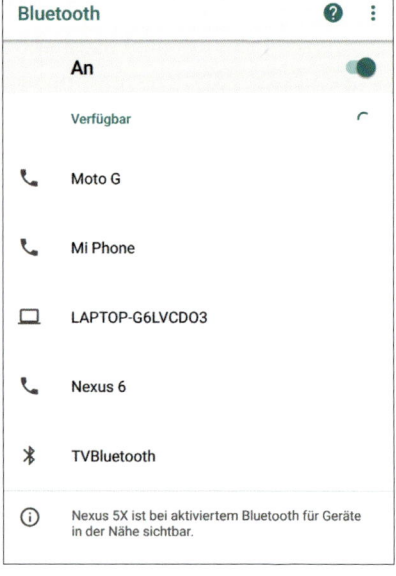

Bluetooth auf dem Smartphone einschalten.

2. Wählen Sie in der entsprechenden App das zu sendende Objekt, z. B. ein Foto, und tippen Sie auf das *Teilen*-Symbol. Wählen Sie in der Liste der Apps zum Teilen *Bluetooth*.

Datenübertragung per Bluetooth

3. Jetzt erscheint eine Liste der sichtbaren Geräte in der Nähe. Legen Sie hier das Gerät fest, an das das Foto gesendet werden soll. Sollte das gewünschte Gerät nicht in der Liste stehen, tippen Sie oben rechts auf das Menüsymbol und wählen dort *Aktualisieren*.

4. Auf dem empfangenden Gerät müssen Sie die Annahme der Datei noch bestätigen. So wird verhindert, dass jemand unbemerkt per Bluetooth auf das eigene Smartphone zugreift.

5. Nach erfolgreicher Übertragung erscheint auf dem empfangenden Gerät eine Benachrichtigung, aus der heraus Sie die Datei direkt öffnen können.

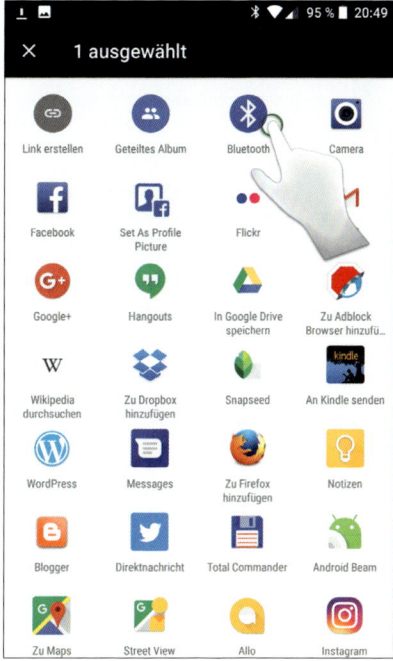 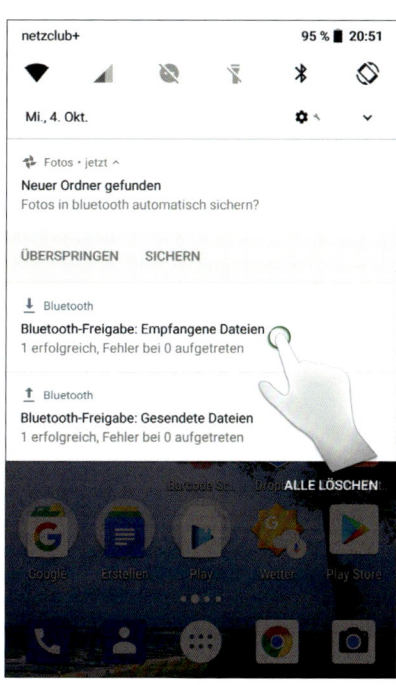

Foto per Bluetooth übertragen.

Bluetooth-Koppelung/Pairing

Nach wenigen Minuten oder beim Verlassen des Bluetooth-Einstellungen-Bildschirms werden die meisten Geräte aus Sicherheitsgründen automatisch wieder unsichtbar. Um zu verhindern, dass vertrauenswürdige Geräte vor jeder Dateiübertragung wieder sichtbar geschaltet werden müssen, tippen Sie auf dem Bluetooth-Einstellungen-Bildschirm auf das gewünschte Gerät und koppeln es durch Antippen der Benachrichtigung. Diese Koppelung, auch als Pairing bezeichnet, muss auf beiden Geräten innerhalb kurzer Zeit noch bestätigt werden. Zur Identifikation wird ein sogenannter Kopplungscode auf beiden Geräten angezeigt, der auf älteren Android-Geräten sowie auf einigen anderen Betriebssystemen noch manuell eingegeben werden muss.

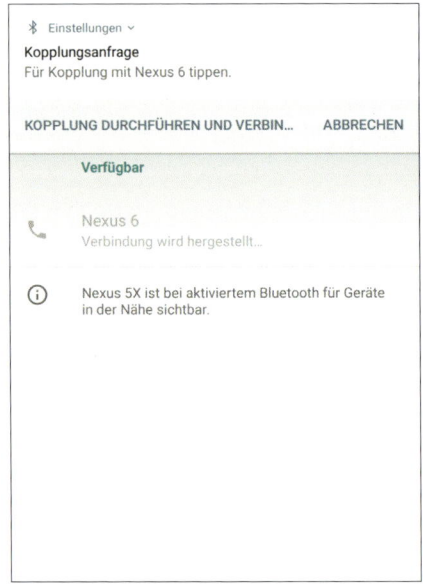
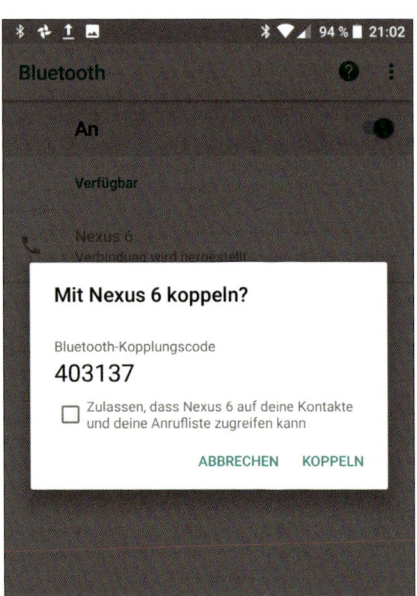

Bluetooth-Kopplung einrichten.

Möchten Sie das Smartphone mit einer Smartwatch oder einer Autofreisprecheinrichtung koppeln und zum Telefonieren nutzen, müssen Sie den Zugriff auf Kontakte und die Anrufliste für das andere Gerät zulassen.

Danach können Sie jederzeit eine Verbindung herstellen, auch wenn das andere Gerät nicht sichtbar ist. Bluetooth muss natürlich eingeschaltet sein, und der Empfang von Daten muss weiterhin bestätigt werden.

Android 8 Oreo zeigt in der Liste der Bluetooth-Geräte eine eigene Liste gekoppelter Geräte an. Hier können Sie ganz einfach eine Verbindung herstellen, wenn diese wegen längerer Inaktivität automatisch getrennt war oder zwischenzeitlich ein anderes gekoppeltes Gerät verbunden war.

Daten zwischen Smartphone und PC übertragen

Auch ohne spezielle Synchronisierungssoftware können Sie per Bluetooth Daten vom Smartphone zum PC und umgekehrt übertragen.

Viele Notebooks haben bereits eine Bluetooth-Schnittstelle eingebaut. Andere PCs lassen sich leicht mit Bluetooth nachrüsten. Bluetooth-Adapter in USB-Stick-Bauart sind in großer Auswahl zu günstigen Preisen im Zubehörhandel erhältlich.

Bluetooth-Verbindungen werden nicht wie Netzwerkverbindungen von einem Gerät aus verwaltet. Hier muss an beiden beteiligten Geräten jemand sitzen. Von einem Gerät wird die Datei verschickt, und auf dem anderen muss sie angenommen werden. Bluetooth-Übertragungen dauern deutlich länger als Datenübertragungen per WLAN oder Kabelverbindungen. Bluetooth stellt eine einfache Möglichkeit dar, einzelne Fotos vom Smartphone auf fremde PCs zu senden, auf denen nicht das gleiche Google-Konto eingerichtet ist.

Bluetooth auf einem PC mit Windows 10 aktivieren

Schalten Sie über das Info-Center von Windows 10 oder über *Geräte/Bluetooth- und andere Geräte* in den Einstellungen *Bluetooth* ein. Bluetooth wird damit aktiviert, der PC automatisch als sichtbar festgelegt und der Bluetooth-Gerätename angezeigt.

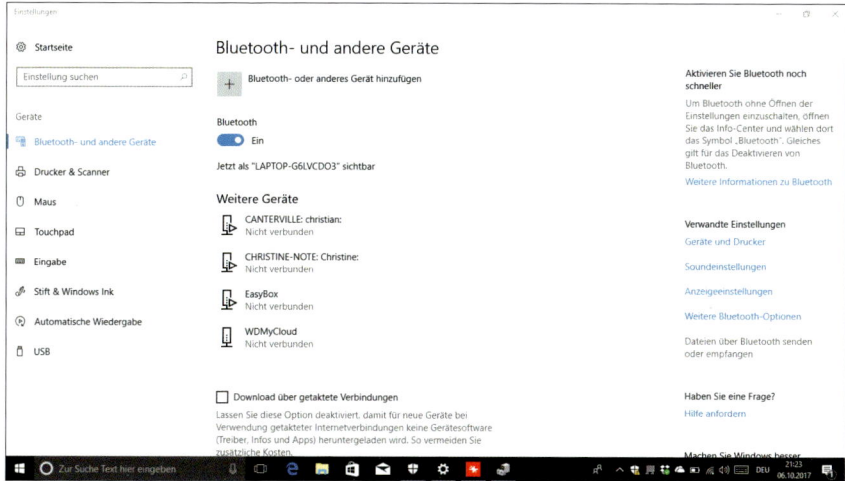

Bluetooth-Einstellungen in Windows 10.

Datei vom Smartphone auf einen Windows-PC senden

1. Um vom Smartphone Dateien auf einen Windows-PC senden zu können, müssen die Geräte gekoppelt werden. Klicken Sie dazu in den Bluetooth-Einstellungen auf dem PC auf *Bluetooth- oder anderes Gerät hinzufügen* und wählen im nächsten Fenster die Option *Bluetooth*.

2. Danach erscheint eine Liste sichtbarer Bluetooth-Geräte in der Umgebung. Wählen Sie das gewünschte Gerät aus.

3. Auf dem PC und auch auf dem Smartphone erscheint ein Kopplungscode. Bestätigen Sie auf beiden Geräten, dass es sich um den gleichen Code handelt.

4. Starten Sie auf dem Smartphone die gewünschte App, markieren Sie die zu übertragende Datei, z. B. ein Foto, tippen Sie auf das *Teilen*-Symbol und wählen Sie in der Liste *Bluetooth*.

5. Die Suche nach Bluetooth-Geräten in der Umgebung startet automatisch. Tippen Sie hier auf den PC, an den die Datei gesendet werden soll.

6. Auf dem PC erscheint eine Benachrichtigung über die Bluetooth-Dateiübertragung. Sie brauchen die Datei nicht eigens anzunehmen, da die Geräte gekoppelt sind. Nach abgeschlossener Übertragung finden Sie die empfangene Datei im Verzeichnis *C:\Users\[Benutzername]\Documents\My Bluetooth*.

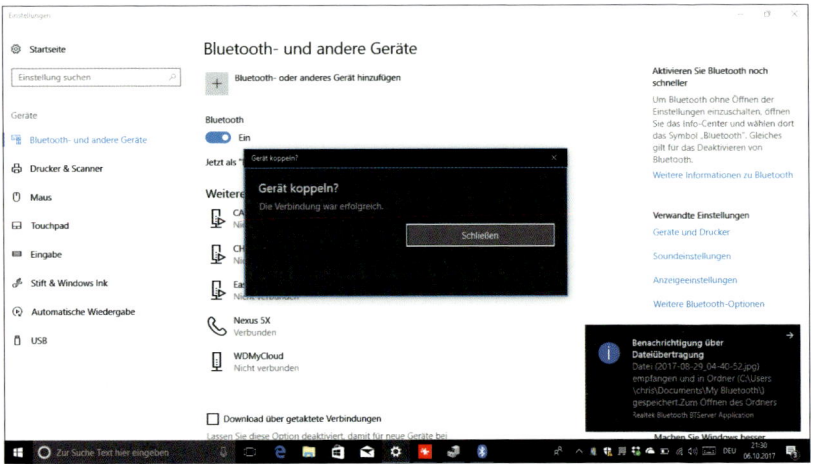

Meldungen über erfolgreiches Koppeln und eingehende Dateiübertragung.

Datei vom PC auf das Smartphone senden

Umgekehrt können Sie auch Dateien vom PC auf das Smartphone übertragen. Dafür müssen die Geräte nicht gekoppelt sein. Achten Sie dabei darauf, nur Dateitypen zu übertragen, mit denen Sie auf dem Smartphone auch etwas anfangen können, z. B. Fotos.

1. Schalten Sie auf dem Smartphone Bluetooth ein und lassen Sie den *Einstellungen*-Bildschirm geöffnet, damit das Smartphone sichtbar bleibt.

2. Suchen Sie auf dem PC die zu übertragende Datei im Explorer, klicken Sie mit der rechten Maustaste darauf und wählen Sie im Kontextmenü *Datei mit Bluetooth versenden*

3. Ist das Smartphone bereits gekoppelt, wird es im Kontextmenü angezeigt und kann direkt ausgewählt werden.

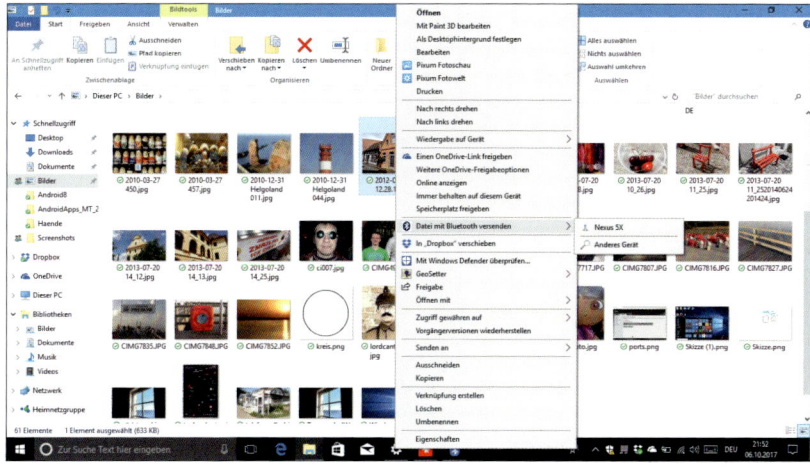

Foto aus dem Explorer an ein Bluetooth-Gerät senden.

4. Um die Datei an ein nicht gekoppeltes Gerät zu senden, wählen Sie *Anderes Gerät*. Wählen Sie in diesem Fall im nächsten Dialogfeld Ihr Smartphone aus und klicken Sie auf *OK*.

5. Auf dem Smartphone erscheint eine Benachrichtigung zur Datenübertragung, in der der Name des PCs sowie der Name der zu übertragenden Datei angezeigt werden. Tippen Sie hier auf *Akzeptieren*.

Bedienungshilfen für Outdoor- und Extremsituationen

Nicht jedem Menschen fällt es gleichermaßen leicht, die Texte auf dem Smartphone zu erkennen. Auch in verschiedenen Extremsituationen bei grellem Licht oder schnellen Bewegungen können Bedienungshilfen die Nutzung des Smartphones vereinfachen.

In den *Einstellungen* unter *Bedienungshilfen* kann jeder individuell die Einstellungen auswählen, die die Bedienung des Smartphones und die Lesbarkeit des Bildschirms in bestimmten Situationen verbessern.

In Android 8 Oreo wurden die früher in eher zufälliger Reihenfolge angeordneten Bedienungshilfen in Gruppen zusammengefasst.

- **Kurzbefehl für Bedienungshilfen** – Brauchen Sie eine Bedienungshilfe nur in bestimmten Ausnahmesituationen, möchten Sie nicht gerade dann jedes Mal mühsam durch die Einstellungen blättern. Mithilfe eines Kurzbefehls lassen sich die Bedienungshilfen schnell aufrufen, indem Sie beide

Lautstärketasten gleichzeitig drücken. In den *Einstellungen* legen Sie fest, welche Bedienungshilfe durch diese Tastenkombination aufgerufen wird.

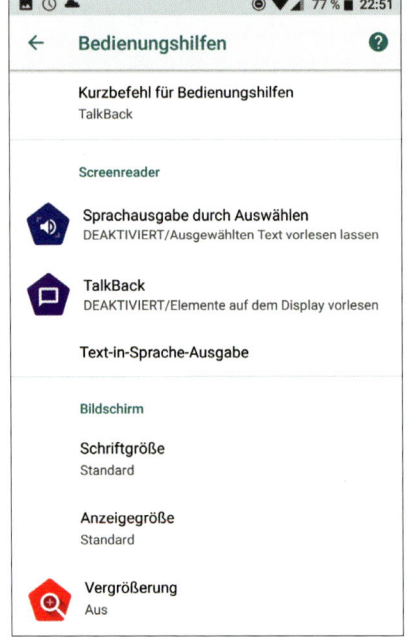
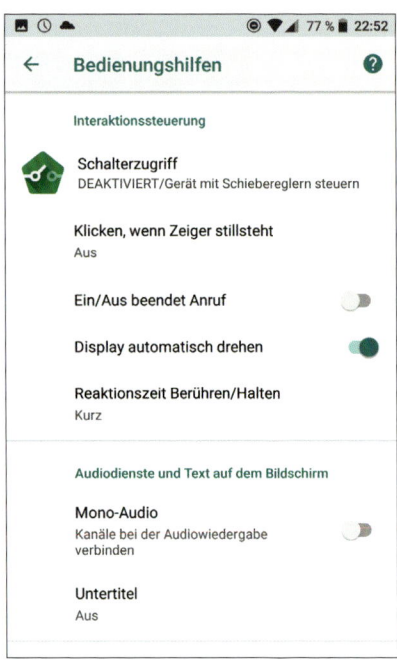

Vielfältige Einstellungen für Bedienungshilfen.

Screenreader

- **Sprachausgabe durch Auswählen** – Hier wird unten rechts ein Bedienungshilfensymbol eingeblendet. Tippen Sie darauf, erscheint eine Symbolleiste, mit der sich alle Elemente auf dem Bildschirm oder die durch Antippen ausgewählten vorlesen lassen.

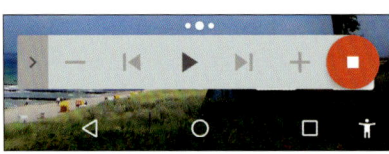
Symbolleiste für die Sprachausgabe.

- **TalkBack** – spricht eine kurze Erklärung zu jedem berührten Bildschirmelement. Dieses Element wird dann kräftig grün umrandet. Um die Funktion wirklich auszulösen, muss man doppelt tippen. Über das *Einstellungen*-Symbol rechts oben auf dem TalkBack-Bildschirm lässt sich die Sprachausgabe individuell anpassen.

- **Text-in-Sprache-Ausgabe** – Hier stellen Sie die Geschwindigkeit und Sprache der Sprachausgabe ein.

Bildschirm

- **Schriftgröße** – vergrößert die Systemschrift in allen Apps.

 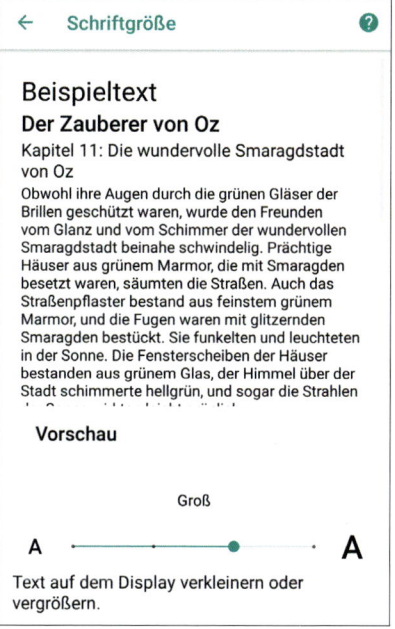

Verschiedene Einstellungen der Schriftgröße.

 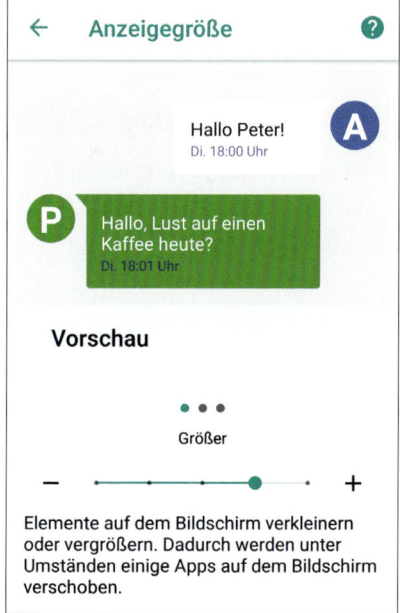

Verschiedene Einstellungen der Anzeigegröße.

- **Anzeigegröße** – vergrößert die Anzeige- und Bedienelemente in allen Apps.
- **Vergrößerung** – Durch dreimaliges Antippen des Bildschirms kann in den meisten Apps gezoomt werden. Anschließend können Sie mit zwei Fingern den Bildschirmausschnitt verändern. Alternativ kann eine Schaltfläche zum Zoomen eingeblendet werden.

Interaktionssteuerung

- **Schalterzugriff** – legt bestimmte Gerätefunktionen auf Tastenkombinationen, wenn die Bedienung des Touchscreens nur schwer möglich ist.
- **Klicken, wenn Zeiger stillsteht** – Ist eine Maus angeschlossen, kann ein Klick ertönen, wenn der Mauszeiger sich eine bestimmte Zeit nicht bewegt hat.
- **Ein/Aus beendet Anruf** – Mit dem Ein-/Ausschalter kann ein Anruf beendet werden. So muss man nicht mehr auf dem Touchscreen den Button suchen, wenn man das Telefon z. B. beim Sport zwar in Griffweite, aber nicht in Sichtweite hat.
- **Display automatisch drehen** – Die automatische Bildschirmdrehung beim Bewegen des Smartphones kann in bestimmten Situationen stören und hier ausgeschaltet werden.
- **Reaktionszeit Berühren/Halten** – Die Zeitdauer, ab wann eine Berührung des Bildschirms nicht mehr als Antippen, sondern als Halten gewertet wird, lässt sich hier in drei Stufen einstellen.

Audiodienste und Text auf dem Bildschirm

- **Mono-Audio** – verbindet die beiden Stereokanäle zu einem Monokanal. Dadurch ist immer auf beiden Ohrhörern alles zu hören.
- **Untertitel** – legt kurze Texte auf grafische Elemente, ähnlich den Untertiteln in Filmen. Bei extremen Beleuchtungsverhältnissen sind die Texte besser erkennbar, zumal Textgröße und Farbschema eingestellt werden können.

Experimentell

- **Text mit hohem Kontrast** – Alle grauen Texte werden ebenfalls in kräftigem Schwarz dargestellt.
- **Farbkorrektur** – Hier werden verschiedene Farbkorrekturen angeboten, die bei Farbsehschwäche die Erkennbarkeit bestimmter Bildschirmelemente erleichtern.

- **Farbumkehr** – kehrt den Bildschirminhalt ins Negative um. Was bei Grafiken sehr befremdlich aussieht, kann bei Texten unter bestimmten Lichtverhältnissen die Lesbarkeit deutlich verbessern. Ähnlich dem Nachtmodus von E-Book-Readern und Navigations-Apps erscheinen alle Texte in Weiß auf schwarzem Grund.

Smartphone zurücksetzen

Bei manchen Problemen ist es oft die einfachste Lösung, bestimmte Funktionen des Smartphones auf die Grundeinstellung zurückzusetzen und die betreffenden Dienste und Apps wieder neu einzurichten.

Android 8 Oreo bietet in den *Einstellungen* unter *System/Optionen zurücksetzen* verschiedene Möglichkeiten, einzelne Komponenten zurückzusetzen.

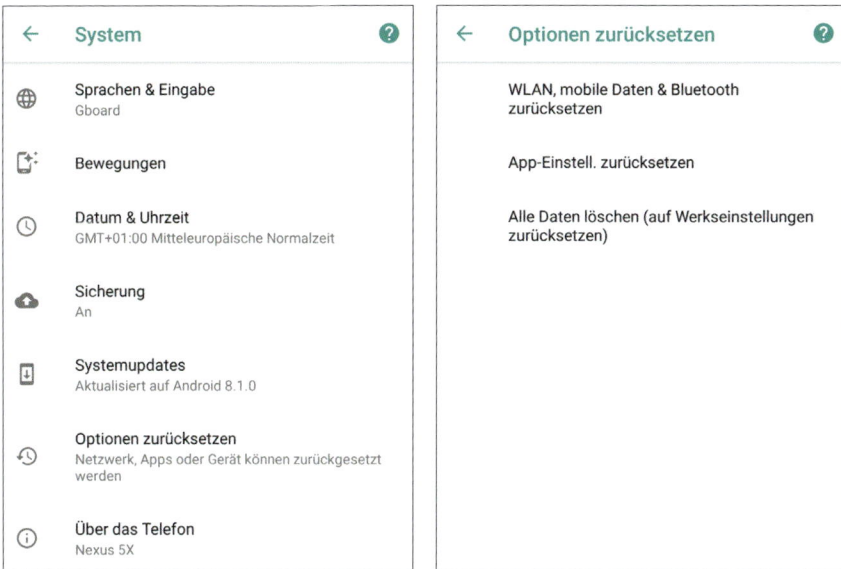

Zurücksetzen in den Einstellungen.

Netzwerkeinstellungen zurücksetzen

Diese Methode setzt nur alle drahtlosen Netzwerkverbindungen zurück. Das bedeutet im Einzelnen:

- Alle bekannten WLAN-Netzwerke werden »vergessen« und müssen neu erkannt werden. Gespeicherte WLAN-Schlüssel werden gelöscht.
- Einstellungen zu Mobilfunknetzwerken werden gelöscht und müssen aus der SIM-Karte neu ausgelesen werden. Telefonieren funktioniert weiterhin,

aber APN und andere Einstellungen zu mobilen Datenverbindungen müssen neu konfiguriert werden.

- Alle Bluetooth-Kopplungen werden gelöscht und Bluetooth-Einstellungen zurückgesetzt. Geräte müssen neu gekoppelt werden.

App-Einstellungen zurücksetzen

Diese Methode setzt alle Einstellungen zurück, die für Apps im System vorgenommen wurden. Die Apps selbst, die gespeicherten persönlichen Daten und die Einstellungen innerhalb der Apps bleiben erhalten. Berechtigungen von Apps und Einstellungen für Standard-Apps für bestimmte Aktionen werden auf den Auslieferungszustand zurückgesetzt, Einschränkungen für App-Benachrichtigungen und Hintergrunddaten sowie Zugriffsbeschränkungen werden aufgehoben.

Hard-Reset –Auf Werkszustand zurücksetzen

Möchten Sie das Smartphone verkaufen, sollten Sie es vorher auf die Werkseinstellungen zurücksetzen, um sicherzugehen, dass alle Daten gelöscht werden. Umgekehrt sollte man ein gebraucht gekauftes Smartphone auch als Erstes auf die Werkseinstellungen zurücksetzen, um eventuell darauf gespeicherte bösartige Software zu beseitigen. Bei einem solchen Hard-Reset werden alle Daten im internen Gerätespeicher gelöscht. Die Daten auf der Speicherkarte bleiben erhalten.

> **MAC-Adresse**
>
> Wer ein Smartphone klaut, wird es natürlich auch auf die Werkseinstellungen zurücksetzen, um es dem Eigentümer schwerer zu machen, es zu orten und wiederzufinden. Über die unveränderbare MAC-Adresse ist es über die Mobilfunknetzbetreiber aber auch nach einem Hard-Reset noch auffindbar.

Vor dem endgültigen Zurücksetzen sehen Sie noch einmal eine Übersicht aller Konten, bei denen Sie mit dem Smartphone angemeldet sind. Die Verbindungen zu diesen Konten werden gelöscht, die Daten der Konten selbst bleiben in der Cloud erhalten. Tippen Sie ganz unten auf *Telefon zurücksetzen*. Jetzt müssen Sie noch einmal das Sperrmuster oder die PIN eingeben. Erst nachdem Sie anschließend auf *Alles löschen* getippt haben, wird das Smartphone tatsächlich unwiderruflich zurückgesetzt.

Kapitel 10
Die Sicherheitsproblematik bei Android

Onlinekriminelle greifen dort an, wo es sich lohnt – und das sind nicht mehr nur PCs. Daher ist es nicht verwunderlich, dass Android-Smartphones und -Tablets immer stärker in den Fokus der Malware-Autoren rücken, denn nur wenige Anwender haben eine Sicherheitslösung installiert. Das macht es den Tätern leicht, Angriffe mit relativ geringem Aufwand erfolgreich umzusetzen und persönliche Daten und wertvolle Firmeninformationen zu stehlen.

Die Angreifer setzen auf Varianten von Schadcode-Apps, die bereits in Umlauf waren, und manipulierte Kopien von eigentlich harmlosen Applikationen. Die Kriminellen versenden Kurznachrichten an teure Rufnummern und haben es auf persönliche Daten der Nutzer abgesehen, beispielsweise Kontakte und Telefonnummern, sowie das Anmelden bei kostenpflichtigen Diensten. So kann ein Angriff auf dem Smartphone sehr schnell viel teurer werden als ein Virus auf dem PC. In letzter Zeit hat sich die Anzahl gefährlicher Apps für Android nach Medienberichten um ein Vielfaches erhöht. Allerdings sind diese Berichte mit Vorsicht zu lesen, dort werden häufig schon Werbe-Apps, die Standortdaten auslesen, als gefährlich eingestuft.

Android macht es Malware-Autoren deutlich leichter als andere Plattformen, Schadcode zu verbreiten. Google bietet mit seinem Play Store zwar eine wichtige und von einem Großteil der Anwender auch vorrangig genutzte Quelle zur Installation von Apps. Hersteller können Apps aber auch über eigene Webseiten oder alternative Downloadportale anbieten. Im Gegensatz zu anderen Plattformen ist auch eine Installation von Apps über einfache Downloadlinks im Browser, E-Mail-Anhänge, Speicherkarten oder per USB-Kabel vom PC möglich. Sicherheitskritische und bösartige Anwendungen können ungehindert ihren Weg auf die Geräte finden. Keine zentrale Qualitätskontrolle kann das verhindern oder solche Apps gar nachträglich von den Geräten entfernen. Google prüft im Play Store hochgeladene Apps nicht automatisch auf technische Risiken, sondern erst dann, wenn ein konkreter Verdachtsfall vorliegt. Selbst wenn der Google Play Store eine App sperrt, heißt das noch lange nicht, dass sie damit von allen Geräten dieser Welt verschwindet. Ein Android-Smartphone unterliegt also ähnlichen Sicherheitsrisiken wie ein PC, im Gegensatz zum Windows Phone und iPhone, deren Systeme deutlich geschlossener sind. Da jeder Gerätehersteller selbst für die Betriebssystem-Updates verantwortlich ist, kommt es hier teilweise zu erheblichen Verzögerungen beim Schließen kritischer Sicherheitslücken.

> **Stand der Sicherheitsupdates anzeigen**
>
> Android 8 Oreo zeigt in den *Einstellungen* unter *System/Über das Telefon* in der Zeile *Stand der Sicherheitsupdates* das Datum der aktuellsten Sicherheitsupdates an. Auf diese Weise lässt sich der aktuelle Update-Stand bei neu aufgetauchten Sicherheitslücken feststellen, da nicht jedes kleine Update bereits eine höhere Versionsnummer zeigt. Google stellt etwa monatlich aktuelle Sicherheitsupdates für Android zur Verfügung.

> **Bestätigter Bootmodus**
>
> Android zeigt seit Version 7 Nougat während des Bootens eine Sicherheitswarnung an, falls die Firmware oder das Betriebssystem von der Werksversion abweicht. Wahrscheinlich wollen die Gerätehersteller damit nur den Entwicklern von CustomROMs Steine in den Weg legen. Eine bösartige App, die über eine Autostart-Funktion von Android nach jedem Bootvorgang startet, wird damit nicht unbedingt aufgedeckt.

Die größten Sicherheitsprobleme

Das größte Sicherheitsproblem bei Smartphones sind die Nutzer und weniger die Technik. Installieren Sie nicht, ohne nachzudenken, irgendwelche Apps. Besonders kostenlose Apps, die Funktionen versprechen, die das Smartphone technisch gar nicht leisten kann, sind extrem verdächtig.

Auch ein zweites Problem ist eher menschlich: Phishing in E-Mails und sozialen Netzen. Auf dem Smartphone sind gefälschte Links schwerer zu erkennen als in einem E-Mail-Programm auf dem PC. Lesen Sie E-Mails noch genauer. Besonders falsche Rechtschreibung und einfältiges Deutsch deuten auf Phishing hin. Ein weiteres Sicherheitsrisiko ist das Rooten des Smartphones. Viele Medien versprechen unbedarften Nutzern damit Wunder. Tatsächlich öffnen Sie durch Rooten alle sicherheitskritischen Bereiche des Smartphones und machen es damit deutlich anfälliger für Malware (siehe am Ende dieses Kapitels den Abschnitt »Android-Smartphones rooten«).

> **Stille SMS**
>
> Stille SMS sind SMS, die auf dem Smartphone nicht angezeigt werden und auch keine Benachrichtigung erscheinen lassen. Diese spezielle Art von SMS wird im großen Stil von Polizei, Zoll und Verfassungsschutz eingesetzt, um die Standorte von Smartphones zu ermitteln. Obwohl sie auf den Endgeräten nicht angezeigt werden, erscheinen diese stillen SMS natürlich in den Versandprotokollen der Mobilfunkprovider, einschließlich Angaben zur Funkzelle, in der sie an das dort eingebuchte Handy zugestellt wurden. Die Behörden lassen sich diese Protokolle aushändigen und werten die Daten ihrer versendeten SMS entsprechend aus. Da die stillen SMS direkt mit dem Mobilfunkmodul des Smartphones kommunizieren, ohne Betriebssystemfunktionen zu nutzen, lassen sie sich auch mit externen Apps nicht anzeigen oder gar blockieren.

Play Protect warnt vor gefährlichen Apps

Google Play Protect untersucht das Smartphone regelmäßig auf gefährliche Apps, da selbst bei Apps aus dem Google Play Store nicht auszuschließen ist, dass sie nach einiger Zeit bösartige Daten nachträglich herunterladen und ausführen, die bei der Einstellung und Überprüfung im Google Play Store noch nicht bekannt waren.

Diese Überprüfung erfolgt automatisch bei jedem Update einer App aus dem Google Play Store, aber auch im Hintergrund für Apps aus anderen Quellen. *Play Protect* wird über das Seitenmenü des Google Play Store aufgerufen. Hier sehen Sie jederzeit den aktuellen Überprüfungsstatus. Achten Sie darauf, dass die Option *Gerät auf Sicherheitsbedrohungen prüfen* eingeschaltet ist. Damit wird das Smartphone automatisch auf bekannte gefährliche Apps überprüft. Um auch vor bisher unbekannten Apps besser geschützt zu werden, sollten Sie die Option *Erkennung schädlicher Apps verbessern* ebenfalls aktivieren.

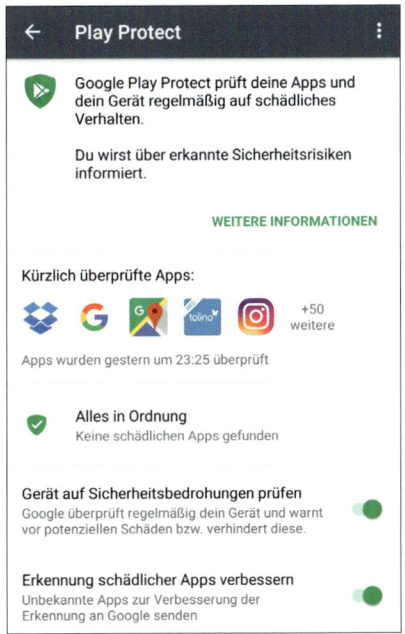

App-Überprüfung durch Google Play Protect.

Phishing bei E-Mails und sozialen Netzen

Phishing ist eine kriminelle Methode, mit der Betrüger versuchen, an Passwörter und private Daten zu kommen. Dabei werden keine technischen Mittel eingesetzt, um Passwörter zu knacken, sondern man versucht, Benutzer geschickt zu überzeugen, ihre Passwörter freiwillig herauszugeben. Dazu bauen die Betrüger eigene Webseiten, die im Design echten Banken, Onlineshops oder sozialen Netzwerken sehr nahekommen.

Die Trickbetrüger verschicken Massenmails, in denen sie sich als Vertreter einer Bank oder eines Onlinedienstes ausgeben. Über einen Link in der E-Mail sollen die Benutzer auf eine Webseite gehen und dort ihre Benutzerdaten, Kontoinformationen, Passwörter und TANs eingeben. Diese werden natürlich nicht an die wirklichen Banken oder Onlineshops, sondern an den Betrüger übermittelt, der sie für seine Zwecke nutzt. Bei etwas genauerem Hinsehen sind die Phishingmails und die betreffenden Webseiten leicht zu entlarven:

- Phishingmails sind fast immer in relativ schlechtem Deutsch formuliert. Kein professionelles Unternehmen würde derartige Texte verfassen.
- Üblicherweise wird eine anonyme oder gar keine Anrede verwendet. Professionelle Anbieter sprechen ihre Kunden mit Namen an.
- Weder eine Bank noch PayPal oder eBay fordern ihre Kunden auf, Zugangsdaten preiszugeben.
- Drohende Formulierungen zum Ablaufen einer zeitlichen Frist oder einer Kontosperrung werden von professionellen Anbietern nicht verwendet.
- Oft hat die Absenderadresse nichts mit dem Inhalt der E-Mail zu tun. Seriöse Firmen versenden E-Mails immer mit ihrer Domain als Absender.
- Wird in einer E-Mail ausdrücklich darauf hingewiesen, einen Anhang zu öffnen, handelt es sich meistens um Malware. Vermeiden Sie in eigenen E-Mails daher solche Formulierungen.

Leider ist Phishing auf dem Smartphone ein größeres Problem als auf dem PC, da man in den E-Mail-Apps nicht den Quelltext der Mail und oft nicht einmal die wirkliche E-Mail-Adresse des Empfängers sehen kann. Auch wird bei Links in HTML-Mails das tatsächliche Linkziel nicht angezeigt. Lassen Sie also besonders bei HTML-Mails erhöhte Vorsicht walten und achten Sie auf sauberes Deutsch, eine professionelle Anrede und mögliche drohende oder anderweitig verdächtige Formulierungen.

Tippen Sie bei verdächtigen E-Mails oben auf *Details ansehen*, um Namen und E-Mail-Adressen von Absender und Empfänger zu sehen. Auch hier kann man bereits Verdacht schöpfen. Nicht alle Phishingmails werden von Gmail automatisch – wie die abgebildeten Beispiele – als Spam erkannt. Also Vorsicht!

 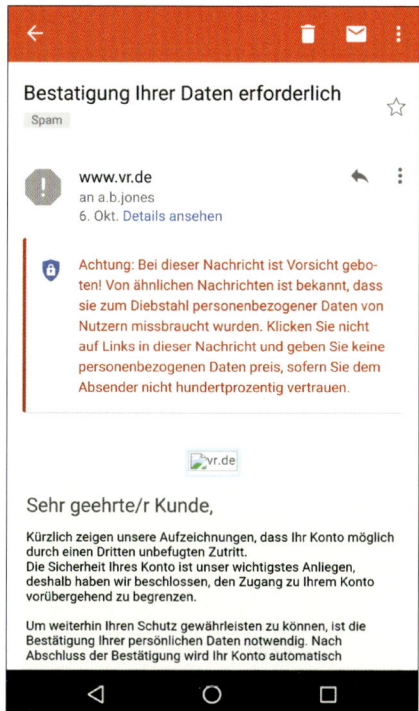

E-Mails mit typischen Spam-Merkmalen.

Gestohlenes oder verlorenes Smartphone wiederfinden

Die Gefahr eines Virus ist bei Android sehr gering, wesentlich höher ist das Risiko, dass das neue Smartphone gestohlen wird oder man es einfach irgendwo liegen lässt. Sie können sich einigen Ärger sparen und die Chance erhöhen, das Gerät wiederzubekommen, wenn Sie rechtzeitig Vorsorge treffen.

- Schreiben Sie die Seriennummer und die IMEI des Smartphones auf. Diese brauchen Sie, um es im Notfall eindeutig zu identifizieren. Sie finden diese Angaben meistens auf dem Strichcode-Aufkleber auf der Schachtel sowie in den *Einstellungen* unter *System/Über das Telefon/Status/Status der SIM-Karte* oder *IMEI-Informationen*. Dual-SIM-Smartphones haben für jede SIM-Karte eine eigene IMEI.

- Schreiben Sie für ehrliche Finder Ihren Namen, die E-Mail-Adresse sowie eine Telefonnummer, unter der Sie auch ohne dieses Gerät erreichbar sind, auf den Sperrbildschirm. Android bietet dazu in den *Einstellungen* unter *Sicherheit und Standort/Einstellungen für Sperrbildschirm/Sperrbildschirm-*

nachricht eine Möglichkeit, einen persönlichen Text als Laufschrift auf dem Sperrbildschirm einzublenden, auch wenn eine Bildschirmsperre aktiv ist, der Finder das Gerät also nicht in Betrieb nehmen kann.

- Schalten Sie in den *Einstellungen* unter *Sicherheit und Standort* die *Standortdienste* und den *Standortverlauf* ein, um die Ortung über Google optimal nutzen zu können. Unter *Standortverlauf* sehen Sie die Zeitpunkte, wann Ihr Gerät zum letzten Mal die Standorte gespeichert hat.

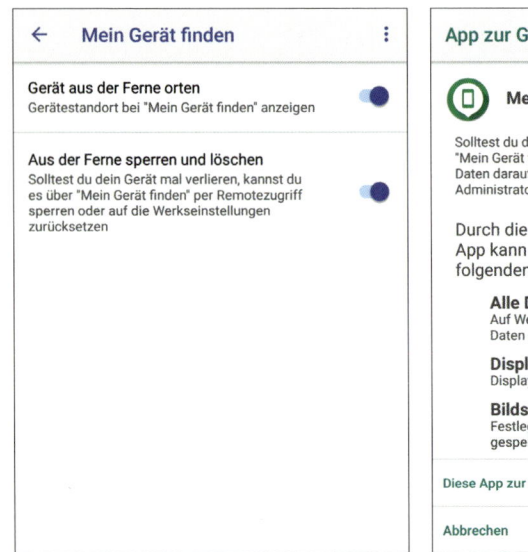

Sicherheitseinstellungen und App zur Geräteverwaltung aktivieren.

- Schalten Sie in den *Einstellungen* unter *Sicherheit und Standort/Mein Gerät finden* die Option *Gerät aus der Ferne orten* ein. Möchten Sie im äußersten Notfall das Smartphone aus der Ferne auf die Werkseinstellungen zurücksetzen, wenn Sie nicht mehr davon ausgehen können, es zurückzubekommen, aktivieren Sie auch die Option *Aus der Ferne sperren und löschen*. Dazu müssen Sie auch noch Berechtigungen zur Geräteverwaltung zulassen. Bedenken Sie dabei: Nach dem Zurücksetzen auf die Werkseinstellungen ist das Google-Konto auf dem Smartphone gelöscht und es kann über Google nicht mehr geortet werden.

Mit der App *Mein Gerät finden* können Sie vom Smartphone aus Ihre anderen Android-Geräte finden, die mit dem gleichen Google-Konto angemeldet sind. Über den Gastzugang in der App können Sie Freunden helfen, ihre Geräte zu finden. Hier mel-

den Sie sich zeitweilig mit einem anderen Google-Konto an, das nur auf diese App, nicht aber auf die anderen Daten Zugriff hat.

Auf der Seite *android.com/find* finden Sie nach der Anmeldung mit dem persönlichen Google-Konto auf dem PC alle Android-Geräte, die in diesem Google-Konto registriert sind. Mit einem Klick auf *Klingeln lassen* können Sie das Gerät klingeln lassen, um es zu finden, wenn Sie es irgendwo in der Nähe verlegt haben. Das funktioniert auch, wenn das Smartphone lautlos gestellt ist. Voraussetzung ist natürlich, dass das Gerät eine Internetverbindung hat. War das Gerät zuletzt in einem WLAN angemeldet, wird dies ebenfalls angezeigt, was auch ein Hinweis auf den letzten Standort sein kann.

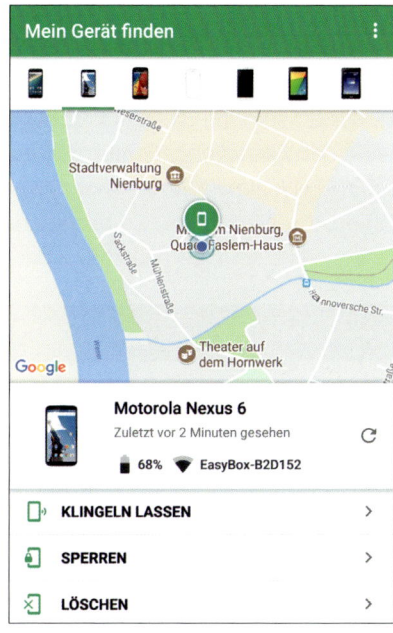

Mithilfe der App das Gerät finden.

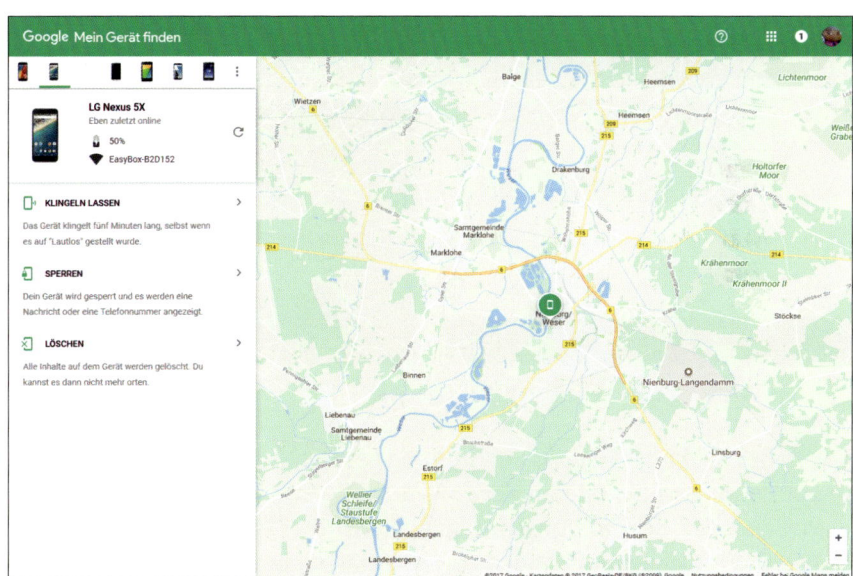

Smartphone über Google auf dem PC orten.

Aus Sicherheitsgründen muss – auch wenn Sie am PC mit Ihrem Google-Konto angemeldet sind – das Passwort noch einmal eingegeben werden.

Android Smart Lock

Smart Lock ist eine weitere Methode zum sicheren Zugriff auf ein Gerät, ohne jedes Mal ein Passwort oder ein Sperrmuster einzugeben.

Zunächst muss eine PIN, ein Passwort oder ein Sperrmuster eingerichtet sein, da das Gerät sonst nicht gesperrt ist. Nur dann ist in den *Einstellungen* unter *Sicherheit und Standort* die Option *Smart Lock* aktiv. Hier können Sie jetzt z. B. vertrauenswürdige Bluetooth-Geräte wie Smartwatches hinzufügen. Wenn diese in der Nähe sind, entsperrt sich das Smartphone automatisch.

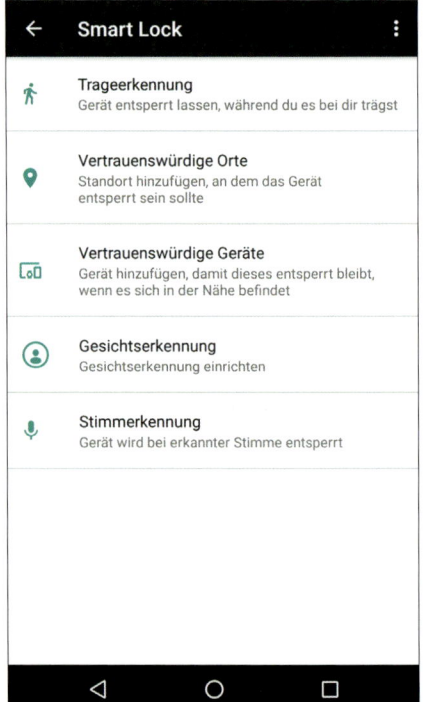 

Die Trageerkennung in den Smart-Lock-Einstellungen.

Die *Trageerkennung* lässt das Smartphone automatisch entsperrt, solange es in der Hand gehalten oder in der Jacken- oder Hosentasche herumgetragen wird. Sowie Sie es aber irgendwo ablegen, wird es wieder automatisch gesperrt. Die Trageerkennung nutzt dazu die Daten der Bewegungs- und Lagesensoren. Allerdings kann die Trageerkennung nicht erkennen, wenn Sie das Gerät einer anderen Person in die Hand geben. Allerdings ist in diesen Fällen davon auszugehen, dass die andere Person das Smartphone auch benutzen darf – warum würden Sie es sonst weitergeben?

Vertrauenswürdige Orte

In Android Smart Lock können Orte festgelegt werden, an denen das Gerät automatisch entsperrt wird. Die Positionsbestimmung innerhalb von Gebäuden ist nur auf etwa 80 m genau. Daher werden manchmal falsche Hausnummern angezeigt, was Sie aber nicht weiter zu stören braucht.

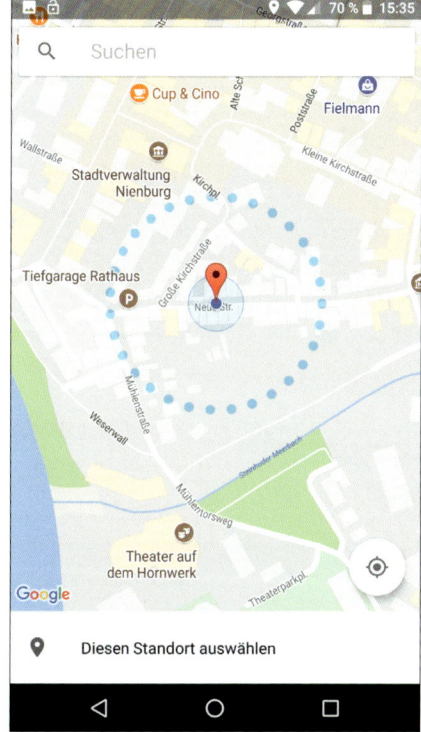

Links: Vertrauenswürdigen Ort hinzufügen, rechts: automatisches Entsperren mit Smart Lock.

Um Smart Lock zu aktivieren, verlassen Sie die Einstellungen-App und drücken einmal auf den Einschalter, um das Gerät zu sperren. Jedes Mal, wenn Sie an den Smart-Lock-Einstellungen etwas verändern, müssen Sie das Sperrmuster oder Passwort eingeben.

Sie können auch an einem vertrauenswürdigen Ort das Smartphone jederzeit sperren, sodass es nur über die Eingabe von PIN, Passwort oder Sperrmuster wieder freigeschaltet werden kann. Schalten Sie dazu den Bildschirm kurz aus und wieder ein und tippen Sie danach ganz unten auf das Schloss-Symbol.

> **ACHTUNG:** Damit Smart Lock funktioniert, muss in den *Einstellungen* unter *Sicherheit und Standort* der Standortzugriff eingeschaltet sein. Weiterhin muss in den *Einstellungen* unter *Sicherheit und Standort/Trust Agents* der Schalter *Smart Lock (Google)* aktiviert sein.

Entsperren per Gesichtserkennung

Sie können das Smartphone mithilfe von Smart Lock auch entsperren, indem Sie es einfach nur ansehen. Die Frontkamera kann ein gespeichertes Gesicht erkennen und genau dieser Person Zugriff auf das Smartphone gewähren und anderen nicht. Die Gesichtserkennung funktioniert erstaunlich zuverlässig.

1. Wählen Sie in den *Einstellungen* unter *Sicherheit und Standort/Smart Lock* die Option *Gesichtserkennung*, erscheint nach einem Hinweisbildschirm mit Erklärungen, wie Sie klar erkennbare Gesichtsfotos machen, das Bild der Frontkamera. Halten Sie das Gerät so, dass Ihr Gesicht innerhalb des Rahmens liegt.

2. Die Gesichtserkennung startet, was an einer farbigen Markierung entlang des Kreises mit dem Bild zu erkennen ist. Wenn das Gesicht erkannt wurde, erscheint eine entsprechende Meldung.

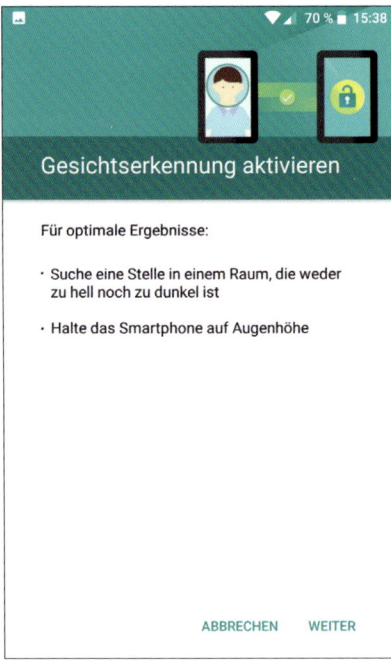 

Gesichtserkennung einrichten.

Beim nächsten Einschalten erscheint jetzt auf dem Sperrbildschirm ein Kamerafeld. Blicken Sie dorthin, wird das Smartphone sofort entsperrt. Konnte einige Sekunden kein gültiges Gesicht erkannt werden, können Sie die alternative Entsperrmethode verwenden. In den Einstellungen der Gesichtserkennung können Sie diese noch verbessern, indem Sie weitere Bilder aufnehmen, z. B. mit Brille oder bei unterschiedlichen Lichtverhältnissen.

Der Gast auf einem Android-Smartphone

Smartphones sind sehr persönliche Geräte, die man besonders wegen der darauf befindlichen Informationen nur ungern aus der Hand gibt. Android bietet einen Gastmodus, in dem man Zugriff auf das Gerät und die installierten Apps, nicht aber auf die im Google-Konto gespeicherten Daten hat. Auch Fotos und andere auf der Speicherkarte lokal gespeicherte Daten bleiben geschützt und stehen dem Gast nicht zur Verfügung.

In den *Einstellungen* unter *Nutzer und Konten/Nutzer* sind der Standardnutzer mit Namen und der Gast zu sehen. Mit dem Zahnradsymbol können Sie dem Gast das Telefonieren mit dem Smartphone erlauben oder verbieten. Auf E-Mails, SMS und Fotos des Eigentümers hat der Gast keinen Zugriff.

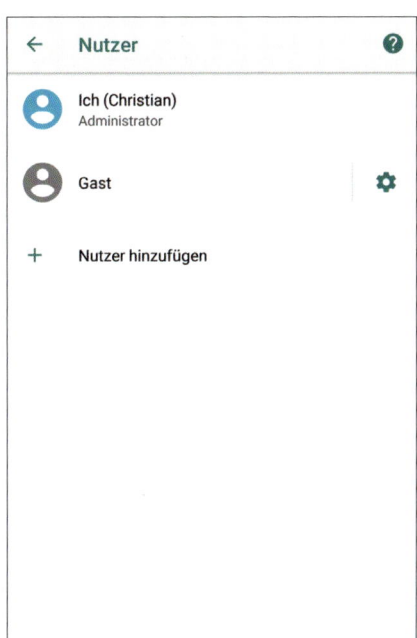 

Einstellungen für den Gastnutzer und Anmeldung als Gast auf dem Smartphone.

Um sich als Gast anzumelden, ziehen Sie die Benachrichtigungsleiste doppelt nach unten und tippen auf das Benutzersymbol.

Jetzt erscheint ein Auswahlbildschirm, auf dem Sie den Gastbenutzer wählen. Die beiden Benutzersymbole haben unterschiedliche Farben. Daran erkennen Sie auch jederzeit, welcher Benutzer angemeldet ist. Sie brauchen nur die Benachrichtigungsleiste doppelt herunterzuziehen, um das Benutzersymbol zu sehen. Außerdem ist der Gastbenutzer leicht dadurch zu unterscheiden, dass er das Standard-Hintergrundbild des Smartphones erhält, wenn Sie selbst bereits ein eigenes festgelegt haben.

Als Eigentümer können Sie über eine Benachrichtigung oder den Benutzerauswahlbildschirm jederzeit die Daten der Gastsitzung löschen, um einem neuen Gast keinen Zugriff zu gewähren. Schalten Sie wieder auf den Hauptbenutzer zurück, muss das Sperrmuster, Passwort oder die PIN eingegeben werden.

Weitere Benutzer auf dem Smartphone

Obwohl Smartphones üblicherweise nur von einer Person verwendet werden, bietet Android 8 Oreo die Möglichkeit, insgesamt bis zu vier Benutzer auf dem Gerät festzulegen, die jeder ein eigenes Benutzerkonto und eigene Einstellungen der Oberfläche, eigene E-Mail-Konten und eigene Speicherbereiche für Fotos nutzen können, worauf die anderen Benutzer keinen Zugriff haben.

> **Neuer Benutzer oder Gast?**
>
> Legen Sie neue Benutzer für Personen an, die das Smartphone regelmäßig nutzen und eigene Dateien, etwa Fotos, dort ablegen oder auch eigene Mailkonten nutzen oder andere Einstellungen vornehmen möchten. Der Gastmodus eignet sich für Personen, die das Smartphone nur kurzfristig nutzen und deren Daten nach der Nutzung wieder gelöscht werden können.

Um einen neuen Nutzer anzulegen, ziehen Sie die Benachrichtigungsleiste doppelt nach unten, tippen auf das Benutzersymbol und dann auf *Nutzer hinzufügen*. Geben Sie dann dem neuen Benutzer das Smartphone. Dieser richtet es jetzt wie ein neues Gerät mit seinem Google-Konto ein, was wie bei der Ersteinrichtung einige Minuten dauern kann.

Nach Abschluss der Einrichtung ist der neue Nutzer automatisch angemeldet. Der Eigentümer oder auch ein Gast können sich über das Benutzersymbol in der Benachrichtigungsleiste anmelden. In den Einstellungen unter *Nutzer und Konten/Nutzer* kann sich der neue Nutzer selbst wieder auf dem Smartphone löschen. Nur der Eigentümer hat die Möglichkeit, andere Benutzer über die Zahnradsymbole zu löschen.

F-Secure SAFE

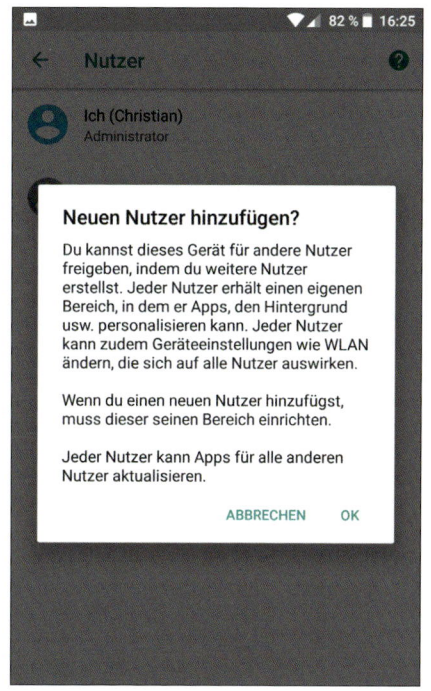 

Neuen Nutzer einrichten.

Jeder Benutzer sollte sich eine PIN, ein Passwort oder Sperrmuster einrichten, da man sonst beliebig frei zwischen den Benutzern wechseln kann, was dem Sinn einer Benutzerverwaltung widerspricht.

> **Telefon und SMS**
>
> Wenn Sie als Eigentümer einem Benutzer über das Zahnradsymbol die Berechtigung für Anrufe und SMS geben, kann dieser Benutzer die Anruflisten und die SMS auf dem Smartphone lesen, da diese Daten zentral für alle Benutzer verwaltet werden. Die Daten der anderen Apps hängen dagegen vom angemeldeten Google-Konto ab.

F-Secure SAFE

F-Secure SAFE ist eine umfassende Sicherheitslösung für Android-Smartphones. Die App schützt vor Viren und Trojanern sowie Spyware, die private Daten ausliest. Der Browserschutz schützt vor Malware und Phishingsei-

ten, ein spezieller sicherer Browser für Onlinebanking überprüft vor der Eingabe privater Daten die Sicherheit der besuchten Bankenseite. Zusätzlich gibt es die Möglichkeit, das Smartphone zu orten und im Fall eines Diebstahls alle Daten von Gerät und Speicherkarte zu löschen.

Weiterhin beinhaltet *F-Secure SAFE* einen Kinderschutz, der Onlineaktivitäten der Kinder begrenzt und im Browser sowie bei Suchergebnissen jugendgefährdende Inhalte herausfiltert.

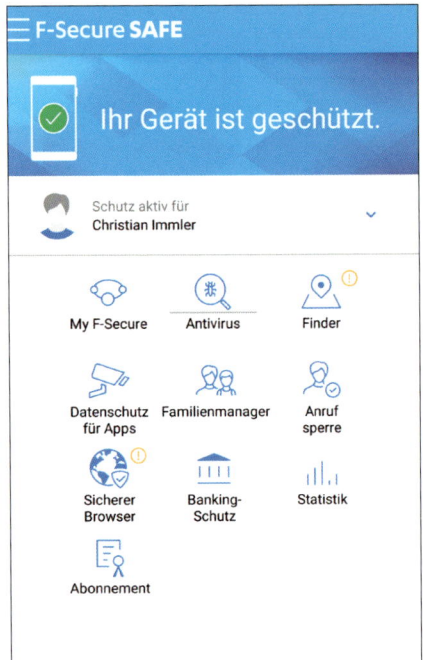 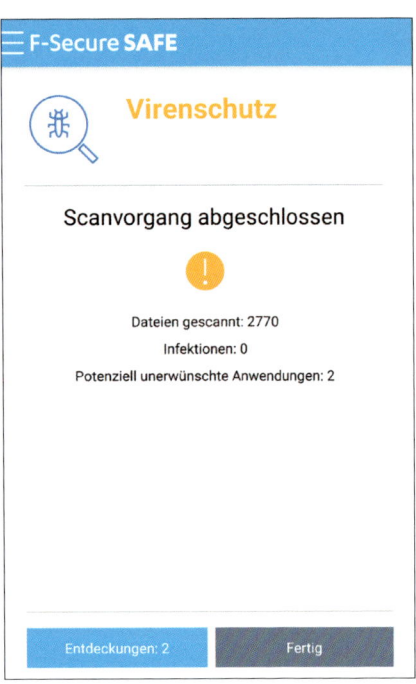

F-Secure SAFE – umfassende Sicherheitslösung für Smartphones.

> **F-Secure SAFE 6 Monate kostenlos**
>
> F-Secure SAFE muss – wie jedes Sicherheitsprogramm auf dem PC auch – regelmäßig aktualisiert werden, um neue Bedrohungen zu erkennen. Die kostenlose Version funktioniert einen Monat lang. Leser dieses Buches bekommen 6 Monate lang F-Secure SAFE für drei Geräte. Beachten Sie dazu die Hinweise auf der letzten Seite des Buches.

App-Spam blockieren

Da nur noch sehr wenige Benutzer bereit sind, für Apps zu bezahlen, finanzieren viele Entwickler ihre Arbeit über Werbung, die in die Apps eingebaut wird.

Allerdings reagieren Smartphone-Nutzer deutlich kritischer auf Werbung als typische Internetsurfer, die Werbebanner problemlos ignorieren können.

Google selbst bietet Entwicklern die Möglichkeit, über seinen eigenen Dienst AdMob Werbebanner in Apps einzublenden. Diese Art der Werbung wird noch von den meisten Nutzern akzeptiert, da sie wenig aufdringlich ist und die sonstige Nutzung außerhalb der betroffenen App nicht einschränkt. Es gibt mittlerweile aber auch deutlich aufdringlichere Werbeformen, die zusätzlich noch Informationen über das Gerät oder die Person sammeln, wie z. B. die Werbungen von AirPush und LeadBolt. Wurde eines dieser Systeme über eine darüber finanzierte App einmal gestartet, erscheinen immer wieder Werbeanzeigen in Form von Systembenachrichtigungen in der Benachrichtigungsleiste. Zieht der Benutzer diese nach unten, erscheint die Werbeanzeige. Diese Art von Werbung wird gern für zweifelhafte Dating- und Abodienste genutzt. Oftmals hat der Anzeigetext in der Systembenachrichtigung nichts mit der später angezeigten Werbung zu tun. Zusätzlich können AirPush und LeadBolt neue Symbole auf dem Startbildschirm anlegen, die auf Webseiten führen, auf denen weitere Werbe-Apps heruntergeladen werden.

> **Opt-out gegen Werbung**
>
> Die Werbeanbieter AirPush, StartApp und LeadBolt mussten aus Datenschutzgründen Opt-out-Möglichkeiten anbieten. Im Google Play Store finden Sie offizielle Apps dieser Anbieter, mit denen Sie permanent dieser Form von Werbung widersprechen können. Das eigene Smartphone wird dann davor geschützt. Ignorieren Sie – wie immer – alle Negativkommentare zu den Opt-out-Apps im Google Play Store. Jede Opt-out-App arbeitet einwandfrei, blockiert aber natürlich nur die Werbung des jeweiligen Anbieters und nicht automatisch alle Werbeanzeigen auf dem Smartphone.

App-Benachrichtigungen abschalten

Viele Apps zeigen ständig Benachrichtigungen über ihren Systemzustand oder auch nur als Werbung für die kostenpflichtige Version an. Wenn derartige Benachrichtigungen überhandnehmen, können Sie sie für einzelne Apps abschalten.

Tippen Sie länger auf eine solche Benachrichtigung, erscheint ein Einstellungsbildschirm, auf dem Sie alle Benachrichtigungen dieser App nach Kategorien blockieren können, soweit die App dies unterstützt. Apps können dazu Kategorien für Benachrichtigungen festlegen. Für jede Kategorie können Sie selbst entscheiden, ob bei der Benachrichtigung ein Ton ertönt oder die LED blinkt und ob diese Benachrichtigung auf dem Sperrbildschirm zu sehen sein soll. Die Option *Benachrichtigungspunkte* setzt ein zusätzliches Symbol an das Symbol der App auf dem Startbildschirm, um so auffällig auf eine vorhandene Benachrichtigung hinzuweisen.

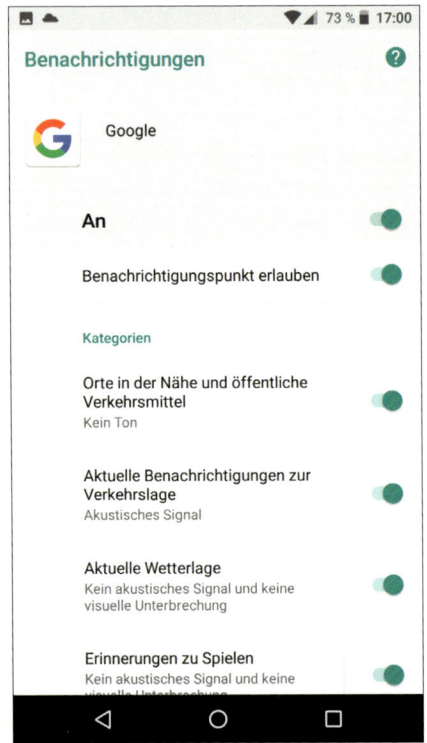

Benachrichtigungskategorien in der Google-App.

Diese Benachrichtigungseinstellungen finden Sie auch in den *Einstellungen* unter *Apps und Benachrichtigungen/Benachrichtigungen/Benachrichtigungen* für jede App.

Addons Detector

Der *Addons Detector* prüft alle auf dem Smartphone installierten Apps auf integrierte Werbenetzwerke und noch weitere Tools, die Entwickler – vom Nutzer unbemerkt – in ihre Apps integrieren. Dazu gehören unter anderem Diagnose- und Analysetools, die das Benutzerverhalten ausspähen. Auch Funktionen, die das Smartphone mit sozialen Netzwerken und Spielenetzwerken verbinden, wer-

den aufgedeckt. Viele Apps, die sich im Google Play Store als Freeware tarnen, enthalten versteckte Lizensierungstools, die prüfen, ob eine App legal gekauft ist, oder bei Testversionen Zeitbeschränkungen setzen. Alle Apps, in denen z. B. Googles In-App-Billing, die Bezahlfunktion aus dem Google Play Store, gefunden wird, sind voraussichtlich nicht komplett kostenlos nutzbar. *Addons Detector* berücksichtigt fast alle bekannten Werbenetzwerke, sodass der Prüfung kaum etwas entgehen sollte.

Der Addons Detector findet installierte Apps mit integrierter Werbung und gibt Infos dazu.

Lassen Sie den Scan einmal laufen, werden Sie sich wundern, wie viele kostenlose Apps Werbung oder andere Entwicklertools nutzen – die natürlich nicht alle schädlich sind.

In jeder der typischen Kategorien werden die für die Werbung verantwortlichen Apps aufgelistet. Dazu gibt es ausführliche Informationen über das Verhalten und die in Bezug auf Datenschutz und Sicherheit relevanten Bedenken.

Unerwünschte Werbe-Apps kann man direkt aus diesen Listen heraus deinstallieren. Der Button *App verwalten* ruft dazu den entsprechenden Systemdialog auf. Nach der Deinstallation sollte man noch unerwünschte Symbole auf dem Startbildschirm sowie veränderte Lesezeichen und Suchmaschineneinträge im Browser beseitigen, da auch diese schnell wieder neue Werbe-Apps herunterladen können.

Android-Smartphones rooten

Wem die Freiheit, die Android auf normalem Weg schon bietet, noch nicht reicht, kann sein Smartphone rooten. Da Android auf Linux basiert, geht es auch von einem normalerweise eingeschränkten Benutzerkonto aus, dem kritische Systemzugriffe verwehrt werden. Ein spezieller Benutzer *root* hat Zugriff auf das komplette System, was natürlich mit hohen Risiken verbunden ist.

> **Gefahren durch Rooting**
>
> Das Rooting an sich ist zwar mittlerweile weitgehend sicher, danach hat man aber volle Rechte auf dem System und kann durch Fehlbedienung oder bösartige Apps, die ohne Root-Zugriff nicht laufen, sein System eventuell unwiderruflich beschädigen. Im Gegensatz zu einem durch Fehlbedienung beschädigten Windows-PC lässt sich das Betriebssystem auf einem Android-Smartphone nicht einfach neu installieren. Es gibt auch keine Systemwiederherstellung und keine Rettungs-CD. Da beim Rooten alle Sicherheitsmechanismen außer Kraft gesetzt werden, kann angebliche Tuning-Software, die Prozessor oder Grafikchips übertaktet, diese auch tatsächlich hardwareseitig beschädigen oder gar zerstören. Ein Android-Gerät zu rooten, ist zwar nicht illegal, da im Gegensatz zu Jailbreaks auf dem iPhone keine Urheberrechte verletzt und auch keine bewusst gesetzten Sperren aufgebrochen werden. Die meisten Hersteller lehnen Garantieansprüche für gerootete Geräte aber grundsätzlich ab.
>
> Gerootete Smartphones haben keine der Android-typischen Sicherheitsmechanismen mehr. Sie stehen Trojanern und anderer bösartiger Software völlig offen gegenüber. Einige Trojaner rooten bei ihrer Installation das Smartphone, um anschließend weitere Software nachzuinstallieren.

Android-Nutzer können mit besonderen – von den Geräteherstellern nicht autorisierten – Tools sich selbst den Root-Zugriff auf ihr Smartphone freischalten. Dabei wird der Benutzer *root* angelegt, der normalerweise gar nicht vorhanden ist, und die Systempartition im Dateisystem komplett mit Schreibzugriff gemountet, damit der Benutzer *root* dann auch schreibend auf alle Dateien zugreifen kann – was diesem Benutzer und allen Apps mit Root-Zugriff verständlicherweise auch zerstörerische Prozesse ermöglicht.

Im gerooteten Modus sind noch weit mehr Funktionen möglich, was auch Entwicklern einen großen Spielraum für spezielle Root-Apps bietet. So ist zum Beispiel das Übertakten des Prozessors nur mit Root-Berechtigung möglich, da bestimmte Schutzmechanismen des Systems übergangen werden müssen.

Zuerst brauchen Sie ein Rooting-Tool, das zu Ihrem Smartphone passt. Da das Rooten für die meisten »normalen« Nutzer wesentlich mehr Risiken als Vorteile bringt, empfehlen wir hier kein Rooting-Werkzeug.

Ein guter Ansatzpunkt zur Suche nach derartigen Tools ist das XDA-Developers-Forum www.xda-developers.com. Bei PC-basierten Rooting-Tools lesen Sie immer zuerst genau die mitgelieferte Anleitung. In den meisten Fällen muss das Smartphone über eine bestimmte Tastenkombination in den Recovery-Modus versetzt werden. Oft müssen auch die normalen USB-Sync-Treiber des Herstellers auf dem PC deinstalliert werden, bevor eine zum Rooting geeignete Verbindung zwischen Smartphone und PC mit Spezialtreibern aufgebaut werden kann. Selbstverständlich ist auch eine Datensicherung vor dem Rooten angebracht.

Sind Sie sich nicht sicher, ob Ihr Smartphone gerootet ist oder nicht, hilft die kostenlose App *Root Checker Basic* weiter. Diese App überprüft das Smartphone auf mögliche Root-Zugriffe, ohne es selbst zu rooten oder irgendwelche anderen Veränderungen vorzunehmen. Damit der Test auf möglichen Root-Zugriff funktioniert, fragt die App wie jede App, die Root-Rechte benötigt, bei der Superuser-App nach. Hier muss eine entsprechende Anfrage bestätigt werden, um den Test durchzuführen.

> **TIPP:** Da das Rooten eine reine Softwaremaßnahme ist, lässt es sich in den meisten Fällen wieder rückgängig machen, solange Sie nicht im gerooteten Zustand ein anderes ROM installiert haben. Die Rooting-Tools verfügen fast alle auch über eine UnRoot-Funktion. Im Fall eines Garantieanspruchs kann ein Gerätehersteller aber durchaus erkennen, ob ein Fehler durch Rooten hervorgerufen wurde.

Androidify

Gerade die Apps, die manchen Nutzern als völlig sinnlos erscheinen, sind die, die anderen den meisten Spaß bereiten. Mit *Androidify* nimmt Google sich selbst auf den Arm und bietet Android-Fans die Möglichkeit, sich einen persön-

lichen Avatar im Android-Stil zu basteln, indem man das Android-Männchen nach eigenen Wünschen umgestaltet. Dazu stehen verschiedene Kleidungsstücke und Frisuren zur Verfügung, auch die Figur selbst kann größer, kleiner, schlanker oder beleibter ausfallen.

Mit Androidify das eigene Android-Männchen erschaffen.

Das fertige Android-Männchen lässt sich über die auf dem Smartphone installierten Kommunikationswege weiterverteilen, als Bild in der Galerie speichern oder als Avatar im eigenen Google-Konto nutzen. Außer über die App auf dem Smartphone kann man Androidify auch am PC über www.androidify.com nutzen.

In diesem Sinne, viel Spaß mit Ihrem Android-Smartphone!

Christian Immler und das Markt+Technik Team

Stichwortverzeichnis

A

Adblock Browser 185
Addons Detector 372
Adressbuch 104
    auf PC bearbeiten 114
AirPush 371
Akku 72
    Bluetooth 346
    Laufzeit 16
    Leistungsoptimierung 334
    sparen 326, 332
    Update 13
Aktuelle-Apps-Taste 58
Amazon Underground 149
Android 8
    Benutzeroberfläche 50
    Marktanteil 8
    Open Source Project 8
    rooten 374
    Sicherheitsupdates 358
    Update 11
    Verteilung 24
Android 8 Oreo 8
Annäherungssensor 89
Anonymes Browsen 162
Anruf, automatische SMS 92
Anrufer-ID und Spam 96
Anrufliste 85
Anzeigegröße 354
AOL 207
APK-Datei 148
Apps 135, 289
    ältere Versionen installieren ... 150
    alternative Stores 147
    auf Startbildschirm 53
    Berechtigungen 137
    Berechtigungen einschränken 138
    deinstallieren 54, 144
    E-Mail 206
    entfernen 54
    installieren 136
    kaufen 141
    Ordner 56
    prüfen 359
    QR-Code 147
    Unbekannte Quellen 148
    weitergeben 291
App-Shortcuts 55, 108
App-Stand-by 334
App-Übersicht 58
App-Wechsel 59

B

Bahnfahrplan 236
Barcode Scanner 145
Bcc 195
Bedienungshilfen 157, 351
Benachrichtigungen 28, 63
    blockieren 371
    Einstellungen 66
    Nicht stören 68
    pausieren 65
    verpasster Anruf 89
    Werbung 371
    wichtige 68
Benachrichtigungsleiste 63, 121
    E-Mail 192
    Musikplayer 278
    SMS 217
Benutzer anlegen 368
Benutzeroberfläche 50
Betriebssystem-Update 11, 358
Bewegungssteuerung 336
Bildbearbeitung 262, 263
Bildschirmdrehung 74, 82, 354
Bildschirmfoto 173
Bildschirmhelligkeit 73
Bildschirmschoner 134
Bildschirmsperre 40, 61
Bildschirmsuche 172
Bildschirmtastatur 79, 329
Bildschirm teilen 59
Blitz 252
Blog 320
Blogger 321
Bluetooth 68, 346
    Adapter 348
    Koppelung 347
    OBEX 292
    Pairing 347
    Smart Lock 364
    Windows 348
Browser 151
    Alternativen 181
    Chrome 151
    Desktop-Darstellung 158
    Dolphin 187

377

Stichwortverzeichnis

Firefox 181
    Lesezeichen 153
    Opera 186
    Registerkarte 155
    Tabs 155
    Teilen 159
    Twitter 215
    übersetzen 311
    Zoom 157
Browserkennung 158

C

Cc 195
Chat 219
China-Smartphones 17
Chrome 151
    anonymes Browsen 162
    Downloads 160
    Seite offline anzeigen 160
Chrome Remote Desktop 341
Cloud-Speicherdienste 294, 295
Cookies 162
CSV-Datei 115
Cursorsteuerung 331
CustomROM 8, 138, 358

D

Dateimanager 289
Datenautomatik 99
Datenflatrate 284, 343
Datenschutz 105, 367
    Browser 163
Datensparmodus 103, 161
Daten übernehmen 33, 36
Datenübertragung 338
    Bluetooth 346, 348
Datenverbrauch ermitteln 102
Datenverbrauch reduzieren 103
Datenvolumen 98, 286, 343
    Webradio 284
Datum einstellen 77
DB Navigator 126, 236
Desktop-Darstellung 158
Diebstahlschutz 361
Digitaler Bilderrahmen 247
Dolphin Browser 187
Do Not Track 164
Downloadportal 357
DRM 281, 319
Dropbox 275, 299
Dual-SIM 22

E

E-Book 313
    DRM 319
    Google Play Bücher 314
    Tolino 318
    vorlesen 316
Einstellungen 76
    Datennutzung 102
    Datenschutz 163
    Google-Konto 50
    Google Play Books 316
    Kalender 125
    Kamera 255
    Kontakte 106
    Nutzer 367
    Seriennummer 361
    Standort 362
    suchen 329
    Trust Agents 366
    Vorschläge 77
    WLAN 35
E-Mail
    Anhang 197
    App 199
    beantworten 193
    Betreffzeile 194
    einrichten 203, 204
    Konten verknüpfen 201
    lesen 192
    Mailserver 205
    schreiben 194
Emojis 81
Energiesparmodus 72, 335
Entgangene Anrufe 89
EPUB 314, 316
Erinnerung 122
Ersteinrichtung 29
EU-Roaming-Verordnung 100
Euro-Tarif 100
Excel 306

F

Facebook 208
    App 209
    einchecken 210
    Fotos 274
    Messenger 225
    Messenger Lite 227
Fahrplan 236, 238
Farbkorrektur 354
Farbumkehr 355
Fernsteuerung 341

Stichwortverzeichnis

File Expert HD 290
Fingerabdrucksensor 40, 336
Fingergesten 27
Firefox 181
    Adblock Browser 185
    Add-ons 183
    als Standardbrowser 183
    Sync 182
Flatrate 94, 98, 103
Flickr 272, 274
Flugmodus 75, 333
Flugsuche 240
Fotografieren 250
Foto-LED 71, 252
Fotos 247
    Alben 269
    App 247
    bearbeiten 262
    Collage 270
    Desktop Uploader 277
    Diashow 270
    Facebook 274
    Flickr 272
    Instagram 274
    Kontaktfoto 109
    per E-Mail senden 197
    suchen 249
    teilen 267
    von alten Handys 277
Frontkamera 252
F-Secure SAFE 369
FTP 292

G

Gastmodus 367
Gastnutzer 367, 368
Geldautomaten finden 245
Geotagging 255
Geräteauswahl 13
Geräteortung 361
Gesichtserkennung 366
Gespräch halten 89
Glide Typing 330
Gmail 48, 49, 114, 191
    Filterregeln 196
Gmailify 201
GMX 207, 208
GO Contact Sync Mod 116
Google+ 216
Google AdMob 371
Google Allo 222

Google Assistant 44, 170, 171, 229
    Allo 222
    Sprachsteuerung 171
    Termine 124
    Wetter 242
Google-Bildersuche 169
Google Blogger 321
Google Cardboard 261
Google Chrome 151
Google-Dienste 43
Google Docs 302
Google Drive 198, 295
    ICS-Dateien 298
    Sicherung 36, 43
    Textverarbeitung 302
Google Duo 223
Google Earth 234
    Cardboard 261
    Hintergrundbilder 327
Google Feed 166
Google Fit 321
Google Fotos 199, 266, 267
    automatisch sichern 248
    Bildbearbeitung 262
    Hintergrundbild 325
Google Hangouts 221
Google Kalender 49, 118
    synchronisieren mit Windows 128
    Thunderbird 129
Google-Konto 45
    anlegen 47
    Kontakte 105
    PC 49
Google Maps 229
    öffentliche Verkehrsmittel 232
    offline nutzen 231
    Routenplaner 232
    Verkehrslage 233
Google Messenger 218
Google Notizen 307
Google Now 166
Google Pixel 2 .... 14, 249
Google Play Bücher 314
Google Play Musik 277
    Cloud-Speicher 282
    Schnellmixe 278
Google Play Protect 359
Google Play Spiele 322
Google Play Store 24, 46, 135, 143
    Alternativen 147
    E-Books 314
    Musik 280
    Updates 139

Stichwortverzeichnis

Google Street View 233, 257
    Cardboard 261
    Panoramaaufnahmen erstellen......... 258
Google-Suche.. 164
Google Tabellen 303
Google Übersetzer 309
Google Umfrage 142
Google Wallet 141
GPS 229
Großbuchstaben..79

H

Halten 354
Hard-Reset 356
Hashtags 275
HDR-Fotos 252
Hintergrundbild 324
Hochformat 82
Homescreen 51
Home-Taste 58
Hotels finden 245
Hotspot 177
HTML5 182

I

ICE-Notfallkontakte................................ 62, 111
ICS-Datei 128, 298
IMAP 203, 204
IMEI 361
Inkognitomodus 162
Instagram 274
Instant Messenger.. 219
Intelligente Textauswahl 153
Internet 151
Internetradio 283
Internetzugang einrichten 323

K

Kalender.. 63, 118
    Erinnerung 122
Kamera 250
    Aufnahmemodi 254
    Bewegungssteuerung 336
    Einstellungen 255
    Flickr 273
    Fokuseffekt 254
    HDR 252
    Hilfslinien 253
    Instagram 274
    Lautstärketasten 256

Panorama 256
Selbstauslöser 253
Standort 255
Street View 257
Text übersetzen 310
Video aufnehmen 288
Kindle 317
Klingelton..90
Kontakte 104
    anrufen 86
    Anrufer in Adressbuch ablegen 108
    automatisch ergänzen..................... 113
    doppelte 112, 117
    E-Mail schreiben 195
    importieren 115, 117
    sortieren 106
    verknüpfen 112
    von altem Handy übernehmen......... 116
Kontaktfoto... 109
Kontaktlabel 110
Kontrast 354
Kopfhörer 281
Kugelpanorama 257
Kurzwahl 84, 87

L

Landkarte 229
Lautlos 70
Lautsprecher 89, 281
Lautstärketasten 188
LeadBolt 371
Lesezeichen 153
    Firefox 182
    Startbildschirm 156
    Widget 156
LineageOS 138
Live-Hintergründe 326
LTE 100

M

MAC-Adresse 177
Mailbox 93
Mailserver 205
Malware 357
Material Design 24, 51
MEGA 301
Mein Gerät finden 363
Messenger... 219
MicroSD-Karte 29
Micro-SIM-Karte 30
Microsoft Office... 304

Stichwortverzeichnis

Micro-USB-Ladegerät 30
Mikrofon 89
Mobilfunksymbol 73, 74
Mobilfunktarife 98
Mono Audio 354
Mozilla Firefox 181
Mozilla Lightning 129
Mozilla Thunderbird 129
MP3-Player 277
MSN Wetter 242
MTP 340
Musik 277
    Albumbilder 279
    Benachrichtigungsleiste 278
    Datenvolumen sparen 279
    Equalizer 282
    erkennen 285

N

Nano-SIM-Karte 30
Netzausbau 99
Netzclub 30
    Internetzugang einrichten 323
Netzqualität 99
Netzwerkumgebung 292
Nexus 14
Nicht-stören-Modus 68
    Event 71
    Regeln 70
Notebook 342
Notfallinformationen 62
Notfallkontakte 111
Notizen 306, 308
Notruf 13, 62

O

Öffi 239
Offlinekarte 231
Offlinemodus 75
Ok Google 170
OneDrive 300
    Fotos 276
    Office-Dokumente 304
OneNote 308
Onlinebanking 217
Onlinefotoalben 266
Opera 186
Oreo 23
Ortung 361
Outlook 116, 130, 203

Outlook.com 207

P

Pairing 347
Panoramafotos 256
Panoramio 235
Passwort 41, 48
PayPal 141
PC-Verbindung 338
PDF 316
    E-Book 314
    erstellen 297
    scannen 297
Phishing 358, 360
Photo Sphere 257
Picasa 269
PIN 31, 41
Pixel-Smartphone 11, 14
POP3 .... 203, 204
Positionsbestimmung 168
Prepaid-Datenpaket 98
Prepaid-Guthabenkarte 141
PTP 340

Q

QR-Code 144
    Apps installieren 145
    für Datenweitergabe 146
    Wikipedia 190
QRpedia 190
Querformat 74, 82

R

Radio 283
RealCalc Scientific Calculator 312
Rechner 312
Regionale Suche 168, 245
    Telefon-App 85
Restaurants finden 245
Roamingkosten 178
Root Checker Basic 375
Rooten 358, 374
    rückgängig machen 375
Routenplaner 232
    Deutsche Bahn 236
    Öffi 239
Rufnummernunterdrückung 97
Rufweiterleitung 93
Ruhemodus 68

381

Stichwortverzeichnis

S

Scannen 297
Schalterzugriff 354
Schnelleinstellungen 67
    erweitert 72
Schnellstartleiste 57
Schriftgröße 157, 353
Screenshot 173
Seite senden 159
Selfies 252
Seriennummer 361
Sicherheit 105, 357
    Fingerabdruck 40
SIM-Karte 29, 30
    Kontakte 110, 116
Skype 227
Skyscanner 240
Smart Lock 364
Smartphone 7
    Dual-SIM 22
    Geräteauswahl 13
    wiederaufbereitet 17
SMB-Client 292
Smiley 81
SMS 217
    bei unpassenden Anrufen 92
    Premium-SMS 217
    stille 359
Snapseed 263
Sound Search 285
Soziale Netzwerke 208
Spam 194
Speicherbelegung 337
Speichererweiterung 338
Speicherkarte 338, 339
Speicherverwaltung 337
Sperrbildschirm 61
    Notfallinformationen 62
    Sicherheit 40
Sperrmuster 42
Spiele 321
Splitscreen-Modus 59
Sprachausgabe 352
Sprachsteuerung 171
    Notizen 307
Sprachsuche 170
SSL 205
Stadtplan 229
Standardbrowser 183
Standort 75, 362
    Facebook 210
    Smart Lock 366
Standortdienste 75, 85, 168

Startbildschirm 50
    drehen 75
    Lesezeichen 156
    Ordner 56
    Schnellstartleiste 57
    Uhr 130
Statusleiste 67, 331
Stille SMS 359
Suche 164
    Bildschirmsuche 172
    Fotos 169
    in Apps 165
    regional 168
    Spracheingabe 170
    Startbildschirm 51
Synchronisieren 104
System UI Tuner 331

T

Tabellenkalkulation 303, 306
TalkBack 352
Tarif 98
Taschenlampe 71
Taschenrechner 312
Tastatur 79, 329
    Cursorsteuerung 331
    Emojis 81
    wischen 330
Tastentöne 91
Telefon-App 84
    Klingeltöne 90
    Kurzwahl 87
Telefonbuch 246
Telefonieren 83
    Anruf annehmen 88
    Anruf beenden 89, 354
    ins Ausland 227
    Skype 227
    Tarifwahl 98
    WhatsApp 220
Telefonkonferenz 89
Telefonnummer 84
    eigene herausfinden 96
    hinzufügen 106
    speichern 104
    suchen 84, 245
    unterdrücken 97
Telekom-HotSpot 179
Temporärdateien 162
Termine 119
    Erinnerung 121
    Gäste einladen 127

Stichwortverzeichnis

importieren 126
suchen 122
Wiederholung 121
Terminkalender 118
Tethering 342, 345
Textauswahl... 153
Text-in-Sprache-Ausgabe........................... 352
Text mit hohem Kontrast 354
Textverarbeitung 302, 305
Thunderbird 129, 203
Tolino 318
T-Online 207, 208
Tonwahltastatur 89
Total Commander.. 293
Touchscreen 27
Tracking-Schutz 164
Trageerkennung 364
TuneIn Radio 284
Twitter 213

U

U-Bahn-Fahrplan... 238
Übersetzer.. 309
Uhr 130, 131
einstellen 77
Nachtmodus.. 134
Widget... 130
Unerwünschte Anrufer blockieren 95
Unicode 9 81
Unterbrechungen 68
Untertitel 354
Updates, automatische 140
Uptodown...150, 237
USB-Tethering 345
USB Typ-C..29
USB-Verbindung 339

V

vCard 114
Verfolgungsschutz 164
Vergrößerung... 354
Verlaufsliste 162
Video 286
aufnehmen 288
Probleme beim Abspielen.................. 288
Visitenkarte 113
VLC-Player 287
VR-Brille 261

W

Wähltastentöne......................................91, 92
WeatherPro 244
WEB.DE 208, 209
Webradio 283
Wecker 69, 130, 132
Nicht stören 68
Weltzeituhr 131
Werbung 66, 370, 372
Werkseinstellungen 356
Wetter-Apps 241
MSN 242
WeatherPro... 244
wetter.com 243
WhatsApp 104, 219
Widget... 327
Lesezeichen 156
Uhr 130
Wi-Fi...34
Wifi Analyzer 175
Wikipedia...188, 189
Windows-Kalender 128
WLAN 34, 68, 73, 173
Bahnhof 179
Hotspot 177, 343
im ICE 180
öffentlich 177
Sicherheit 176
Signalstärke 175
Standortermittlung 168
Verschlüsselung 35
Word.. 305
WordPress 320
Wortvorschläge 83
WPA2 177
WPS... 35, 174

Y

Yahoo 208
YouTube 286

Z

Zeitzone festlegen 78
Zifferntastatur.......................................84, 89
Zoom 28, 157, 354
Zugangssperre 40
Zurücksetzen 355
Zurück-Taste 58

383

F-Secure SAFE
Internet Security auf allen Geräten

VIRENSCHUTZ

BROWSER- UND BANKING- SCHUTZ

NETZWERK- SCHUTZ

FAMILIEN- SCHUTZ

F-Secure SAFE ist ein mehrfach ausgezeichneter Schutz, der Sie vor Viren, Trojanern und Ransomware schützt. SAFE sichert zusätzlich Ihre Bankgeschäfte ab. Sie können Grenzen für die Internetnutzung Ihrer Kinder setzen. Sie und Ihre Familie können sicher surfen – sowohl am Computer als auch auf Mobilgeräten.

Ihr Code für 6 Monate F-Secure SAFE für 3 Geräte:

FSBVA17

Einzulösen unter www.f-secure.com/free*

*Nur für Neukunden. Laufzeit endet automatisch.